清华大学法学院公司治理研究中心

新公司治理丛书
沈朝晖　主编

企业集团实质合并破产制度研究

刘江伟◎著

法律出版社 | LAW PRESS
——北京——

图书在版编目（CIP）数据

企业集团实质合并破产制度研究 / 刘江伟著. 北京：法律出版社，2025. --（新公司治理丛书 / 沈朝晖主编）. -- ISBN 978 - 7 - 5244 - 0099 - 8

Ⅰ. D922.291.924

中国国家版本馆 CIP 数据核字第 20251MA923 号

企业集团实质合并破产制度研究
QIYE JITUAN SHIZHI HEBING POCHAN ZHIDU YANJIU

刘江伟　著

策划编辑 陈　妮
责任编辑 陈　妮　李晶晶
装帧设计 贾丹丹

出版发行 法律出版社
编辑统筹 法治与经济出版分社
责任校对 王　丰　李慧艳
责任印制 吕亚莉
经　　销 新华书店

开本 710 毫米 × 1000 毫米　1/16
印张 18.25　　**字数** 312 千
版本 2025 年 4 月第 1 版
印次 2025 年 4 月第 1 次印刷
印刷 北京盛通印刷股份有限公司

地址：北京市丰台区莲花池西里 7 号（100073）
网址：www.lawpress.com.cn
投稿邮箱：info@lawpress.com.cn
举报盗版邮箱：jbwq@lawpress.com.cn

销售电话：010 - 83938349
客服电话：010 - 83938350
咨询电话：010 - 63939796

书号：ISBN 978 - 7 - 5244 - 0099 - 8　　**定价**：98.00 元

凡购买本社图书，如有印装错误，我社负责退换。电话：010 - 83938349

序

江伟是我指导的第一个博士生，是师门的大师兄。以他的博士学位论文为基础修改而成的《企业集团实质合并破产制度研究》即将付梓，我很欣慰为他作序。

企业集团作为现代经济的重要组织形式，其内部结构的复杂性和资源配置的特殊性，使其在破产情境下往往面临传统破产法律框架难以有效应对的挑战。企业集团破产不仅涉及个体公司层面的债务问题，更关乎整个集团经济价值的协调与重组。如何平衡集团整体性与成员公司独立性之间的矛盾，如何在实现债权人公平保护的同时保持企业集团的协同效应，这些问题无疑对我国正在修改的《中华人民共和国企业破产法》（以下简称《企业破产法》）提出了前所未有的考验。在此背景下，江伟博士以扎实的学术功底与独特的研究视角，完成了《企业集团实质合并破产制度研究》一书，为该领域的研究作出重要贡献。

作为江伟的指导老师，我见证了这项研究从选题到完成的整个过程。在这一过程中，江伟博士展现了扎实的学术功底、敏捷的思维能力、严谨的学术态度以及独到的学术见解。本书不仅深入分析了企业集团破产的理论基础，还系统梳理了国内外实质合并破产制度的适用实践，并在此基础上提出了切合我国实际需求的本土化构建方案。这是一部兼具理论深度与实践价值的学术佳作。

本书的学术贡献主要有以下三个方面：

首先，独特问题意识与理论创新。本书首先对企业集团破产的独特性与挑战进行了深入剖析，提出了现有破产法律框架与企业集团经济结构之间的矛盾这一核心问题。通过回顾企业集团法人与经济统一体的双重特性，指出传统破产程序在面对企业集团破产时存在效率损失和法律不确定性的困境。本书进一步揭示了实质合并破产制度在解决企业集团破产问题上的独特价值，同时反思了该制度可能对法人独立性和债权人利益保护的潜在影响。这种研究视角上的独特性，为研究企业集团破产提供了创新视角和更高层次的学术思考。

其次，比较法视角的深度拓展。江伟博士在比较法分析方面下了很大功夫，不仅系统梳理美国、澳大利亚和德国等国关于实质合并破产制度的实践路径，而且深入分析了该制度在不同法域的适用背景、法律效果及局限性。展现了美国法实质合并破产制度的演进及其在司法判例中的应用，而对澳大利亚与德国的对比又进一步揭示了制度选择背后的经济与法律逻辑。这种多维度的比较分析，不仅丰富了本书的理论深度，也为我国破产法制度的构建提供了翔实的比较法素材。

最后，本土化构建的实践建议。对年轻学者来说，研究最困难的往往不在国际视野的拓展，而在如何为本土实践量身定制法律策略。江伟博士出色地完成了这一挑战，结合我国企业集团破产的实际情况，从实体规则、程序流程到救济机制，提出了一套系统完备的本土化方案。例如，针对我国司法实践中法官自由裁量权较大的现状，作者建议通过引入评价框架以规范裁量过程；同时在债权人利益保护方面，强调完善程序保障与异议救济机制。这些建议为《企业破产法》的修订完善提供了重要参考。

博士学位论文是人生的第一个复杂研究，作为江伟的博士生导师，我在他的文字中感受到他对学术的热爱与投入。本书的出版，既是对他博士阶段研究成果的总结与延续，更是他未来漫长学术生涯的起点。当下的学术评价体系和发表环境，对青年教师来讲都是不小的挑战和压力。作为导师，我衷心希望江伟在未来的学术道路上，能够继续秉持这份对学术研究的热爱，在学术的浩瀚星空中留下属于自己的璀璨光芒。

沈朝晖*

于清华大学法律图书馆

2025年1月26日

---

* 沈朝晖，清华大学长聘副教授、博士生导师，清华大学法学院公司治理研究中心主任，中国法学会商法学研究会副秘书长。

凡　例

文件名称	简称	文号	发布/修订/修正日期	生效日期
《中华人民共和国民法典》	《民法典》	中华人民共和国主席令第45号	2020年5月28日	2021年1月1日
《中华人民共和国公司法》	《公司法》	中华人民共和国主席令第15号	2023年12月29日	2024年7月1日
《中华人民共和国企业破产法》	《企业破产法》	中华人民共和国主席令第54号	2006年8月27日	2007年6月1日
《中华人民共和国民事诉讼法》	《民事诉讼法》	中华人民共和国主席令第11号	2023年9月1日	2024年1月1日
《中华人民共和国合同法》(已失效)	《合同法》	中华人民共和国主席令15号	1999年3月15日	1999年10月1日
《最高人民法院关于审理企业破产案件若干问题的规定》	《审理企业破产案件规定》	法释〔2002〕23号	2002年7月30日	2002年9月1日
《最高人民法院关于适用〈中华人民共和国企业破产法〉若干问题的规定(一)》		法释〔2011〕22号	2011年9月9日	2011年9月26日
《最高人民法院关于适用〈中华人民共和国企业破产法〉若干问题的规定(二)》(2020年修正)	《企业破产法司法解释二》	法释〔2020〕18号	2020年12月29日	2021年1月1日

续表

文件名称	简称	文号	发布/修订/修正日期	生效日期
《最高人民法院关于适用〈中华人民共和国企业破产法〉若干问题的规定(三)》(2020年修正)	《企业破产法司法解释三》	法释〔2020〕18号	2020年12月29日	2021年1月1日
《最高人民法院关于适用〈中华人民共和国民事诉讼法〉的解释》(2022年修正)	《民事诉讼法解释》	法释〔2022〕11号	2022年4月1日	2022年4月10日
最高人民法院《关于印发〈全国法院民商事审判工作会议纪要〉的通知》	《九民纪要》	法〔2019〕254号	2019年11月8日	2019年11月8日
最高人民法院《印发〈全国法院破产审判工作会议纪要〉的通知》	《破产审判会议纪要》	法〔2018〕53号	2018年3月4日	2018年3月4日
《最高人民法院关于适用〈中华人民共和国合同法〉若干问题的解释(二)》(已失效)	《合同法司法解释二》	法释〔2009〕5号	2009年4月24日	2009年5月13日
《中华人民共和国企业所得税法实施条例》(2019年修订)	《企业所得税法实施条例》	中华人民共和国国务院令第714号	2019年4月23日	2019年4月23日

目　录

图表索引

绪　论

本书研讨的主题是企业集团实质合并破产问题。通过比较、观察与借鉴美国法、澳大利亚法和德国法，结合我国企业集团实质合并破产实践，研究企业集团破产提出的规制问题与实质合并破产制度，包括实质合并破产制度的功能、程序协调制度与实质合并破产制度的对比，以及实质合并破产制度的具体构造。

诚如英国学者韦恩·莫里森在《法理学：从古希腊到后现代》一书中所言，法律不是某种不变或者超历史的现象，而是在不同的社会历史环境下构建起来的经验现象。[①] 自19世纪80年代法律允许公司持有和买卖其他公司的股票起，企业集团的组织形式逐渐兴起，企业集团普遍存在于世界各国、各地区，在经济发展中扮演着重要角色。先前研究显示，在新兴经济体中，隶属于企业集团的公司在有的国家或地区中占20%，在有的国家中则达到2/3。[②] 从1997年至2008年，我国企业集团总数从2369家增加到2971家，带动就业人员数量大幅度上涨，企业集团销售总额占国内生产总

---

① 参见[英]韦恩·莫里森：《法理学：从古希腊到后现代》，李桂林等译，武汉大学出版社2003年版，第5页。

② See Tarun Khanna & Yishay Yafeh, *Business Groups in Emerging Markets: Paragons or Parasites*, 45 Journal of Economic Literature 331 (2007).

值的比重也从35.72%上升到86.57%。[①] 任何一家公司都有其生命周期,会经历出生、成长、衰老和死亡的过程。[②] 企业集团内的多家集团成员公司债务人或者企业集团整体可能同时陷入财务困境或者经济困境,进而产生企业集团破产问题。随着企业集团的流行性和重要性增加,企业集团破产成为现代破产法所不能回避的问题,破产法需要直面企业集团破产问题,做出针对性的回应。

破产法对处理企业集团破产的重要性日益突出。破产法不仅影响微观经济,也会影响宏观经济。[③] 传统的破产法律制度调整对象是单个具有独立法律地位的公司,面对企业集团破产问题时,可能会出现调整障碍,造成社会经济损失。过去几十年,企业集团破产问题引起学术界和实务界的关注,对企业集团破产规制的讨论在程序协调制度和实质合并破产制度两端之间来回摆动。

自2007年我国《企业破产法》正式生效以来,企业集团破产案件数量呈上升趋势,但《企业破产法》没有专门规定如何调整企业集团破产。由于我国企业集团破产案件往往表现出集团成员公司债务人之间法人人格混同的特征,出于司法实践的需求,最高人民法院曾在2012年起草《关于适用实体合并规则审理关联企业破产清算案件的若干规定(征求意见稿)》,并于2015年在《关于适用〈中华人民共和国企业破产法〉若干问题的规定(六)(第五稿)》中再次就实质合并破产制度征求意见,但最终并未出台。

2018年3月4日,最高人民法院出台具有类似司法解释性质的《破产审判会议纪要》,其中用六个条文对关联企业实质合并破产制度的适用标准、适用程序、利害关系人权利救济、管辖和法律效果等作了原则性规定,这意味着实质合并破产制度在司法实践层面得到正式认可。关联企业指两个以上彼此存在关联关系的企业。《公司法》第265条规定:"关联关系,是指公司控股股东、实际控制人、董事、监事、高级管理人员与其直接或者间接控制的企业之间的关系,以及可能导致公司利益转移的其他关系。但是,国家控股的企业之间不仅因为同受国家控股而具有关联关系。"企业集团是由多家具有独立法律地位的公司所组成的集合体。关联企业概念比企业集团概念更为宽泛,前者包含但不限于企业集团,因此《破产审判会

---

① See Nan Jia, Jing Shi & Yongxiang Wang, *Coinsurance within Business Groups: Evidence from Related Party Transactions in an Emerging Market*, 59 Management Science 2295 (2013).

② 参见[美]伊查克·爱迪思:《企业生命周期》,王玥译,中国人民大学出版社2017年版,第36页。

③ See Christoph G. Paulus, *Global Insolvency Law and the Role of Multinational Institutions*, 32 Brooklyn Journal of International Law 755 (2007).

议纪要》中的关联企业实质合并破产制度自然可以适用于企业集团破产。

2021 年 9 月 14 日，最高人民法院发布第 29 批共 3 件指导性案例，分别是江苏省纺织工业（集团）进出口有限公司及其 5 家子公司实质合并破产重整案，江苏苏醇酒业有限公司及关联公司实质合并破产重整案，重庆金江印染有限公司、重庆川江针纺有限公司破产管理人申请实质合并破产清算案。第 29 批指导性案例涉及实质合并破产重整和实质合并破产清算。指导性案例制度是我国司法改革的一项重要举措，目的是为各级法院在审理类似案例时提供参照，以实现“同案同判”的司法公正需求和目的。① 第 29 批指导性案例将实质合并破产重整和实质合并破产清算作为其内容，主要意义是为法院处理企业集团破产问题提供进一步的指导。尽管在《企业破产法》中缺乏明确的法律依据，但实质合并破产制度已经成为我国法院处理企业集团破产问题的一个主要工具。

虽然实质合并破产制度已经登上我国处理企业集团破产问题的舞台，但为什么选择实质合并破产制度而不是利用其他制度来处理企业集团破产？我国有学者曾从法教义学层面质疑在破产程序中采用实质合并破产的做法，认为实质合并破产违背法人独立性原则，损害债权人利益，缺乏实体法和程序法依据，不应当在司法实践中被推广。如果法院要否认公司法人人格，必须通过先提起的独立民事诉讼，而不应当在破产程序中通过裁定的方式否认公司法人人格。在连带债务人破产的情况下，应当根据《企业破产法》第 52 条处理连带债务人破产的规则进行处理。② 制度选择与制度功能密不可分，选择一项制度的原因更多是希望能够充分发挥该项制度的功能。只有从对实质合并破产制度的功能分析中寻找答案，才能够确定为什么实质合并破产制度能够被用来处理企业集团破产问题。

另一个不能回避的重要问题是如何适用实质合并破产制度？《破产审判会议纪要》对实质合并破产制度的规定还不完善，仍有与相关法律制度衔接不畅的问题，司法实践中对如何理解、掌握和运用实质合并破产制度也仍旧存在诸多困惑与问题。③ 即便在我国企业集团破产案件中适用实质合并破产制度得到学术界和实

---

① 参见雷磊：《指导性案例法源地位再反思》，载《中国法学》2015 年第 1 期。

② 参见李永军、李大何：《重整程序开始的条件及司法审查——对“合并重整”的质疑》，载《北京航空航天大学学报（社会科学版）》2013 年第 6 期。

③ 参见上海高院研究室：《“关联企业实质合并破产相关问题研讨会”会议综述》，载微信公众号“中国上海司法智库”2019 年 8 月 22 日。

务界的背书,[①]《破产审判会议纪要》为司法实践中适用实质合并破产制度提供一定的指导,这也远没有消除实质合并破产制度的构造争议。

实质合并破产制度的构造包含三个方面的基本内容。一是实质合并破产制度的适用标准与法律效果,二是实质合并破产制度的适用程序,三是针对实质合并破产制度的救济。因此,关于实质合并破产制度的构造可以类型化为实体构造、程序构造和救济构造。

第一,实体方面的问题。《破产审判会议纪要》虽然规定法院适用实质合并破产制度应当考虑的因素,但对于这些因素如何相互作用缺乏一个评价框架。在实质合并破产司法裁判中,法官对这些因素的使用并不统一。缺乏评价框架而由法官对多个因素自由权衡,导致容易产生恣意裁判风险,因此需要考虑如何为法官适用实质合并破产制度提供一个评价框架。《破产审判会议纪要》关于实质合并破产制度的适用标准是否合理值得进一步讨论。此外,《破产审判会议纪要》对实质合并破产制度的法律效果采取完全实质合并破产效果,并且只规定实质合并破产制度的一般法律效果,对此产生的疑问包含是否允许部分实质合并破产效果?债务人集团成员公司与非债务人集团成员公司能否实质合并破产?实质合并破产制度是否具有影响其他破产法律制度的特殊法律效果?如何与其他破产法律制度相协调?

在实体构造方面,可以考虑在动态体系论指导下进行企业集团实质合并破产认定,评价企业集团实质合并破产制度的法律效果。动态体系论最早是奥地利学者瓦尔特·威尔伯格(Walter Wilburg)在其著作《损害赔偿法的要素》中提出的一种法学方法论。威尔伯格主张各个法律领域内在的独立价值和目的具有多元性,往往不能仅依据某一个单一的基本理念理解、适用和解释法律,必须考虑到在特定法律领域内相互作用的所有具有决定性的基本价值。[②] 威尔伯格将这些各个法律领域内的基本价值称为"要素"。[③] 动态体系论认为,法律领域内存在发挥作用的

① 参见王欣新:《〈全国法院破产审判工作会议纪要〉要点解读》,载《法治研究》2019 年第 5 期;贺小荣、葛洪涛、郁琳:《破产清算、关联企业破产以及执行与破产衔接的规范与完善——〈全国法院破产审判工作会议纪要〉的理解与适用》(下),载《人民司法(应用)》2018 年第 16 期。

② 参见[奥地利]瓦尔特·维尔伯格:《私法领域内动态体系的发展》,李昊译,载《苏州大学学报(法学版)》2015 年第 4 期。

③ Vgl. Claus-Wilhelm Canaris, Systemdenken und Systembegriff in der Jurisprudenz, 2. Aufl. 1983, S. 256.

诸要素,法律后果产生于要素的数量、要素的数量及其充足度相对应的协动作用。[①] 通过比较要素的数量及其充足度、要素相互作用的变动性和整体法律后果的可变性,实现法律后果的弹性化。动态体系论的基本结构主要由要素和要素的协动作用两部分组成。

动态体系论的要素有“因子”和“原理”两种表现形式。[②] 例如,威尔伯格在描述构成损害赔偿的四项要素时,将各项要素进一步细分为因子,他将“被侵害的财产性质”和“责任承担者的行为所产生的危险程度”作为“因侵害或者危险化而导致的对他人权利领域的利用”要素中“利用”的因子。要素还可能表现为支配某一特定法律领域的原理,比如奥地利学者弗朗茨·比德林斯基(Franz Bydlinski)将动态体系论应用到合同法领域,以私人自治、交易安全、合同正义和自我负责四个要素构建合同法的动态体系。[③] 在因子和原理不是相互隔绝,选择什么因子受到该处所设定的原理左右,因子的背后体现原理。动态体系论的要素是特定于法律领域内妥当的法律原理,这些法律原理本身具有规范性质,反映特定于法律领域内的规范目的及其背后的法律价值。[④] 这些法律价值可以实质化成法律原则,不同的法律原则通过相互关联和相互制约形成法律的内在体系。[⑤] 在与法律价值的关联意义上,动态体系论的要素是法律内在体系的外显。

动态体系论的要素具有层次性和互换性。层次性,是指每个要素的充足度有强弱程度之分,[⑥]表现为“更多或更少”或者“越……,越……”的比较命题的性格特征。[⑦] 例如,当要素 A 越多时,法律后果 R 越 R。这使要素接近或者与同样具备非“全有或全无”性格特征的原则有着相似性。[⑧] 互换性,是指当要素 A 的充足度低

---

① Vgl. Franz Bydlinski/Heinz Krejci/Bernd Schilcher/ Viktor Steininger, Das Bewegliche System im geltenden und künftigen Recht, AcP 188(1988), S. 76.

② 参见[日]山本敬三:《民法中的动态系统论——有关法律评价及方法的绪论性考察》,解亘译,载梁慧星主编:《民商法论丛》(第 23 卷),金桥文化出版(香港)有限公司 2002 年版。

③ 参见[奥地利]弗朗茨·比德林斯基:《私法的体系与原则》,曾见等译,中国人民大学出版社 2023 年版,第 139 ~ 140 页。

④ Vgl. Wolfhard Kohte, Rechtsschutz gegen die Vollstreckung des wucherähnlichen Rechtsgeschäfts nach § 826 BGB-Ein Beitrag zur Normzwecklehre bei sittenwidriger Schädigung, NJW 38(1985), S. 2223.

⑤ 参见王泽鉴:《民法总则》,台北,元照出版有限公司 2014 年版,第 14 页。

⑥ Vgl. Ernst A. Kramer, Juristische Methodenlehre, 4. Aufl. 2013, S. 99.

⑦ Vgl. Helmut Koziol, Das bewegliche System-Die goldene Mitte für Gesetzgebung und Dogmatik, ALJ 3 (2017), S. 166.

⑧ 参见[美]罗纳德·德沃金:《认真对待权利》,信春鹰、吴玉章译,上海三联书店 2008 年版,第 46 ~ 47 页。

而要素 B 的充足度高时,法律后果的实现可以建立在要素 B 的充足度对要素 A 的充足度进行弥补,并对要素综合权衡的基础上。

要素的层次性侧重考察要素的充足度,但只能说明当要素充足度越高时,法律后果更加 R,并不能确定法律后果 R 是否发生。为确定法律后果,需要有一个比较标准,需要对要素存在一个基础评价。① 基础评价意味着当要素的充足度达到某个数值时,将产生法律后果 R。基础评价不要求一定是精确的具体数值,只需要能给出相对具体的法律后果。例如,《民法典》第 999 条的规定,在新闻报道、舆论监督等行为中不合理使用民事主体的姓名、名称、肖像、个人信息等,侵害民事主体人格权的,应当承担民事责任。对什么是“不合理使用”,《民法典》第 999 条没有给出具体界定,但对不合理使用民事主体的姓名、名称、肖像、个人信息等,侵害民事主体人格权的行为给出相对具体的法律后果,即承担民事责任。

由于动态体系论的要素具有互换性,基础评价只具有大致确定的性格特征。在某个要素的充足度满足基础评价的要件,但其他要素充足度极低的情形下,所定的效果不一定得到认定。在某个要素的充足度不满足基础评价的要件,但其他要素的充足度极高且能弥补该要素的情形下,所定的效果可能会获得认定。对各项要素的基础评价附有“在其他条件相同的情况下”的限定,②既定的组合要素是否发生法律后果 R 是在其他要素处于一定的平均预设状态基础上来判定。

动态体系论下,假设存在 A、B、C 三个要素,法律后果的评价框架是:要素 A × 充足度 a1 + 要素 B × 充足度 b1 + 要素 C × 充足度 c1 = 法律后果 R。这种原则性示例和基础评价一般是由立法者给出,在缺乏法律明确规定的情况下,也可能由判例或者学说确定。③

法律领域内在的基本价值和目的之多元性使不同要素的相互作用成为可能,为动态体系论的构建与适用提供前提。正如以赛亚·伯林(Isaiah Berlin)所言,人类生活充满相互竞争且有时无法调和的多元价值。④ 私法内容反映人类生活的价值多元主义追求。整个私法体系由财产、合同和侵权等多个类别构成,每个类别只

---

① Vgl. Helmut Koziol, Das bewegliche System-Die goldene Mitte für Gesetzgebung und Dogmatik, ALJ 3 (2017), S. 167.

② 参见[日]山本敬三:《民法中的动态系统论——有关法律评价及方法的绪论性考察》,解亘译,载梁慧星主编:《民商法论丛》(第 23 卷),金桥文化出版(香港)有限公司 2002 年版。

③ 参见解亘、班天可:《被误解和被高估的动态体系论》,载《法学研究》2017 年第 2 期。

④ See Isaiah Berlin, *Liberty: Incorporating Four Essays on Liberty*, Oxford University Press, 2002, p. 216.

覆盖相对有限的人类现状，并受到表达不同价值的不同规则支配。一种特定的价值或者理念不能解释私法原则或者规则之间巨大的异质性，除非该价值或者理念的外延足够广泛、抽象，足以吸收各种私法原则或者规则之间的异质性，将各种私法原则或者规则都包容进来。这种广泛的价值或者理念因失去内涵的准确性，对私法原则或者规则的解释与评价不能提供有意义的指引。私法原则或者规则之间的异质性回应与证实私法中的价值多元主义，①成为动态体系论的应用场景。

具体以合同法为例，合同自由是合同和合同法的根基。合同以当事人自由意思合致为基础，围绕合同自由生成缔约自由、相对人自由、内容自由、变更或废弃合同自由以及缔约方式自由的制度内容，但仅凭合同自由不能解释其他维护合同内容合理性的法律制度。例如，显失公平制度。显失公平制度以给付与对待给付等值为基础，体现合同正义理念。② 合同自由和合同正义均是合同法的基本原则，只有两者相互补充和协力，才能实践合同法的机能。③

破产法延续私法的多元价值和目的。债权人协商理论认为，破产法是为解决当债务人破产时，债权人无序求偿竞赛而产生的公共池塘问题，通过集体行动程序最大化债权人的集体回报，破产法被视为债权人之间协商如何处理债务人剩余财产所达成的一项隐性协议。④ 债权人协商理论将关注点限于自愿、协商的债权人，未能对破产法为什么关注雇员利益、企业失败等问题提供合理解释。为克服债权人财富最大化的局限性，破产选择理论认为破产法是社会危机、道德冲突和政治妥协的产物，受债务人财务困境影响的相关主体追求不同的目标，这些主体提出的要求有时会把债务人拉向不一致的方向，破产法作为对债务人财务困境问题的回应，为使冲突各方形成一致同意，解决集体失败，应当尽可能将受财务困境影响的各方都包括进来，并通过保护在债务人困境中处于最不利地位之人的利益，最大化全体受影响的利益。⑤ 社区理论亦主张破产程序是对广泛、不同范围的成员之利益的

---

① See Hanoch Dagan, *Pluralism and Perfectionism in Private Law*, 112 Columbia Law Review 1409 (2012).

② 参见贺剑：《〈合同法〉第 54 条第 1 款第 2 项（显失公平制度）评注》，载《法学家》2017 年第 1 期。

③ 参见王泽鉴：《债法原理》（第 2 版），北京大学出版社 2013 年版，第 111 页。

④ See Thomas H. Jackson, *Bankruptcy, Non-Bankruptcy Entitlements and the Creditor's Bargain*, 91 The Yale Law Journal 857 (1982).

⑤ See Donald Korobkin, *Contractarianism and the Normative Foundations of Bankruptcy Law*, 71 Texas Law Review 541 (1993).

权衡,并将分配视为破产的核心,支持对债务人违约损失和企业价值的分配。[①] 法庭理论认为破产程序的功能是为所有受债务人破产影响的利益相关者提供一个论坛(法庭),让利益相关者都能表达相互冲突和不可通约的价值或意见,参与共同的决策。由于破产法的复杂性,杂糅各种观念和价值,这些理论都有其缺陷存在,这表明存在差异的理论与其说是相互替代,不如说是互为补充。

破产法是多元目标或价值的相互权衡,难以令人信服地根据某一绝对的目标或者价值设计破产法。[②] 例如,最大化债权人集体利益的经济考虑无法回答为什么优先保护雇员受偿利益,这背后更多的是基于对社会公共利益的考虑。正如澳大利亚破产法现代化提出破产法应当关注公司清算、提供有效的程序、识别和惩罚违法之人、有序地变现公司资产以及将出售收益平等分配给债权人与股东等目标。[③] 我国《企业破产法》第 1 条明示破产法服务于规范企业破产程序、公平清理债权债务、保护债权人和债务人的合法权益等目的,没有将《企业破产法》的目的局限于单一目的。

由于破产法的基本价值和目的之多元性,在未能构成要件化的法律领域内,可以考虑利用动态体系论,提炼出相关要素,依据要素的满足程度来评价法律效果。例如,对于破产法长期发展形成的平等清偿原则,威尔伯格认为不能将该原则绝对化,并举例表明当债务人从另一个债权人处获得一项资产,该项资产在债务人破产时仍存在于债务人的财产中,该债权人对该项资产应当享有先于其他债权人从中获得清偿的权利,如此才符合法律的良知,平等清偿原则并非完全正义。[④] 破产分配整体上应当基于值得保护的不同理由之相互作用,更为弹性地进行,譬如考虑债权人是否轻率地就某一危险或者有害经营向债务人借贷与帮助较小债权人的社会政策等要素。

实质合并破产制度的动态发展和功能演变表明,公平对待所有债权人的单一理念不能充分解释实质合并破产制度的变化,实质合并破产制度有着多样性的基

---

① See Elizabeth Warren, *Bankruptcy Policymaking in an Imperfect World*, 92 Michigan Law Review 336 (1993).

② See Vanessa Finch, *Corporate Insolvency Law: Perspectives and Principles*, Cambridge University Press, 2009, p. 29.

③ See Jennifer Dickfos, *Improving Outcomes for Creditors: Balancing Efficiency with Creditor Protections*, 16 Insolvency Law Journal 84 (2008).

④ 参见[奥地利]瓦尔特·维尔伯格:《私法领域内动态体系的发展》,李昊译,载《苏州大学学报(法学版)》2015 年第 4 期。

本价值和目的追求,公平对待所有债权人只是其中之一。实质合并破产制度内在的基本价值和目的之多样性为动态体系论方法的适用奠定基础。司法实践中,对适用实质合并破产制度表现出的以多个要素为基础的权衡,与动态体系论中要素的数量和要素充足度相对应的协动作用具有相当程度的相似性,可以利用要素的相互作用提供一个具有指导意义的评价框架。

对于动态体系论在我国法律领域的适用存在争议。有观点认为,动态体系论被误解和被高估,动态体系论放弃固定构成要件,允许法官根据要素数量及要素的充足度确定法律效果,给法官提供裁量空间,法律效果随着要素协动关系浮动,不可避免地牺牲法之安定性,使动态体系论的作用大打折扣,因而没有必要对动态体系论抱有过高的期待。[①]

利用动态体系论建构实质合并破产制度没有高估动态体系论。在需要法之安定性的领域,如果能够实现固定构成要件,当然应当首选固定构成要件来实现法的统一性与安定性,固定构成要件是法律科学发展的结晶。动态体系论不适合能够固定构成要件的法律领域,[②]但未能实现固定构成要件的领域,不能任由法官恣意裁判,需要有一种思维方法来防止法官的恣意,动态体系论能够在未能实现固定构成要件的领域发挥作用。动态体系论不是自由地发现法律,[③]而是抽取出在一定法律领域内发挥作用的诸要素作为引导,提供在要素的充足度及要素协动的基础上作出合理评价的框架。相比于放任法官自由裁量可能带来的不确定性,动态体系论至少提供一定量的法之安定性。

企业集团实质合并破产制度作为判例法的产物,与个案事实紧密联系,难以对其构成要件固定化,以"条件程序"的方式将事实构成与规范性法律效果相联系,实现"构成要件—法律效果"评价框架。评价相应的法律效果是否发生,前提是考察判定事实构成要素是否都已经实现。[④]《2001 年澳大利亚公司法》(Corporations Act 2001)关于法院裁定实质合并破产的成文规定,没有采取"构成要件—法律效果"模式,而是为法院列举作出裁定需要考虑的因素,包括集团成员公司及其高级职员或雇员参与其他集团成员公司的管理或运营的程度、集团成员公司及其高级

---

① 参见解亘、班天可:《被误解和被高估的动态体系论》,载《法学研究》2017 年第 2 期。

② 参见[德]卡尔·拉伦茨:《法学方法论》(第 6 版),黄家镇译,商务印书馆 2020 年版,第 599 ~ 600 页。

③ Vgl. Helmut Koziol, Sonderprivatrecht für Konsumentenkredite, AcP 188(1988), S. 208.

④ 参见[德]齐佩利乌斯:《法学方法论》,金振豹译,法律出版社 2009 年版,第 43 页。

职员或雇员对其他集团成员公司债权人的行为、导致集团成员公司清算的情形可以直接或间接归因于其他集团成员公司/其他集团成员公司的高级职员或雇员行为的程度、集团成员公司之间活动和营业的混同程度、任何集团成员公司的债权人可能因合并令获益或受损的程度等,①由法院经过权衡多个因素裁定是否采取实质合并破产。比较法经验表明,企业集团实质合并破产认定很难经过考察判定事实构成要素的实现来评价发生相应的法律后果,需要另寻一个评价框架,动态体系论可以在此发挥作用。

企业集团实质合并破产认定有必要动态地构成。在企业集团实质合并破产制度的立法层面,放弃"构成要件—法律后果"的规范模式,转向动态化的要素型规范模式,抽取一些要素作为认定企业集团实质合并破产的考量要素,引导法官考量相关要素。在企业集团实质合并破产制度的司法层面,改变"构成要件—法律后果"的企业集团实质合并破产认定思维,转而在个案中通过比较要素的充足度及要素的协动,得出是否认定企业集团实质合并破产的结论。

第二,程序方面的问题。《破产审判会议纪要》中实质合并破产申请主体、利害关系人和核心控制企业的概念不明确,影响实质合并破产制度的适用程序,因此需要进一步厘清相关概念。对于实质合并破产程序,《破产审判会议纪要》规定采取由实质合并破产申请主体向法院提出申请,然后由法院裁定的程序,由此需要考虑实质合并破产是否只能以法院依申请的裁定方式进行?对于实质合并破产程序是否存在其他程序模式选择?此外,企业集团破产案件是否由核心控制企业住所地法院集中管辖?是否应当在企业集团破产案件中指定统一的破产管理人,由统一的破产管理人管理企业集团破产案件?

第三,救济方面的问题。《破产审判会议纪要》第 34 条规定实质合并破产的救济方式,由相关利害关系人在收到实质合并破产裁定书之日起 15 日内向受理法院的上一级法院申请复议。在司法实践中,法院通常认为实质合并破产裁定在复议期间不停止执行,由于实质合并破产制度会对债权人、债务人的权利与义务产生剧烈的法律效果,这种实质合并破产裁定复议救济的方法对于异议权利人利益的保护是否妥当?

实质合并破产制度能否得到妥当的适用,影响实质合并破产制度的收益。实质合并破产制度是处理企业集团破产的事后(ex post)方法,事后方法可能会改变

① See Corporations Act 2001 § 579E.

当事人通过事前合同设定的风险分配和激励。[①] 事前合同所提供的法律保护鼓励当事人信赖投资、有效地分配风险和设定激励。[②] 如果实质合并破产制度未能得到妥当的适用，进而产生实质合并破产制度适用的不确定性，那么将会扭曲当事人之间的事前风险分配和激励设置。对当事人之间事前的风险分配和激励设置造成的损害，将会成为实质合并破产制度的成本，进而抵销实质合并破产制度的收益。

比较法层面，实质合并破产制度并没有得到压倒性的赞扬与褒奖，对实质合并破产制度的批评与质疑不绝于耳，各国对实质合并破产制度的态度各不相同。正如联合国国际贸易法委员会《贸易法委员会破产法立法指南》第三部分“破产企业集团对待办法”中所言：“对下达实质性合并令的法定权力做出规定的法域并不多见，即便有这种救济办法，也须遵守严格的证据规则，而且也不是广泛使用的。”[③] 本书为此选取美国法、澳大利亚法和德国法三个不同的视角进行比较，实质合并破产制度起源于美国判例法，《2001 年澳大利亚公司法》对实质合并破产制度予以继受与发展，而《德国破产法》(Insolvenzordnung)拒绝采取使用实质合并破产制度处理企业集团破产问题。在实质合并破产制度的目的和功能指引下，通过不同视角的观察，试图揭示实质合并破产制度的全貌，为我国司法实践提供更好的指导，同时为未来《企业破产法》关于实质合并破产制度的立法安排提供建议与参考，以期有效发挥实质合并破产制度的功能。

本书第一章和第二章是对企业集团实质合并破产制度的理论分析。第一章从企业集团法律结构和经济结构的角度讨论处理企业集团破产面临的挑战与难题，通过回顾规制企业集团的法律策略，分析实质合并破产制度与企业集团破产之间的关系。实质合并破产制度是一项处理企业集团破产问题的工具。第二章是对实质合并破产制度理论基础的分析。有见解认为欺诈转让制度、衡平居次制度、“刺破公司面纱”制度和实质合并破产制度具有相似性，可以使用这些制度替代实质合并破产制度来处理企业集团破产。借助与欺诈转让制度、衡平居次制度、“刺破公司面纱”制度的对比，解读早期实质合并破产制度的目的和功能，以及当代实质合

① See David A. Skeel Jr. & George Triantis, *Bankruptcy's Uneasy Shift to a Contract Paradigm*, 166 University of Pennsylvania Law Review 1777 (2018).

② See Robert E. Scott & George G. Triantis, *Incomplete Contracts and the Theory of Contract Design*, 56 Case Western Reserve Law Review 187 (2005).

③ 联合国国际贸易法委员会：《贸易法委员会破产法立法指南》，载联合国国际贸易法委员会网 2009 年 8 月 31 日，https://uncitral. un. org/sites/uncitral. un. org/files/media-documents/uncitral/zh/leg-guide-insol-part3 – ebook-c. pdf。

并破产制度的目的和功能。

在认识实质合并破产制度之目的和功能的基础上,本书第三章至第五章则是从起源、继受和拒绝继受三个视角具体认识与讨论实质合并破产制度的内容。第三章以美国法为视角,讨论实质合并破产制度的起源与发展,尤其是实质合并破产制度如何成为处理企业集团破产问题的重要工具,具体分析实质合并破产制度的适用标准、法律效果及有关救济。第四章以澳大利亚法为视角,讨论澳大利亚对实质合并破产制度的继受,并且对实质合并破产制度作出新的发展。第五章以德国法为视角,出于对实质合并破产制度的疑虑,德国企业集团破产改革拒绝实质合并破产制度,选择以程序协调制度来处理企业集团破产问题。通过具体分析程序协调制度的内容与运作发现,程序协调制度本身也存在一些缺陷,未必能有效处理企业集团破产问题。

本书第六章则是具体比较分析实质合并破产制度与程序协调制度,讨论实质合并破产制度与程序协调制度之间的关系。未来我国处理企业集团破产问题可以提供包含实质合并破产制度和程序协调制度在内的选择工具菜单。

本书最后两章是对我国企业集团实质合并破产制度的实施情况分析,并提出改进建议。第七章具体分析我国企业集团实质合并破产的现状,以及目前企业集团实质合并破产制度在实体、程序和救济构造方面的有待完善之处。第八章在结合实质合并破产制度的理论基础、比较法经验与我国司法实践经验的基础上,为我国《企业破产法》后续增加企业集团实质合并破产制度时,如何从实体、程序和救济方面构造企业集团实质合并破产制度提出建议,特别是考虑引入动态体系论方法,为企业集团实质合并破产认定与适用提供一个稳妥的评价框架。

第一章　企业集团破产挑战与实质合并破产制度

处理企业集团破产问题的困难主要在于企业集团的法律结构与经济结构之间存在矛盾。在法律结构上,企业集团是由两家或者多家具有独立法律地位的公司所组成的集合体。在经济结构上,企业集团是一个经济统一体。集团成员公司之间相互联系,具有协同效应。集团成员公司相互间的牵连关系往往导致企业集团内部法律关系复杂化,产生相关主体之间利益冲突。就如何处理企业集团破产问题,过去几十年学术界和实务界发展出了各种工具。

第一节　企业集团的法律结构与经济结构

企业集团作为一种重要的经济组织,在社会资源分配中起着非常重要的作用。企业集团林林总总,集团内部结构有很大差异,在不同视角下可能会呈现出不同的结构形态。

一、企业集团的法律结构

企业集团是公司法律制度演进的产物。在公司发展早期,人们将公司视为一个"怪物",对其可能产生的经济权力集中和垄断之恐惧,形成了一种反公司(anti-corporate)的倾向,相关法律对公司规定了诸多限制,比如限制公司持有其他公司的股份,公司持有其他公司的股份被认为是一种越权行为,因违反越权原则而无效。[①] 禁止公司持有其他公司的股份限制了企业集团的形成。直到 20 世纪初,人们的观念发生转变,开始将经济权力集中视为经济繁荣的来源,不再对公司感到恐惧,美国各州相继颁布普通公司法,放松对公司的严格管制,授权公司可以购买和持有其他公司的股份,为企业集团的形成奠定了基础。[②] 企业集团最早出现在美国,并很快在商业世界中占据主导地位。

何为企业集团?大多数法域没有统一的定义。比较法层面对企业集团存在专门立法规制和未专门立法规制两种范式。无论何种范式,"控制"是定义企业集团的基础。

德国企业集团破产改革中,立法者没有使用《德国股份法》(Aktiengesetz)第 15 条以下关联企业(verbunener Unternehmen)的概念或者第 18 条康采恩(Konzern)的概念,而是在《德国破产法》第 3e 条中引入"企业集团"(Unternehmensgruppe)的概念。根据《德国破产法》第 3e 条第 1 款定义,企业集团是由法律上独立的企业组成。这些企业在德国国内有主要利益中心,且通过行使控制性影响的可能性直接或间接地联合,或者在统一管理下联合。

从《德国破产法》对"企业集团"的定义来看,企业集团的构成需要考虑多项因素。第一,法律上独立的企业,即具有权利能力的企业。[③] 德国法上不存在一个普遍适用于所有法律领域的企业概念,普遍接受的观点是对企业概念作目的性解释。[④] 破产领域内的企业概念应以《德国破产法》的目标为依据。依据《德国破产法》第 11 条的规定,私法上的法人、具有部分权利能力的公司和其他具有破产能力的市场参与者,如根据判例法和主流学术观点认为的可以获得部分权利能力的民事合伙,[⑤]应当具有企业资格。第二,至少需要两家企业才能组成企业集团。第三,组成企业集团的企业在德国有主要利益中心。主要利益中心是债务人对其利

---

① See Franklin A. Gevurtz, *Corporation Law*, 3rd ed., West, 2021, p. 19.

② See Phillip I. Blumberg, *Limited Liability and Corporate Groups*, 11 Journal of Corporation Law 573 (1986).

③ Vgl. Lucas F. Flöther, Die Kommune als Konzern im zukünftigen Konzerninsolvenzrecht, NVwZ 22 (2014), S. 1497ff.

④ Vgl. Volker Emmerich/Mathias Habersack, Aktien-und GmbH-Konzernrecht, 9. Aufl. 2019, § 15 Rn. 6.

⑤ Vgl. Carsten Schäfer, in: Münchener Kommentar zum BGB, Band 7, 8. Aufl. 2020, § 705 Rn. 160.

益进行日常管理,能够被第三方确定的地点,[①]没有相反证据时,推定公司或者法人的注册登记地为主要利益中心。第四,相关企业在控制性影响下间接/直接联合或者在统一管理下联合。立法理由提出,依据《德国商法典》(Handelsgesetzbuch)第 290 条第 2 款规定的情形来判断控制性影响。[②] 例如,当一家母企业对另一家企业满足享有多数表决权,选任或解任管理、领导或者监察机关多数成员的权利,以及根据与该企业订立的支配合同或依该企业的章程规定行使控制性影响的权利等条件之一时,即认定其具有控制性影响。如果一家企业能决定另一家企业的财务和业务政策,也应认为其存在控制性影响。[③] 立法者回避了对统一管理概念的界定。由于企业集团控制结构模式的多样性,实际很难对统一管理概念作精确界定,关键在于把握企业集团统一管理的重要特征,即集团成员公司经济活动的集中计划和相互合作。[④] 可以从财务是否集中管理、集团成员公司领导层是否存在人员的融合或统一及是否有一致的企业政策等因素进行判断。

尽管法国法未形成统一的企业集团定义,[⑤]但《法国商法典》在第二卷"商事公司与经济利益合作组织"第三篇"各种商事公司的共同规定"第三章"子公司、参股与被控制的公司"下第三节"集团合并结算"中将集团合并结算与"控制"要素联系起来。[⑥]《日本公司法》同样以符合现代"控制"概念的方式定义作为纵向企业集团的母子公司,[⑦]根据《日本公司法》第 2 条的规定,在另一家公司持有多数表决权或者通过法务省令规定控制其经营的公司为母公司,受控制公司则是子公司。[⑧] 作为民商合一立法体例的代表,《意大利民法典》将企业集团的核心特征归于两家或多家公司之间的控制或者支配/从属关系,且为使企业集团类型化,还要求存在统

---

① Vgl. Alexander Bruns, in: Münchener Kommentar zur Insolvenzordnung, Band 1, 4. Aufl. 2019, § 3e Rn. 7.

② Vgl. Dorothee Prostedee, Der Begriff der Unternehmensgruppe, NZI-Beilage (2018), S. 10.

③ Vgl. Klaus J. Hopt/Adolf Baumbach/Hanno Merkt, Handelsgesetzbuch, 39. Aufl. 2020, § 290 Rn. 7.

④ Vgl. Uwe Hüffer/Jens Koch, Aktiengesetz, Band 53, 14. Aufl. 2020, § 18 Rn. 9.

⑤ See Maggy Pariente, *The Evolution of the Concept of Corporate Group in France*, 4 European Company and Financial Law Review 317 (2007).

⑥ 参见《法国商法典》,罗结珍译,北京大学出版社 2015 年版,第 412 页。

⑦ See Eiji Takahashi, *Japanese Corporate Groups under the New Legislation*, 3 European Company and Financial Law Review 287 (2006).

⑧ 参见[日]山本为三郎:《日本公司法精解》,朱大明、陈宇、王伟杰译,法律出版社 2015 年版,第 15 页。

一管理。[①]

在对企业集团没有专门立法的法域,法律通常缺乏对企业集团的统一定义。以美国为例,学说上通常认为企业集团是由控制公司(母公司)和受控制公司(子公司)共同组成,以经营事业。[②]

为了向各国提供处理企业集团国内破产和跨国界破产的现代立法,2019年联合国国际贸易法委员会通过《贸易法委员会企业集团破产示范法》。联合国国际贸易法委员会指出在不同国家的立法和许多关于企业集团的法院判决中使用直接或间接的所有权和控制能力或影响力等概念,来确定实体之间是否构成企业集团。《贸易法委员会企业集团破产示范法》第2条将企业集团定义为通过控制权或者大比重的所有权而相互关联的两家或者多家企业。[③] 控制权的主要因素包括直接或者间接的实际控制权或控制能力、经营与财务政策和决策,且可以通过对资产的所有权来获得控制权,[④]这意味着定义中的"所有权"实际与控制权紧密相关,可以根据所有权的百分比来推断是否具有控制权。

在我国,企业集团是20世纪80年代经济体制改革后出现的一种经济现象。《公司法》没有界定企业集团,对企业集团的界定多存在于部门规章和规范性文件之中,"企业集团"一词最早出现在《关于组建和发展企业集团的几点意见》等一系列文件中。《关于组建和发展企业集团的几点意见》最早将企业集团描述为由紧密联合的核心层、半紧密联合层以及松散联合层组成的多层次组织结构,"集团公司是企业集团的紧密联合层,是集团的实体部分,逐步实现资产、经营一体化;半紧密联合层的企业可以资金或者设备、技术、专利、商标等作价互相投资,并在集团统一经营下,按出资比例或者协议规定享有利益并承担责任;松散联合层的企业则在集团经营方针指导下,按章程、合同的规定享有权利,承担义务,并独立经营,各自承担民事责任。"多层次组织说从经济或者管理的角度描绘企业集团,并未从法律

---

① See Paola Fasciani, *Groups of Companies: The Italian Approach*, 4 European Company and Financial Law Review 195 (2007).

② See Franklin A. Gevurtz, *Groups of Companies*, 66 The American Journal of Comparative Law 181 (2018).

③ See Irit Mevorach, *INSOL Europe's Proposals on Groups of Companies (in Cross-Border Insolvency): A Critical Appraisal*, 21 International Insolvency Review 183 (2012).

④ 参见联合国国际贸易法委员会:《贸易法委员会企业集团破产示范法》,载联合国国际贸易法委员会网2019年7月15日,https://uncitral.un.org/sites/uncitral.un.org/files/media-documents/uncitral/zh/19_11345_mloegi_zh.pdf。

的角度揭示企业集团。在之后的一段时间,甚至出现认为企业集团及其成员公司都具有法律人格的“双重法律人格”的观点,[①]直到1998年国家工商行政管理局发布的《企业集团登记管理暂行规定》指出,企业集团是具有一定规模的企业法人联合体,才明确企业集团不具有法人资格。此后,作为整体的企业集团不具有法人资格成为我国学术界和实务界的基本共识。

此外,企业间的关联关系通常是我国理解企业集团的起点,[②]关联关系则导向控制概念。《公司法》第265条规定,关联关系是指公司控制股东、实际控制人、董事、监事、高级管理人员与其直接或者间接控制的企业之间的关系,以及可能导致公司利益转移的其他关系。《公司法》上“关联关系”的定义与税收、会计法律制度中的定义大致相同。《企业所得税法实施条例》将企业间的关联关系界定为在资金、经营、购销等方面存在直接或者间接的控制关系、直接或者间接地同为第三者控制及在利益上具有相关联的其他关系三种情形。《企业会计准则》规定,如果一方控制、共同控制另一方或者对另一方施加重大影响,及两方或者两方以上同受一方控制、共同控制或者重要影响,那么构成关联方。[③]《企业会计准则》明确定义编制合并财务报表的为企业集团,以“控制”要素作为合并财务报表的合并范围的基础,[④]这些规定与国际会计准则理事会发布的《国际财务报告准则第10号——合并财务报表》(IFRS 10)规定基本相符。

综上所述,“控制”是理解企业集团的核心要素。从法律角度来看,企业集团不是一个法律主体。相反,企业集团是以某种形式控制相联系的两家或者多家具有独立法律地位之公司的联合,企业集团建立在公司独立法律人格和股东有限责任的概念之上。

二、企业集团的经济结构

企业集团的形成受有限责任、税收筹划、实现规模效益和范围效益等多种因素驱动。[⑤]例如,公司的商业扩张面临风险威胁,尤其是在一个复杂动态的商业环境

① 参见吴越:《德国康采恩法与我国企业集团法之比较》,载《法律科学(西北政法学院学报)》2001年第2期。

② 参见施天涛:《关联企业概念之法律透视》,载《法律科学(西北政法学院学报)》1998年第2期。

③ 参见《企业会计准则第36号——关联方披露》第3条。

④ 参见《企业会计准则第33号——合并财务报表》第2条、第7条。

⑤ See Janet Dine, *The Governance of Corporate Groups*, Cambridge University Press, 2000, p.62-63.

中。现代公司制度提供的股东有限责任是一项控制股东责任风险的工具，公司在进行商业扩张时，可以通过设立一家或多家子公司，利用股东有限责任来应对商业扩张带来的风险和挑战。企业集团得以在公司利用股东有限责任限制风险敞口的过程中产生。

自科斯开创企业理论，将市场和企业看作组织经济活动的两种形式以来，①学者常从交易成本的角度解释和描绘企业集团的组织现象，将企业集团视为介于市场和企业之间的中间组织。② 交易成本分析视角下，市场价格机制协调的交易存在包含价格发现成本、谈判成本、监督与执行成本在内的交易成本。企业的产生源于企业的科层组织协调比市场的价格协调节省了交易成本。但是，企业的组织协调本身会产生组织成本，因此，由于存在规模临界点企业的规模难以无限制地一体化扩张。节省组织成本并非仅能回到市场的价格协调中。市场的价格机制和企业的组织协调机制处于资源配置方式桥梁的两端，在这两种资源配置方式之间存在其他的资源配置方式。企业集团正是介于市场和企业之间具有中间组织性质的资源配置方式。

企业集团既有企业的科层性质，又有市场性质，能够以这两种方式中的一种或者同时以这两种方式进行扩张，进而实现资源配置。在企业集团的特殊组织形态下，集团成员公司之间能够构建长期稳定的关系，通过组织协调与统一管理，可以在企业集团利益层面上制定协调管理制度，实现集团成员公司之间的资源互补，控制与分散风险，发挥由不同的集团成员公司分别经营不同业务的专有知识优势，形成有组织的市场，缓解不确定性，减少诸如机会主义与套牢之类的问题，③节省和平衡交易成本与组织成本，实现经济效率。在我国早期经济体制改革过程中，企业集团履行着消除一些地方政府存在的分权与保护主义导致的经济碎片化、贸易壁垒及统一全国经济市场的资源配置功能。利用企业间横向经济联合，在当时我国缺失市场经济体制的情况下，促进了资源的有效利用，成为化解经济碎片化带来的贸易壁垒的关键。④

---

① 参见[美]罗纳德·哈里·科斯：《企业、市场与法律》，盛洪、陈郁译，格致出版社、上海三联书店、上海人民出版社2009年版，第36～37页。

② See Jia He et al., *Business Groups in China*, 22 Journal of Corporate Finance 166 (2013).

③ 参见[美]兰德尔·S.克罗茨纳、[美]路易斯·普特曼编：《企业的经济性质》(第3版)，孙经纬译，格致出版社、上海三联书店、上海人民出版社2015年版，第9页。

④ 参见[英]罗纳德·哈里·科斯、王宁：《变革中国：市场经济的中国之路》，徐尧、李哲民译，中信出版社2013年版，第126页。

企业集团通过组织结构的设计和内部资源配置，能够在集团整体和充满不确定性的市场环境中实现协同效应。协同效应是企业集团的优势与特征之一。假设企业集团内的A、B两家子公司，A公司现金流不足，不得不以8%的利率从信贷市场借入，而B公司恰好有相对应的流动资金盈余，那么B公司可以8%左右的利率将流动资金盈余投入信贷市场，也可以低于8%的利率借给A公司。后者对两家公司都有利，A公司可以低于市场预期的成本融资，B公司可获得利息。与此同时，A、B两家子公司可以通过企业集团内部的现金流协调管理，采用内部融资，节省市场路径下间接融资的费用，在企业集团内部融资优化的基础上实现协同效应。

企业集团是节省交易成本和组织成本的创新型组织形式，不同的交易成本和组织成本可以影响企业集团内部统一管理的程度，进而对企业集团组织内部结构的设计与构造产生影响。[①] 企业集团是“一个处于经常变动中的大容器”，[②]企业集团结构随时可能通过拆分、收购或者参股等方式发生演变，不同的企业集团结构也有很大差异。如果从光谱序列的角度来看，企业集团组织结构的一端是具体高度整合的一体化企业集团，集团成员公司表面上虽然具有独立法律地位，但其运营方面如同企业的生产单位，几乎没有独立的自主决定权，企业集团内财务、人事管理、采购、生产及销售等领域的决策由一个控制公司或者母公司集中作出。另一端是在相互关联市场中有松散公司合作的企业集团，集团成员公司在经济上具有独立性，并形成利润中心，追求自己的经济目标，企业集团内统一管理只涉及财务、销售和组织等一个或者几个公司活动的基本领域。[③] 在组织结构的两端之间，可以存在多种不同组织结构安排的企业集团类型。企业集团结构可以在组织结构类型序列上为适应环境变化而经常变动，以增强企业集团对市场的适应性。

从经济角度来看，企业集团被认为是科斯意义上的企业，[④]是两家或者多家集团成员公司联合而成的经济统一体或者单一经济企业，集团成员公司只是该经济企业的组成部分。企业集团内部具有统一管理的特征，以使集团成员公司之间协调一致，进而确保经济企业的顺利运行及目标得以实现。企业集团的集团成员公

---

① 参见[美]奥利弗·E.威廉姆森：《资本主义经济制度：论企业签约与市场签约》，段毅才、王伟译，商务印书馆2002年版，第409~411页。

② 参见[法]伊夫·居荣：《法国商法》（第1卷），罗结珍、赵海峰译，法律出版社2004年版，第634页。

③ 参见[德]斯蒂芬·格伦德曼：《欧盟公司法》（下册），周万里主译，法律出版社2018年版，第292页。

④ See Virginia Harper Ho, *Theories of Corporate Groups: Corporate Identity Reconceived*, 42 Seton Hall Law Review 879 (2012).

司犹如一个系统下无数独立且相互联系的子系统。这些子系统通过相互联系、相互协调,以整体运行的方式服务于一个更大的系统。因此,经济视角下的企业集团不仅是一个有机体,而且可能是一个高度统一的有机体。

结合从法律角度和经济角度对企业集团的理解来看,企业集团是两家或者多家具有独立法律地位的受控制公司在统一管理下的公司联合,企业集团具有内部之统一性和结构之多样性的特征。

第二节　企业集团破产的处置方法

企业集团的法律结构与经济结构影响企业集团的破产处理,处理企业集团破产需要同时关注企业集团的法律结构与经济结构。忽视企业集团的经济结构,可能导致处理企业集团破产出现效率损失。因此,企业集团破产的处理方法最好能够契合企业集团的经济结构。

一、企业集团的规制策略:独立实体理论与企业理论的竞争

基于经济事实和法律视角的不同观察,对企业集团的规制产生了独立实体方法与企业方法两种竞争策略。两种策略在企业集团规制上有明显差异。独立实体方法依赖法人人格和股东有限责任的概念,强调组成企业集团的集团成员公司具有独立的法律地位,并在此基础上规制企业集团。企业方法将企业集团视作单一的经济组织,将集团成员公司视作单一经济组织的一部分,通过突破集团成员公司的独立法律地位,将企业集团视为一个企业整体进行规制。①

企业方法最早可以追溯到阿道夫·伯利(Adolf A. Berle Jr.)的《企业实体理论》一文。伯利意识到在基本经济事实方面,构成企业集团的集团成员公司只是一个"企业"的组成部分,企业集团整体构成一个"企业",公司独立法律人格与企业集团的经济事实之间存在差异,对企业集团的规制应当符合企业集团的经济事实。②

20世纪70年代,围绕如何规制企业集团的问题,美国芝加哥大学法学院的乔

---

① See Phillip I. Blumberg, *The Increasing Recognition of Enterprise Principles in Determining Parent and Subsidiary Corporation Liabilities*, 28 Connecticut Law Review 295 (1996).

② See Adolf A. Berle Jr., *The Theory of Enterprise Entity*, 47 Columbia Law Review 343 (1947).

纳森·兰德斯(Jonathan M. Landers)和理查德·波斯纳(Richard A. Posner)掀起了一场著名的论战。兰德斯认为,企业集团是作为一个"企业"整体运作,法律原则上应以单一经济企业的现实对待企业集团,[①]通过企业方法解决企业集团带来的特殊风险与问题。波斯纳从交易成本的角度反驳兰德斯的观点。波斯纳认为,债权人通常会评估潜在债务人的资产和负债,利用利率补偿债务人的违约风险,对债务人进行监督,企业方法使债权人必须对整个企业集团进行评估和监督,这对债权人而言是一项成本高昂的任务,将增加信贷成本。[②]

美国企业集团法专家菲利普·布伦伯格(Phillip I. Blumberg)自20世纪80年代起出版了一系列有关企业集团的著作。在现代经济发展使公司结构和经营发生根本性变化,企业集团在经济生活中扮演主导角色的背景下,布伦伯格提出,独立实体方法已不能充分满足现代社会的需求,企业方法才能更好地服务于企业集团主导的商业社会。[③]

受企业集团的基本经济事实和企业法学说的影响,一些法域在其成文法或者判例法中采取企业方法克服传统法学概念的不足,以应对企业集团带来的挑战。[④]譬如,《美国劳工法》(Labor Law)通过引入"整合企业"(integrated enterprise)的功能标准,以确定是否将关联公司作为"单一雇主"对待,扩大《美国劳工法》的范围,从而将《美国劳工法》的适用范围扩大到企业集团,而不将其适用范围仅限于组成企业集团的集团成员公司。在环境法中,美国多数法院对法律条款作出宽泛解释,以使母公司为子公司违反《美国综合环境反应、赔偿和责任法》(Comprehensive Environmental Response, Compensation and Liability Act)的行为承担责任。[⑤]

二、作为实体法镜像的破产法

伴随新的全球经济时代对现有范式的重新评估,企业方法得到一定的发展与

---

① See Jonathan M. Landers, *A Unified Approach to Parent, Subsidiary, and Affiliate Questions in Bankruptcy*, 42 University of Chicago Law Review 589 (1975).

② See Richard A. Posner, *The Rights of Creditors of Affiliated Corporations*, 43 University of Chicago Law Review 499 (1976).

③ See Phillip I. Blumberg, *The Corporate Entity in an Era of Multinational Corporations*, 15 Delaware Journal of Corporate Law 283 (1990).

④ See Phillip I. Blumberg, *The Increasing Recognition of Enterprise Principles in Determining Parent and Subsidiary Corporation Liabilities*, 28 Connecticut Law Review 295 (1996).

⑤ See Kurt A. Strasser & Phillip Blumberg, *Legal Form and Economic Substance of Enterprise Groups: Implications for Legal Policy*, 1 Accounting, Economics, and Law: A Convivium 1 (2011).

接受,但包括我国在内的大多数法域在对待企业集团方面仍主要采取独立实体方法。从实体法视角来看,很少有法律将企业集团视为具有独立法律地位的主体。企业集团不能以自己的名义享有权利、承担义务,不具有法人资格。集团成员公司单独享有权利和承担义务,单独从事法律行为,具有法人资格。除合并集团成员公司会计报表等个别情形外,大多情况是从单个集团成员公司的个体角度理解和规制企业集团,遵循“独立的公司实体路径”(separate corporate entity approach),认为各个集团成员公司的权利与责任原则上相互分离。

破产法的主要目的是提供集体程序,节省债权人对债务人资产进行破坏性竞争的成本,帮助债务负担过重的个人债务人重新开始及重整陷入财务困境之公司的资本结构。① 除帮助债务负担过重的个人债务人会影响实体法上非破产权利外,破产法不需要改变任何实体法上非破产权利。② 破产法与实体法密切相关,破产法建立在实体法的基础上,成为实体法的镜像。破产法通常不改变债务人与外部世界的关系,只有当实现破产目的、政策或者破产条款要求时,破产法才会改变实体法上的内容,③即遵循破产法中著名的布特纳(Butner)原则。④ 破产法改变的是维护法律权利的程序,回应需要通过破产解决的特定问题。

在实体法上采取独立的公司实体路径下,破产法从中衍生出权利主体破产原则和责任分离原则。企业集团在法律上不是一个法律主体,企业集团本身不能破产,并开启一个破产程序。企业集团破产意味着至少有两家集团成员公司债务人出现破产的情形,⑤这些集团成员公司债务人同时或者短时间内先后出现破产原因,进入破产程序。每家集团成员公司作为独立的债务人,单独接受破产原因测试,单独启动破产程序。

---

① See Douglas P. Bartner & Robert A. Britton, *Make-Whole Claims and Bankruptcy Policy*, 5 Harvard Business Law Review Online 21 (2014).

② See Charles W. Mooney Jr., *A Normative Theory of Bankruptcy Law: Bankruptcy As (Is) Civil Procedure*, 61 Washington and Lee Law Review 931 (2004).

③ See Barry E. Adler, Douglas G. Baird & Thomas H. Jackson, *Cases, Problem, and Materials on Bankruptcy*, Foundation Press, 2007, p.29.

④ See Kenneth Ayotte & David A. Skeel Jr., *Bankruptcy Law as a Liquidity Provider*, 80 University of Chicago Law Review 1557 (2013).

⑤ Vgl. Heinz Vallender / Stephan Deyda, Brauchen wir einen Konzerninsolvenzgerichtsstand, NZI 12 (2009), S. 825.

三、权利主体原则下企业集团破产处置的效率减损风险

企业集团内部资源配置具有风险。企业集团内部的资源配置增加了集团成员公司之间在资本、人事、管理、财务和/或业务等方面的联系，可能形成一荣俱荣、一损俱损的集团命运共同体。实证研究发现企业集团内部存在风险传递效应，①并且这种效应会随着集团成员公司之间关联程度的增强而增加，尤其是在集团成员公司于资本、人事、管理、财务和/或业务等方面具有紧密关联关系的情形中。某个集团成员公司债务人陷入破产，可能引发其他集团成员公司，甚至整个企业集团的财务危机，从而导致企业集团集体陷入破产困境，②形成企业集团破产的“多米诺骨牌效应”。因此，在企业集团破产中需要解决和处理的可能不是单一公司法人困境，而是两家或者多家集团成员公司债务人的集体困境。

企业集团内部资源配置不仅会增强企业集团内的风险传递效应，还可能会使集团成员公司之间权利义务关系复杂化。企业集团内部资源配置有时可能会造成对企业法人机制的忽视，众多集团成员公司可能仅是某个集团成员公司的“组成部门”，成为后者的工具。在内部资源配置下，对有关资产转让、公司会议等应遵循的相关程序之重视程度可能远远低于在外部资源配置下的情形。现金等资产在企业集团内部跨实体边界的流动，产生资产的混淆及权属的不确定性。集团成员公司之间相互担保，形成复杂的担保网络。

企业集团组织结构的多样性和灵活性，在某种程度上意味着企业集团的复杂性。企业集团可能是由众多不同层次的集团成员公司组成，单个集团成员公司可能受到一个或者多个不同层次的控制。一个企业集团可能涉及几十家，甚至几百家集团成员公司。随着企业集团组织结构的变化和规模的扩大，厘清各集团成员公司之间法律关系的难度可能呈几何倍增。企业集团内部的复杂性增加处理企业集团破产问题的难度，在破产程序中厘清企业集团内部错综复杂的法律关系，可能需要耗费巨大的时间和精力，结果往往还可能得不偿失。

在权利主体原则下，企业集团破产存在两个或者多个破产程序。这些程序可能交由不同的破产法院管辖，受不同的破产管理人管理。这种程序分离的做法未

---

① 参见纳鹏杰、雨田木子、纳超洪：《企业集团风险传染效应研究——来自集团控股上市公司的经验证据》，载《会计研究》2017 年第 3 期。

② Vgl. Klaus Siemon/Frank Frind, Der Konzern in der Insolvenz-Zur Überwindung des Dominoeffekts in der (internationalen) Konzerninsolvenz, NZI 16 (2013), S. 4.

必不是一种应对企业集团破产的方法，甚至可能增加单个集团成员公司债务人的破产重整机会。① 只是分散的破产程序有可能割裂集团成员公司债务人之间在经济上和/或组织上的紧密联系，使企业集团作为经济统一体运作的经济现实退居次要地位。不同破产程序的管辖法院和破产管理人可能采取不协调，甚至是相互冲突的破产处理措施，从而导致企业集团的结构优势与协同效应随着企业集团破产程序的启动而瓦解，②使债权人维持企业集团经济上的统一、实现企业集团的全部价值变得更加困难，浪费了企业集团存续与破产重整机会的增加给债权人带来的积极影响，减损了企业集团破产的程序效率。企业集团破产程序数量越多，破产程序之间协调难度就越大，特别是集团成员公司债务人之间可能因内部交易产生复杂的债权债务关系，而对破产撤销存在法律争议，因此法院和破产管理人想要实现基于整个企业集团的处置策略并不容易。总之，并非所有适用于单一公司实体的破产法律规则都能完美适用于企业集团破产。

分散且不协调的企业集团破产程序可能造成企业集团向非正式的破产机制"逃逸"。因为分散且不协调的企业集团破产程序对处理企业集团破产问题而言可能是无效率、高成本及结果不可预测的，而通过私下与债权人谈判、协调，进行债务重组，则有可能在破产程序外以整体破产清算或者破产重整的方式维持企业集团的结构优势与协同效应。从社会经济角度来看，企业集团代表着庞大的资产和相当数量的工作岗位，在企业集团破产情形中维护企业集团的协调与统一，避免企业集团价值损失，可能不仅符合债权人利益，还符合社会的普遍利益。

企业集团在破产程序外进行破产清算或者破产重整存在弊端。其一，可能无法利用自动中止等正式破产程序中的机制，缺乏司法监督和保障。自动中止可以阻止单个债权人采取可能阻碍破产清算或者破产重整的行动，保护破产财产，③使破产清算或者破产重整活动得以顺利进行。其二，私下与债权人协商、协调可能需要花费更多的成本，④且该成本可能会随着企业集团复杂程度和规模的增加而倍增，非正式破产机制存在难以克服的成本障碍。因此，通过非正式破产机制处理企

---

① Vgl. Wolfram Timm, Die Sanierung von Unternehmen, ZIP 4(1983), S. 237.

② See Stephan Madaus, *Insolvency Proceedings for Corporate Groups under the New Insolvency Regulation*, 2015 International Insolvency Law Review 235 (2015).

③ See David P. Stromes, *The Extraterritorial Reach of the Bankruptcy Code's Automatic Stay: Theory vs Practice*, 33 Brooklyn Journal of International Law 277 (2007).

④ 参见齐砺杰：《破产重整制度的比较研究——英美视野与中国图景》，中国社会科学出版社2016年版，第200页。

业集团破产问题也可能产生结果的不确定性。

四、企业集团破产处置方法的发展与实质合并破产制度

过去30年来,企业集团破产问题在国内和国际层面受到越来越多的关注与讨论。在关于企业集团破产规制的讨论中,需要关注企业集团的经济结构。企业集团的经济结构与法律结构之间的错配经常导致糟糕的监管决策和无效率的控制。① 立足于企业集团的经济结构,学术界和实务界不断探索,并已经发展出程序协调、程序集中、程序合并及实质合并破产等规制企业集团破产的一系列工具方法。在国际层面,基本共识是处理企业集团破产问题至少应当加强破产程序之间的沟通与协调,②通过协调处置实现更好的结果。在这方面,通常可取的做法是设立集团法院、指定统一的破产管理人、促进破产法院和破产管理人之间的合作。

实质合并破产制度诞生于美国判例法,通说认为,其最初起源于1941年美国联邦最高法院的辛普赛尔诉帝国纸业与颜料公司案(Sampsell *v.* Imperial Paper & Color Corporation,以下简称辛普赛尔案)。③ 实质合并破产制度是指在破产程序中,将多个破产债务人的资产和负债集中在一起,所有破产债务人的债权人集中按比例从中受偿,破产债务人相互之间的债权债务消灭。辛普赛尔案事实上是关于个人破产的案件,与企业集团破产无关。实质合并破产制度是在后续发展中被逐渐广泛应用到企业集团破产案件中。研究发现,实质合并破产制度频繁出现在企业集团破产重整计划中,而且除了在破产清算或者破产重整中使用实质合并破产制度之外,企业集团破产和解也受到实质合并破产制度阴影的影响。④

实质合并破产制度作为处理企业集团破产的解决方案在美国之外的国家和地区也得到认可和推广。加拿大法院根据《加拿大破产和支付不能法》(The Bankruptcy and Insolvency Act)和《加拿大公司债权人安排法》(The Companies' Credi-

---

① See Kurt A. Strasser & Phillip Blumberg, *Legal Form and Economic Substance of Enterprise Groups: Implications for Legal Policy*, 1 Accounting, Economics, and Law: A Convivium 1 (2011).

② Vgl. Horst Eidenmüller/Tilmann Frobenius, Ein Regulierungskonzept zur Bewältigung von Gruppeninsolvenzen: Verfahrenskonsolidierung im Kontext nationaler und internationaler Reformvorhaben, ZIP-Beil (2013), S. 2f.

③ See Sampsell *v.* Imperial Paper & Color Corporation, 313 U. S. 215 (1941).

④ See William H. Widen, *Prevalence of Substantive Consolidation in Large Bankruptcies from* 2000 *to* 2004: *Preliminary Results*, 14 American Bankruptcy Institute Law Review 47 (2006).

tors Arrangement Act）承认实质合并破产制度在企业集团破产中的适用。[①] 澳大利亚为回应企业集团破产带来的挑战，2000 年澳大利亚公司与证券咨询委员会（Companies & Securities Advisory Committee）在《公司集团最终报告》（Corporate Groups Final Report）中建议应当允许法庭在两家或者多家公司破产清算中作出合并裁定，以及允许清算人在取得集团成员公司债务人之所有无担保债权人批准后，将集团成员公司债务人的无担保资产和负债合并。[②] 在澳大利亚公司与证券资讯委员会报告之后，澳大利亚政府进一步修订了《澳大利亚公司法》，在 2007 年提出的《澳大利亚公司法》修正案中，为企业集团破产清算提供满足前提条件下的自愿合并（voluntary pooling determinations）和法庭裁定合并（court-ordered pooling）两种实质合并破产方法。[③] 法国最高法院曾在 1991 年明确拒绝合并企业集团不同破产程序的观点，但 2005 年《法国商法典》引入新的第 L621－2 条第 2 款，允许破产法院在债务人的概括财产与一人或者数人概括财产发生混同或者在法人为虚拟性质的情况下，应管理人、司法代理人、检察院申请或者依职权将程序扩张至其他一人或者数人，而集体程序扩张的效果类似实质合并破产制度。[④]《西班牙破产法》以专章规定了"关联破产程序"，其第 25 条赋予法官在各集团成员公司债务人资产混同，且区分资产和负债的成本不合理时，对集团成员公司债务人进行实质合并破产的权力。[⑤]

在国际层面，联合国国际贸易法委员会为鼓励各国采取有效的公司破产制度，协助各国建立一个高效和有效力的破产法律框架，颁布了《贸易法委员会破产法立法指南》，对处理企业集团破产的最佳实践提供指导和建议，以供各国国家机关和立法机构在制定新的破产法律法规或者审查现行法律法规是否完备时用作参考。在《贸易法委员会破产法立法指南》第三部分"破产企业集团对待办法"中，实质合并破产制度被作为处理企业集团破产的救济方法之一，并且该部分进一步对实质

---

① See Janis Sarra, *Maidum's Challenge*, *Legal and Governance Issues in Dealing With Cross-Border Business Enterprise Group Insolvencies*, 17 International Insolvency Review 73 (2008).

② See Companies & Securities Advisory Committee, *Corporate Groups Final Report*, Takeovers Panel (May 1,2000), https://takeovers.gov.au/sites/takeovers.gov.au/files/2021－04/corporate_groups_final_report_may_2000.pdf.

③ See Corporations Amendment (Insolvency) Bill 2007, Parliament of Australia (May 30, 2007), https://www.aph.gov.au/Parliamentary_Business/Bills_Legislation/bd/bd0607/07bd180.

④ 参见《法国商法典》，罗结珍译，北京大学出版社 2015 年版，第 664～668 页。

⑤ See Mónica Fuentes Naharro, *National Reporton Spain*, in Rafael Mariano Manóvil ed., Groups of Companies: A Comparative Law Overview, Springer, 2020, p. 158－159.

合并破产制度的相关条文内容提出立法建议。

与此同时，实质合并破产制度在国内和国际层面也引起一些担忧。2018 年 4 月 21 日新生效的德国《简化康采恩破产解决法》（Gesetzes zur Erleichterung der Bewältigung von Konzerninsolvenzen）出于对实质合并破产制度的分配效应和破坏责任预期等问题的担忧，排除实质合并破产制度，采取协调破产处置的程序协调制度。① 欧盟委员会在德国联邦司法部提交《简化康采恩破产解决法讨论草案》的几乎同一时间也公布了其对《欧盟破产程序条例》（EU Regulation on Insolvency Proceedings）改革的想法，改革计划明确包括处理企业集团破产问题。② 新的《欧盟破产程序条例》于 2015 年 6 月 26 日生效，自 2017 年 6 月 26 日起适用于除丹麦以外的所有欧盟成员国。因采用实质合并破产制度的建议在欧盟专家组内遭到反对，新生效的《欧盟破产程序条例》没有采取实质合并破产制度，③其改革仅限于引入指定的破产管理人和相关法院之间的合作与告知义务，从而改善指定的破产管理人和相关法院之间的破产程序的协调。

从不同法域选择接受或拒绝使用实质合并破产制度处理企业集团破产问题的不同态度来看，比较法上对是否采用实质合并破产制度处理企业集团破产及实质合并破产制度的合理性的评价呈现两极分化。因此不难看出，实质合并破产制度在比较法上是一项存在争议的法律制度，需要对该制度的理论基础、制度构造、优势与劣势等有一个全面的认识。

本 章 小 结

本章首先通过分析企业集团的法律结构和经济结构，揭示企业集团法律结构与经济结构之间的矛盾。法律作为一种调整手段，对企业集团的调整应当考虑到并适当反映企业集团的经济结构。其次，分析独立实体方法与企业方法对企业集团破产的不同处理策略。在独立实体方法主导的情况下，对企业集团破产通常采

---

① Vgl. Marc Alexander Göb, Aktuelle gesellschaftsrechtliche Fragen in Krise und Insolvenz, NZI 16 (2013), S. 963.

② Vgl. Peter Kindler/ Samy Sakka, Die Neufassung der Europäischen Insolvenzverordnung, EuZW 26 (2015), S. 460f.

③ Vgl. Holger Fleischer, Europäisches Konzernrecht: Eine akteurzentrierte Annäherung, ZGR 46 (2017), S. 28.

取独立的公司实体路径处理方法,对各个集团成员公司债务人进行单独的破产测试,启动单独的破产程序和指定单独的破产管理人,各个集团成员公司债务人的破产程序缺少联系,结果可能使企业集团的经济结构瓦解,很难在破产中维持与实现企业集团的整体价值。为使在破产中更好地反映企业集团的经济结构,实现企业集团的整体价值,程序协调制度、程序合并制度和实质合并破产制度等不同的制度出现了,其中,实质合并破产制度在比较法上是一项极具争议的法律制度。

第二章　实质合并破产制度的理论基础

实质合并破产制度、欺诈转让制度、衡平居次制度和“刺破公司面纱”制度之间所具有的一些共同的要素，使这些制度之间产生微妙关系。一种观点认为，实质合并破产制度与这些制度相近或者相似，特别是和“刺破公司面纱”制度，如认为实质合并破产制度是“刺破公司面纱”制度在破产法中的特殊应用。① 依照此观点展开，欺诈转让制度、衡平居次制度与“刺破公司面纱”制度在某种程度上可以取代实质合并破产制度成为处理企业集团破产的替代性措施。另一种观点认为，实质合并破产制度与欺诈转让制度、衡平居次制度及“刺破公司面纱”制度存在差异，尤其是法律效果方面的差异。② 争论引发的问题是如果在已经有欺诈转让制度、衡平居次制度和/或“刺破公司面纱”制度的情况下，是否还有实质合并破产制度存在的必要？实质合并破产制度是否有其独特的目的和功能？

第一节　欺诈转让、衡平居次和“刺破公司面纱”的制度构造

本节主要内容为认识欺诈转让制度、衡平居次制度和

---

① See Adam J. Levitin, *Business Bankruptcy: Financial Restructuring and Modern Commercial Markets*, Wolters Kluwer, 2015, p. 977

② See Timothy E. Graulich, *Substantive Consolidation-A Post-Modern Trend*, 14 American Bankruptcy Institute Law Review 527 (2006).

“刺破公司面纱”制度的具体构成及所要解决的问题。欺诈转让制度、衡平居次制度、“刺破公司面纱”制度和实质合并破产制度有着不同的目的,解决不同的问题。

一、欺诈转让制度的构造

欺诈转让制度的构造主要包括规范目的、构成要件和法律效果三个方面的内容。

(一)欺诈转让制度的演变与规范目的

当债务人无法偿还到期债务或者可能陷入无法偿还到期债务的境地时,其可能将财产转让至债权人无法追及的范围,以挫败债权人的追偿行为。这些使债务人财产脱离债权人追偿范围的转让,自罗马法起就被视作无效或者可撤销的欺诈转让。大陆法系上的欺诈转让制度可追溯到罗马法,而英美法系上的欺诈转让制度的历史沿革同样可追溯到罗马法,①二者有着共同的历史渊源。依据罗马法上的保罗诉权(actio pauliana),如果资不抵债的债务人通过将其财产转让给第三人的方式对债权人实施欺诈,使债权人不能得到清偿,债权人可以对该债务人提起诉讼以要求执法官撤销债务人实施的转让行为。②

美国现代欺诈转让制度之源流可追溯到1570年英国《伊丽莎白法令》(Statute of 13 Elizabeth),该法令构成美国欺诈转让法的基础。③ 英国《伊丽莎白法令》最初是王室增加收益的一种机制,其规定违法转让的财产一半将收归君主,但不久就演变成为债权人权利的保护机制,意图遏制债务人的逃债和不当行为,规定债务人出于妨碍、拖延或者欺诈债权人之实际意图进行的任何转让行为无效,还将欺诈转让的适用扩大到破产债务人的破产财产。④ 英国《伊丽莎白法令》偏重债务人转让时的实际欺诈意图,建立在债务人不当行为标准的基础之上,但债务人实际欺诈意图在实践中面临主观证明困难的境地。面对主观实际欺诈意图的证明难题,客观化欺诈转让成为应对方法。法院在司法判例中逐渐发展并确立欺诈表象(badges of

① See Kenneth C. Kettering, *The Uniform Voidable Transactions Act; or, the* 2014 *Amendments to the Uniform Fraudulent Transfer Act*, 70 The Business Lawyer 777 (2015).

② 参见朱广新:《合同法总则研究》,中国人民大学出版社2018年版,第449页。

③ See Irvina V. Fox, *Settlement Payment Exception to Avoidance Powers in Bankruptcy: An Unsettling Method of Avoiding Recovery from Shareholders of Failed Closely Held Company LBOs*, 84 American Bankruptcy Law Journal 571 (2001).

④ See Emil A. Kleinhaus & Alexander B. Lees, *Debt Repayments as Fraudulent Transfers*, 88 American Bankruptcy Law Journal 307 (2014).

fraud)制度,发现与认定一些支持债务人有实际欺诈意图的间接因素,[①]例如,债务人是否在转让后仍占有或者控制被转让的财产。若干欺诈表象组合到一起,能够增加证据的证明力,构成明确且令人信服的可证明实际欺诈意图的证据。

随着时间推移,美国学术界和实务界逐步认识到许多债务人伤害债权人的不当行为,实际上并不存在欺诈意图。英国《伊丽莎白法令》仅将债务人具有实际欺诈意图的转让行为定性为欺诈转让,却试图让该法令涵盖债务人所有不公正对待债权人的不当行为,包括不存在实际欺诈意图的不当行为,产生了现行法律的混乱和不确定性。为消除不同司法管辖区法院之间的多样性,提供法律确定性,美国全国统一州法委员会(The National Conference of Commissioners on Uniform State Laws)对适用英国《伊丽莎白法令》的判决进行成文化,于 1918 年颁布美国《统一欺诈输送法》(Uniform Fraudulent Conveyance Act),[②]供美国各州参考与采纳。该法的重要贡献是创造拟制欺诈(constructive fraud),进一步使欺诈转让制度客观化,揭示出欺诈转让制度从主观化向客观化发展的趋势。

美国在《统一欺诈输送法》制定 20 年后,以该法为范本,又于 1938 年通过《钱德勒法案》(Chandler Act,又称《1938 年破产法》,Bankruptcy Act of 1938),《统一欺诈输送法》的实质内容成为美国《1938 年破产法》内容的重要组成部分。《1978 年破产改革法》(Bankruptcy Reform Act of 1978)对美国《1938 年破产法》中的欺诈转让制度进行修改,随后美国《2005 年防止破产程序滥用与消费者保护法案》(Bankruptcy Abuse Prevention and Consumer Protection Act of 2005)进一步对欺诈转让制度作了细微适当的修改,形成当前《美国破产法典》(United States Bankruptcy Code)中的欺诈转让制度。全国统一州法委员会受《1978 年破产改革法》对欺诈转让制度修改的鼓舞,迅速采取使州法律现代化的行动,在 1984 年颁布美国《统一欺诈转让法》(Uniform Fraudulent Transfer Act),[③]取代美国《统一欺诈输送法》成为新的统一欺诈转让的州法范本,努力缩小其与《美国破产法典》之间的差异。

---

① See Douglas G. Baird & Thomas H. Jackson, *Fraudulent Conveyance Law and Its Proper Domain*, 38 Vanderbilt Law Review 829 (1985).

② See Bruce A. Markell, *Following Zaretsky: Fraudulent Transfers and Unfair Risk*, 75 American Bankruptcy Law Journal 317 (2001).

③ See Frank R. Kennedy, *The Uniform Fraudulent Transfer Act*, 18 Uniform Commercial Code Law Journal 195 (1986).

2014 年全国统一州法委员会对美国《统一欺诈转让法》进行修订，将其更名为美国《统一可撤销交易法》（Uniform Voidable Transactions Act）。将“欺诈转让”更名为“可撤销交易”的原因是为了对“欺诈转让”标题造成的误导描述进行澄清，以阐明法律的目的和适用范围。因为欺诈从来不是根据欺诈转让法寻求救济的必要要素，客观化的拟制欺诈与欺诈没有必然的相关性。不过 2014 年的美国《统一可撤销交易法》没有实质性改变美国《统一欺诈转让法》的语言和内容，①只是解决一些定义狭隘的问题。

美国法对欺诈转让行为的规制形成破产法上和破产法外的二元规制格局，但两者的内容在许多方面是相似的，②比如对转让的定义都采取了“列举 + 兜底”的立法模式。从立法过程中立法者的意愿看，转让的定义应当尽可能的广泛，甚至涵盖任何财产利益的转让。③

我国为保护债权人免受债务人欺诈转让行为的伤害，对债务人欺诈转让行为的撤销规制同样有着破产法外的撤销权与破产法上的撤销权之分。1999 年生效的《合同法》第 74 条和第 75 条最早专门规定了破产法外的撤销权，《企业破产法》第 31 条规定破产法上的撤销权，而对一些独特的欺诈转让行为，《企业破产法》第 33 条还规定行为无效制度。因为《合同法》第 74 条关于可撤销的债务人行为规定过于狭窄，不利于充分保护债权人，④所以最高人民法院公布的《合同法司法解释二》第 18 条增加了可撤销的债务人行为类型，并且该规定内容被 2020 年通过的《民法典》吸收。《民法典》第 538 条至第 542 条对撤销权作了具体规定，其中针对的行为类型包含债务人放弃债权、无偿转让财产、以明显不合理的低价转让财产或者以明显不合理的高价受让他人财产等。《企业破产法》上的撤销权针对无偿转让财产、放弃债权和以明显不合理的价格进行交易等债务人行为。我国破产法外的债权人撤销权和破产法上的撤销权内容有着相当程度的重合。此外，从条文规定的内容来看，除“债务人恶意延长其到期债权的履行期限”的情形外，《民法典》上的撤销权对债务人的主观方面没有任何要求，而《企业破产法》第 31 条所列行为

---

① See David Gray Carlson, *Fraudulent Transfers*: *Void and Voidable*, 29 American Bankruptcy Institute Law Review 1 (2021).

② See Margaret Howard, *Bankruptcy*: *Cases and Materials*, West, 2011, p. 390.

③ See Samir D. Parikh, *Saving Fraudulent Transfer Law*, 86 American Bankruptcy Law Journal 305 (2012).

④ 参见崔建远：《论债权人撤销权的构成》，载《清华法学》2020 年第 3 期。

的撤销也并没有任何主观要件的要求,所以破产法外的撤销权和破产法上的撤销权都具有强烈的客观主义色彩。

这些欺诈转让制度的历史变迁和内容特征,尤其是主观化向客观化转变的趋势,背后体现出欺诈转让制度的内在机理。债务人原则上应当以其全部财产对自身债务承担责任,债务人的财产对其债权人的债权构成一般担保,债务人财产的减少对债权人利益影响甚巨。[①] 欺诈转让制度关注减少债务人财产价值进而减少债权人整体回报的转让,其基本目标是防止不公平地减少可用于清偿债权人债权的财产对债权人造成的伤害,纠正债务人人为操纵其一般责任财产的变动以损害债权人利益的不当行为,保护债权人免受债务人操纵责任财产行为的影响。在破产中,欺诈转让制度的目标同样是使债权人避免受到不公平的债务人破产财产之转让的影响。[②]

(二)欺诈转让制度的主观构造与客观构造

美国法上的欺诈转让制度将欺诈转让区分为两种类型,即实际欺诈和拟制欺诈。实际欺诈和拟制欺诈代表欺诈转让的主观构造与客观构造。在实际欺诈中,如果债务人在转让财产或者承担义务时具有妨碍、拖延或者欺骗其债权人的实际意图,其行为会被认定为欺诈转让,债权人可请求撤销该转让。实际欺诈的重点是判断债务人主观上"妨碍、拖延或者欺骗其债权人"的实际意图。由于债务人几乎不太可能公开其欺诈的实际意图,其主观状态很难被窥知,因此,美国经一系列司法判例,发展出确定债务人实际欺诈意图的欺诈表象。制定法又对判例法中的欺诈表象制度进行了成文化。美国《统一可撤销交易法》规定在确定债务人实际意图时,可考虑转让或者承担义务是否对内幕人作出、债务人在转让后是否仍保留对转让财产的占有或者控制、转让或者承担义务是否披露或隐瞒等 11 项因素。[③] 这些因素作为非排他性因素,为判例法进一步发展欺诈表象预留空间。

拟制欺诈,指只要证明存在法律规定的特定事实,债务人的转让或者承担义务就可被认定为欺诈转让,无须考虑债务人主观实际意图。美国《统一可撤销交易法》中规定的拟制欺诈主要有四种类型:其一,债务人转让或者承担义务没有收到合理对等价值,且债务人正在从事或准备从事商业活动或者交易,而债务人的剩余

---

① 参见王泽鉴:《债法原理》(第 2 版),北京大学出版社 2013 年版,第 76 页。

② See Oksana Lashko, *Enhancing Creditor Recovery-Should Services Be Deemed Property for the Purpose of Fraudulent Transfer Law*, 72 Brooklyn Law Review 317 (2006).

③ See Uniform Voidable Transactions Act §4(b).

资产相对于该商业活动或者交易不合理的过少。其二，债务人转让或者承担义务没有收到合理对等价值，且试图承担或者相信债务人将要承担一项债务履行期届至时，债务人没有能力清偿的债务。其三，债务人转让或者承担义务没有收到合理对等价值，且债务人转让或者承担义务时已经破产，抑或该转让或义务导致债务人破产。其四，转让是为先前债务向内幕人作出，债务人在作出转让时已经破产，且内幕人有合理理由相信债务人已经破产。① 从拟制欺诈类型的内容可以看出，拟制欺诈一部分是欺诈表象的进一步客观化。

前三种拟制欺诈类型都与债务人是否收到合理对等价值有关。价值是指作为债务人转让或者承担义务的交换而转让的财产，抑或对债务人先前债务的清偿或担保，但不包括承诺人在其日常经营之外向债务人或者其他人提供生活照顾的未履行的承诺。美国《统一可撤销交易法》对“合理对等价值”没有明确定义，价值是否合理对等，涉及债务人转让或者承担义务与其收到的价值之间的价格比对，需要法院根据个案具体判断。受让人或者权利人善意与否，不是判断合理对等价值的考虑因素。欺诈转让制度目的是保护债务人的债权人不因债务人财产被耗尽而受到损害，合理对等价值需从债权人角度考虑。如果债务人收到的对价从债权人角度看没有效用，那么则不符合法律对价值的定义。判断合理对等价值更为关键的因素是客观市场标准，考虑债务人是否获得可衡量的经济利益，②这种经济利益必须是交易所得。除了证明不存在合理对等价值，要构成拟制欺诈转让，还须证明存在相应的特定事实。第四种拟制欺诈类型是内幕偏颇交易，该种拟制欺诈的构成中，不包含债务人是否收到合理对等价值。

我国《民法典》规定的撤销权虽然对债务人的主观方面基本没有任何要求，但学理上主张应当在区分有偿行为和无偿行为的基础上，设定主观方面和客观方面的要求。③ 对于无偿行为，只要具备所要求的客观要件，就可以发生撤销权。对于有偿行为，除需要具备所要求的客观要件外，还应当要求债务人具备相应的主观要件，才可能发生撤销权。因为撤销权是对债务人与第三人已成立的法律关系的破坏，对交易安全影响甚巨。在无偿行为中，第三人的受益并非源于付出对价得来，剥夺第三人受益只是丧失无偿所得之利益，不会对第三人造成积极损害，保护无偿

---

① See Uniform Voidable Transactions Act § §4 – 5.

② 参见[美]查尔斯·J. 泰步：《美国破产法新论》（第3版），韩长印、何欢、王之洲译，中国政法大学出版社2017年版，第650页。

③ 参见崔建远：《合同法》（第3版），北京大学出版社2016年版，第183页。

受益的第三人将对债权人造成损害,所以可以放宽撤销权要件;在有偿行为中,第三人受益是通过对价交换得来,债务人亦收到对价,撤销可能对第三人造成损害,为兼顾债权人利益保护和交易安全,只有债务人和第三人均有恶意时才能撤销。①因此,撤销权的主观构造要求债务人对其行为损害债权人利益能够有所认识。②

尽管我国法和美国法认为欺诈转让制度的主观构造与客观构造的成因不同,前者是债权人利益保护和交易安全权衡的结果,后者是通过客观化来缓解主观证明困难的结果,但都不约而同地对欺诈转让制度进行主观构造和客观构造的区分。

(三)欺诈转让制度的法律效果

如果债务人的转让或者承担义务构成欺诈转让,那么债权人可以在清偿其债权的必要范围内撤销该转让或者义务。对于债务人欺诈性义务的承担,债务人的义务经撤销后终止。对于债务人转让的资产,转让经撤销后可对转让的资产进行追回,或者根据法院的判决,对转让资产的价值进行追回,受让人负有返还义务。转让资产的价值追回通常发生在资产本身无法追回或者资产追回已无实际意义的情形中。转让资产的价值以转让时的资产价值为标准来确定,并可能根据公平要求对追回的转让资产的价值数额进行调整。如果债权人的债权额低于被转让的财产价值,那么债权人的追回范围仅限于其债权额。欺诈转让制度的主要法律效果是恢复原状。存在给付物的情况下,给付物的物权复归给付人,产生具有物权效力的财产返还,在给付物不复存在的情况下,应当作价返还。③ 从欺诈转让制度或者撤销权的功能来看,善意且向债务人给付合理对等价值的受让人或者权利人,抑或任何善意且给付合理对等价值的后续受让人或者权利人,免受债务人转让或者承担义务之撤销影响。④

美国法上,除撤销转让并追回外,债权人还可以采取其他救济措施。债权人可根据适用的法律对转让的资产或者受让人的其他财产采取扣押财产或其他临时救济。例如,债权人可根据获得的法院判决,对转让的资产或者该资产的收益直接进行扣押。债权人还可从法院获取禁令,禁止债务人和/或受让人进一步处分转让的资产或者受让人的其他财产。债权人还可请求法院指定一名管理人,负责接管所转让的资产或者受让人的其他财产。债权人甚至可以根据适用的公平原则和适用

① 参见郑玉波:《民法债编总论》(修订2版),陈隆荣修订,中国政法大学出版社2004年版,第299页。

② 参见韩世远:《合同法总论》(第4版),法律出版社2018年版,第468页。

③ 参见王洪亮:《债权人撤销权的法律效果及其在程序上的实现》,载《比较法研究》2024年第3期。

④ See Uniform Voidable Transactions Act §8.

的民事诉讼规则，采取因情况需要的任何其他救济。

此外，为督促债权人或者管理人行使权利，避免欺诈转让法律关系悬而不决，美国法对债权人或者管理人权利的行使设有时效限制。根据美国《统一可撤销交易法》规定，债权人对实际欺诈的救济请求应在债务人转让资产或者承担义务后4年内提出，如果迟于4年，则在债权人合理发现或者可能合理发现该转让或承担义务情况下，可延长1年。内幕偏颇交易的债权人救济请求需在转让作出后1年内提出。对于债务人未收到合理对等价值类型的拟制欺诈，债权人救济请求不得迟于转让或者承担义务作出后4年内提出。在破产程序中，管理人撤销权所针对的欺诈转让行为需发生在破产申请前的临界期内，通常管理人撤销的债务人财产转让或者承担义务应在破产申请日之前2年内发生。

在我国，由于《企业破产法》没有规定破产撤销权的诉讼时效，所以破产撤销权的诉讼时效应依据《民法典》上撤销权的诉讼时效。我国破产法外撤销权和破产法上撤销权应自债权人知道或者应当知道撤销事由之日起1年内行使，债权人不知道或者不应当知道撤销事由的情形中，撤销权自债务人的行为发生之日起5年内行使。① 在破产程序中，破产撤销权的行使主体是破产管理人，②知道或者应当知道的主体也应当是破产管理人。

二、衡平居次制度的构造

衡平居次制度的构造主要包括制度规范目的、适用标准和法律效果三个方面的内容。

（一）衡平居次制度的演变与规范目的

衡平居次制度是诞生于美国判例法的一项制度，经《美国破产法典》成文化，成为《美国破产法典》第510(c)条内容。根据衡平居次制度，法院在破产分配中可以将一项经确认的债权/权益的全部或者部分劣后于另一项经确认的债权/权益的全部或者部分受偿。2015年，我国最高人民法院在其公布的典型案例“沙港公司诉开天公司执行分配方案异议案”中，以司法裁判的方式肯定了衡平居次制度的借鉴意义，③但《公司法》和《企业破产法》均未规定衡平居次制度，是否借鉴衡平居次

① 参见《民法典》第541条。

② 参见《企业破产法》第31条和第32条。

③ 参见《最高人民法院发布的四起典型案例》，载《人民法院报》2015年4月1日，第3版。

制度在我国尚存在理论争议。[①] 衡平居次制度具体是美国联邦最高法院在派佩诉立顿案(Pepper *v*. Litton,以下简称派佩案)中的一项发明,但在派佩案之前,美国联邦最高法院审理的泰勒诉标准煤气电力公司案(Taylor *v*. Standard Gas & Electric Co.,以下简称泰勒案)中就已有衡平居次制度的影子。泰勒案和派佩案共同构成衡平居次制度的根基。

在泰勒案中,[②]标准煤气电力公司(Standard Gas & Electric)作为深石石油公司(Deep Rock)具有支配和控制地位的股东,对深石石油公司的人事、业务发展、经营和财务等方面具有完全控制与支配权。1933 年深石石油公司被破产接管,标准煤气电力公司在破产程序中就其与深石石油公司之间因交易和贷款产生的债权债务关系申报债权,遭到托管人和深石石油公司的优先股股东反对。经过与深石石油公司的重组委员会协商,标准煤气电力公司提议将其债权降格,该提议被纳入深石石油公司的重组计划。标准煤气电力公司对深石石油公司债权降格的做法得到法院支持。美国联邦最高法院法官认为,深石石油公司在成立时资本显著不足,是由于标准煤气电力公司没有对深石石油公司投入足够的资本,并且标准煤气电力公司在管理深石石油公司事务时滥用权力,甚至将深石石油公司当作其谋取利益的工具。标准煤气电力公司对深石石油公司管理不善中的不当和有害行为伤害了优先股股东,法院应承认优先股股东因标准煤气电力公司对深石石油公司的不当行为和有害行为而产生的权利与地位。

在派佩案中,[③]于迪克西斯普林特煤炭公司(Dixie Splint Coal)中处于支配和控制地位的股东立顿在预计到迪克西斯普林特煤炭公司债权人派佩将根据租约从迪克西斯普林特煤炭公司追偿使用费之后,为挫败派佩的追偿,利用自己的支配和控制地位,使迪克西斯普林特煤炭公司承认其服务费债权,并通过一个欺骗性方案将对迪克西斯普林特煤炭公司执行中获得的财产转移到立顿的另一家公司,其后迪克西斯普林特煤炭公司根据董事会决议申请破产。负责撰写法庭意见的美国联邦最高法院威廉·奥威尔·道格拉斯(William Orville Douglas)法官认为,立顿作为公司内部人,利用其战略性地位损害了公司债权人派佩的利益。立顿利用自己的权力对公司债权人造成不公平对待,且其操纵公司事务以至于当一个公司债权

---

① 参见党海娟:《我国破产法引入衡平居次规则必要性和可行性的反思——从最高院发布的一则典型案例说起》,载《河北法学》2016 年第 3 期。

② See Taylor *v*. Standard Gas & Electric Co., 306 U. S. 307 (1939).

③ See Pepper *v*. Litton, 308 U. S. 295 (1939).

人准备实现自己的债权时，发现债务人公司的大部分资产已转入立顿的另一家公司，立顿通过法律操纵获得迪克西斯普林特煤炭公司的大部分资产且未支付现金或者其他对价，而公司账簿表明这只是立顿过去几年的服务费，该服务费标准却由立顿确立。在此基础上，法院赞同对立顿针对迪克西斯普林特煤炭公司的债权予以降格或者否认。

泰勒案和派佩案表明，衡平居次制度基本目标关注债权人的不公平行为（inequitable conduct）。① 债权人的不公平行为既包括公司内部人（如股东）作为债权人实施的不公平行为，也包括公司内部人以外的债权人之不公平行为。衡平居次制度意在防止债权人利用自己对债务人的控制，以损害其他债权人的方式为自己谋取利益。当债权人利用对债务人的控制实施损害其他债权人的不公平行为，衡平居次制度将对其进行识别，为受到不公平行为损害的债权人提供填补损害的救济。

（二）衡平居次制度的适用标准

虽然美国 1978 年破产法改革对衡平居次制度作了明确规定，但是改革仅限于对衡平法规则的法典化。衡平居次制度是关注债权人的行为，以标准为基础的制度。《美国破产法典》规定的衡平居次制度没有说明什么情况下将触发或者不触发衡平居次制度的适用，给衡平居次制度适用留下潜在的模糊标准。美国国会的意图是在破产法中包含衡平居次条款，但不改变或者破坏既有的司法实践，法院应当遵循现有的判例法，并继续发展衡平居次制度的适用标准。② 法院在根据《美国破产法典》第 510（c）条塑造衡平居次制度方面具有一定程度的自由裁量空间。

在判例法中，法院在决定是否适用以及如何适用衡平居次制度时，经常援引第五巡回法院在移动钢铁公司案（In re Mobile Steel Co.）中归纳的衡平居次制度的三方面测试。③ 美国联邦最高法院曾重申了该案的重要性和持续影响力。④ 该三方面测试为：第一，债权被降格的债权人必须从事不公平行为。第二，该不公平行为必须损害其他债权人的利益或者使受居次的债权人取得不公平的优势。第三，对债权的衡平居次不违反破产法的其他规定。

---

① See David Gray Carlson, *The Logical Structure of Fraudulent Transfers and Equitable Subordination*, 45 William and Mary Law Review 157 (2003).

② See Margaret Howard, *Bankruptcy: Cases and Materials*, West, 2011, p. 268.

③ See In re Mobile Steel Co., 563 F. 2d 692 (5th Cir. 1977).

④ See United States *v.* Noland, 517 U. S. 535 (1996).

实施不公平行为的债权人包括内部人或者股东作为公司债权人的关系债权人和内部人或者股东以外的非关系债权人。衡平居次制度大多数情况下适用于内部人或者股东这类关系债权人，针对非关系债权人的衡平居次很少取得成功。① 法院对非关系债权人债权的衡平居次持谨慎态度，通常不愿意将非关系债权人的债权予以衡平居次，除非是非关系债权人的行为特别恶劣。一方面，内部人或股东是在公司陷入财务困境或经济困境时，最有可能向公司提供贷款的人，但基于内部人或股东的信息优势和地位，内部人或股东也更有可能利用对债务人的控制实施不公平行为，为自己牟利而损害其他债权人利益。另一方面，由于内部人或股东与公司关系本身十分密切，因此双方间的交易常常受到法院十分严格细致的审查，以确定其是否出于善意及是否公允。因而内部人或股东的行为成为衡平居次制度着重关注的对象。

美国根据长期司法实践经验的积累，从中总结出了三种常见的债权人不公平行为类型。② 其一，欺诈、违法或者违反信义义务的行为。其二，资本不足。其三，债权人对债务人纯粹工具式的运用或者债务人仅是债权人的"第二个我"。这些行为类型本身表明衡平居次制度与欺诈转让制度、"刺破公司面纱"制度有着较为密切的关系。

在衡平居次制度中，对债权人不公平行为的最终判断要回到债权人不公平行为是否对债权人间的分配结果产生不公平。因为债权人的不公平行为不是对债务人的不公平，而是指向债权分配结果的不公平。③

法院将对债权人之债权的衡平居次制度视为一种对债权人不公平行为的救济方式，而非是对债权人不公平行为的惩罚措施，目的是对因债权人不公平行为给其他债权人造成的损害提供填补救济。在行为归责上，债权人的不公平行为和其他债权人受损或债权人取得相对于其他债权人的不公平优势之间应当具有相当的因果关系。换言之，债权人的不公平行为导致其他债权人受损或使其取得相对于其他债权人的不公平优势。

(三)衡平居次制度的法律效果

相比于衡平居次制度适用标准的含糊、不明确，《美国破产法典》第 510(c)条

---

① See Douglas G. Baird, *Elements of Bankruptcy*, Foundation Press, 2014, p. 162.

② See In re Clark Pipe and Supply Co., 893 F. 2d 693 (5th Cir 1990).

③ See Juliet M. Moringiello, *Mortgage Modification, Equitable Subordination, and the Honest but Unfortunate Creditor*, 79 Fordham Law Review 1599 (2011).

明确规定了衡平居次制度的法律效果。符合衡平居次情形的,法院可以将一项经确认的债权/权益的全部或部分劣后于另一项经确认债权/权益的全部或部分。另外,法院可以裁定将被降格债权的担保利益转让给破产财产。在法律效果方面,衡平居次制度仅涉及对债权的劣后处理。从反面看,衡平居次制度是关于哪个债权人可以优先于债务人的其他债权人获得清偿的规则。衡平居次制度是对债权清偿顺序的重新排序,而非对债权完全不予确认。

衡平居次制度最终结果也不是对债权人不公平行为的追偿,而是消除其他债权人因债权人的不公平行为所造成的债权地位上的任何不利。[①] 衡平居次制度通过调整债权受偿顺序和改变分配结果,实现填补债权人不公平行为所造成的损害之目的。衡平居次制度附带有分配效果,债权降格能够产生与分配相同的结果。特别是在债务人已经资不抵债的场合,衡平居次制度构成将实施不公平行为之债权人的债权分配给受该债权人不公平行为伤害的债权人。

此外,若债务人财产已被其他优先债权人分配完毕,对债权受衡平居次的债权人而言,债权降格实际效果与拒绝确认债权的结果并无二致。衡平居次制度实际上也可能构成对实施不公平行为之债权人的惩罚性制裁。[②] 但是,惩罚性制裁只是衡平居次制度效果和功能的异体物,填补损害才是该制度的一般性的效果和功能。

三、"刺破公司面纱"制度的构造

"刺破公司面纱"制度的主要构造包括制度规范目的、适用标准和法律效果三个方面的内容。

(一)"刺破公司面纱"制度的规范目的

有限责任是现代公司制度中最重要的特征,有限责任带来收益的同时产生成本。有限责任对现代公司制度和社会经济的发展起到巨大推动作用。有限责任在功能上通过风险分配促进商业投资,降低股东对公司管理层和股东相互之间的监督成本,促进所有权与控制权的两权分离,鼓励投资者多样化投资,促进股票流通

---

① See Adam Feibelman, *Equitable Subordination*, *Fraudulent Transfer*, *and Sovereign Debt*, 70 Law and Contemporary Problems 171 (2007).

② See Adam J. Levitin, *Toward a Federal Common Law of Bankruptcy*: *Judicial Lawmaking in a Statutory Regime*, 80 American Bankruptcy Law Journal 1 (2006).

与股票市场的形成。[①] 有限责任使股东以其出资为限对公司债务承担责任，而不承担个人责任。有限责任不仅是股东的一项"特权"，还将股东原本需承担的投资风险和成本转移给公司债权人，可能会被用来损害公司债权人的利益。

为防止股东滥用有限责任，应当有一种机制在适当的情况下迫使股东将公司所造成的伤害内部化，平衡有限责任的收益与成本。出于公平的原因和目的，美国判例法发展出"刺破公司面纱"制度，作为对公司债权人的衡平法救济。[②] 我国2005年《公司法》第20条第3款以成文法的形式借鉴了"刺破公司面纱"制度。"刺破公司面纱"制度是指公司债权人在向公司追偿时，允许其直接向股东追偿，要求股东对公司债务承担责任。因此，"刺破公司面纱"制度针对的是股东有限责任，其突破股东以对公司投资额为限对公司债务承担责任的机制，是对有限责任规则的一种回应。

2023年新修订的《公司法》对"刺破公司面纱"制度作了一些更新与变动，第23条第1款除了沿袭旧《公司法》第20条第3款关于纵向"刺破公司面纱"规定外，又于第2款增加了横向"刺破公司面纱"制度，规定股东利用其控制的两个以上公司实施第23条第1款规定行为的，各公司应当对任一公司的债务承担连带责任。横向"刺破公司面纱"制度可追溯到美国的企业责任说，根据企业责任说，当两个或两个以上的公司实际上作为单一企业开展业务时，应当依照经济现实否认公司独立法律人格，使整个"企业"承担责任。[③] 不同于传统的纵向"刺破公司面纱"制度，横向"刺破公司面纱"制度突破的是公司的独立法律人格，公司的独立法律人格要求公司以其全部财产独立地承担责任，横向"刺破公司面纱"制度要求构成横向"刺破公司面纱"的公司对彼此的债务承担连带责任，否认了公司的独立法律人格。

（二）"刺破公司面纱"制度的适用标准

"刺破公司面纱"制度自产生以来，一直处于隐喻的迷雾之中。在"刺破公司面纱"制度的判例中，法院常常将公司描述成股东的一个壳或"第二个我"，或者仅仅是股东的工具。这些术语大同小异，试图传递公司缺乏实质内容的信息，但这些

---

① 参见[美]弗兰克·伊斯特布鲁克、[美]丹尼尔·费希尔：《公司法的经济结构》（中译本第2版），罗培新、张建伟译，北京大学出版社2014年版，第47～49页。

② See DeWitt Truck Brokers *v*. W. Ray Flemming Fruit Co., 540 F. 2d 681(4th Cir. 1976).

③ 参见[美]斯蒂芬·M. 班布里奇、[美]M. 托德·亨德森：《有限责任：法律与经济分析》，李诗鸿译，上海人民出版社2019年版，第182页。

术语仅是结果的描述,未提供"刺破公司面纱"的具体标准理由,欠缺实际意义,反而容易造成困惑或者误导。例如,其会导致以股东设立公司的目的为是否"刺破公司面纱"的判断标准,若股东设立公司的目的是为享受公司带来的利益和避免个人责任,则可成为"刺破公司面纱"的理由。这显然不符合大多数情形中公司存在的目的是实现股东有限责任的公共政策。作为判例法制度,"刺破公司面纱"的构造标准长期以来充满模糊性,赋予法官很大的裁量权。

如何构建"刺破公司面纱"的标准一直是理论和实务研究的难点,判例法对"刺破公司面纱"标准的内容存在相当的差异。在"刺破公司面纱"纠纷中,学者通过对相关司法判例的归纳整理,得出了一些常见的"刺破公司面纱"案型。[①] 其一,股东控制或者主导公司案型。该案型意味着公司处于股东控制或主导之下,没有自己的思想。同时,该案型区分了"刺破公司面纱"对公司积极股东和消极股东的不同适用。其二,忽视公司程式案型。"刺破公司面纱"的原因是未遵守公司程序性。例如,没有召开股东会或者董事会,没有准备股东会或者董事会的会议记录,没有正式批准或仔细记录公司与股东、关联公司之间的交易等。其三,资产混同案型。股东资产与公司资产没有完全或审慎地进行区分,股东个人资产被用于公司开支或者公司资产被用于股东个人开支。该类型被认定的理由根植于股东获得有限责任保护是以遵守股东与公司之间资产分割为前提。其四,资本不足案型。从经济需求角度看,公司资本显著低于公司经营所产生的风险水平。

此外,理论通常区分合同场景和侵权场景中"刺破公司面纱"的标准。[②] 对于前者,由于合同债权人是主动、自愿地与公司进行交易,事前有机会了解公司情况,约定风险分配,在不存在误导或欺诈等因素的情况下,事后不应过多干预合同当事人之间的风险分配,[③]所以对合同场景中"刺破公司面纱"的标准构建通常要严于侵权场景。二者"刺破公司面纱"的标准也不同,例如,侵权场景中通常不涉及虚假陈述,而资本不足常常成为"刺破公司面纱",追究股东责任的解释。

这些案型区分并非不存在疑问,很少有单一案型理由足以构成"刺破公司面纱"的标准,支撑起"刺破公司面纱"制度的正当性。[④] 例如,仅仅是控制或者过度

---

① 参见朱慈蕴:《公司法人格否认法理研究》,法律出版社 1998 年版,第 140 页。

② See Robert B. Thompson, *Piercing the Corporate Veil: An Empirical Study*, 75 Cornell Law Review 1036 (1991).

③ 参见朱锦清:《公司法学》,清华大学出版社 2017 年版,第 173 页。

④ 参见施天涛:《公司法论》(第 4 版),法律出版社 2018 年版,第 35 页。

控制不能证明“刺破公司面纱”的合理性。公司作为法律的构造物，现实世界中没有任何公司真正拥有“自己”的意志。公司的意志是通过正当程序机制转化成员意思的结果。公司的成员越少，决策者也会不可避免地减少，公司意志也就越接近成员意志。存在多数股东或者唯一股东的公司中，通常多数股东或者唯一股东决定公司行动。如果仅凭控制或者过度控制就能够“刺破公司面纱”，法院几乎可以刺破许多封闭公司和公众公司的面纱，与赋予股东有限责任的政策背道而驰。①资本不足同样如此。在当今简化公司注册资本，便利股东设立公司的时代，如果仅仅凭借资本不足就“刺破公司面纱”，显然不符合简化公司注册资本的初衷。

从“刺破公司面纱”作为追究股东责任，填补公司债权人权益损害的公平救济目的来看，除非是出于现实特别的法律政策考量，②否则适用“刺破公司面纱”制度应当要求股东和公司行为与公司债权人权益损害之间存在相当的因果关系。比如股东通过对公司的控制实施欺诈或者不法行为，伤害公司债权人。“刺破公司面纱”制度是对股东行为对公司债权人利益造成损害的一种利益补偿。如果股东行为没有对公司债权人的利益造成损害，则没有“刺破公司面纱”制度的适用余地。③许多美国法院除了要求公司是股东的“第二个我”之外，还要求存在欺诈或者不公正因素，并由此导致公司债权人受损。④ 因此，“刺破公司面纱”的标准需要多个因素相互协力，不能忽视当中的因果关系。

（三）“刺破公司面纱”的法律效果

传统的“刺破公司面纱”制度是对股东的直索责任，意味着股东对公司债务承担责任。理论上许多观点认为有限责任是公司独立法律人格的后果。⑤ 公司是独立于其股东的实体，以自己的名义开展活动、起诉和应诉、享有权利和承担义务。公司的义务由公司负责，而非股东负责。因此，公司以其全部财产对公司债务承担责任，股东对公司债务不负有个人责任，除非股东自愿承担公司债务，有限责任成为公司独立法律人格的逻辑结果。“刺破公司面纱”否定有限责任，让股东与公司一体承担责任，进一步的逻辑延伸意味着否定公司独立法律人格。

---

① 参见［美］斯蒂芬·M. 班布里奇、［美］M. 托德·亨德森：《有限责任：法律与经济分析》，李诗鸿译，上海人民出版社2019年版，第90页。

② See Jonathan Macey & Joshua Mitts, *Finding Order in the Morass: The Three Real Justifications for Piercing the Corporate Veil*, 100 Cornell Law Review 99 (2014).

③ 参见朱慈蕴：《公司法原论》，清华大学出版社2011年版，第52页。

④ See Peter B. Oh, *Veil-Piercing*, 89 Texas Law Review 81 (2010).

⑤ 参见［德］卡尔·拉伦茨：《德国民法通论》，王晓晔等译，法律出版社2013年版，第182~183页。

有限责任并不完全等同于公司的独立法律人格。首先,从资产分割理论来看,与法律实体的独立性相关的是实体防护(实体资产与所有者个人资产的分离),实体防护是法律实体的必要条件。[①] 公司的独立性与股东有限责任是两个独立且可以分离的设计,不是当然且必须捆绑在一起,股东是否享有有限责任并不影响公司的独立法律人格。其次,从承认公司独立性和股东有限责任的历史发展的角度来看,认可公司法人的独立性与股东有限责任的时间不一致。[②] 在承认股东有限责任作为公司的一项规则之前,就已认可公司作为独立的法律实体从事对外交往。有限责任并非不可抗拒地源于公司作为独立法人的概念。[③] 最后,从比较法的角度来看,德国法、法国法和日本法上都存在认可公司独立法律人格和股东承担无限责任的设计,例如,德国法上的股份两合公司、日本法上的两合公司,公司独立法律人格和股东的无限责任可以并存,[④]这更加明显和强烈地体现国家在创建作为法律主体的公司方面的作用。[⑤] 国家可以赋予公司独立法律人格,就实体防护和所有者防护进行不同的组合与设计。

"刺破公司面纱"制度的功效是让股东对公司债务承担责任,[⑥]提供一种垂直的责任形式,这种责任本质是一种股东承担的连带责任,否定的只是股东有限责任和公司承担责任的独立性,不当然影响公司作为法律主体的独立性。股东与公司之间的实体防护依然存在,股东及其债权人不能就公司资产索赔。犹如在自然人承担连带责任的场合,没有理由说自然人因承担连带责任就丧失主体资格,在公司与其他主体承担连带责任的场合亦是如此。

从直观上看,欺诈转让制度、衡平居次制度、"刺破公司面纱"制度和实质合并破产制度的规范目的与具体构造有着明显差异性,特别是在法律效果方面。根据

---

① See Henry Hansmann & Reinier Kraakman, *The Essential Role of Organizational Law*, 110 The Yale Law Journal 387 (2000).

② See Robert B. Thompson, *Why New Corporate Law Arises: Implications for the Twenty-First Century*, in Steven Davidoff Solomon and Randall Stuart Thomas eds., The Corporate Contract in Changing Times: Is the Law Keeping Up, The University of Chicago Press, 2019, p. 4 - 5.

③ See Phillip I. Blumberg, *Limited Liability and Corporate Groups*, 11 Journal of Corporation Law 573 (1986).

④ 参见[日]近藤光男:《最新日本公司法》(第7版),梁爽译,法律出版社2016年版,第457页。

⑤ 参见[德]本德·吕特斯、[德]阿斯特丽德·施塔德勒:《德国民法总论》(第18版),于馨淼、张姝译,法律出版社2017年版,第124页。

⑥ See Thomas K. Cheng, *The Corporate Veil Doctrine Revisited: A Comparative Study of the English and the U. S. Corporate Veil Doctrines*, 34 Boston College International and Comparative Law Review 329 (2011).

实质合并破产制度，企业集团实质合并破产的法律效果是集团成员公司债务人的资产和负债被合并，所有集团成员公司债务人的债权人统一从合并的资产中进行清偿。欺诈转让制度可以撤销转让的资产或者承担的债务，但撤销并不允许对受让人主张任何其他债权。衡平居次制度虽然重新定性债权，但未允许债务人的债权人对其他债务人的资产提出直接索赔。实质合并破产制度涉及公司独立性和有限责任，与“刺破公司面纱”制度看似相似，但“刺破公司面纱”制度是关于公司债权人和股东之间的关系与竞争，实质合并破产制度更多是关于债权人之间的竞争。

第二节　制度目的和功能的相似性

从功能比较的视角看，欺诈转让制度、衡平居次制度、“刺破公司面纱”制度和实质合并破产制度是实质重于形式理念在商法中的体现。这些制度从实质主义角度出发，为债权人提供救济。

一、商法中的实质主义

形式与实质相互对立统一，二者是对事物的不同揭示。形式指事物的外观、组织结构和表现方式等，实质指事物的内在含义，揭示事物本身所必然固有的性质。法律当中长期存在着形式主义与实质主义的对立统一，商法亦不例外。商法规范体系有形式商法主义和实质商法主义之分，前者着眼于商法规范的表现形式与法典的编纂结构，一般以制定独立的商法典作为商法的表现形式。[①] 实质商法主义关注规范对象、规范性质、规范构成及规范作用理念的统一，认为一切以商事关系作为调整对象的法律法规都是实质意义上的商法，[②]不强求以商法典作为商法的表现形式。

商法的基本原则和规范内容对形式主义与实质主义的侧重不同。在商法的基本原则方面，外部客观表象占据重要地位，重客观表象的外观主义在商法中具有普遍适用性。外观主义是指以交易当事人的行为外观为准而认定其行为所产生的法律效果。因商法技术性和要式性的特点，外观主义是商法的一般原则，[③]是架构商

---

① 参见蒋大兴：《〈商法通则〉/〈商法典〉的可能空间？——再论商法与民法规范内容的差异性》，载《比较法研究》2018 年第 5 期。

② 参见李建伟：《民法总则设置商法规范的限度及其理论解释》，载《中国法学》2016 年第 4 期。

③ 参见曾大鹏：《中国商法通则理论与立法研究》，法律出版社 2013 年版，第 54 页。

法内在体系的重要元素。在商法的规范内容方面,不同商法领域的形式主义与实质主义的比例各不相同。

公司法是形式主义的大本营。由于形式主义在不同情景中可能有不同的意义,①公司法当中可能呈现出多种形式主义类型。例如,程序形式主义,即一种实质的法律诉求的成功实现需要依靠程序规则,其表现为公司的分立、合并需要董事会和股东会的决议,对董事会和股东会的决议通过有着比例要求,股东行使提案权需要满足形式条件要求等。又如,组织形式主义,公司法对公司的形式和结构通常有着明确的基本规定,当事人只能在公司法规定的公司形式与结构中选取某一种适合自己的形式设立公司,不能在此之外选取或者创设其他类型。当事人在法律规定范围内选取的公司形式通常受到法律的尊重,不会被轻易否定。

破产法可能正好与公司法相反。根植于公平原则的破产法迎合破产的实质重于形式的理念,②更关注债权人利益保护、最大化破产财产价值、符合法律优先权的价值最大化的公平分配、恢复及重整的破产政策优先性。③

就商法的整体内容而言,形式主义在商法体系中被置于更优越的地位,实质主义原则上不被特别追求。多种原因合力造成了商法形式重于实质的倾向。

首先,商法上预设的人像是"智而强的""受利益引导的""始终追求和打算着利润的""利己的、理性的、运动着的""自由而平等的"人,④对法律的特别保护与强制介入的需求程度较低,因而能力、意思表示瑕疵及对意思表示自由的保护等追求实质正义的制度在商法中退到次要位置。⑤

其次,形式主义具有确定性和可预测性的形式要素,实质主义向形式主义的转向符合市场经济和商人的利益。在商人看来,法律是固定的规则体系,法律制度应放弃调整经济交易的实质公平的任务。⑥ 任何以实质重于形式为目的的法律规则,均可能造成法律的不确定性和无效率,从而影响商人的交易预期与交易确定性。形式主义的确定性和可预测性带来法律适用的可计量性,能够保障商事交易

① 参见[美]邓肯·肯尼迪:《法律形式主义》,陆幸福译,载《法律方法》2013年第1期。

② See In re Financial News Network Inc., 980 F.2d 165, 169 (2d Cir. 1992).

③ See Daniel J. Bussel, *Doing Equity in Bankruptcy*, 34 Emory Bankruptcy Developments Journal 13 (2017).

④ 参见[日]星野英一:《私法中的人》,王闯译,中国法制出版社2004年版,第35~36页。

⑤ 参见崔建远:《民事合同与商事合同之辨》,载《政法论坛》2022年第1期。

⑥ 参见[美]莫顿·J.霍维茨:《美国法的变迁:1780—1860》,谢鸿飞译,中国政法大学出版社2019年版,第383页。

安全,提高商事交易效率。

最后,商法总是不断地扮演着法律发展的开拓者和急先锋的角色,犹如在冰川的上游,不断形成新的积雪。[①] 商法的发展与商事实践的发展关系密切,商事实践的创新要求商法不断地自我更新。比如商法超越罗马法中禁止代理的传统,在商事交易中创立了经理制度。[②] 新的交易形式与交易结构的设计通常是围绕既有法律规则进行,某种意义上也是对既有法律规则的规避,此种规避在很大程度上是创新的重要原因与动力源。[③] 如果忽视实践创新的表象,仅依据实践创新规避了法律而对其断然否定,无疑会扼杀商事实践的创新,进而影响商法的创新性。

与商法整体形式重于实质的倾向不同,欺诈转让制度、衡平居次制度、"刺破公司面纱"制度和实质合并破产制度均是商法中实质主义的体现,这些规则遵循实质重于形式的理念。欺诈转让制度针对交易形式,却着眼于交易实质,其目的在于保护债权人不受债务人从事的任何有损害其权利的交易影响。如果债务人从事的交易内容损害债权人的权利,将受到欺诈转让制度规制。衡平居次制度着眼于债权人的行为实质。[④] 如果债权人的行为是以损害其他债权人的利益为自己谋利的不公平行为,衡平居次制度将对该债权人的债权进行调整。"刺破公司面纱"制度和实质合并破产制度都关注公司形式和股东有限责任,在必要的时候瓦解并重新定义公司结构,[⑤]以符合公司形式和股东有限责任使用的实质。

欺诈转让制度、衡平居次制度、"刺破公司面纱"制度和实质合并破产制度本身都是对实质正义的追求。实质正义注重目的和内容的正义性。每个人都拥有一种基于正义的不可侵犯性,实质正义要求不能以牺牲其他人利益而使自己获利。[⑥] 实质正义的理念要求欺诈转让制度、衡平居次制度、"刺破公司面纱"制度和实质合并破产制度关注实质,避免因遵守表面上的形式要求或者技术因素,使实质让位于形式,损害公平要求,并进一步阻碍实质正义的实现。

---

① 参见施鸿鹏:《民法与商法二元格局的演变与形成》,载《法学研究》2017 年第 2 期。

② 参见[德]C. W. 卡纳里斯:《德国商法》,杨继译,法律出版社 2006 年版,第 10 页。

③ 参见[美]弗雷德里克·S. 米什金:《货币金融学》,郑艳文、荆国勇译,中国人民大学出版社 2011 年版,第 266 页。

④ See Rachel Ehrlich Albanese, *Assignment of Claims Does Not Prevent Equitable Subordination Attack*, 2 Pratt's Journal of Bankruptcy Law 69 (2006).

⑤ See Steven L. Schwarcz, *Collapsing Corporate Structures: Resolving the Tension between Form and Substance*, 60 The Business Lawyer 109 (2004).

⑥ 参见[美]约翰·罗尔斯:《正义论》,何怀宏、何包钢、廖申白译,中国社会科学出版社 2009 年版,第 3 页。

二、矫正正义与债权人救济

亚里士多德最先将正义类型化为分配正义和矫正正义，并对二者进行了对比。[①] 分配正义是一种以分配为对象的成比例的正义，如果两个人的能力与贡献相等，那么各自得到的份额只有在相等情况下才构成分配正义。如果两个人的能力与贡献不相等，假设其中一人的能力与贡献是另一人的2倍，则只有能力与贡献更大的人所得份额是另一人的2倍时才构成分配正义。两个人之比与所得份额之比要成比例，违反比例就违反分配正义。矫正正义是在出于意愿或者违反意愿的私人交易中的正义。矫正正义关注数量的平等，如果理应属于某一人的物被另一人不公正地占有，那么该物应当被返还给合法所有人。矫正正义和分配正义的关键差异在于数学运算的不同，分配正义是几何比例，而矫正正义是一种算术比例。[②]

矫正正义将一方的不公正收益与另一方的不公正损失相互关联。其意在矫正造成另一方损失或者损害的违法行为，恢复被违法行为扭曲的原状。[③] 从制度目的看，欺诈转让制度、衡平居次制度、“刺破公司面纱”制度和实质合并破产制度是对损害债权人利益的债务人、债权人或者股东的不公平行为、违法行为的矫正。欺诈转让制度矫正的是债务人损害债权人的违法行为。如后文所述，实质合并破产制度最初是对债务人滥用公司形式损害债权人行为的救济，是对债务人违法行为的矫正。衡平居次制度和“刺破公司面纱”制度分别是对债权人和股东的违法行为的矫正。尽管所矫正的行为主体不同，这些制度规则都试图给予受到违法行为损害的债权人救济，矫正使债权人受到损害的行为。债务人、债权人或者股东以损害债权人的方式获益证明矫正他们的违法行为，为债权人提供救济具有合理性。因此，这些制度本身都具有矫正行为和救济债权人的功能。

第三节　制度目的和功能的差异性

实质合并破产制度与欺诈转让制度、衡平居次制度、“刺破公司面纱”制度有

---

① 参见[古希腊]亚里士多德：《尼各马可伦理学》，廖申白译注，商务印书馆2003年版，第134～140页。

② See Lionel Smith, *Restitution: The Heart of Corrective Justice*, 79 Texas Law Review 2115 (2001).

③ See Jacob Bronsther, *The Corrective Justice Theory of Punishment*, 107 Virginia Law Review 227 (2021).

着相似的功能,但也存在目的和功能的差异性。通过理解实质合并破产制度的目的和功能发展,能够深入认识该制度的目的和功能,以及其与其他类似制度之目的和功能的差异。

一、实质合并破产制度目的和功能的早期解读

由于被合并集团成员公司债务人可能具有不同的资产负债比率,实质合并破产的做法可能在被合并集团成员公司债务人的债权人之间产生重新分配财富的效果。该效应很可能对债权人造成伤害,或产生不公平的威胁。在美国早期实质合并破产案例中,法院强调实质合并破产制度的唯一目的是公平对待所有债权人。[①]公平对待债权人是破产法中确立的一项原则,实质合并破产制度对债权人的公平性在美国有关案例中受到普遍关注。[②] 法院在评估是否适用实质合并破产制度时,需要确定该制度对债权人的公平性。

在公平对待所有债权人的要求下,实质合并破产制度的适用需要考虑其对债权人带来的收益与伤害。最重要的是,美国法院认为由于可能对债权人造成不公平的对待,实质合并破产制度应当被谨慎适用,[③]仅能作为一种特殊的救济手段。

当代实质合并破产实践的发展与这种谨慎的司法态度迥然不同。破产法院在越来越多的企业集团破产案件中援引实质合并破产制度,使得其适用率有所提高。加拿大多伦多大学的学者雅各布·齐格尔(Jacob S. Ziegel)曾向美国学者林恩·洛普基(Lynn M. LoPucki)咨询美国大型公司破产重整中实质合并破产的实践情况,洛普基表示其已被广泛地非正式使用,在破产重整案件中的大多数实质合并破产是通过重整计划条款完成,而大多数大型公司的破产重整计划涉及实质合并破产制度。[④] 美国学者威廉·维登(William H. Widen)的相关实证研究结果表明,实质合并破产制度在美国大型公众公司破产实践中的适用具有普遍性。[⑤]

---

① See FDIC *v.* Colonial Realty Co. , 966 F2d 57 (2d Cir 1992).

② See Charles G. Berry, *Consolidation in Bankruptcy*, 50 American Bankruptcy Law Journal 343 (1976).

③ See William H. Thornton, *The Continuing Presumption against Substantive Consolidation*, 105 Banking Law Journal 448 (1988).

④ See Jacob S. Ziegel, *Corporate Groups and Crossborder Insolvencies: A Canada-United States Perspective*, 7 Fordham Journal of Corporate & Financial Law 367 (2001).

⑤ See William H. Widen, *Report to the American Bankruptcy Institute: Prevalence of Substantive Consolidation in large Public Company Bankruptcies from* 2000 *to* 2005, 16 American Bankruptcy Institute Law Review 1 (2008).

因此,从实质合并破产制度的实践发展情况来看,公平对待债权人的目的不能充分解释实质合并破产制度的适用普遍性。这种普遍性表明实质合并破产制度可能含有其他的目的和功能。

二、实质合并破产制度目的和功能的当代解读

随着企业集团模式在商业实践中的广泛运用,学者进一步以实质合并破产制度在企业集团环境下的适用来判断与解读实质合并破产制度的目的和功能。学者注意到实质合并破产制度对企业集团结构的调整作用,以及其还可能对企业集团成功破产重整起到关键作用。

(一)矫正企业集团结构

关于实质合并破产制度对企业集团结构的调整功能的探讨主要围绕两个方面展开,一方面是企业集团中集团成员公司债务人的机会主义行为,另一方面是企业集团的经济一体化实质。在此基础上,学者提出了关于实质合并破产制度功能的减少挪用风险理论、解决实体防护成本理论、解决寻求相互关联理论和回应企业集团经济一体化的经济理论。

1. 减少挪用风险理论

克里斯托弗·弗罗斯特(Christopher W. Frost)指出公司形式的运用使公司法制度必须至少关注两类风险:一是企业风险(enterprise risk),企业收益在任何时间点的预期可变性,即公司债权人面临着公司最终失败而无法偿还债务的风险;二是挪用风险(misappropriation risk),即公司管理层试图以牺牲公司债权人利益为代价将公司财富转移给股东。[1] 债务利率确定后,挪用风险可能表现为股东从公司撤出资产、用风险较高的资产替代现有资产、通过发行新债购买风险资产、放弃有价值的投资机会及公司分配等多种不同形式,从而增加公司风险,减少公司债权人受偿资产。挪用风险在企业集团环境下引起股东与公司债权人及不同集团成员公司的债权人之间的冲突。以子公司向母公司分配为例,子公司分配的动机可能是为了使企业集团的最终股东受益,但这种分配也改变了子公司的债权人和母公司的债权人之间的企业风险分配。企业集团中的挪用风险可能更为微妙,企业集团内

---

① See Christopher W. Frost, *Organizational Form*, *Misappropriation Risk*, *and the Substantive Consolidation of Corporate Groups*, 44 Hastings Law Journal 449 (1993).

部的资产转移伴随在各集团成员公司之间的风险转移。[①]

企业集团内部的有限责任为在各集团成员公司之间的资产转移或者从公司债权人处向股东转移财富提供了机会，进一步增加挪用风险。声誉约束、合同约束和治理约束机制均可能存在缺陷，例如，维持公司继续经营以未来公司失败的可能性为代价，有严重财务问题的公司之股东可能会理性地选择将财富转移给自己，而合同约束仅限特定公司债权人使用，这些约束机制只能提供针对企业集团中挪用风险的不完全保护。[②] 有限责任是一个在企业集团环境下增加挪用风险的重要因素，[③]消除有限责任可能减少企业集团中的挪用风险。实质合并破产制度能够消除企业集团内的有限责任，因而是减少企业集团内挪用风险的方法之一。

2. 解决实体防护成本理论

与前述实质合并破产制度的功能在于减少企业集团内的挪用风险较为接近，亨利·汉斯曼（Henry Hansmann）、莱纳·克拉克曼（Reinier Kraakman）和理查德·斯奎尔（Richard Squire）从收益与成本角度对资产分割所产生的实体防护成本进行经济分析，认为实质合并破产制度回应了资产分割所产生的实体防护成本。

汉斯曼、克拉克曼和斯奎尔在《法律和企业的兴起》一文中指出，实体防护创造了重要的经济收益，同时产生巨大的成本。实体防护通过保护企业的资产不受企业所有者的个人债权人追索，将企业债权人的权利置于特定资产上，减少企业债权人监督成本、管理层从事过度借贷的代理成本和破产管理成本，保护企业继续经营的价值，促进资产聚集、投资多样化和股份转让。但是，实体防护允许债务人在未经企业债权人同意的情况下跨实体转移资产，引起债务人机会主义行为。这种机会主义行为与所有者防护（有限责任）引起的所有者从实体中撤回资产的机会主义行为是两种完全相反的机会主义形式。跨实体转移资产的机会主义行为导致企业投资和分配适当性的混同和不确定性，确定和执行各企业资产会引起浪费性的争议纠纷和拖延解决企业债权人的索赔。

为防止企业之间的机会主义行为与混同，需要建立可靠的规则和成熟的破产制度，使其能够准确识别各企业的资产，评估各企业的资产负债比率，即使这将进

---

① See Kurt A. Strasser, *Piercing the Veil in Corporate Groups*, 37 Connecticut Law Review 637 (2005).

② See Christopher W. Frost, *Organizational Form, Misappropriation Risk, and the Substantive Consolidation of Corporate Groups*, 44 Hastings Law Journal 449 (1993).

③ See Franklin A. Gevurtz, *Groups of Companies*, 66 The American Journal of Comparative Law 181 (2018).

一步引起更高的执行成本和破产管理成本。[①] 实质合并破产制度允许法院无视企业集团的部分或全部子公司结构，实际上缩小或者完全取消整个资产池内的资产分割。[②] 因此，汉斯曼、克拉克曼和斯奎尔认为实质合并破产制度成为解决实体防护成本的一种方式。

3. 应对寻求相互关联理论

面对实践中广泛运用的企业集团模式和集团内担保，斯奎尔指出，先前的企业集团理论只能解释子公司或者集团内担保的使用，不能同时解释企业集团和集团内担保普遍存在的现象，存在明显的解释缺陷。斯奎尔提出寻求相互关联理论(correlation-seeking)，以解释为什么实践中普遍存在企业集团和集团内担保的现象。寻求相互关联是指企业承担与企业破产风险相关的或有债务或者通过资产收购将企业与企业破产风险相联系。[③] 在利用寻求相互关联理论对企业集团和集团内担保解释的过程中，斯奎尔阐述了实质合并破产制度的功能。

先前主流的企业集团理论认为子公司的使用是为分割信贷风险，因为债权人能够针对企业内分立的资产池进行授信，更容易评估信贷风险，减少债权人的信息成本和监督成本。但是，该理论与实践中大量使用集团内担保的现象相矛盾，集团内担保意味着一个集团成员公司债务人的债权人需要承受其他集团成员公司债务人破产的风险，[④]造成各集团成员公司债务人之间信贷风险转移的保证削弱了分割信贷风险带来的效率。主张集团内担保的存在是为允许债权人忽视企业集团结构或者子公司结构，在整个集团信用基础上进行信贷的理论未能解释为何企业要设立多家子公司，以一种使债权人更难评估风险的方式来维持这些子公司结构。[⑤]

斯奎尔提出的寻求相互关联理论认为，企业集团模式和集团内担保反映了一种寻求相互关联的股东机会主义。企业集团往往具有共同繁荣与失败的命运共同性，相互担保降低了受担保债务的利率。只要企业集团保持偿付能力，股东就能从

---

① See Henry Hansmann, Reinier Kraakman & Richard Squire, *Law and the Rise of the Firm*, 119 Harvard Law Review 1335 (2006).

② See Henry Hansmann, Reinier Kraakman & Richard Squire, *Law and the Rise of the Firm*, 119 Harvard Law Review 1335 (2006).

③ See Richard Squire, *Shareholder Opportunism in a World of Risky Debt*, 123 Harvard Law Review 1151 (2010).

④ See Anthony J. Casey, *The New Corporate Web: Tailored Entity Partitions and Creditors Selective Enforcement*, 124 The Yale Law Journal 2680 (2015).

⑤ See Richard Squire, *Strategic Liability in the Corporate Group*, 78 University of Chicago Law Review 605 (2011).

企业集团内担保中获益,即便企业集团陷入破产,由于股东在提供担保的集团成员公司中的股权被剥夺,已经不是理论上的剩余索取权人,因此担保最终是否被触发对股东而言并没有差异,但企业集团内的担保却稀释了企业集团中无担保债权人的破产清偿,①造成债权人向股东的财富转移。企业集团内担保带来的成本与收益的分离激励企业设立多家子公司和大量使用集团内担保,同时扭曲企业集团的组织结构。

一旦放弃资产分割带给债权人的信息收益,企业集团便失去了按照区分信贷风险实际差异的"功能线"组织子公司的激励,这反而鼓励企业集团利用公司形式的责任障碍设立更多的子公司,以提供寻求相互关联的机会,进而失去跟踪哪些资产和负债属于哪些集团成员公司的驱动力。通过集团内担保寻求相互关联使企业集团更加复杂和不透明,使破产程序复杂化。当企业集团破产时,破产法院需要清理企业集团的内部事务,根据集团成员公司债务人的财务状态计算集团成员公司债务人之债权人的清偿,集团成员公司的过度增长和对集团成员公司内部记录保存冷漠的结合经常使这一任务变得不可行,清理企业集团内部事务,维持集团成员公司债务人之间准确的边界可能会消耗企业集团的大部分剩余价值,致使破产法院通常没有什么实际选择,只能被迫求助实质合并破产制度。② 实质合并破产制度至少消灭了由集团内担保所产生的财富转移,防范了源自集团内担保的机会主义风险。

4. 回应企业集团经济一体化的经济理论

不同于关注企业集团内的债务人机会主义行为,维登关注企业集团的形成与运作过程,用经济理论解释实质合并破产制度。他提出公司形式除发挥资产分割功能外,还履行拟制人格功能和资产识别功能。③ 拟制人格功能确保公司作为一个独立的"拟制人"发挥作用。资产识别功能允许根据公司名称识别、收集和分离资产。在企业集团的形成与运作过程中,拟制人格的主动使用可能很大程度上会被停止,这使拟制人格成为冗余,进而损害公司形式的资产识别功能,使企业集团

---

① See Richard Squire, *Strategic Liability in the Corporate Group*, 78 University of Chicago Law Review 605 (2011).

② See Kwon-Yong Jin, *How to Eat an Elephant: Corporate Group Structure of Systemically Important Financial Institutions, Orderly Liquidation Authority, and Single Point of Entry Resolution*, 124 The Yale Law Journal 1746 (2015).

③ See William H. Widen, *Corporate Form and Substantive Consolidation*, 75 George Washington Law Review 237 (2007).

内的资产分割结构变得随意。

维登依据科斯的企业理论指出，只要企业为获得产品和服务而与第三方讨价还价的外部成本超过企业为向自身提供相同产品和服务的内部成本，企业的边界就会扩张。[①] 以公司收购为例，维登认为公司可以通过收购第三方公司的简单方式将原来的外部职能纳入公司内部，公司收购比公司自身内部发展提供相同产品和服务的能力具有速度快等多种优势，收购可以通过简单的股份收购方式而不是复杂的资产收购方式完成，从而形成复杂的企业集团，直到不能再进一步通过规模增长实现成本节约。

将生产内部化之后，许多目标公司的董事和高管不再需要确定生产、价格及与第三方的谈判，收购方公司通常会用自己的高管取代目标公司的董事和高管，目标公司的管理决策结构将复制母公司的管理决策结构，为进一步实现成本节约，收购方公司还经常集中资产筹集和现金管理活动。由于融资决策是为了企业集团整体而在母公司层面作出，集团缺乏监督新收购子公司资本水平的激励。因收购是为生产产品和服务内部化，目标公司除了为其他集团成员公司提供产品和服务外，可能基本或者根本没有其他业务，只能被认为是公司的一个部门。目标公司的董事和高管几乎总是接收母公司的指令，对与内部资产转让、公司会议有关的手续重视程度低于与第三方交易情形中的重视程度。

企业集团内成本节约就会导致公司形式的拟制人格机制的萎缩，资产识别功能的停止，所以通过规模增长寻求成本效益的企业集团创造了能够孕育出实质合并破产的环境。在企业集团内资产和负债分配不确定的情况下，实质合并破产制度为各集团成员公司生成资产负债表提供了一种成本较低的替代措施，省去生成单独资产负债表的会计和其他程序可能会节省交易成本，留下更多可供分配给集团成员公司债权人的资产。[②]

（二）实质合并破产制度促进企业集团拯救

早期的破产法带有惩罚主义色彩，债务人可能因破产面临着刑事责任。在社

---

① See William H. Widen, *Corporate Form and Substantive Consolidation*, 75 George Washington Law Review 237 (2007).

② See William H. Widen, *Corporate Form and Substantive Consolidation*, 75 George Washington Law Review 237 (2007).

会历史、政治和经济因素不断塑造下，破产制度越来越朝着拯救方向发展，[①]破产的历史也是从惩罚债务人到保护债务人及道德失败到经济失败的发展过程。企业是增进社会福利的引擎，[②]企业的失败对直接受影响的利益相关者及周边社区有着深远的影响，拯救企业可以保护投资、保存工作、维持供应商和客户群及防止破产对社会产生更深远的影响。现代破产法需要考虑到那些依赖企业之人的民生和福祉，一个良好的现代破产法制度应当为保存能够对国家经济生活作出有益贡献之有生存力的企业，提供一种拯救方法。[③] 现代破产法将保存有生存力和重生希望的企业作为一个重要目标，为实现企业拯救提供破产重整程序，通过破产重整程序使具有市场竞争力但陷入财务困境的企业能够摆脱危机。

从美国实质合并破产制度的发展来看，实质合并破产制度具有促进企业集团破产重整的功能。[④] 美国大多数企业集团破产重整实践中，通过在重整计划中采取实质合并破产的方式完成企业集团破产重整表明，实质合并破产能够加速或者促进企业集团破产重整。

一方面，实质合并破产制度能够带来破产案件管理收益，加快企业集团破产重整的进程。[⑤] 实质合并破产制度可以节省厘清被合并集团成员公司债务人之间混同的财务记录的成本以及确认多份重整计划的成本，这对于被合并集团成员公司债务人而言，有助于将节省下来的资源用于被合并集团成员公司债务人的继续经营，将被合并集团成员公司债务人的财产“蛋糕”做大，提高被合并集团成员公司债务人经营的可行性，增加被合并集团成员公司债务人获得长期融资的机会，提升被合并集团成员公司债务人重整计划成功的可能性。

另一方面，由于企业集团在内部资源配置过程中，不同的集团成员公司债务人

---

① See Tim Verdoes & Anthon Verweij, *The (Implicit) Dogmas of Business Rescue Culture*, 27 International Insolvency Review 398 (2018).

② 参见［美］斯蒂芬·M. 班布里奇、［美］M. 托德·亨德森：《外包董事会：董事会服务提供商如何改善公司治理》，李诗鸿译，上海人民出版社 2022 年版，第 8 页。

③ See Vanessa Finch, *Corporate Insolvency Law: Perspectives and Principles*, Cambridge University Press, 2009, p. 246.

④ See Meredith Dearborn, *Enterprise Liability: Reviewing and Revitalizing Liability for Corporate Groups*, 97 California Law Review 195 (2009).

⑤ See Scott R. Bowling, *Substantive Consolidation and Parties' Incentives in Chapter 11 Proceedings*, 66 New York University Annual Survey of American Law 341 (2010).

之间可能有着不同的专业化分工,相互配合与协作,[①]因此,各集团成员公司债务人都在企业结构、经营业务和财务上存在联系。如果在企业集团破产重整过程中忽视这种联系,对不同的集团成员公司债务人分别破产重整,那么因为单个集团成员公司债务人运营资产和经营业务体系的不完整,可能出现破产重整工作交叉重复导致成本浪费的效率损失,极大地降低企业集团破产重整成功的可能性。实质合并破产制度将被合并集团成员公司债务人集中到一起,有助于有效整合企业集团的内部联系和资源,降低不同集团成员公司债务人割裂破产重整导致的交易成本,提升企业集团破产重整成功的可能性,实现破产案件的经济效率。

(三)小结

上述理论表面上的关注面不同,实际上重心均放在企业集团的经济结构上。企业集团内含经济一体化的本质特征。企业集团在经济上是共同所有权下经济一体化的资产,法律上则是不同的公司实体。

企业集团的经济一体化与法律实体分割之间存在相互作用的动态关系,企业集团的经济一体化需要在减少外部讨价还价过程中的敲竹杠问题和内部代理成本之间取得平衡。法律分割对特定资产进行调整能够缓解经济一体化产生的代理成本,但也会引起各集团成员公司之间的缔约成本和"敲竹杠"问题增加,损害经济一体化,特别是在各集团成员公司拥有不同的投资者的情况下,投资者的异质性和利益分歧更有可能导致敲竹杠问题的产生。[②] 相反,经济一体化破坏法律分割。为追求经济一体化的成本效益,经常可能出现集团成员公司之间董事和高管的重叠、集中融资决策和现金管理、掩饰与内部资产转让和公司会议有关的手续等现象,以化解法律分割对经济一体化造成的障碍。诚如汉斯曼、克拉克曼和斯奎尔所言,集团成员公司之间跨实体的资产流动等追求经济一体化的措施可能并非出于恶意,但也有可能是有预谋的故意为之,此时产生的机会主义行为会带来更大的问题,[③]企业集团很可能成为培育现金流动和资产转移等隧道行为的场所。[④]

---

① See Sang Yop Kang, *Rethinking Self-Dealing and the Fairness Standard: A Law and Economics Framework for Internal Transactions in Corporate Groups*, 11 Virginia Law and Business Review 95 (2016).

② See Edward M. Lacobucci & George G. Triantis, *Economic and Legal Boundaries of Firms*, 93 Virginia Law Review 515 (2007).

③ See Henry Hansmann, Reinier Kraakman & Richard Squire, *Law and the Rise of the Firm*, 119 Harvard Law Review 1335 (2006).

④ See Vladimir Atanasov, Bernard Black & Conrad S. Ciccotello, *Law and Tunneling*, 37 Journal of Corporation Law 1 (2011).

企业集团对具有成本效益的经济一体化的追求，往往可能会扭曲企业集团的内部结构，引起集团成员公司之间的关系混乱、复杂化和不透明。企业集团的内部结构扭曲在破产程序中表现得更为明显，美国世通公司及其许多子公司的破产重整案就是典型例子。

2002 年世通公司及其 200 多家直接和间接子公司申请破产重整，破产法院出于程序目的，对案件实施共同管理。[①] 在破产重整过程中，世通公司及其子公司展现了令人震惊的企业集团结构的复杂性。世通公司及其子公司在共同管理层下运营，从未为公开财务报告目的准备独立法律实体的财务报表，而是在合并基础上进行所有公开财务报告。集团的业务是根据运营和职能而非法律实体进行划分，具体而言是由销售单位和运营单位两种类型的业务单位共同经营，后者为销售单位提供服务和支持。集团的业务、采购和现金管理是充分一体化的，通过一个集中的采购部门购买集团成员公司债务人需要的绝大多数资本项目和非资本项目，通过集中的现金管理系统处理所有集团成员公司债务人收到和支付的全部现金。集团有几百个银行账户，但均与集团成员公司债务人没有关联性。集团成员公司债务人的明细分类账户之间发生了数百万笔累计价值巨大的交易，集团没有在独立法律实体的基础上维持财务账簿，集团没有每家集团成员公司债务人单独的资产记录。

经会计调查发现，由于集团没有按照独立法律实体管理集团业务，缺乏交易文件，无法在独立法律实体的基础上确定资产的所有权，不可能准备精确和可靠的独立法律实体财务报表。面对清理集团成员公司债务人账目的现实困境，以及使世通集团尽快摆脱破产重整程序，债权人没有选择面对大量的关于公司间债权的有效性和可执行性的债权人诉讼及资产转移诉讼，而是选择同意自行管理的债务人提交的提供实质合并破产方案的共同重整计划，该共同重整计划最后得到法院确认。

破产法最初关注的对象不是公司，而是商人破产，直到 19 世纪中期，公司成为国家不断发展的经济中不可分割的组成部分，破产法才不能排除对公司的关注，[②] 而是需要回应公司破产问题。当公司可以拥有另一家公司的股份，企业集团成为

① See In re WorldCom, 2003 WL 23861928 (Bankr. S. D. N. Y. 2003).

② See David A. Skeel Jr. , *Rethinking the Line between Corporate Law and Corporate Bankruptcy*, 72 Texas Law Review 471 (1994).

国家经济活动的重要参与者时,破产法又需要关注与回应企业集团的破产问题,以实现法律适应商业实践的目标。

在企业集团破产中解决企业集团经济结构可能带来的内部扭曲问题的首要目的,不是对股东施加责任或者居次实施不公平行为之债权人的债权。衡平居次制度和“刺破公司面纱”制度的功能仅能针对特定行为,不能有效地解决企业集团内部结构扭曲下的破产问题。欺诈转让制度可以用于资产转移、挪用和债务承担情形,但可能很难准确衡量欺诈转让制度的“转让”和“合理对等价”的构成要件,且需要先精准确定集团成员公司之间的资产和负债,由于企业集团的内部结构扭曲,这可能会花费大量的时间和精力,付出巨大的成本,欺诈转让制度未必能充分发挥应有功能。在企业集团内部结构复杂化和不透明的情况下,欺诈转让制度、衡平居次制度和“刺破公司面纱”制度均有功能缺陷,可能使企业集团内的剩余资产有很大部分被用于集团成员公司、集团成员公司债权人和其他利益相关者之间的争斗,而非让企业集团的债权人受益。这些规则在企业集团存在大量集团内部交易或者内部结构扭曲的情况下变得不合适,或者说至少是不现实。

面对企业集团内部结构扭曲和不透明带来的问题,杰伊·劳伦斯·韦斯特布鲁克(Jay Lawrence Westbrook)主张建立一个全新的披露制度,要求企业集团披露公司结构和集团成员公司之间的资产分配,[①]但缺乏确保企业集团严格遵守和维持结构透明化的事前制度的情况下,对企业集团内部结构扭曲所造成的问题只能寻求事后救济。虽然实质合并破产制度可能破坏法律分割的收益,但实践需求促使法院转向寻求实质合并破产制度的帮助,利用实质合并破产制度矫正企业集团经济结构可能带来的内部扭曲,使企业集团的结构符合其经济实质。

利用实质合并破产制度矫正企业集团结构的过程中,考虑的不止是债权人保护,还关注破产法的另一个重要主题——效率。价值最大化是破产法的一项主要考虑,[②]在企业集团破产中实现价值最大化需要避免集团剩余资产不必要的浪费,这能够进一步促进企业集团破产重整,实现企业集团的拯救。

---

① See Jay Lawrence Westbrook, *Transparency in Corporate Groups*, 13 Brooklyn of Corporate, Financial & Commercial Law 33 (2018).

② See Ralph Brubaker & Charles Jordan Tabb, *Bankruptcy Reorganizations and the Troubling Legacy of Chrysler and GM*, 2010 University of Illinois Law Review 1375 (2010).

本章小结

本章剖析了其他与实质合并破产制度类似且可以适用于企业集团破产的制度之构造，这些类似制度主要是欺诈转让制度、衡平居次制度和“刺破公司面纱”制度，并对这些类似制度的目的和功能与实质合并破产制度的目的和功能进行了比较。实质合并破产制度、欺诈转让制度、衡平居次制度和“刺破公司面纱”制度无论从构成上来看，还是从法律效果来看，都有着明显的实质差异。

虽然实质合并破产制度、欺诈转让制度、衡平居次制度和“刺破公司面纱”制度都体现商法中的实质主义和对债权人的救济，但这些制度救济所针对的行为对象存在明显不同。实质合并破产制度是对企业集团内集团成员公司债务人相互间关系引起债权人损害的救济，这种损害既可能是故意为之，比如出于欺诈意图在集团成员公司债务人之间任意转移资产，也可能是在追求企业集团整合或者一体化过程中为单纯节省交易成本等原因所引起。欺诈转让制度针对的是债务人不公平的减少或者人为操纵自身责任财产以损害债权人利益的行为。衡平居次制度针对的是债权人利用自己对债务人的控制，实施以损害其他债权人利益而为自己谋取利益的行为。“刺破公司面纱”制度主要针对的则是股东滥用有限责任损害公司债权人利益的行为。

实质合并破产制度具有对债权人公平救济、矫正企业集团结构和促进企业集团破产重整的功能，特别是能够减少企业集团内挪用风险和实体防护成本，应对企业集团内寻求相互关联的行为。欺诈转让制度、衡平居次制度和“刺破公司面纱”制度均是围绕单个特定的法律关系进行适用，欺诈转让制度和衡平居次制度在企业集团破产中的适用有赖于集团成员公司债务人之间有着准确的资产和负债区分，很难对企业集团结构进行全面调整，并促进企业集团破产重整。实质合并破产制度针对企业集团内多个法律关系，不局限于单个特定的法律关系，所以能够对企业集团进行相对全面的调整，包括矫正企业集团内部结构，通过成本节约和维持企业集团的整体性促进企业集团破产重整。欺诈转让制度、衡平居次制度和“刺破公司面纱”制度难以成为实质合并破产制度的功能替代物。

第三章　美国法上实质合并破产制度的源起与构造

一些制度变迁也许被视为纯粹的演进现象,由技术、政治或者其他外生因素的变化所导致,但这些变化中常常包含了重要且有意设计的元素,进而在原有制度之基础上衍生出一个不同于既有框架之新的分析框架。将视野聚焦于实质合并破产制度起源地,可以发现该制度并非从一开始就是处理企业集团破产的工具。自商业实践中企业集团组织形式普及化及企业集团破产问题出现以来,法官和其他破产程序参与人共同推动实质合并破产制度的变迁,使其最终形成相对固定的制度内容。

第一节　实质合并破产制度的演进

美国法上,实质合并破产制度经历了产生、初步发展、自由化趋势和受到质疑等阶段,逐渐成为处理企业集团破产的一项重要工具。

一、实质合并破产制度的起源和早期情况

美国联邦最高法院在辛普赛尔案中的裁决,被认为是实质合并破产制度的起源。辛普赛尔案之后一年,美国联邦第四巡回上诉法院在斯通诉艾柯案(Stone *v.* Eacho,以下简称斯通案)中采用合并救济方法,对破产的母公司和子公

司予以合并处理。[①]

（一）辛普赛尔案

在辛普赛尔案中，[②]债务人唐尼（Downey）在作为个体商人从事商业活动时，对标准镀膜产品公司（Standard Coated Products）的前身负有将近10.4万美元的债务，同时成立了唐尼壁纸与涂料公司（Downey Wallpaper & Paint），唐尼及其妻儿是该公司仅有的股东、董事和职员。唐尼把自己的商品存货以赊销的方式转让给唐尼壁纸与涂料公司，并不时延长赊销期限。唐尼还将自己在百货大楼中占用的空间租给唐尼壁纸与涂料公司，但后者仍在老地方继续营业。除了资格股（qualifying share）外，唐尼及其妻儿未就发行给他们的股票支付现金，这些股票的大多数是在唐尼破产前发行，用以清偿唐尼壁纸与涂料公司对唐尼所负债务的余额。1938年11月唐尼申请自愿破产，此时帝国纸业与颜料公司（Imperial Paper & Color）对唐尼壁纸与涂料公司享有5400美元的无担保债权。托管人申请将唐尼壁纸与涂料公司资产并入破产财产。破产法官同意了该请求。帝国纸业与颜料公司之后提出其作为唐尼壁纸与涂料公司的债权人，对该公司资产的变现分配享有优先权。破产法官以该债权为普通无担保债权为由拒绝其请求。帝国纸业与颜料公司提出上诉，美国联邦第九巡回上诉法院修正美国联邦地区法院的裁判，认可该债权为优先债权。托管人提出上诉，美国联邦最高法院又推翻了美国联邦第九巡回上诉法院的裁判，否定该债权为优先债权。

在唐尼壁纸与涂料公司资产并入债务人唐尼之破产财产的听证中，破产法官发现唐尼向唐尼壁纸与涂料公司转让财产并非出于善意，而是出于将财产置于其债权人无法触及的范围和为其及家庭保留财产中所有受益权益的目的，唐尼壁纸与涂料公司股票是在唐尼破产不可避免时，为实现唐尼对唐尼壁纸与涂料公司的债权而发行，以防止唐尼的债权人获得转让的资产，唐尼壁纸与涂料公司仅是唐尼为自己及家庭利益保存其资产而设计的外壳，其成立的目的是为妨碍、拖延或者欺骗其债权人。在关于帝国纸业与颜料公司对唐尼壁纸与涂料公司资产变现是否享有优先债权的听证中，破产法官认为帝国纸业与颜料公司在知道唐尼的负债和公司欺诈性质的情况下，为唐尼成立唐尼壁纸与涂料公司提供帮助，不具有善意，因此其债权只能作为普通无担保债权。美国联邦最高法院完全接受了破产法官在听

---

① See Stone *v.* Eacho, 127 F. 2d 284 (4th Cir. 1942).

② See Sampsell *v.* Imperial Paper & Color Corporation, 313 U. S. 215 (1941).

证中的意见，认为欺诈转让或者股东与公司之间的关系能够为将公司资产吸收到股东的破产财产中的做法提供理由，公司债权人就公司资产对股东债权人享有的结构优先权因其是股东欺诈转让行为的当事方之一而遭受否定。

本案中，美国联邦地区法院和美国联邦最高法院允许将公司资产并入破产人的破产财产，且允许公司债权人作为无担保债权人参与该资产变现分配的模式，无论是按照欺诈转让或是“刺破公司面纱”的逻辑均无法推导出。这两种制度之内容，都不同于合并资产，并从中清偿债务人的债权人和公司的债权人。就本案的事实和裁判理由而言，债务人的行为是典型的欺诈转让行为。依照欺诈转让制度的逻辑，应撤销债务人唐尼向唐尼壁纸与涂料公司的欺诈转让，后者需要将财产返还，债权人从返还的财产中受偿。在当时公司法人独立地位和股东有限责任的政策业已在美国固定的背景下，①公司债权人若非“刺破公司面纱”，原则上无法参与股东财产的分配。因此，美国联邦地区法院和美国联邦最高法院并未遵循欺诈转让或者“刺破公司面纱”的逻辑，而是在破产中创建一种新的救济方式，即实质合并破产。②

（二）斯通案

在斯通案中，③一家位于特拉华州的母公司在弗吉尼亚州设立子公司，以经营位于里士满的零售商店。母公司和子公司使用相同的公司名称（Tip Top Tailors），子公司没有单独从事任何形式的公司活动，母公司用从里士满商店收取的现金支付店员工资，余下的存入母公司银行账户，母公司处理里士满商店的所有事务，包括服装订单、租约、电话费、保险和税收等，保存里士满商店的所有经营账簿与记录。1940 年 11 月母公司被宣告破产，母公司的托管人对子公司提出非自愿破产申请。法院宣告子公司破产，母公司的托管人对子公司提出索赔。子公司的托管人对该索赔请求提出异议，认为子公司不是一个独立实体，仅是母公司的一个工具或部门，该索赔请求顺位应当劣后于子公司其他债权人的债权。破产法官认可了该主张。

作为替代救济措施，母公司的托管人请求忽视子公司的公司实体，将子公司破

---

① See Franklin A. Gevurtz, *Corporation Law*, 3rd ed., West, 2021, p. 26 – 27.

② See Ryan E. Scharar, *The Limits of Securitization: Why Bankruptcy Courts Should Substantively Consolidate Predatory Sub-Prime Mortgage Originators and Their Special Purpose Entities*, 2008 Michigan State Law Review 913 (2008).

③ See Stone *v.* Eacho, 127 F. 2d 284 (4th Cir. 1942).

产程序与母公司破产程序合并，包括子公司债权人在内的所有可证明债权的债权人在合并资产的分配中平等受偿。母公司的 3 名债权人予以反对，美国联邦地区法院根据破产法官的报告，否定合并请求。案件被上诉到美国联邦第四巡回上诉法院，法院认为，该案事实表明在子公司破产程序中索赔的债权人在授信时知道其是与母公司交易，而非与子公司交易，子公司没有真正独立存在，仅仅是母公司的一个工具，位于里士满的资产是母公司的资产，适用实质合并破产能公平对待所有债权人，因此予以支持。为与"刺破公司面纱"区分，美国联邦第四巡回上诉法院在整个裁判过程中始终使用"合并"一词。

（三）小结

早期案例表明，实质合并破产制度的初衷是为债权人提供公平救济。[①] 在辛普赛尔案中，实质合并破产制度的创建是为纠正通过滥用公司形式实施的欺诈转让行为，填补债权人受到的损害。欺诈转让行为和对公司形式工具性的滥用（"第二个我"）是实质合并破产制度的关注点。[②] 与辛普赛尔案不同，斯通案实施合并的基础是母公司与子公司之间的关系，子公司是母公司的"第二个我"，案件并不涉及对债权人的欺诈或者不法行为，实质合并破产制度处理更多的是对公司形式的矫正。斯通案增加了对债权人主观信赖的考虑，案件中子公司的债权人向子公司提供信贷时实际上未信赖子公司是独立的实体，对子公司与母公司的合并处理符合债权人的信赖预期。早期的实质合并破产案件只是松散地架构了实质合并破产制度，从向债权人提供救济的目的出发，认可合并资产和负债的处理方式，但对实质合并破产制度的适用标准没有提供具体、明确的指导，因此实践中存在一定的差异。

二、美国联邦第二巡回上诉法院对实质合并破产制度的发展

辛普赛尔案和斯通案之后的 20 多年里，美国其他联邦巡回上诉法院拒绝采纳实质合并破产制度，直到 20 世纪 60 年代，美国联邦第二巡回上诉法院成为第一批接受实质合并破产制度的联邦巡回上诉法院。20 世纪 60 年代到 70 年代，美国联

---

① See Jonathan Hightower, *The Consolidation of the Consolidations in Bankruptcy*, 38 Georgia Law Review 459 (2003).

② See Mary Elisabeth Kors, *Altered Egos: Deciphering Substantive Consolidation*, 59 University of Pittsburgh Law Review 381 (1998).

邦第二巡回上诉法院中诞生了4个常被援引的实质合并破产判例。[①] 这4个判例展现了实质合并破产制度适用标准的变化,尤其是从破产法角度确立实质合并破产制度的特定理论,形成实质合并破产制度的适用标准。

(一)索维耶罗诉富兰克林国民银行案

索维耶罗诉富兰克林国民银行案(Soviero *v.* Franklin National Bank,以下简称索维耶罗案)中,[②]拉普汉地毯公司(Raphan Carpet,以下简称破产公司)的托管人请求裁定破产公司的13家子公司和汉普斯坦大道房地产公司(Hempstead Turnpike Realty,以下简称房地产公司)的资产实际上属于破产公司,要求这些公司移交资产且在没有留置权和财产负担的情况下出售一些子公司的不动产。担保债权人富兰克林国民银行(Franklin National)称这些不动产归子公司所有,不属于破产公司的财产。

破产法官在听证中查明,亨利·拉普汉(Henry S. Raphan)和赫尔曼·拉普汉(Herman Raphan)是破产公司及其子公司和房地产公司的主席和秘书,也是仅有的董事和股东。这些子公司名称中均带有"拉普汉"的名称,与破产公司一样从事地毯零售业务。房地产公司拥有破产公司从事经营所在的土地和建筑,而破产公司为这些子公司和房地产公司的组建提供资金。虽然每家公司都是单独提交纳税申报表,但这些公司的会计记录由相同人员保存,没有一家公司单独保留反映其活动的记录。这些子公司没有运营资金,需要时由破产公司提供。虽然每家子公司都有一个支付各自债务的银行账户,但销售收入都移交给破产公司,存入破产公司账户。亨利·拉普汉通知债权人,声称破产公司是一个统一的"企业",并发布了一份合并财务报表,其中列示了子公司资产为破产公司所有。所有向买受人提供的担保都是以破产公司的名义作出,这一外观可以从破产公司的文具和广告将子公司称为其分支中看出。另外,破产法院还查明破产公司将其唯一的土地和建筑物无偿转让给房地产公司,并成为其唯一承租人,但双方间不存在租约,破产公司也不支付租金,抵押的本金、利息、税款和房地产公司的费用由破产公司支付。

基于这些事实,破产法官认为这些子公司和房地产公司仅是破产公司的工具,并未独立存在,所有公司存在统一的权益和所有权,坚持独立公司实体理论将对破

① See Timothy E. Graulich, *Substantive Consolidation-A Post-Modern Trend*, 14 American Bankruptcy Institute Law Review 527 (2006).

② See Soviero *v.* Franklin National Bank, 328 F. 2d 446 (2d Cir. 1964).

产公司之债权人造成不公平的结果。美国联邦地区法院确认了破产法官的移交资产裁定,担保债权人富兰克林国民银行提出上诉,其认为合并只有在能够证明子公司是为阻碍、拖延或者欺骗债权人而组建的情况下才是适当的。美国联邦第二巡回上诉法院根据案件中认定的事实认为破产公司和这些子公司间存在资产和功能的混同,破产公司维持十四家子公司的面纱主要是出于规避税收目的。除此之外,公然无视公司形式,如果不予合并,债权人会受到不公正的对待。美国联邦第二巡回上诉法院认为担保债权人关于欺诈债权人的主张并非必需的,最终维持上述移交资产裁定。

(二)化学银行诉基尔案

化学银行诉基尔案(Chemical Bank *v.* Kheel,以下简称化学银行案)涉及关联8家从事航运贸易公司的企业集团之破产重整转破产清算,[①] 8家债务人公司全部由前航运巨头曼纽尔·库卢昆迪斯(Manuel E. Kulukundis)(以下简称库卢昆迪斯)所有或控制,主要的债权人和破产管理人提出程序合并请求,并出于破产清算目的主张合并所有债务人公司的资产和负债,但受到其中一家债务人公司的债券持有人之受托人反对。

破产法官查明,这些债务人公司全部作为"单一企业"经营,却很少或者根本不注意独立公司通常应遵守的法律形式,所有公司的高级职员和董事基本相同,作为库卢昆迪斯的傀儡。资金以极其复杂的方式在这些公司之间来回转移,实际上最终汇聚在一起。公司之间相互借贷,有的公司借款被视为对其他公司的债务的偿还,部分货物被用于抵押或者支付其他公司的费用。库卢昆迪斯从公司账户取款和向公司支付的活动没有被充分记录于账簿。审计这些公司的财务状况需要耗费大量的时间和费用,即便这样做也并不能保证最终公正地反映这些债务人公司的状况。

破产法官在事实认定的基础上裁定准许实质合并破产,美国联邦地区法院予以维持。反对合并的债权人化学银行提出上诉,称实质合并破产在没有发现债权人相信其是与作为"单一企业"的集团交易的情况下作出是不适当的。美国联邦第二巡回上诉法院认为,根据索维耶罗案,债权人是否意识到是与作为"单一企业"的集团公司交易不是实质合并破产的必要基础,但应当谨慎适用实质合并破产,因为只与某家集团成员公司债务人交易,却不知道该集团成员公司债务人与其

---

① See Chemical Bank *v.* Kheel, 369 F. 2d 845 (2d Cir. 1966).

他集团成员公司之相互关系的债权人可能受到不公平对待。

同时其还认为当企业集团成员公司间的相互关系存在令人绝望的混同，试图厘清这些相互关系所需的时间和费用如此高昂，以致威胁到全体债权人的任何净资产的变现时，应当允许实质合并破产。美国联邦第二巡回上诉法院根据本案事实维持了联邦地区法院的实质合并破产裁定。

持异议意见的亨利·雅各布·弗兰德利(Henry Jacob Friendly)法官承认不可能准确评估债务人的财产状况可能是合并理由的多数意见观点，但也认为应当尽一切合理的努力保护不知道各集团成员公司相互关系，信赖某家集团成员公司债务人信用之债权人的信赖利益。

(三)弗洛拉·米尔糖果公司案

弗洛拉·米尔糖果公司案(In re Flora Mir Candy Corp.，以下简称弗洛拉案)的基本事实是破产人米多斯公司(Meadors)成立之初发行了价值33万美元的可转换次级债券。[①] 1963年米多斯公司的股东将全部股份转让给美国联合饼干公司(United Biscuit)，后该公司成为奇宝公司(Keebler)，债券持有人放弃转换权利。米多斯公司的销售部门被解散，其产品在奇宝商标下出售。其后经过系列交易，弗洛拉·米尔糖果公司(Flora Mir Candy，以下简称弗洛拉公司)通过虚设子公司收购米多斯公司全部股份，并用米多斯公司的应收账款支付收购余款，终止米多斯公司经营，将其财产转移到弗洛拉公司的其他子公司营业地。1969年母公司弗洛拉公司及包括米多斯公司在内共计12家子公司申请实质合并破产重整，遭到米多斯公司的债券持有人反对。

在听证过程中，弗洛拉公司及其所有子公司的一名会计师和秘书表明集团中许多集团成员公司间的交易没有明显的商业目的，难以被厘清，还有交易将所有债务人视为一个集团，但这些与被收购后没有继续经营的米多斯公司几乎没有关系。破产法官根据债务人律师提交的事实和法律结论裁定实质合并破产，联邦地区法院撤销对米多斯公司的实质合并破产裁定，维持弗洛拉公司与其他11家子公司的实质合并破产重整，弗洛拉公司等向美国联邦第二巡回上诉法院提出上诉。

美国联邦第二巡回上诉法院认为，本案中债券是在米多斯公司还是一家独立公司时发行，此时其尚未被弗洛拉公司收购，债券持有人显然不信赖合并集团的信用。本案不存在化学银行案中“集团的相互关系是绝望的混同，试图厘清这些相互

① See In re Flora Mir Candy Corp., 432 F. 2d 1060 (2d Cir. 1970).

关系所需耗费巨大的时间和费用,以致威胁到全体债权人的任何净资产变现”的情形。会计师在相对较短的时间内编制了每个债务人的财务报表,无论其他债务人在公司间账户方面可能存在哪些问题,都很少与米多斯公司相关。合并对米多斯公司债券持有人是不公平的,因此法院拒绝合并米多斯公司。

(四)大陆自动售货机公司案

在大陆自动售货机公司案(In re Continental Vending Machine Corp.,以下简称大陆案)中,作为上诉人的担保债权人詹姆斯·塔尔科特公司(James Talcott,以下简称塔尔科特公司)反对美国联邦地区法院批准母公司大陆自动售货机公司及其子公司大陆阿普科公司(Continental Apco)实质合并破产重整计划。母公司大陆自动售货机公司是一家自动售货机制造商,其子公司大陆阿普科公司为母公司销售自动售货机,塔尔科特公司为母公司及其子公司提供融资,并接受机器等设备抵押。塔尔科特公司因对母公司及其子公司实质合并破产的重整计划存在异议,向美国联邦第二巡回上诉法院提起上诉,称计划允许无担保债权人改善他们的处境,但否定其处境改善需求,违反《美国破产法典》对批准的重整计划应符合“公平与公正”的要求。[①]

美国联邦第二巡回上诉法院援引索维耶罗案等案件认为,实质合并破产的权力是一种源于衡平法的权力,为获得资产清偿关联公司的债务,破产法院能够无视独立公司实体,刺破它们的公司面纱。根据化学银行案,实质合并破产不要求债权人知道其与作为统一体的集团成员公司债务人进行交易,但与亏损的集团成员公司债务人交易的债权人相比,与有盈余的集团成员公司债务人交易的债权人受到不公平待遇的可能性更高,因此应当谨慎使用实质合并破产,实际应考虑的要求远远不止实质合并破产所针对的不公正。例如,还包括企业集团相互关系非常复杂情况下可能出现的集团成员公司债务人会计处理困难。本案中,塔尔科特公司作为担保债权人的优先权丝毫没有被减少或者优先权财产通过公司间的交易被转让,其利益没有受到重整计划的重大或者不利影响,至于其受担保之外的剩余债权,应与所有其他无担保债权一起,对合并资产的全部享有。因此,美国联邦第二巡回上诉法院维持美国联邦地区法院的裁判。

(五)小结

美国联邦第二巡回上诉法院关于实质合并破产的4个裁决显示出对忽视公司

---

① See In re Continental Vending Machine Corp., 517 F.2d 997 (2d Cir. 1975).

形式理由的持续关注,并进一步发展实质合并破产制度,主要集中在五个方面。

第一,在实质合并破产制度适用标准方面,公司之间的关系或“第二个我”分析仍是法院的关注点,如果滥用公司形式,作为一个单一企业运行,有理由相信其任意在公司之间分配资产和负债,进而可能导致适用实质合并破产制度。在对公司间关系的考虑中,债务人对债权人的欺诈转让行为不是必须存在。

第二,发展出一个根植于破产政策的实质合并破产制度适用标准,即厘清公司之间资产和负债及重构公司财务记录的困难程度。①

第三,延续斯通案对债权人信赖预期的关注,开始注意债权人信赖保护与实质合并破产制度收益之间的平衡。适用实质合并破产制度不要求债权人证明对作为统一体的企业集团之信赖,而是针对单个集团成员公司债务人。在债权人能够证明其信赖单个集团成员公司债务人独立性的情况下,可以采取部分实质合并破产的做法。

第四,在实质合并破产制度效果方面,明确实质合并破产制度会影响无担保债权,但原则上不会影响担保债权。

第五,在实质合并破产制度的实施方面,可不通过法院裁定,而是通过重整计划实施,②实质合并破产制度可以作为重整计划的一部分得到批准。

三、实质合并破产制度的自由化趋势

尽管 1978 年美国破产法改革没有在《美国破产法典》中明确规定实质合并破产制度,但接下来的几十年里,许多破产法院和几乎所有美国联邦巡回上诉法院都接受并承认实质合并破产制度的合法性。③ 实质合并破产制度是一项衡平法上的制度,其适用取决于具体个案,因此法院往往可能采取不一致的实质合并破产测试。实质合并破产制度在演化过程中出现倾向于适用“宽松”标准的自由化趋势。

(一)因素测试

许多法院遵循索维耶罗案的模式,在传统“第二个我”分析的基础上进行实质合并破产,比如《1978 年破产改革法》颁布不久之后的艾柯建筑工业公司案(In re

① See Douglas G. Baird, *Substantive Consolidation Today*, 47 Boston College Law Review 5 (2005).

② See Jeanne MacKinnon, *Substantive Consolidation: The Back Door to Involuntary Bankruptcy*, 23 The San Diego Law Review 203 (1986).

③ See Amanda J. Bahena, *Series LLCs: The Asset Protection Dream Machines*, 35 Journal of Corporation Law 799 (2010).

Vecco Constr. Industries, Inc. ,以下简称艾柯案)中法院使用检查清单方法进行"第二个我"分析,其检查清单列出的因素被相当数量的实质合并破产裁决引用。在艾柯案中,①债务人艾柯建筑工业公司在1979年3月14日提出破产重整申请,其4家子公司在之后不到一年的时间里分别提出破产重整申请,并请求与艾柯建筑工业公司实质合并破产,主张实质合并破产对确保制订、实施一项有意义的计划是必要的。

破产法院在评估是否适用实质合并破产及实质合并破产的适当性时,根据先前案例提取出7个因素:第一,区分和确定每家公司实体资产与负债的困难程度;第二,是否存在合并财务报表;第三,在同一法院合并审理的益处;第四,资产和业务功能的混同;第五,各公司实体之间权益和所有权是否统一;第六,是否存在母公司和公司间的贷款担保;第七,资产转让是否遵守正式的公司手续。

在本案中,债务人艾柯建筑工业公司及其子公司发布合并财务报表,维持一个合并经营账户,拥有相同的董事和办公场所,各公司之间有着权益和所有权的统一,作为单一的商业实体运作。破产法院在考虑实质合并破产标准后,同意债务人子公司的实质合并破产请求,认为实质合并破产将平等对待所有债权人的债权,节省管理破产程序的费用。破产法院在同意实质合并破产的意见中特别提到由于目前普遍存在多层次的公司组织结构,母公司及其子公司的实质合并破产越来越多地被用作破产法范围内处理企业集团破产的机制,这表明一种支持实质合并破产之新自由化发展趋势的态度。

(二)平衡测试

自由化趋势的案例也趋向于采取平衡测试,大多数实质合并破产裁决采用了某种形式的平衡测试。在美国联邦巡回上诉法院对实质合并破产的裁决中形成了受到学术界和实务界较多关注与讨论的平衡测试,即奥托睿恩测试(Auto-Train)和奥吉/雷斯蒂沃测试(Augie/Restivo)。

1. 奥托睿恩测试

1987年的奥托睿恩公司案(In re Auto-Train Corp. , Inc. ,以下简称奥托睿恩案)中,②奥托睿恩公司的托管人请求在破产重整中增加其子公司瑞尔威公司(Railway),将后者的资产和负债并入前者的破产财产,并将瑞尔威公司破产申请

① See In re Vecco Constr. Industries, Inc. , 4 B. R. 407(Bankr. E. D. Va. 1980).

② See In re Auto-Train Corp. , Inc. , 810 F. 2d 270 (D. C. Cir. 1987).

的日期追溯到母公司申请破产的日期,从而根据偏颇清偿撤销子公司向其债权人所作的清偿。瑞尔威公司债权人提出反对,认为破产法院缺乏合并奥托睿恩公司和瑞尔威公司的资产和负债的权力。破产法院支持了托管人的请求,美国联邦地区法院则否决了破产法院的裁定。托管人向美国哥伦比亚地区联邦巡回上诉法院提起上诉,声称破产法院实质合并破产裁定反映子公司没有独立于母公司存在的事实。

美国哥伦比亚地区联邦巡回上诉法院认为,适用实质合并破产制度通常是为避免确定每家集团成员公司债务人的资产和负债,厘清每家集团成员公司债务人会计记录的困难。由于每家集团成员公司债务人很可能有不同的资产负债比率,实质合并破产几乎总是在不同的集团成员公司债务人之债权人间重新分配财富,进而根据弗洛拉案、化学银行案和大陆案提出利益衡量测试公式。首先,实质合并破产支持者必须证明要合并的集团成员公司债务人之间的实质同一性(substantial identity),以及实质合并破产对于避免某些损害或者实现某些收益是必要的。其次,反对实质合并破产的债权人需要证明其依赖其中某家集团成员公司债务人的独立信用,实质合并破产将会对其造成伤害。最后,如果双方都完成举证,法院只能在实质合并破产收益远超过实质合并破产损害的情况下,才可允许实质合并破产。

将该测试应用到本案中,米德兰 – 罗斯公司(Midland – Ross)信赖瑞尔威公司的独立信用,虽然母公司和子公司作为一个实体运营可能是真的,但这与米德兰 – 罗斯公司对瑞尔威公司的外观独立性的信赖无关。瑞尔威公司向美国证券交易委员会提交的登记声明表明其资产、负债和经营与奥托睿恩公司的资产、负债和经营相分离。证据表明子公司和母公司在公众眼中继续维持着独立公司的外观,实质合并破产将会对米德兰 – 罗斯公司造成损害。因此,实质合并破产具有溯及既往的特征并不恰当,撤销美国联邦地区法院的裁定。

2. 奥吉/雷斯蒂沃测试

1988 年,美国联邦第二巡回上诉法院在奥吉 – 雷斯蒂沃烘培公司案(In re Augie-Restivo Baking Co., Ltd.,以下简称奥吉 – 雷斯蒂沃案)中总结支持和反对实质合并破产应当权衡的两个因素,以明确实质合并破产制度的适用标准。该案是关于奥吉 – 雷斯蒂沃公司和奥吉公司(Augie)的实质合并破产重整,[①]奥吉公司

① See In re Augie-Restivo Baking Co., Ltd., 860 F. 2d 515(2nd Cir. 1988).

的债权人联合储蓄银行(Union Savings)提出反对,破产法院和美国联邦地区法院允许实质合并破产,案件上诉到美国联邦第二巡回上诉法院。

该案关键事实是:第一,联合储蓄银行在奥吉公司和雷斯蒂沃公司(Restivo)的股份交换前向奥吉公司提供贷款,奥吉公司以不动产、公司存货、设备和应收账款作为贷款担保,联合储蓄银行对两家公司的换股交易并不知情。第二,雷斯蒂沃公司通过股份交换收购奥吉公司全部股份后,将公司名称改为奥吉–雷斯蒂沃公司,以奥吉–雷斯蒂沃公司名义保存了一套单一账簿和发布财务报告,并将其制造业务和一些设备搬到奥吉公司位于中伊斯力普的工厂,奥吉公司停止运营,但未被解散。第三,雷斯蒂沃公司之前的贷款人汉华实业银行(Manufacturers Hanover Trust)向奥吉–雷斯蒂沃公司提供一笔贷款,要求奥吉公司为贷款提供担保,包括在后者位于中伊斯力普的不动产上设立次级抵押。

美国联邦第二巡回上诉法院认为,之前的弗洛拉案和大陆案等案件提到实质合并破产的许多相关考虑因素仅是两个方面的变体:①债权人是否与作为单一经济统一体的实体交易,且交易时不依赖这些实体的独立性;或者②这些债务人的事务是否严重混同,以致合并将使所有债权人受益。例如,关联公司的商业事务是否混同程度较深,以致厘清混同的成本巨大,将超过债权人的任何利益。

本案中,联合储蓄银行向奥吉公司提供贷款时,依赖的是奥吉公司的独立信用,对奥吉公司和雷斯蒂沃公司的收购谈判并不知情。汉华实业银行要求奥吉公司为其向奥吉–雷斯蒂沃公司的贷款提供担保表明汉华实业银行是与独立的实体交易。本案中,公司资产和业务功能混同没有达到集团成员公司债务人间相互关系绝望混同的程度。业务职能可能是混同的,就资产混同而言,似乎可以追踪奥吉公司的不动产和设备,记录表明每家集团成员公司的库存、负债和应收账款都可识别。因此,测试公式中两个标准都未被满足,拒绝予以实质合并破产。

(三)小结

在20世纪80年代,实质合并破产制度的发展主要集中在其适用标准上,法院更多关注的是在何种情形或者条件下适用实质合并破产制度。一方面,法院需要考虑实质合并破产制度带来的收益;另一方面,法院需要考虑实质合并破产制度的再分配效应可能给债权人带来的伤害。[①] 最初,法院通过因素测试评估集团成员

---

① See Troy A. McKenzie, *Judicial Independence, Autonomy, and the Bankruptcy Courts*, 62 Stanford Law Review 747 (2010).

公司债务人之间的经济现实来寻求适用实质合并破产制度的理由，其后在实质合并破产收益和公平对待债权人之间的选择使法院走向考虑不同因素的平衡测试。①

权衡实质合并破产收益和债权人对集团成员公司债务人信用的信赖时，法院选择了不同的平衡测试。奥托睿恩测试要求即便在实质合并破产支持者能够证明集团成员公司债务人之间存在实质同一性的情况下，如果实质合并破产反对者能够证明信赖特定集团成员公司债务人的独立性，则也需要对适用实质合并破产的收益与损害进行权衡，债权人信赖的举证责任由实质合并破产反对者负担。与此相反，奥吉/雷斯蒂沃测试将债权人信赖的举证责任赋予实质合并破产的支持者，由其通过举证来证明信赖被合并集团成员公司债务人之间的实质同一性，这意味着在债权人信赖某家集团成员公司债务人独立性的情况下，混同和管理收益很难成为证明实质合并破产的理由。与奥托睿恩测试相比，奥吉/雷斯蒂沃测试增加了适用实质合并破产制度的难度。此外，奥吉/雷斯蒂沃测试中，区分集团成员公司债务人之间事务的混同成为适用实质合并破产制度的单独理由。

四、对实质合并破产制度的挑战

对实质合并破产制度的争议并未影响其在企业集团破产案件中的适用。美国破产法院具有衡平法院的性质，②多数观点认为，破产法院裁定实质合并破产的权力源自其衡平法上的权力，《美国破产法典》第 105 条为破产法院的衡平法上之权力提供了法律基础。③

然而，学术文献中存在与多数观点不同的声音。有观点认为，1999 年美国联邦最高法院在墨西哥发展集团诉联盟债券基金案（Grupo Mexicano De Desarrollo *v*. Alliance Bond Fund，以下简称墨西哥集团案）中的裁决，宣判了实质合并破产制度的死亡。④

---

① See Patrick C. Sargent, *Bankruptcy Remote Finance Subsidiaries: The Substantive Consolidation Issue*, 44 The Business lawyer 1223 (1989).

② See Stephen J. Lubben, *Beyond True Sales: Securitization and Chapter* 11, 1 New York University Journal of Law & Business 89 (2004).

③ See Joy Flowers Conti, *An Analytical Model for Substantive Consolidation of Bankruptcy Cases*, 38 The Business Lawyer 855 (1983).

④ See J. Maxwell Tucker, *Grupo Mexicano and the Death of Substantive Consolidation*, 8 American Bankruptcy Institute Law Review 427 (2000).

墨西哥集团案并非涉及实质合并破产制度，而是关于临时禁止令的案件。[①]在该案中，被告墨西哥发展集团是一家从事公路建造和运营的墨西哥控股公司，为支付其超过 1 亿美元的高利息债务，向机构投资者出售了由墨西哥发展集团的 4 家子公司担保的价值 2.5 亿美元的担保票据（以下简称票据）。1997 年 8 月，由于墨西哥发展集团陷入财务困境，未能按时支付票据的利息，机构投资者加速票据本金到期。10 天后，墨西哥政府通过实施收费公路项目对墨西哥发展集团进行拯救。墨西哥政府承诺向墨西哥发展集团发行政府担保的收费公路票据，以偿还其未付的建造应收款和费用。除了对机构投资者的债务，墨西哥发展集团还对其他债权人负有超过 4.5 亿美元的债务，其中 5 个最大的债权人分别是墨西哥政府、多家墨西哥银行、其他墨西哥金融机构、贸易债权人和被解雇的雇员（统称"墨西哥债权人"）。因为墨西哥政府的计划不能完全缓解墨西哥发展集团的财务困难，墨西哥发展集团开始重构其债务，减少成本和寻求额外的股权融资。墨西哥发展集团承诺与机构投资者和墨西哥债权人协商化解其财务困难。一份新闻稿披露墨西哥发展集团已经分配 1.17 亿美元的收费公路票据用以解决其他债务，其中 1 亿美元用于向墨西哥政府支付税款，1700 万美元根据墨西哥法向被解雇的雇员支付解雇补偿金。1997 年 12 月，机构投资者在美国纽约南区法院提起诉讼，声称墨西哥发展集团没有履行票据义务，请求墨西哥发展集团赔偿违约损害，申请限制墨西哥发展集团分配收费公路票据的临时禁止令。

纽约南区法院经过临时禁止令听证会，认可机构投资者的举证，批准其对临时禁止令的请求，限制墨西哥发展集团转让或者以其他方式抵押机构投资者获得或受益于收费公路票据发行的权利。墨西哥发展集团提出上诉，美国联邦第二巡回上诉法院维持原判，案件又被上诉到美国联邦最高法院。美国联邦最高法院推翻美国联邦地区法院和美国联邦第二巡回上诉法院的判决，多数意见认为美国联邦法院作为衡平法院能够采取的衡平法上的救济限于 1789 年第一部《美国司法条例》（Judiciary Act）颁布时英国衡平法院能够采取的衡平法上的救济措施，美国联邦法院没有发布临时禁止令的授权。根据墨西哥集团案的裁判意见，有学者认为 1789 年《美国司法条例》颁布时，不存在实质合并破产制度的救济措施，进而否定

① See Grupo Mexicano De Desarrollo *v.* Alliance Bond Fund, 527 U. S. 308 (1999).

实质合并破产制度的法律基础。①

美国联邦最高法院对墨西哥集团案裁判是否适用于实质合并破产制度没有作出明确说明。实践中,许多法院认为,墨西哥集团案裁判不适用于破产案件,该案裁判并未阻止实质合并破产制度的适用。② 譬如,在斯通/韦伯斯特公司案(In re Stone & Webster, Inc.)案中,③针对股权委员会关于墨西哥集团案适用于破产案件中实质合并破产救济的主张,彼得·沃尔什(Peter J. Walsh)法官认为,《美国破产法典》第1123条为破产法院裁定实质合并破产提供了法定授权,且墨西哥集团案裁决不适用于破产案件,对实质合并破产或者破产法院裁定进行实质合并破产救济的授权问题没有控制性。同样地,美国联邦第三巡回上诉法院在欧文斯科宁案(In re Owens Coming)中也认为墨西哥集团案不是适用实质合并破产制度的障碍。

五、收紧实质合并破产制度的适用标准

随着自由化趋势的发展,实质合并破产制度在更广泛的场景内被使用。比如,为便利法院或者债务人管理破产重整,避免需要多份对公司间债权和担保进行复杂处理的重整计划,避免厘清公司间交易的成本和/或时间拖延,以及威胁要与所有债权人平等分享,进而向从公司独立性中获益的债权人施压。④

面对自由化趋势不受限制的扩张风险,美国联邦第三巡回上诉法院在2005年的欧文斯科宁案中收紧实质合并破产制度的适用,拒绝其自由化趋势。在欧文斯科宁案中,⑤债务人欧文斯科宁公司与其子公司组成跨国企业集团,集团内不同实体的形成有不同的目的。每家子公司都遵守独立法律实体的要求,每家公司都有自己的业务记录,公司间的交易被定期记录,所有子公司的财务报表在所有重要事项方面都是准确的。1997年欧文斯科宁公司寻求贷款融资以收购纤维板公司(Fibreboard),瑞士信贷第一波士顿银行(Credit Suisse First Boston)作为银行财团的代理人,向欧文斯科宁公司及其一些子公司提供了20亿美元的贷款,其中一部

① See J. Maxwell Tucker, *Grupo Mexicano and the Death of Substantive Consolidation*, 8 American Bankruptcy Institute Law Review 427 (2000).

② See Adam J. Levitin, *Toward a Federal Common Law of Bankruptcy: Judicial Lawmaking in a Statutory Regime*, 80 American Bankruptcy Law Journal 1 (2006).

③ See In re Stone & Webster, Inc., 286 B. R. 532 (Bankr. D. Del. 2002).

④ See Jonathan M. Landers & M. Natasha Labovitz, *Third Circuit Clarifies and Tightens the Legal Standard for Substantive Consolidation*, 122 Banking Law Journal 1013 (2005).

⑤ See In re Owens Coming, 419 F. 3d 195 (3d Cir. 2005).

分贷款由欧文斯科宁公司的其他子公司提供保证。贷款协议中对欧文斯科宁公司与其子公司之间可能的交易进行了一些限制,例如,欧文斯科宁公司不能与子公司进行会给子公司造成损失的交易,这些子公司统一维持独立的实体地位,分别保存账簿和财务记录,以便编制单独的财务报表。这些信用提升措施是银行提供贷款的关键。

2000 年 10 月,欧文斯科宁公司及其 17 家子公司申请破产重整,并提出这些债务人和欧文斯科宁公司 3 家非债务人子公司实质合并破产的重整计划,银行予以反对。美国联邦地区法院认为欧文斯科宁公司及其全资子公司之间具有实质同一性,银行授予信贷时依赖任何一家子公司保证人的独立信用没有根据,实质合并破产将简化和加快整个破产程序的完成,厘清各公司实体的事务极其困难,因此支持实质合并破产请求。银行提出上诉,称美国联邦地区法院误解了实质合并破产的理由及其适用标准。

上诉审中,美国联邦第三巡回上诉法院重申实质合并破产制度是一种应当谨慎使用的救济。美国联邦第三巡回上诉法院明确列举了 5 项在评估是否裁定实质合并破产时应当牢记的原则:第一,尊重实体独立性是一项基本规则,在没有迫切需要衡平法发挥作用的情况下,法院应当尊重实体独立性;第二,实质合并破产是对债务人未能遵守公司独立性所造成伤害的救济,不是对债权人所造成伤害的救济;第三,仅仅便利破产案件的管理不是证明实质合并破产的充分理由;第四,因为实质合并破产是极端和不精确的,实质合并破产应当并不常见,是在考虑和拒绝其他救济后的最后手段之一;第五,实质合并破产可以被防御性地使用(救济因债务人未能尊重公司独立性所造成的伤害),但不能被攻击性地使用,例如,其主要目的是在计划程序中策略性地使某一债权人群体处于不利地位或者改变债权人的权利。

美国联邦第三巡回上诉法院提出了证明实质合并破产的双叉测试,请求实质合并破产的当事人必须证明:①被请求合并的实体严重忽视独立性,以致这些实体的债权人依赖的实体边界崩溃,将这些实体视为唯一的法律实体;或者②被请求合并实体的资产和负债严重混同,以致将其分离的成本巨大,会伤害到所有债权人。[①]

美国联邦第三巡回上诉法院认为第二叉测试不需要解释。关于第一叉测试,根据当事人在申请前的交易情况,若实质合并破产支持者能够证明公司忽视债权

---

① See In re Owens Coming, 419 F. 3d 195,211(3d Cir. 2005).

人将债务人作为一个不可分割的实体进行交易的合同预期,支持者实际上合理信赖债务人之间假定的统一性,则通常支持者已提出足以支持其请求的证据。若实质合并破产反对者能够通过证明他们会受到实质合并破产的不利影响,实际信赖债务人的独立存在,则可推翻初步证明的案件。将双叉测试应用到本案中,根据本案的事实,由于被请求合并的实体既没有忽视公司的独立性,也不存在实体间绝望的混同,不符合实质合并破产的理由,因此美国联邦地区法院实质合并破产裁定被撤销。

欧文斯科宁案采取比美国其他巡回上诉法院更严格的适用标准。相比奥托睿恩测试和奥吉/雷斯蒂沃测试,欧文斯科宁案的双叉测试要求实质合并破产支持者证明在交易时信赖拟合并实体之间的统一性,提高了实质合并破产制度适用的门槛。除有限情况外,这种严格的适用标准不利于实质合并破产制度的适用。

六、实质合并破产制度的普遍适用

现实中,实质合并破产救济情形并不少见。2006 年维登为考察实质合并破产制度在大型公众公司破产中的作用,对 2000 年至 2004 年的 21 件大型公众公司破产案件进行实证研究,发现有 11 件破产案是实质合并破产案件,实质合并破产的使用频率略高于 50%。[①] 2008 年在给美国破产协会(American Bankruptcy Institute)的报告中,维登进一步分析实质合并破产制度对大型公众公司破产的重要性,并对 2006 年的实证研究数据进行了拓展。维登从破产案件数据库(Bankruptcy Research Database)中收集了 2000 年至 2005 年数据库报告的 367 件大型公众公司破产案件。剔除不能获得原始资料、驳回和正在进行中的案件后,符合研究审查条件的案件共 315 件。根据在提交破产申请前,最近一个年度会计期间,经审计的财务报表中报告公司总资产为 10 亿美元以上的标准,其中有 124 件大型公众公司破产案件被归类为特大案件。对这些案件研究发现,315 件案件中有 178 件案件(约 56.5%)为实质合并破产案件,124 件特大案件中有 77 件案件(约 62.1%)为实质合并破产案件,且特大案件中只有两件法院没有裁定实质合并破产,研究表

---

① See William H. Widen, *Prevalence of Substantive Consolidation in Large Bankruptcies from 2000 to 2004: Preliminary Results*, 14 American Bankruptcy Institute Law Review 47 (2006).

明，适用实质合并破产制度具备普遍性。[①] 事实上，许多美国大型公众公司实质合并破产实践是在实质合并破产判例之外发展起来的。[②]

美国大多数法院认为，根据《美国破产法典》赋予的衡平法权力，其可以在破产程序中裁定企业集团实质合并破产，但是在企业集团破产重整案件中，大多数企业集团实质合并破产是通过重整计划完成。[③] 具有重整计划提交权的权利人可以在提交的重整计划中制订相关的企业集团实质合并破产条款，并根据基本相似性的要求将债权和股权分成不同的组别，由受调整的组别对实施企业集团实质合并破产的重整计划进行表决。在每个表决组均通过重整计划或者均未受调整，抑或至少有一个受调整的表决组通过重整计划后，将重整计划提交法院确认。除非重整计划得到债权人的一致同意，否则法院需要对适用企业集团实质合并破产制度的适当性进行独立审查。[④] 如果每个债权人组别都同意企业集团实质合并破产，且符合《美国破产法典》规定的确认重整计划的条件，法院通常会确认企业集团实质合并破产重整计划。[⑤]

为什么企业集团实质合并破产会频繁出现在美国企业集团协商的重整计划中？维登认为，实质合并破产制度可以用来调整债权金额和/或清偿百分比，实施企业集团实质合并破产所产生收益可以弥补处于不利地位的债权人，因而取得该债权人的同意。[⑥] 至少在债权人最佳利益标准保障下，能够使债权人不会因为企业集团实质合并破产重整计划而被置于比没有企业集团实质合并破产重整计划时更糟糕的境地，鼓励债务人及其债权人寻求谈判以达成一个帕累托最优的解决方案，改善每个债权人在企业集团实质合并破产重整计划中的地位。虽然法院能够拒绝确认协商一致的重整计划，但法院通常会考虑债权人的支持程度，尊重债权人

① See William H. Widen, *Report to the American Bankruptcy Institute: Prevalence of Substantive Consolidation in large Public Company Bankruptcies from* 2000 *to* 2005, 16 American Bankruptcy Institute Law Review 1 (2008).

② See Troy A. McKenzie, *Judicial Independence, Autonomy, and the Bankruptcy Courts*, 62 Stanford Law Review 747 (2010).

③ See Andrew Brasher, *Substantive Consolidation: A Critical Examination*, Harvard Law School (Apr. 24, 2006), http://www.law.harvard.edu/programs/corp_gov/papers/Brudney2006_Brasher.pdf.

④ See J. Stephen Gilbert, *Substantive Consolidation in Bankruptcy: A Primer*, 43 Vanderbilt Law Review 207 (1990).

⑤ See In re Owens Corning, 419 F.3d 195, 211 (3d Cir. 2005).

⑥ See William H. Widen, *Corporate Form and Substantive Consolidation*, 75 George Washington Law Review 237 (2007).

的意愿。[①]

七、实质合并破产制度与企业集团发展的联系

在19世纪，受民粹主义的影响，为防止经济权力的集中，美国各州制定的公司法一方面使公司形式得以广泛利用，另一方面对公司施加各种限制，[②]诸如限制公司的规模、存续期限和可以从事的活动等。直到19世纪后期和20世纪初，人们对经济集中化的观念发生转变，以及各州对吸引公司注册的竞争压力增大，对公司的限制才慢慢开始放松。[③] 立法机构和法院逐渐解除了对公司最高资本、存续期限和公司活动的限制，规定公司可以改变章程、合并和出售实质全部资产，允许一家公司持有另一家公司股份和通过股东多数决替代股东一致决以改变公司等。放松对公司的限制促进了公司形式的使用和经济集中化，开启了美国企业并购浪潮。

虽然辛普赛尔案创造了实质合并破产制度，但该案件事实是个人债务人利用公司形式欺诈债权人，并不是企业集团破产案件。实质合并破产制度适用于企业集团破产的态度转变实际始于20世纪60年代美国联邦第二巡回上诉法院作出的系列裁判，这一时期正处于美国企业的第三次并购浪潮中。在经济增长、扩张性信贷和技术增长等因素推动下，美国企业在20世纪80年代、20世纪90年代至21世纪初期掀起了第四次和第五次并购浪潮。[④] 这些并购浪潮进一步促进了企业集团化的发展。企业快速扩张和企业集团化发展的背后隐藏着危机，自20世纪70年代起，美国经济增速放缓，[⑤]经济和债务形势起起落落，企业集团化的发展带来企业集团破产可能性的增加。在企业集团破产中如何处理企业集团内部统一管理和公司独立法律人格之间的冲突，集团成员公司债务人之间资产和负债的混同，实现企业集团价值最大化的破产清算或者破产重整，成为法院、债务人、债权人和破产从业人员需要共同关注与回应的问题。

《美国破产法典》与其之前的破产法中的一般规则，是尊重集团成员公司的独立法律地位，并没有对如何处理企业集团破产进行特别规定。企业集团破产带来

---

① See Douglas G. Baird & Robert K. Rasmussen, *Antibankruptcy*, 119 The Yale Law Journal 648 (2010).

② See Franklin A. Gevurtz, *Corporation Law*, 3rd ed., West, 2021, p. 20.

③ 参见[美]罗伯特·W. 汉密尔顿：《美国公司法》（第5版），齐东祥组织翻译，法律出版社2008年版，第48页。

④ See Robert B. Thompson, *Mergers and Acquisitions: Law and Finance*, Wolters Kluwer, 2018, p. 3.

⑤ 参见[美]罗伯特·戈登：《美国增长的起落》，张林山等译，中信出版社2018年版，第18页。

的复杂问题,离不开法院和其他破产程序参与人的智慧。如同当19世纪美国立法缺乏如何解决大量铁路公司破产问题时,法院便创造了衡平法上的接管制度。[①]法院将实质合并破产制度适用于企业集团破产,并发展了实质合并破产制度,也使债务人和债权人能够利用实质合并破产制度来处理企业集团破产问题。美国司法实践适用实质合并破产制度的自由化趋势,正是法院出于回应现实中广泛使用企业集团结构所造成问题的考量。[②] 美国判例法一直在缓慢适应当今商业社会中企业集团的结构现实,[③]怀疑自由化趋势的谨慎适用论点可能无助于对企业集团破产案件的分析,实质合并破产制度的使用需要与当前的企业集团环境相匹配。实质合并破产制度的产生与发展是法律适应商业实践的体现。

第二节　实质合并破产的适用标准及检讨

通过对美国法上实质合并破产制度演进的讨论,可以发现在什么情形下适用实质合并破产制度是美国法上最具争议的问题。在美国,由于实质合并破产制度是判例法的产物,《美国破产法典》没有对其明确规定,根据英美法系长期以来的经验主义裁判观,法院对企业集团实质合并破产制度的适用标准趋向自由裁量。虽然美国法院在判例法中有遵循先例的传统,但美国法院对遵循先例采取宽松的态度,有相当大的自由度可规避先例的束缚。[④] 美国法院受实质推理的推动,可能或多或少地背离先例。例如,就是否考虑债权人对集团成员公司债务人之间关系的预期,不同法院的认识不一致。[⑤] 学术文献和司法裁判中提出了多个考量因素,这些因素主要可以归纳为事实上的经济统一体、债权人信赖、区分集团成员公司债务人财产混同的困难和促进破产重整4个因素,并且它们相互间存在关联。

---

① 参见[美]小戴维·A. 斯基尔:《美国破产法史》,赵炳昊译,中国法制出版社2010年版,第17页。

② See Eastgroup Properties *v.* Southern Motel Assoc, Ltd., 935 F. 2d 245 (11th Cir. 1991).

③ See James H. M. Sprayregen, Jonathan P. Friedland & Jeffrey W. Gettleman, *The Sum and Substance of Substantive Consolidation*, Kirkland & Ellis (Dec. 1, 2005), https://www.kirkland.com/siteFiles/kirkexp/publications/2310/Document1/2005%20ASBL%20Sprayregen%20Friedland%20Gettlemean.pdf.

④ 参见[美]P. S. 阿蒂亚、[美]R. S. 萨默斯:《英美法中的形式与实质:法律推理、法律理论和法律制度的比较研究》,金敏、陈林林、王笑红译,中国政法大学出版社2005年版,第98~99页。

⑤ See Thomas E. Plank, *The Security of Securitization and the Future of Security*, 25 Cardozo Law Review 1655 (2004).

一、事实上的经济统一体

由于实质合并破产制度无视公司形式，合并不同公司实体的资产和负债，因此在美国实质合并破产案件中，被合并公司实体之间的关系是法院决定是否适用实质合并破产制度所关注的重点。法院通常会使用如“第二个我”或者“工具性”的结论性术语考察被合并公司实体之间的关系，分析公司实体是否滥用公司形式，是否在事实上构成单一经济企业或者以经济统一体运行，在此基础上合并公司实体。奥托睿恩测试、奥吉/雷斯蒂沃测试和欧文斯科宁测试都包含被合并公司实体之间的关系分析或者“第二个我”分析的内容。《1978 年破产改革法》颁布后，包括艾柯案在内的许多实质合并破产案件使用“第二个我”分析作为适用实质合并破产制度的独立测试。①

从实质合并破产案件来看，被合并公司实体在何时构成事实上的经济统一体，没有明确的界定。多数法院使用由多个因素组成的检查清单来确定被合并公司实体是否构成事实上的经济统一体。这些检查清单使用的因素往往与艾柯案因素测试中的因素相同或者相似，主要有是否存在合并财务报表、各公司实体之间是否存在统一的权益和所有权、是否存在母公司和公司间担保贷款、分割和确定单个公司实体资产与负债的困难程度、资产转让是否履行公司手续、资产和业务职能是否混同等。② 确定测试结果需要对因素进行权衡，但法院没有明确每个因素的权重。具体案件中不需要所有因素都存在，一个或者多个因素的欠缺不一定会阻碍适用实质合并破产制度。③ 这可能赋予法官广泛的自由裁量权，进而造成适用实质合并破产制度的不确定性。

为什么一个公司实体是另一个公司实体的“第二个我”能够证明实质合并破产是正当的？有观点认为，在“第二个我”情形中，即便存在各公司实体的独立账目和记录，这些账目和记录也是任意且不可靠的。破产申请时哪个公司实体持有哪些资产完全是偶然的，坚持独立公司形式而不进行实质合并破产本身并不公平，

---

① See In re Crabtree, 39 B. R. 718 (Bankr E. D. Tenn. 1984); In re Lewellyn, 26 B. R. 246 (Bankr S. D. Iowa 1982); In re 1438 Meridian Place, N. W., Inc., 15 B. R. 89 (Bankr D. D. C. 1981); In re Tito Castro Constr., Inc., 14 B. R. 569 (Bankr D. P. R. 1981).

② See Eastgroup Properties *v.* Southern Motel Assoc., Ltd., 935 F. 2d 245 (11th Cir. 1991).

③ See J. Stephen Gilbert, *Substantive Consolidation in Bankruptcy: A Primer*, 43 Vanderbilt Law Review 207 (1990).

这会给一些债权人带来意外之财，也会损害其他债权人的利益。将相互关联的集团成员公司债务人作为事实上的经济统一体处理并无害处，除非异议债权人能够证明其信赖特定集团成员公司债务人的独立信用。① 由于非老练债权人不能依据公司形式进行协商，既不能证明其信赖企业集团的集体信用以请求实质合并破产，也不能证明其信赖集团成员公司债务人的独立信用而阻止实质合并破产，因此可见"第二个我"情形下的实质合并破产保护了非老练债权人的利益。②

相反，玛丽·伊丽莎白·科尔斯(Mary Elisabeth Kors)认为，实质合并破产是增加债权人追偿和保护被误导之债权人的机制，仅根据事实上的经济统一体不能合理地解释实质合并破产，除非债权人能够证明信赖所有被合并集团成员公司债务人的集体信用，否则实质合并破产将违背与特定集团成员公司债务人缔约的债权人之合同预期，不公平地惩罚这些债权人。③

仅根据公司实体之间是事实上的经济统一体而适用实质合并破产制度，是对公司实体之间经济现实的回应，这使实质合并破产制度成为企业责任的体现。④ 企业集团身为经济统一体，为控制企业集团内部成本和外部成本的均衡，在自身的运营中往往存在一定程度的混同，这可能会破坏公司形式的资产分割功能和资产识别功能，营造出适用实质合并破产制度的环境。⑤

实质合并破产制度作为一项救济制度，很难仅凭事实上的经济统一体说明使用实质合并破产制度的合理性。仅在事实上的经济统一体基础上适用实质合并破产制度，会使实质合并破产制度偏向企业责任，成为一般性适用的制度，这与美国法将实质合并破产制度视为例外适用规则的定位不符。制度适用属性的改变应当通过立法而不是司法。美国大多数法院承认事实上的经济统一体不能作为实施实质合并破产的唯一理由，而是需要与其他实质合并破产制度适用标准相结合。

---

① See Seth D. Amera & Alan Kolod, *Substantive Consolidation: Getting Back to Basics*, 14 American Bankruptcy Institute Law Review 1 (2006).

② See Andrew Brasher, *Substantive Consolidation: A Critical Examination*, Harvard Law School (Apr. 24, 2006), http://www.law.harvard.edu/programs/corp_gov/papers/Brudney2006_Brasher.pdf.

③ See Mary Elisabeth Kors, *Altered Egos: Deciphering Substantive Consolidation*, 59 University of Pittsburgh Law Review 381 (1998).

④ See Phillip I. Blumberg, *The Increasing Recognition of Enterprise Principles in Determining Parent and Subsidiary Corporation Liabilities*, 28 Connecticut Law Review 295 (1996).

⑤ See Ofer Eldar & Andrew Verstein, *The Enduring Distinction between Business Entities and Security Interests*, 92 Southern California Law Review 213 (2019).

二、债权人的信赖

因为债权人预期常被认为对信贷评估和信贷市场效率具有重要性,[①]而且根据公平对待所有债权人的目的,许多美国法院决定是否适用实质合并破产制度时,会分析债权人信赖。债权人信赖分为两种情形:一种是债权人对企业集团整体信用的信赖,如奥吉/雷斯蒂沃测试和欧文斯科宁测试中适用实质合并破产要求债权人证明信赖企业集团的整体信用。另一种是债权人对单个集团成员公司债务人独立信用的信赖,法院承认此种债权人信赖的保护价值,但使用的保护方式存在明显差异。奥托睿恩测试认为异议债权人可以信赖单个集团成员公司债务人的独立信用反对适用实质合并破产制度,但如果适用实质合并破产制度的优势超过其劣势,仍可适用实质合并破产制度。奥吉/雷斯蒂沃测试和欧文斯科宁测试中,债权人信赖单个集团成员公司债务人的独立信用可以阻止适用实质合并破产制度,实质合并破产制度只有在债权人信赖企业集团的整体信用时才可能适用。在决定实质合并破产时考虑保护债权人信赖利益得到不少学者的认同。学者认为,只有保护债权人信赖才可能实现公平,对债权人的信赖保护有助于增加经济效率。[②]

保护债权人信赖利益不能成为决定是否适用实质合并破产制度的单独理由。无论是信赖企业集团的整体信用,还是信赖单个集团成员公司债务人的独立信用,都需要债权人举证证明。债权人信赖建立在交易对手的经济现实基础上,债权人信赖状态的证明需要提出债权人对交易对手的经济现实和经营状况的调查,这涉及关于企业集团内部相互关系的证据,比如,是否存在公司间交叉担保、集团成员公司债务人的财务状况。法官对债权人交易时信赖状态的确定,不仅仅是根据债权人提出的证据数量,同样需要考虑被合并公司实体之间的关系,即是否作为事实上的经济统一体运作。甚至在美国实质合并破产案件中,在没有债权人提出信赖单个集团成员公司债务人独立信用抗辩的情况下,法官也允许根据债务人作为事实上的经济统一体运作的客观事实推定债权人信赖企业集团的整体信用。[③] 因此,债权人信赖利益的保护理由与对集团成员公司债务人之间关系的分析有紧密

---

① See Hanna R. Benjamin, *Federalism in Bankruptcy: Relocating the Doctrine of Substantive Consolidation*, 96 Minnesota Law Review 711 (2011).

② See William C. Blasses, *Redefining into Reality: Substantive Consolidation of Parent Corporations and Subsidiaries*, 24 Emory Bankruptcy Developments Journal 469 (2008).

③ See In In re Richton International Corp., 12 Bankr. 555 (Bankr S. D. N. Y. 1981).

的逻辑联系,债权人信赖利益的保护不能脱离客观上对集团成员公司债务人之间关系的分析单独适用,对集团成员公司债务人之间关系的分析是债权人信赖利益保护理由适用的前提。

此外,债权人信赖利益保护不能绝对化。实质合并破产案件中评估债权人的信赖状态,可能出现一些债权人信赖企业集团整体信用和另一些债权人信赖单个集团成员公司债务人独立信用的两种对立状态,形成债权人信赖困境。奥托睿恩测试中,这种债权人信赖困境通过权衡适用实质合并破产制度的利弊来解决。奥吉/雷斯蒂沃测试和欧文斯科宁测试中,债权人对单个集团成员公司债务人独立信用的信赖将阻止适用实质合并破产制度。三个测试的解决方案均是将一方债权人的信赖置于另一方债权人的信赖之上。产生信赖困境的债权人之间通常彼此没有接触,没有理由以一方债权人的信赖约束另一方债权人的信赖。[①] 实质合并破产案件中发展出来的合理解决方案是给予信赖单个集团成员公司债务人独立信用的债权人补偿,抑或采取部分实质合并破产的方式使信赖单个集团成员公司债务人独立信用的债权人免受实质合并破产的影响,从而保护债权人对单个集团成员公司债务人独立信用的信赖。

威廉 · 布拉塞斯(William C. Blasses)提出一个主观测试和客观测试结合的混合测试,以解决债权人之间的信赖困境。根据该混合测试,法官应当在评估债权人提供的信赖证据的基础上,将债权人的信赖分为信赖企业集团整体信用、信赖单个集团成员公司债务人独立信用和未知的信赖状态,之后对每种信赖状态下的债权额进行计算,如果某种信赖情形中债权额超过所有债权基数的 50% ,则根据多数债权是信赖企业集团整体信用,还是单个集团成员公司债务人独立信用来决定是否进行实质合并破产,并用集团成员公司债务人之间的客观测试细化主观评价的结果。[②] 从美国实质合并破产判例来看,布拉塞斯提出的方案未被美国法院所接受。

三、区分集团成员公司债务人财产混同的困难

美国实质合并破产案例中的一个主题和重点,是当区分集团成员公司债务人

---

① See Edward J. Wes Jr. , *Substantive Consolidations in Bankruptcy: A Flow-of-Assets Approach*, 65 California Law Review 720 (1997).

② See William C. Blasses, *Redefining into Reality: Substantive Consolidation of Parent Corporations and Subsidiaries*, 24 Emory Bankruptcy Developments Journal 469 (2008).

财产不切实际时，应当对企业集团进行实质合并破产。集团成员公司债务人之间的资产和负债的混同，以及由此产生的区分困难最常被引用为适用实质合并破产制度的理由。最早提出区分集团成员公司债务人财产混同的困难以证明实质合并破产合理性的案件是化学银行案。该案适用实质合并破产区别于传统先例的依据是集团成员公司债务人相互关系是令人绝望的混同，以致重建集团成员公司债务人的财务记录，以及确定集团成员公司债务人之间的债权、债务和资产所有权的费用与困难威胁到为所有债权人的任何净资产变现。区分集团成员公司债务人财产混同的困难既可能在平衡测试中被当作支持实质合并破产的因素，也可能在因素测试中被当作确定存在事实上经济统一体的一个因素，甚至在一些实质合并破产案件中被用作唯一的实质合并破产测试。①

区分集团成员公司债务人财产混同之困难的学理基础在于对破产政策与目标的关注。保存或者增加破产财产的价值，提高对债权人的清偿是破产法的主要目标之一。② 区分集团成员公司债务人财产混同需要重建集团成员公司债务人的财务记录，这通常需要确定哪些资产和负债属于哪家集团成员公司债务人，以及集团成员公司债务人之间的债权金额及债权的有效性，为此需要付出区分成本。在对债权和债务或者资产和负债的区分存在争议的情况下，可能引发进一步的诉讼，结果将进一步增加区分成本。实质合并破产避免区分集团成员公司债务人财产混同的成本，保存或者增加破产财产的规模，有助于增加债权人的清偿，符合经济效率。

尽管如此，观察上述美国实质合并破产案例可以知道，区分集团成员公司债务人财产混同的困难不应单独作为适用实质合并破产的理由。集团成员公司债务人财产混同是由集团成员公司债务人之间的相互关系引起，③与企业集团的运营和管理方式密切相关。企业集团的经济统一体程度越高，公司形式越有可能经常被忽视，集团成员公司债务人财产混同的可能性也越高。当公司形式受到尊重时，基本不存在集团成员公司债务人财产混同，此时厘清不同集团成员公司债务人的资产和负债几乎不会实质消耗破产财产，也基本不存在区分集团成员公司债务人财

① See In re Hemingway Transport, Inc., 954 F. 2d 1 (1st Cir. 1992).

② See Thomas H. Jackson, *The Logic and Limits of Bankruptcy Law*, Harvard University Press, 1986, p. 14.

③ See Joy Flowers Conti, *An Analytical Model for Substantive Consolidation of Bankruptcy Cases*, 38 The Business Lawyer 855 (1983).

产混同的困难。[①] 确定区分集团成员公司债务人财产混同的困难首先需要立足于探求集团成员公司债务人之间的实质关系，即作为实质合并破产对象的集团成员公司债务人是否为经济统一体。因此，区分集团成员公司债务人财产混同的困难与集团成员公司债务人之间的关系分析有紧密的逻辑联系，二者需要结合使用。

使用区分集团成员公司债务人财产混同的困难作为实质合并破产制度的适用标准存在一个棘手的问题，即区分集团成员公司债务人财产混同的困难要达到何种程度，才能起到合理化适用实质合并破产制度的效果。一些法院和学者认为集团成员公司债务人财产混同必须是令人绝望的或者区分成本将威胁到债权人的任何清偿。[②] 例如，欧文斯科宁案中法院认为区分集团成员公司债务人财产混同的成本必须巨大到会伤害所有债权人。这有利于保护债权人，只有所有债权人都能从实质合并破产中受益的情况下，实质合并破产制度可能才有可取性。一些法院则对区分集团成员公司债务人财产混同的困难持相对宽松的态度，即便区分集团成员公司债务人财产混同的成本不高，只要实质合并破产的收益超过实质合并破产的伤害，仍可能适用实质合并破产制度。[③]

维登将区分集团成员公司债务人之间资产和负债的困难类型化为必要性情景、帕累托情景、卡尔多－希克斯情景和财富转移情景。[④] 必要性情景是指实际上不可能区分集团成员公司债务人之间资产和负债的情形。帕累托情景、卡尔多－希克斯情景和财富转移情景是指能够区分集团成员公司债务人之间资产和负债的情形，但区分成本对债权人的影响不同。在帕累托情景下，区分集团成员公司债务人之间资产和负债的成本不会使任何一个集团成员公司债务人的债权人受损，而企业集团实质合并破产不会减少任何一个债权人的预期清偿，且至少有一个债权人的预期清偿因企业集团实质合并破产而增加。在卡尔多－希克斯情景下，区分集团成员公司债务人之间资产和负债比使用企业集团实质合并破产能够为某些集团成员公司债务人的债权人带来更高的清偿，区分成本对这些债权人是可以忍受的，但只要适用企业集团实质合并破产节省的总区分成本能够弥补因企业集团实

---

① See Douglas G. Baird, *Substantive Consolidation Today*, 47 Boston College Law Review 5 (2005).

② See In re Munford, Inc., 115 B. R. 390, 396 (Bankr ND. Ga. 1990); In re DRW Property Co., 54 B. R. 489 (Bankr N. D. Tex. 1985).

③ See In re Crown Mach. Welding, Inc., 100 B. R. 25, 27 (Bankr D. Mont. 1989); In re Steury, 94 B. R. 553, 554 (Bankr D. Ind. 1988).

④ See William H. Widen, *Corporate Form and Substantive Consolidation*, 75 George Washington Law Review 237 (2007).

质合并破产受到伤害的债权人,就符合卡尔多－希克斯效率。在财富转移情景下,区分集团成员公司债务人之间资产和负债的成本较低,适用企业集团实质合并破产造成的伤害超过企业集团实质合并破产所产生的区分成本节约。维登主张,法院应当在必要性情景和帕累托情景的基础上解释企业集团实质合并破产制度的适用。

四、促进破产重整

实质合并破产制度经常能够简化破产重整,并在破产重整中提供一些优势。首先,实质合并破产制度可能提高集团成员公司债务人继续经营的可行性,增加集团成员公司债务人破产重整的可能性。① 其次,实质合并破产通过制订一份重整计划节省了制订多份重整计划的管理费用。② 最后,实质合并破产可以利用某家集团成员公司的财务能力为其他集团成员公司债务人提供必要的资金或者使被合并集团成员公司债务人增加获得长期融资的机会。③

一些法院将促进破产重整当作适用实质合并破产制度的理由,特别是倾向于自由化趋势的法院。当适用实质合并破产制度有可能降低确认重整计划的成本或者增加破产重整成功的可能性时,法院可能决定适用实质合并破产制度,对集团成员公司债务人实施实质合并破产重整。④

以促进破产重整作为适用实质合并破产制度的理由也受到反对和质疑。有法院和学者认为,不能仅根据实质合并破产促进破产重整证明适用实质合并破产制度的正当性,这种自由化的结果可能损害某些债权人的利益,进而造成不公平的结果。⑤

第三节　实质合并破产的法律效果及检讨

经过美国判例法的发展,实质合并破产制度的法律效果首先可以类型化为一

---

① See In re Orfa Corp. of Phila., 129 B. R. 404 (Bankr E. D. Pa. 1991).

② See In re Standard Brands Paint Co., 154 B. R. 563 (Bankr C. D. Cal. 1993).

③ See First Nat'l Bank *v.* Giller, 962 F. 2d 796 (8th Cir. 1992).

④ See In re F. A. Potts & Co., 23 Bankr. 569 (Bankr E. D. Pa. 1982).

⑤ See Timothy E. Graulich, *Substantive Consolidation-A Post-Modern Trend*, 14 American Bankruptcy Institute Law Review 527 (2006).

般法律效果和特殊法律效果。其次,在一般法律效果当中,可以进一步类型化为程序方面的法律效果和实体方面的法律效果。

一、实质合并破产制度的程序效果

实质合并破产制度在程序方面的效果与美国法上的共同管理(joint administration)具有相似性。共同管理是指法院为节省时间和费用,出于管理目的,将两个或者多个具有关联性的债务人之破产案件在程序层面合并到一起,在案件管理上将其作为一个案件对待,并进行统一发送通知、统一归档和统一登记债权等,①同时还可以指定同一个破产管理人对案件进行管理。实质合并破产制度将不同集团成员公司债务人的资产和负债合并成如同一个单一法律实体的破产财产进行处理,因此实质合并破产制度在案件管理上也将集团成员公司债务人的破产案件作为一个案件对待,指定统一的破产管理人进行管理,除非统一的破产管理人涉及利益冲突,抑或债权人分别选择不同的破产管理人来管理各家集团成员公司债务人破产案件,②并进行统一发送通知、统一归档、统一登记债权、统一召开债权人会议及统一分配等。

实质合并破产制度和共同管理的差异在于共同管理要求每个债务人的破产财产保持独立和区分,不影响债权人和其他利害关系人的实体权利,而实质合并破产制度创造单一的破产财产,影响债权人和其他利害关系人的实体权利。在实质合并破产重整中,只制订一份重整计划,所有被合并集团成员公司债务人的债权人和债权将统一进行分组和分类。对重整计划的分组表决、确认和实施均以被合并集团成员公司债务人为基础进行。③ 譬如,各个被合并集团成员公司债务人的债权人将统一对重整计划进行表决。

在实质合并破产的程序效果方面,因为实质合并破产制度将多个集团成员公司债务人的资产和负债合并成单一的破产财产,将多个集团成员公司债务人破产程序当作单一破产程序处理,所以,处理企业集团实质合并破产最好的程序方案是

---

① See Michael Chaisanguanthum, *Charter*: *The Most Important Recent Bankruptcy Decision for Secured Creditors*, 27 Emory Bankruptcy Developments Journal 9 (2010).

② 参见[美]查尔斯·J. 泰步:《美国破产法新论》(第3版),韩长印、何欢、王之洲译,中国政法大学出版社2017年版,第262页。

③ See Aurelia Chaudhury, Adam J. Levitin & David Schleicher, *Junk Cities*: *Resolving Insolvency Crises in Overlapping Municipalities*, 107 California Law Review 459 (2019).

对企业集团破产案件进行集中管辖。美国法为同一个法院管辖企业集团破产案件提供了可能性。

《美国司法及司法程序法》(Judiciary and Judicial Procedure)第1408(1)条规定,债务人公司可以在其住所、居所、在美国的主要营业场所或者在美国的主要财产所在地的美国联邦地区法院启动破产案件。虽然美国法上没有特别规定企业集团破产案件的管辖,但根据《美国司法及司法程序法》第1408(2)条关于关联管辖地的规定,若有集团成员公司债务人在任何地区正处于破产程序之下,则其他集团成员公司债务人可以在该地区提出破产申请。该关联管辖地规则允许多家集团成员公司债务人在同一司法管辖区提起破产申请,对已经先在该司法管辖区启动破产程序的集团成员公司债务人没有其应属于企业集团核心控制公司或者重要公司的要求。美国联邦破产法审查委员会(National Bankruptcy Review Commission)曾建议修改《美国司法及司法程序法》第1408(2)条规定,只允许子公司在母公司破产管辖地申请破产,而不允许母公司在子公司破产管辖地申请破产,以减少法院选择,但该建议未被接受,关联管辖地规则未作任何修改。① 关联管辖地规则给集团成员公司债务人提供管辖地选择权,允许集团成员公司债务人相互协同,在同一司法管辖区内提出破产申请。

《美国联邦破产程序规则》(Federal Rules of Bankruptcy Procedure)第1014(b)条规定,如果各集团成员公司债务人在不同的破产法院提起破产申请,为公正的利益或者便利当事人,首先受理破产申请的法院可以确定案件在哪个或者哪些地区审理。在美国企业集团破产案件中,为保存企业集团作为一个整体的价值,所有在美国有注册地、主要营业地或者财产所在地的集团成员公司债务人可以向同一个破产法院提出破产申请。破产程序规则允许所有集团成员公司债务人启动一个单一的程序,②并由一个统一的破产法院管辖企业集团破产案件。

此外,美国法采取由破产法院管辖破产案件的做法,这有助于将解决破产问题所需要的专业知识、技能和必要的设施尽可能地集中在一个审判体内。根据《美国联邦宪法》(United States Constitution)中的破产条款规定,美国联邦地区法院对破产案件享有原始和专属的管辖权,但美国联邦地区法院通常并不实际行使对破产

---

① 参见[美]查尔斯·J. 泰步:《美国破产法新论》(第3版),韩长印、何欢、王之洲译,中国政法大学出版社2017年版,第417页。

② See Allan L. Gropper, *United States Approaches to the Insolvency of Enterprise Groups*, 2015 International Insolvency Law Review 364 (2015).

案件的管辖权，而是通过移送管辖的方式，交由美国联邦地区法院内设的破产法院行使。[①] 美国的破产法官通常有多年的律师、破产管理人、税务顾问或者审计师等专业人士的经验，[②]这意味着美国破产法院经常能够汇集来自不同学科的能力，用于解决破产法院所面对的任务。

二、实质合并破产制度的实体效果

资产分割是公司形式的主要功能。汉斯曼和克拉克曼等学者提出的资产分割理论认为，所有者和法律实体之间有实体防护和所有者防护两个不同面向的资产分割模式。[③] 实体防护是指保护法律实体的资产免受实体所有者及其债权人的追索。根据保护程度的不同，实体防护有弱型实体防护、强型实体防护和完全实体防护的不同类型。所有者防护是指保护法律实体所有者的个人资产免受实体债权人的追索。根据保护程序不同，所有者防护有弱型所有者防护和完全所有者防护。完全所有者防护完全屏蔽法律实体债权人对所有者个人资产的索赔，将法律实体债权人的索赔限制在法律实体所持有的资产之内，因而完全所有者防护亦可等同于有限责任。

实体防护和所有者防护是两个独立的设计。不同的实体防护和所有者防护的组合形成了法律实体和所有者之间不同的资产分割模式。公司与股东之间的资产分割通常是利用给予公司债权人优先权和公司清算保护的强型实体防护和完全所有者防护/有限责任的组合方式来完成。公司之间的资产分割使公司债权人享有结构性优先权。例如，当母公司和子公司同时陷入破产时，母公司的债权人只有在子公司对自身债权人进行全部清偿后，才有可能从子公司中获得清偿。

实质合并破产制度在破产程序中合并多家公司实体的资产和负债，消灭公司实体之间的债权债务，在将多家公司实体当作单一实体的基础上概括清理债务和清偿债权。实质合并破产制度取消了公司实体之间的资产分割，否定公司的主体独立性和股东的有限责任。随着公司结构被忽视，在对公司资产进行统一处理的

---

① 参见［美］大卫·G. 爱波斯坦、［美］史蒂夫·H. 尼克勒斯、［美］詹姆斯·J. 怀特：《美国破产法》，韩长印等译，中国政法大学出版社2003年版，第857页。

② See Ralph R. Mabey, *The Evolving Bankruptcy Bench: How Are the Units Faring*, 47 Boston College Law Review 105 (2005).

③ See Henry Hansmann, Reinier Kraakman & Richard Squire, *Law and the Rise of the Firm*, 119 Harvard Law Review 1335 (2006).

情况下，公司债权人失去对特定公司资产享有的结构性优先权。

由于在多家公司实体资产和债务集合的基础上概括清理债务和清偿债权，实质合并破产制度会对债权人的实体权利和债权清偿产生影响。这种影响不仅是针对无担保债权人，还可能会影响担保债权人。广义担保可以分为人之保证和物之担保两种方式。人之保证是指保证人与债权人约定，当债务人不履行债务时，由保证人代负履行责任。在某家公司实体为其他公司实体债务提供保证的情况下，公司实体因实质合并破产被视为单一实体或者统一体，公司实体提供的保证会消灭。[①] 物之担保广义上是指在债务人或者他人的动产、不动产和/或权利上为债权人的债权设置担保。[②] 担保债权人的担保物权可能会因实质合并破产而消灭。例如，如果一个破产集团成员公司债务人在破产前以对另一个破产集团成员公司债务人享有的应收账款（债权），为其债权人设定质押，实质合并破产制度消灭破产债务人相互之间的债权债务，意味着债权人在应收账款上享有的权利质权将会灭失。因此，严格上讲，在实质合并破产的场合下，仅有对动产或者不动产享有担保物权的债权人不易受到实质合并破产制度的影响。

对无担保债权人而言，实质合并破产制度可能在无担保债权人之间产生财富再分配效应，使资产负债比率较低的集团成员公司债务人之债权人的财富向资产负债比率较高的集团成员公司债务人之债权人转移。不同的集团成员公司债务人可能有不同的资产负债比率，有的集团成员公司债务人资产负债比率低，有的集团成员公司债务人资产负债比率高。通过实质合并破产对集团成员公司债务人的资产和负债进行统一集中处理，所有无担保债权人从合并的破产财产中统一清偿，结果可能使原本资产负债比率较低的集团成员公司债务人之债权人的清偿降低，而资产负债比率较高的集团成员公司债务人之债权人的清偿增加，使资产负债比率较低的集团成员公司债务人之债权人必须承担其他集团成员公司债务人失败的部分成本。

三、实质合并破产制度的特殊效果

除一般法律效果之外，美国判例法和学术文献中还讨论了实质合并破产制度的特殊法律效果。这些特殊的法律效果主要是部分实质合并破产、与非债务人实

---

① 参见王志诚：《从比较法观点论企业集团之重整法制》，载《东吴法律学报》第3期（2013年）。

② 参见谢在全：《民法物权论》（修订5版），中国政法大学出版社2011年版，第41页。

质合并、实质合并破产裁定溯及力和实质合并破产对破产抵销权的影响。

(一)部分实质合并破产

为平衡实质合并破产制度的积极影响和消极影响,保留适用实质合并破产制度可以获得的实际收益,降低实质合并破产制度的消极影响,法院和各方当事人可能采取部分实质合并破产的方法。因为实质合并破产制度可能对债权人和其他利害关系人的权利产生深远的影响,在个别情形下实施完全实质合并破产制度可能并不恰当,会对某些债权人和利害关系人的利益造成消极影响,损害这些债权人和利害关系人的利益,无法实现公平的结果。部分实质合并破产与完全实质合并破产相对,是在后者基础上实施的一种有变化的实质合并破产。部分实质合并破产与完全实质合并破产的关键区别在于部分实质合并破产的法律效果不像完全实质合并破产的法律效果一样强烈,是一种相对不太激进的解决方案。[①]

部分实质合并破产经常在大型企业集团破产重整中被广泛使用。[②] 美国破产法院认为其保留有裁定进行部分实质合并破产的权力,该权力来源与完全实质合并破产相同,即源于《美国破产法典》第105条赋予破产法院的衡平法上之权力,以实现公平的解决方案。[③]

由于部分实质合并破产是针对完全实质合并破产的法律效果所作的调整,具体个案中部分实质合并破产的法律效果可能并不一致,美国实质合并破产判例法表明法院发展出不同效果的部分实质合并破产。在弗洛拉案中,法院基于债券持有人对米多斯公司独立法律地位的信赖,且米多斯公司与弗洛拉集团不存在严重的混同,拒绝将米多斯公司与弗洛拉集团实质合并破产,通过部分实质合并破产保护债券持有人的信赖利益。部分实质合并破产可用以弥补可能受实质合并破产损害的债权人,给予该债权人在破产财产分配中的优先地位。比如,在吉勒案(In re Giller)中,破产法院在认识到实质合并破产对具有偿付能力的债务人之债权人潜在损害的基础上,赋予该债务人之债权人优先于其他被实质合并破产债务人之债权人的地位。[④] 如果作为担保权之标的的范围将通过实质合并破产(如所有应收

---

① See Henry Peter, *Insolvency in a Group of Companies Substantive and Procedural Consolidation*: *When and How*, in Henry Peter, Nicolas Jeandin & Jason Kilborn eds., The Challenges of Insolvency Law Reform in the 21st Century-Facilitating Investment and Recovery to Enhance Economic Growth, Schulthess, 2006, p. 207.

② See Jacob S. Ziegel, *Corporate Groups and Crossborder Insolvencies*: *A Canada-United States Perspective*, 7 Fordham Journal of Corporate & Financial Law 367 (2001).

③ See In re Bonham, 229 F. 3d 750 (9th Cir. 2000).

④ See In re Giller, 962 F. 2d 796, 799 (8th Cir. 1992).

账款）而扩大，法院可对实质合并破产加以限定，以保护无担保债权人。

此外，法院可裁定对无担保债权进行实质合并破产，而对有担保债权不进行实质合并破产。法院也可以适当地区分集团成员公司债务人的资产和负债，以使一个集团成员公司债务人对另一个集团成员公司债务人的债务担保生效。① 在担保物权标的会因实质合并破产消失的情况下，例如，母公司将其持有的子公司股权质押的情况下与子公司实质合并破产，有担保债权人可要求对该担保进行估值，并在重组计划中获得适当的优先权。②

尽管部分实质合并破产没有统一的法律效果，但其核心效果是尽可能消除实质合并破产对特定债权人的不利影响，特别是保护债权人的信赖利益。信赖集团成员公司债务人独立信用的债权人在部分实质合并破产下将获得在没有实质合并破产时所能得到的清偿，其他债权人则将从实质合并破产的资产中按比例清偿。部分实质合并破产的弹性法律效果增加了实质合并破产制度的灵活性。

（二）对债务人与非债务人实质合并破产

美国法院将实质合并破产制度的适用范围扩大到债务人公司与非债务人公司的实质合并破产。③ 换言之，实质合并破产的效果能够延伸到未破产的公司实体。债务人公司与非债务人公司的实质合并破产引起广泛关注。比起法院对实质合并破产制度的接受度，对债务人公司与非债务人公司的实质合并破产的态度充满更多的争议。美国法院对债务人公司与非债务人公司的实质合并破产存在观点分歧，产生了不一致的结果。在美国联邦巡回上诉法院层面，至少有一个美国联邦巡回上诉法院在《1978 年破产改革法》颁布后批准了非债务人公司与债务人公司的实质合并破产，其他几个美国联邦巡回上诉法院则是在不同程序上默许将实质合并破产制度适用于非债务人公司。④ 在美国联邦地区法院和破产法院层面，一些法院认为破产法院有权力将非债务人公司与债务人公司实质合并破产。⑤ 但是，

① See In re Parkway Calabasas, 89 B. R. 832 (Bankr C. D. Cal. 1988).

② See In re Gulfco Investment Corporation, 593 F. 2d 921, 927 (10th Cir. 1979).

③ See Lynn M. LoPucki & William C. Whitford, *Venue Choice and Forum Shopping in the Bankruptcy Reorganization of Large, Publicly Held Companies*, 1991 Wisconsin Law Review 11 (1991).

④ See In re Marin Motor Oil Inc., 689 F. 2d 445, 477 (3d Cir. 1982); In re Creditors Services Corp., No. 98 – 3838, 1999 WL 519296 (6th Cir. July 15, 1999); In re Gandy, 299 F. 3d 489, 499 (5th Cir. 2002).

⑤ See In re Meridian Place, N W., Inc., 15 B. R. 89 (Bankr D. C. 1981); In re Creditors Service Corp., 195 B. R. 680 (Bankr S. D. Ohio 1996).

也有破产法院认为实质合并破产制度不能被扩展适用于非债务人公司。[①] 除此之外,同样有评论对债务人公司与非债务人公司实质合并破产的做法提出质疑。

支持债务人公司与非债务人公司实质合并破产的法院认为,破产法院有权裁定债务人公司与非债务人公司进行实质合并破产。破产法院的权力源于两个方面:一是《美国破产法典》第105条赋予破产法院衡平法上的权力;二是实质合并破产的判例法,特别是实质合并破产制度的起源案例——辛普赛尔案。从该案的案件事实来看,该案是将未破产公司与破产股东个人(非债务人与债务人)的破产财产合并。债务人公司与非债务人公司实质合并破产避免了公司间通过空壳公司游戏转移资产。此外,有观点认为,在母公司破产的情况下,由于子公司本质上是母公司的资产,将债务人母公司与非债务人子公司实质合并破产于理论上并无不妥。[②]

将债务人公司与非债务人公司实质合并破产的做法也受到了从缺乏破产法授权到不符合宪法正当程序要求的猛烈批评。质疑观点认为,《美国破产法典》第105条赋予破产法院衡平法上的权力不能以违反其他法定条款的方式行使。将实质合并破产制度适用于非债务人公司会与《美国破产法典》第303条非自愿破产的规定相冲突,因为仅是任由债务人决定何时启动破产程序可能会使债务人推迟或者避免寻求现有救济,进而产生不利于债权人和其他利益相关者利益的不必要成本和损失。[③]《美国破产法典》第303条规定,满足申请条件的债权人可以对债务人提出破产清算或者破产重整申请,迫使债务人进入破产程序。同时为避免债权人滥用程序,《美国破产法典》第303条为债务人提供正当程序保护,比如申请非自愿破产的债权人必须满足特定的资格条件,以及破产法院收到非自愿破产申请后,应当将相应传票及申请副本送达债务人,允许债务人在异议期内提出异议。将实质合并破产扩大到非债务人公司,本质上是将非债务人公司置于非自愿破产程序中,不仅违反了《美国破产法典》第303条的正当程序要求,[④]还规避了对恶意申请的债权人的制裁,挫败非自愿破产的政策目标。由于破产法院只对债务人公司有

---

① See In re Ira S. Davis, Inc., 1993 Bankr. LEXIS 1383 (E. D. Pa. 1993).

② See Lesley Salafia, *Cross-Border Insolvency Law in the United States and Its Application to Multinational Corporate Groups*, 21 Connecticut Journal of International Law 297 (2006).

③ See Adam Feibelman, *Involuntary Bankruptcy for American States*, 7 Duke Journal of Constitutional Law & Public Policy 81 (2012).

④ See Daniel R. Culhane, *Substantive Consolidation and Nondebtor Entities: The Fight Continues*, 7 Pratt's Journal of Bankruptcy Law 514 (2011).

管辖权,非债务人公司非受破产法院管辖,在没有明确法律规定的情况下,破产法院不能根据《美国破产法典》第 105 条的规定取得对非债务人公司的管辖权。[①]

实质合并破产制度可能会对非债务人公司及其债权人产生影响,实质合并破产将使债务人公司的债权人与非债务人公司的债权人按比例从合并的破产财产中清偿,非债务人公司的债权人可能会面临未受清偿的损失,而非债务人公司的担保债权人也可能不得不进入破产程序。在非债务人公司未陷入财务困境的情况下,实质合并破产制度可能造成对非债务人公司及其债权人的不公平待遇。破产法院利用衡平法上的权利扩大债务人公司破产财产的范围,将非债务人的资产包括在内,违反了由州法律管辖破产程序中财产权益范围的布特纳规则。[②] 此外,将债务人公司与非债务人公司实质合并破产还可能会产生何时及对谁适用自动中止、哪些交易将会被撤销、谁有权对非债务人公司的资产提出重整计划等一系列重大问题。[③]

尽管对是否能够实质合并破产非债务人公司存在质疑,但依旧有许多判例允许在适当情况下对非债务人公司进行实质合并破产。[④] 如果非债务人公司仅仅是债务人公司的"第二个我",二者构成单一的统一体运作,非债务人公司不是独立存在,那么对非债务人公司实质合并破产能够与《美国破产法典》第 303 条共存,二者在破产程序中发挥着不同的功能作用,[⑤]并不冲突。在实质合并破产制度的测试中对不同公司之间关系和债权人信赖保护的考虑包含对非债务人公司及其债权人的保护,鉴于实质合并破产制度对非债务人公司及其债权人的潜在伤害,大多数法院会对非债务人公司适用实质合并破产有所限制,[⑥]法院裁定非债务人集团成

---

① See Christopher J. Predko, *Substantive Consolidation Involving Non-Debtors: Conceptual and Jurisdictional Difficulties in Bankruptcy*, 41 The Wayne Law Review 1741 (1995).

② See Kurt A. Mayr, *Back to Butner's Basic Rule-the Fundamental Flaw of Nondebtor Substantive Consolidation*, 16 Norton Journal of Bankruptcy and Practice 77 (2007).

③ See J. Maxwell Tucker, *Substantive Consolidation: The Cacophony Continues*, 18 American Bankruptcy Institute Law Review 89 (2010).

④ See Kit Weitnauer, *Substantive Consolidation of Non-Debtors: Another Perspective*, 23 American Bankruptcy Institute Journal 44 (2004).

⑤ See In re Munford Inc., 115 B. R. 390 (Bankr N. D. Ga. 1990).

⑥ See Kara Bruce, *Non-Debtor Substantive Consolidation-A Remedy Built on Rock or Sand*, 37 Bankruptcy Law Letter 1 (2017).

员公司与债务人集团成员公司实质合并破产的做法也并不常见。① 实质合并破产请求经常是在异议程序中被提出，当中包含在异议程序中提出债务人公司与非债务人公司实质合并破产的请求，给予非债务人公司通知、回应，以及通过有意义、充分与及时的方式进行听证的机会。② 这些都旨在尽可能减轻实质合并破产制度适用于非债务人公司产生的消极影响。

（三）实质合并破产的追及效力

现实经济生活中，拟进行实质合并破产的集团成员公司债务人进入破产程序的时间可能有先后差异。在此情形下，如何确定实质合并破产裁定的生效日期，以及实质合并破产裁定是否具有追溯效力（nunc pro tunc）成为实质合并破产制度关注的焦点之一。实质合并破产裁定是否具有追溯效力，将会影响破产撤销权的运作，影响交易安全。奥托睿恩案中，奥托睿恩公司全资所有的子公司瑞尔威公司在1980年6月11日至7月15日进行了一系列付款活动。1980年9月8日，奥托睿恩公司申请破产重整，但瑞尔威公司未申请破产。破产法院在1980年11月21日作出实质合并破产裁定，将奥托睿恩公司和瑞尔威公司合并，并以奥托睿恩公司申请破产重整日作为实质合并破产裁定生效日期，使实质合并破产裁定具有追溯效力。若以9月8日作为瑞尔威公司进入破产的日期，则该公司在6月11日至7月15日所作的付款处于偏颇清偿的90日临界期内，可能会被通过破产撤销予以撤销；而若以11月21日作为实质合并破产裁定的生效日期，则该公司在6月11日至7月15日所作的付款不处于偏颇清偿的90日临界期内。

美国法院对决定实质合并破产裁定是否具有追溯效力存在分歧。美国哥伦比亚特区巡回上诉法院在奥托睿恩案中认为，破产撤销权的功能是避免债权人之间的无序竞争肢解债务人，促进债权人之间的平等分配。如果不考虑受让人对集团成员公司债务人独立信用的信赖，具有追溯效力的实质合并破产裁定可能加速债权人之间的竞争，影响债务人摆脱财务困境。实质合并破产裁定是否具有追溯效力应当取决于利益衡量测试，追溯效力的支持者应当证明追溯效力对实现某些收益或者避免某些损害是必要的，而受让人对此可证明其信赖某一拟合并集团成员公司债务人的独立信用，破产申请日期的改变将对其造成损害，法院只有在确信追

---

① See Charles M. Oellermann & Mark G. Douglas, *The Year in Bankruptcy*, 8 Pratt's Journal of Bankruptcy Law 343 (2012).

② See Jeanne MacKinnon, *Substantive Consolidation: The Back Door to Involuntary Bankruptcy*, 23 The San Diego Law Review 203 (1986).

溯效力产生的收益超过追溯效力产生的伤害时，才能认可实质合并破产裁定的追溯效力。作为第一个在美国联邦巡回上诉法院层面处理实质合并破产裁定是否具有追溯效力的案件，[①]奥托睿恩案的利益衡量分析被有的破产法院在考虑是否赋予实质合并破产裁定追溯效力时采用。[②]

有的美国联邦巡回上诉法院和破产法院拒绝采用奥托睿恩案关于确定实质合并破产裁定是否具有追溯效力的利益衡量分析。美国联邦第六巡回上诉法院和美国联邦第九巡回上诉法院分别在贝克/盖蒂金融服务公司案（In re Baker & Getty Fin. Servs.，Inc.）和博纳姆案（In re Bonham）中认为，奥托睿恩案关于实质合并破产裁定之追溯效力的利益衡量分析与其确定是否适用实质合并破产制度的平衡测试具有密切的相似性，这将会增加不必要的混乱。美国联邦第六巡回上诉法院和美国联邦第九巡回上诉法院对实质合并破产裁定是否具有追溯效力采用相似的理由，主张应当根据实质合并破产制度的衡平性质决定实质合并破产裁定是否具有追溯效力。当被合并集团成员公司债务人构成单一统一体运作，以及其资产和负债混同时，实质合并破产制度和破产撤销权的逻辑要求以基本相同的方式对待被合并集团成员公司债务人的债权人。[③] 因此，实质合并破产裁定具有追溯效力，应当以最早提出破产申请的时间作为计算破产撤销权的时间。

此外，有的破产法院并不认可实质合并破产裁定具有追溯效力，不以最早的破产申请日期作为实质合并破产的生效日期。[④] 虽然美国法院关于实质合并破产裁定的追溯效力存在实质合并破产裁定是否具有追溯效力及追溯效力之存在理由的两方面的不一致，但总体上承认实质合并破产制度在被合并集团成员公司债务人构成单一统一体运作情形下的追溯效力。[⑤] 实质合并破产裁定具有追溯效力的结果使最先提出破产申请的时间成为行使破产撤销权的计算时间。[⑥]

---

① See William H. Thornton, *The Continuing Presumption against Substantive Consolidation*, 105 Banking Law Journal 448 (1988).

② See In re New Ctr. Hosp., 187 B. R. 560 (E. D. Mich. 1994).

③ See In re Baker & Getty Fin. Servs., 974 F. 2d 712 (6th Cir. 1992); In re Bonham, 229 F. 3d 750 (9th Cir. 2000).

④ See In re Tureaud, 59 Bankr. 973 (Bankr N. D. Okla. 1986).

⑤ See Billy Hildbold, *Sunset Aviation: Can Trustee Expand Preference Period though Substantive Consolidation*, 30 American Bankruptcy Institute Journal 42 (2011).

⑥ See Judith Elkin, *Lifting the Veil and Finding the Pot of Gold: Piercing the Corporate Veil and Substantive Consolidation in the United States*, 6 Dispute Resolution International 131 (2012).

（四）实质合并破产对破产抵销的影响

企业集团实质合并破产制度是否影响破产抵销的问题在美国判例法中曾有被讨论，但相关判决的观点存在意见分歧。破产抵销成立于破产案件开始前，债权人和债务人互负债务的场合，在破产程序中一方将自己的债务与对方的债务冲抵。破产抵销的构成要件之一要求债权人和债务人互负的债务具有相互性，[①]实质合并破产制度是否影响破产抵销的争议主要在于实质合并破产是否会创造破产抵销的相互性要件。

在花园岭公司案（In re Garden Ridge Corp.）中，[②]花园岭管理公司（Garden Ridge Management）在2001年雇用弗格森担任行政雇员，雇佣合同包括25万美元的遣散费和6万美元安置费的报销。弗格森在开始工作时，向花园岭有限合伙企业借款25万美元。2003年，花园岭管理公司终止雇用弗格森。弗格森根据雇佣合同中的遣散费和安置费提出合计31万美元的损失索赔。花园岭有限合伙企业之后在联邦法院提出对弗格森享有的25万美元债权的追偿诉讼。

2004年，花园岭管理公司和6家关联公司实体根据《美国破产法典》第11章的规定申请破产保护，并在之后提交了一份包含要求实质合并破产的重整计划草案。该计划允许这些债务人保留所有法律和衡平法上的抗辩，但主张将所有花园岭集团债务人的资产和负债与花园岭有限合伙企业的资产和负债合并。破产法院批准了重整计划草案。弗格森对破产财产提出31万美元的债权，并提出与其25万美元的债务抵销，剩余6万美元在破产财产中作为无担保债权受偿。花园岭集团以交易涉及两个独立的花园岭实体，缺乏相互性为由，拒绝弗格森的抵销主张。弗格森认为，即使花园岭管理公司和花园岭有限合伙企业在与其交易时是独立的实体，但破产法院对实质合并破产的批准有效地合并了这些实体，从而为抵销目的创造相互性。案件上诉到美国联邦第三巡回上诉法院。

美国第三巡回上诉法院判决中的多数意见认为，弗格森主张抵销的债权之间没有相互性，因此拒绝弗格森的抵销主张，维持破产法院和美国联邦地区法院的判决。理由是，第一，弗格森在与花园岭管理公司和花园岭有限合伙企业交易时，花园岭管理公司和花园岭有限合伙企业是独立的实体。第二，弗格森是被花园岭管

---

① See Martin J. Beinstock, Chris DiAngelo, Eileen Bannon & Lee J. Cassey, *Are Triangular Setoff Agreements Enforceable in Bankruptcy*, 83 American Bankruptcy Law Journal 325 (2009).

② See In re Garden Ridge Corp., 386 Fed. Appx. 41 (3rd Cir. 2010).

理公司雇用,并非被花园岭有限合伙企业雇用。

托马斯·安布罗(Thomas L. Ambro)法官的异议意见认为,企业集团实质合并破产的效果对债权人的权利有深远的影响,重构了债权人的权利。企业集团实质合并破产使每一项已经或者将要提出的债权应被视为针对合并后的债务人提出,被视为针对合并后的债务人享有的债权和对合并后的债务人承担的债务。企业集团实质合并破产的结果使弗格森对花园岭管理公司的债权和对花园岭有限合伙企业的债务成为合并后的债务人之债权和债务,这创造抵销所需要的债权之相互性,消除相互性抗辩。因此,法院应当同意弗格森的抵销主张。

第四节 实质合并破产的救济方式

因为实质合并破产可能给债权人、债务人的权利与义务带来深远的影响,美国法从听证、抗辩与上诉救济等环节,为受实质合并破产影响的相关主体提供救济可能性。

一、实质合并破产听证和实质合并破产异议者抗辩

在美国判例法上,企业集团实质合并破产制度的适用原则上并不要求债权人投票表决,法院通常采取听证的方式对企业集团实质合并破产申请进行审查,并根据其衡平法权力决定是否允许企业集团实质合并破产。特别是在决定债务人集团成员公司与非债务人集团成员公司实质合并破产的场合,破产法院不能在不给予听证机会的情况下,作出损害非债务人集团成员公司之债权人利益的行为。[①] 破产法院、破产管理人、债务人、债权人及其代表人或者代理人通常是企业集团实质合并破产听证会的参与人。

《美国联邦破产程序规则》将解决破产核心争议问题采用的形式分为对抗程序(adversary proceedings)和异议程序(contested matter)两类,前者接近传统民事程序。《美国联邦破产程序规则》第7001条明确列举哪些争议必须在对抗程序中解决,包括偏颇行为的追偿诉讼、破产免责和撤销重整计划确认令等,列举规定外的事项通常采用异议程序。异议程序没有传统民事诉讼正式,适用的争议事项不

---

① See J. Stephen Gilbert, *Substantive Consolidation in Bankruptcy: A Primer*, 43 Vanderbilt Law Review 207 (1990).

复杂,需要被更迅速地解决。因为企业集团实质合并破产未被列入《美国联邦破产程序规则》第 7001 条,所以企业集团实质合并破产适用《美国联邦破产程序规则》第 9014 条规定的异议程序,即由申请人提出企业集团实质合并破产申请启动,并给予当事人合理的通知和听证的机会。

企业集团实质合并破产听证不仅是破产程序参与人自治和自我负责理念的体现,也是美国宪法第五修正案“正当程序条款”(Due Process Clause)内涵的要求,受到正当程序条款的保护。依据正当程序的要求,在美国民事程序中,法院作出有效判决(包括裁定)前必须满足两个重要条件:第一,当事人收到诉讼开始和诉讼所涉及争议、问题的充分通知;第二,当事人在适当的时候有充分的机会表明其对争议的立场/主张。①

美国法上,利害关系人可以在异议程序或者批准企业集团实质合并破产重整计划的听证中对适用企业集团实质合并破产制度提出抗辩。在具体案件中,通常是债权人提出针对企业集团实质合并破产主张的抗辩。根据美国判例法中企业集团实质合并破产制度的适用标准,对适用企业集团实质合并破产制度的抗辩事由主要分为三类:第一,被合并集团成员公司债务人相互间关系的抗辩,②即被合并集团成员公司债务人相互间不构成实质同一性。第二,被合并集团成员公司债务人财产未混同或者能够以适当的成本区分被合并集团成员公司债务人财产。第三,信赖抗辩,即债权人可以提出债权人信赖与之交易的特定集团成员公司债务人的独立信用,③适用企业集团实质合并破产制度将对其造成伤害,来反对适用企业集团实质合并破产制度。

二、实质合并破产裁定的上诉

依据美国联邦上诉制度,对美国联邦地区法院(初审法院)作出的具有终局裁决性质的判决、裁定或者命令可以上诉至美国联邦巡回上诉法院,对美国联邦巡回上诉法院作出的裁判可以上诉至美国联邦最高法院,美国联邦最高法院享有对美国联邦巡回上诉法院之裁判进行审查的裁量权。故而,对美国联邦地区法院作出

---

① See Jack H. Friedenthal et al., *Civil Procedure: Case and Materials*, West, 2013, p. 201.

② See John B. Berringer & Dennis J. Artese, *The ABCs of Substantive Consolidation*, 121 Banking Law Journal 640 (2004).

③ See Judith Elkin, *Lifting the Veil and Finding the Pot of Gold: Piercing the Corporate Veil and Substantive Consolidation in the United States*, 6 Dispute Resolution International 131 (2012).

的具有终局裁决性质的裁判，可以上诉至美国联邦巡回上诉法院，甚至是美国联邦最高法院，理论上有两级法院的司法救济。终局裁决意味着没有任何问题仍须解决，唯一需要采取的行动是执行裁决。①

在美国联邦法院体系中，破产法院作为处理特殊问题的专门法院，不是独立的美国联邦司法机关，而是隶属于美国联邦地区法院的分支机构。由于破产法院是美国联邦地区法院的分支机构，美国联邦地区法院法官有权对破产法院的处理结果进行复审，对破产法院的裁判可以上诉至美国联邦地区法院或者美国联邦巡回上诉法院司法委员会组建的破产上诉小组（Bankruptcy Appellate Panel），②但只有在当事人一致同意的情况下才能向破产上诉小组提起上诉。对美国联邦地区法院或者破产上诉小组的裁判可以上诉至美国联邦巡回上诉法院，甚至是美国联邦最高法院。在裁判涉及的问题缺乏先例、涉及具有公共影响的事项或者存在冲突判决等特殊情况下，对破产法院的裁判可以直接上诉至美国联邦巡回上诉法院。③可见，对破产法院的裁判，多了一级法院的司法救济。虽然美国联邦最高法院在辛普赛尔案后未再对实质合并破产制度及其制度问题作出指导，实践中关于企业集团实质合并破产裁定的上诉救济基本在美国联邦巡回上诉法院层面止步，但理论上对破产法院作出的企业集团实质合并破产裁定存在三级法院的司法救济。

根据《美国联邦民事程序规则》（Federal Rules of Civil Procedure）和《美国联邦破产程序规则》的规定，美国联邦法院的裁判或者破产法院的裁判自在独立的文件中阐明裁判，书记官在案件诉讼事件列表中标记已裁判时起，产生强制执行和既判力的效力。④ 当事人有权自破产法院裁判登记之日起 14 日内提出上诉，除特殊情况外，在 14 日上诉期间内，破产法院的裁判自动中止执行。⑤ 但是，破产法院、美国联邦地区法院或者破产上诉小组的裁判在上诉程序的审查中并不自动中止执行，当事人仍须履行破产法院、美国联邦地区法院或者破产上诉小组的裁判。除非当事人在上诉之前或者上诉之后向原审法院提出在上诉程序处理期间中止裁判执行申请，并提供中止担保金或者其他担保物，经原审法院批准和通知所有其他当事人

---

① See In re Atlas, 210 F. 3d 1305, 1307 (11th Cir. 2000).

② See Paul P. Daley & George W. Shuster Jr., *Bankruptcy Court Jurisdiction*, 3 DePaul Business & Commercial Law Journal 383 (2005).

③ See Federal Rules of Bankruptcy Procedure § 8006(a); 28 U. S. C. § 158(d) (2).

④ See Federal Rules of Civil Procedure for the United States § 59; Federal Rules of Bankruptcy Procedure § 7058.

⑤ See Federal Rules of Bankruptcy Procedure § 8002, 8007.

的情况下,可以在上诉程序处理期间中止裁判执行。对美国联邦地区法院或者破产上诉小组裁判的中止执行,除有正当理由外,不得超过自裁判登记之日起 30 日。如果获得中止的当事人在中止期届满前向美国联邦巡回上诉法院提出上诉,则在美国联邦巡回上诉法院作出最终处理之前,中止将继续有效。而且如果美国联邦地区法院或者破产上诉小组的裁判是维持破产法院的裁判,对美国联邦地区法院或者破产法院的裁判在上诉期间的中止将自动中止破产法院裁判的执行。①

申请裁判的中止执行要求提供中止保证金或者其他担保物的目的是在破产法院的裁判最终得到维持的情况下,弥补裁判在上诉期间没有得到执行造成的损失。尽管申请中止执行裁判需要提供中止保证金或者其他担保物,但当事人享有申请中止裁判执行的权利和裁判中止执行的可能性。在企业集团实质合并破产案件中,这使企业集团实质合并破产裁定的异议权利人能够在上诉救济程序中申请中止企业集团实质合并破产裁定执行,在最终救济程序的处理结果出来之前,避免因履行企业集团实质合并破产裁定对其利益造成难以弥补的损害。

在美国法上,企业集团实质合并破产裁定的救济规则理论上给予异议权利人三次救济机会,异议权利人在司法实践中的实际操作上可能会进行两次救济,而且除企业集团实质合并破产裁定在上诉期间内自动中止执行外,异议权利人可以通过提供中止保证金或者其他担保物的形式向原审法院申请企业集团实质合并破产裁定的中止执行。以提供中止保证金或者其他担保物为条件的申请中止执行,既弥补了在企业集团破产案件中未能及时执行可能造成的损失,又避免立即执行对异议权利人可能造成的损害,起到利益平衡机制的功效。

本章小结

本章主要介绍和讨论了美国法上实质合并破产制度的起源、发展和构造。实质合并破产制度最初是对债务人滥用公司形式损害债权人的救济,并非专门处理企业集团破产的工具。实质合并破产制度在美国法上的发展主要可归纳为六个阶段,分别是早期起源、美国联邦第二巡回上诉法院的贡献、自由化趋势、墨西哥集团案对实质合并破产制度的挑战、欧文斯科宁案收紧实质合并破产制度的适用标准和实质合并破产制度普遍适用于企业集团破产。实质合并破产制度是在发展过程

① See Federal Rules of Bankruptcy Procedure § 8025.

中逐渐成为一项处理企业集团破产的主要工具。

实质合并破产制度在美国法上的构造，主要分为实质合并破产制度的适用标准、法律效果和救济。对于美国法上实质合并破产制度的适用标准，判例和学术文献中提出多种不同的适用标准，这些适用标准主要可归纳为事实上的经济统一体、债权人信赖、区分集团成员公司债务人财产混同的困难和促进破产重整。这些适用标准之间相互联系，很少能仅凭单一的适用标准支撑起实质合并破产制度的正当性。美国法上实质合并破产制度的法律效果主要分为实体效果和程序效果。在实体效果方面，合并处理的结果主要是多家集团成员公司债务人的资产和负债被合并处理，被合并集团成员公司债务人之债权人集中从合并的资产池中获得清偿，被合并集团成员公司债务人之间的债权债务消灭。在程序效果方面，合并处理的结果是使多家集团成员公司债务人之复数破产程序可以合并成一个破产程序，得到统一管辖和管理。此外，实质合并破产制度也可以不采取完全实质合并破产的效果，而采用部分实质合并破产的效果。对债务人集团成员公司与非债务人集团成员公司能否实质合并破产，实质合并破产裁定是否具有溯及力，实质合并破产是否影响破产抵销的构成，判例和学术文献存在分歧与争议。对于美国法上实质合并破产制度的救济，美国法从事前的实质合并破产听证、异议者抗辩和事后的实质合并破产裁定上诉，为实质合并破产异议者提供相对完善的救济渠道。

第四章　澳大利亚对实质合并破产制度的继受与发展

《澳大利亚公司法》以成文法的方式继承和发展了美国判例法上的实质合并破产制度。《澳大利亚公司法》在企业集团破产清算中引入实质合并破产的方法，将相关集团成员公司债务人的资产和负债合并处理，该种方法在澳大利亚被称为“合并”（pooling）。该法定合并制度将债权人自治与法院裁定相结合，进一步发展实质合并破产制度。从制度继受者的视角观察，可以更清楚地认识实质合并破产制度的内容及其演变趋势。

第一节　企业集团实质合并破产的实践需求

企业集团的组织形式在澳大利亚社会经济中的普遍化和企业集团的运作导致了企业集团破产复杂化，引起利用实质合并破产制度处理企业集团破产问题的实践需求。

一、澳大利亚企业集团破产问题

企业集团在澳大利亚商业活动中发挥着重要作用。早在1997年，墨尔本大学公司法和证券监管中心对在澳大利亚证券交易所上市的500强公司的集团结构展开了一项研究，研究表明，89%的受调查上市公司有控制其他公司的情况,其中平均每家上市公司控制着 28 家子公司,并且有 90% 的受控制公司是全资子公司。[①] 澳大利亚的许多商业活动是由母公司与子公司形成的企业集团从事。[②]

虽然企业集团对澳大利亚的商业经济有着重要影响,但澳大利亚公司法律制度中没有形成一套专门规制企业集团的规则。英国上议院在萨洛蒙诉萨洛蒙公司案(Salomon *v.* Salomon & Co. Ltd.)中确立公司是具有独立法律人格的法人,澳大利亚作为英国殖民地和英联邦国家,受英国判例法影响,因此独立法律实体原则也适用于澳大利亚企业集团。澳大利亚高等法院在沃克诉温伯恩(Walker *v.* Wimborne)等案件中认同独立法律实体原则适用于企业集团。沃克诉温伯恩案主要涉及陷入财务困境的亚洲电气公司(Asiatic Electric)因企业集团内资金紧缺而向其他集团成员公司转移资金,亚洲电气公司的清算人对公司董事转移资金的行为提出不当行为诉讼。该案中,澳大利亚高等法院认为,企业集团通常是指因共同或者相互持股、统一控制或者控制能力而形成的若干公司联合,企业集团中的每家集团成员公司都是独立的法律实体,每家集团成员公司的董事在履行其对集团成员公司的义务时,必须考虑该集团成员公司的股东和债权人利益,与之相对应,每家集团成员公司的债权人都必须向该集团成员公司寻求清偿。[③]

独立法律实体原则适用于澳大利亚企业集团破产。澳大利亚宪法赋予联邦议会制定破产法律的权力,尽管澳大利亚开国先贤们主张联邦立法权可以扩展到对公司破产的规制中,但由于联邦没有权力处理公司法的所有方面内容,因此制定处理公司破产的立法计划被保留给各州,以纳入各州的公司立法。[④] 结果是,作为联邦与州的合作计划,《澳大利亚公司法》制定完成,对个人破产和公司破产进行分开处理。作为联邦法而适用于全国的《澳大利亚破产法》(Bankruptcy Act 1966)主要是关于个人破产制度的规定,现行公司破产制度则规定于《澳大利亚公司法》第 5 章。《澳大利亚公司法》适用于首都特别区,并由各州加以采纳。因此,适用于澳大利亚的独立法律实体原则同样适用于企业集团破产情形,在企业集团破产中,每家集团成员公司均是一个独立的法律实体。

---

① See Ian Ramsay & Geofrey P. Stapledon, *Corporate Groups in Australia*, 29 Australian Business Law Review 7 (2001).

② See Sandra van der Laan & Graeme Dean, *Corporate Groups in Australia*: *State of Play*, 20 Australian Accounting Review 121 (2010).

③ See Walker *v.* Wimborne [1976] 3 ACLR 529.

④ See W. M. C. Gummow, *Bankruptcy and Insolvency in Australia*, 46 South Carolina Law Review 893 (1995).

独立法律实体原则在企业集团中的适用产生了一些问题，使处理企业集团破产成为一个棘手的问题。独立法律实体原则为操纵企业集团结构提供了一个机制。特别是在早期澳大利亚对企业集团的运作与结构几乎没有法律限制时，这一原则导致出现了企业集团结构复杂化和滥用公司形式的情况。①

譬如，在澳大利亚引起广泛学术讨论的帕特里克集团重组案（Patrick Corporate Group Restructure）②中，帕特里克集团（Patricks）在澳大利亚所有主要港口经营集装箱码头和普通货物装卸设施，朗公司（Lang）是帕特里克集团的最终控股公司，朗公司的子公司帕特里克装卸控股公司（Patrick Stevedores Holding）直接或者间接持有帕特里克第一装卸公司（Patrick Stevedores No. 1）、帕特里克第二装卸公司（Patrick Stevedores No. 2）、帕特里克第三装卸公司（Patrick Stevedores No. 3）和塔斯马尼亚国家装卸公司（National Stevedores Tasmania）的所有股份，这 4 家公司（统称雇主公司）雇用人员从事装卸业务。1997 年，帕特里克集团进行将装卸业务与劳工要素分离的重组，雇主公司将其装卸业务出售给帕特里克装卸控股公司的全资子公司帕特里克第二装卸运营公司（Patrick Stevedores Operations No. 2，以下简称运营公司），雇主公司只保留与其雇员相关的合同义务，停止从事装卸业务。雇主公司出售资产所得资金在用于偿还对朗公司所欠债务及其他雇主公司负有的债务后，剩余资金用于股份回购。根据雇主公司与运营公司签订的劳工供应协议的约定，雇主公司仅为运营公司提供装卸劳工，劳工供应协议成为雇主公司唯一重要的资产，雇主公司基本上成为空壳公司。根据劳工供应协议的约定，如果劳工供应受到干预、拖延或者阻碍，运营公司可以在不经通知的情况下终止协议。

1998 年，帕特里克集团将墨尔本 5 号韦伯码头的使用权转让给全国农场主协会，这引起澳大利亚海事联合会的罢工行动，进而导致运营公司根据终止条款终止协议，雇主公司面临破产，并在解雇劳工之后启动自愿管理程序。帕特里克集团的这些重组行动引发了对企业集团利用公司形式的灵活性与复杂的策略逃避责任和损害雇员权益的关注。③

---

① See Jennfier Hill, *Groups, Creditor Protection and Cross Guarantees: Australian Perspectives*, 24 Canadian Business Law Journal 321 (1995).

② Patrick Stevedores Operations No 2 Pty Ltd *v.* Maritime Union of Australia [1998] HCA 30. 帕特里克第二装卸运营公司诉澳大利亚海事联合会案，涉及帕特里克集团重组。

③ See David Noakes, *Dogs on the Wharves: Corporate Groups and the Waterfront Dispute*, 11 Australian Journal of Corporate Law 27 (1999).

操纵企业集团结构的典型表现是利用集团内资产转移来操纵集团成员公司的资产边界,[①]集团内资产转移可能加剧企业集团破产问题。一方面,独立法律实体原则可能会使一些债权人因集团内资产转移而得不到清偿,加剧公司风险外部化;[②]另一方面,集团内资产转移常常缺乏适当的交易记录和会计信息记录,这导致集团成员公司之间的资产混同。澳大利亚企业集团破产案件中经常表现出集团成员公司债务人之间没有适当的会计记录和广泛的资产混同。[③] 企业集团破产后,在独立法律实体原则下,对集团成员公司债务人的债权人进行任何分配前,必须分别查明每家集团成员公司债务人的债权人、资产和负债,以确定债权人是与哪家集团成员公司债务人交易。集团成员公司债务人之间广泛的资产混同、会计信息记录的不充分对厘清与查明集团成员公司债务人的债权人、资产和负债形成阻碍,清理集团成员公司债务人的资产和负债的过程可能涉及复杂且成本高昂的法律和会计调查,结果可能消耗可用于清偿债权人的资产,进而对债权人造成损害。[④]

此外,独立法律实体原则适用于企业集团破产意味着破产管理人的职责和义务对应的是其所管理的集团成员公司债务人,而非整个企业集团或者其他集团成员公司债务人。如果破产管理人为其他集团成员公司债务人之债权人利益行事,牺牲其所管理的集团成员公司债务人之债权人利益,那么便存在违反其对集团成员公司债务人之债权人所负义务的风险。独立法律实体原则适用于企业集团破产的结果可能会在一些集团成员公司债务人的资产负债比率低于另一些集团成员公司债务人的资产负债比率的情况下,限制处理集团成员公司债务人破产的能力,[⑤]导致难以从企业集团层面对各集团成员公司债务人进行整体规划。

二、实质合并破产制度的需求与改革建议

如何处理企业集团破产的棘手问题?实质合并破产制度在澳大利亚成为一个

---

① See David B. Noakes, *Reform to the Law of Corporate Groups in Australia to Protect Employees*, 34 University of British Columbia Law Review 239 (2000).

② See Jason Harris & Anil Hargovan, *Cutting the Gordian Knot of Corporate Law: Revisiting Veil Piercing in Corporate Groups*, 26 Australian Journal of Corporate Law 39 (2011).

③ See Jason Harris, *Corporate Group Insolvencies: Charting the Past, Present and Future of "Pooling" Arrangements*, 15 Insolvency Law Journal 78 (2007).

④ See John Kluver, *Entity vs. Enterprise Liability: Issues for Australia*, 37 Connecticut Law Review 765 (2005).

⑤ See Jenny Dickfos, Colin Anderson & David Morrison, *The Insolvency Implications for Corporate Groups in Australia-Recent Events and Initiatives*, 16 International Insolvency Review 103 (2007).

极具诱惑力的选项。澳大利亚破产从业人员一方面意识到在时间和成本方面面临需要以有效的方式完成破产管理的压力,另一方面又面临准确识别各集团成员公司债务人的债权人、资产和负债可能会涉及大量的时间和费用,进而增加交易成本,消耗破产财产,减少或者消除债权人之清偿的问题。企业集团的破产清算或者破产重整往往可能会发展成一个成本较高的过程。实质合并破产不需要从法律上确认哪家集团成员公司债务人拥有哪些资产,以及哪些债权人对哪家集团成员公司债务人享有债权,从而简化对集团成员公司债务人的破产管理,[①]降低破产管理成本,而破产管理成本的节约又有助于增加债权人的偿付及企业集团破产重整成功的可能性。

鉴于企业集团破产问题的复杂性和实质合并破产制度的优势,人们意识到法律改革的必要性。1988 年澳大利亚法律改革委员会(The Law Reform Commission)在《全面破产调查》[General Insolvency Inquiry,又称《哈默报告》(Harmer Report)]中对澳大利亚个人破产和公司破产进行全面审查,对企业集团破产倡导有限的法定合并。《哈默报告》主张,在企业集团破产清算中应当赋予法院裁量权,法院可以根据任何集团成员公司债务人的清算人申请,在考虑集团成员公司债务人参与其他集团成员公司债务人管理的程度、集团成员公司债务人对其他集团成员公司债务人之债权人的行为、导致其他集团成员公司债务人清算的情况可归因于集团成员公司债务人之行为的程度,以及集团成员公司债务人的业务混同程度后,在满足公正的情况下,裁定两家或者多家集团成员公司债务人合并破产清算,即如同对一家公司进行破产清算。因为昆士兰律师协会(Queensland Law Society)提出,法院应当考虑合并裁定对集团成员公司债务人之债权人产生的收益或者损害,所以《哈默报告》中特别增加法院在作出合并裁定前还应当考虑任何一家或者多家集团成员公司债务人的债权人在多大程度上可能因合并裁定而获益或者受损,但仅仅一家集团成员公司债务人的债权人信赖其他一些公司曾经或者现在是集团成员公司的事实不能成为法院作出合并裁定的依据。[②] 合并破产清算的申请可以在任何集团成员公司债务人启动清算后的任何时间内被向法院提出,申请被提出后法院须履行通知义务。合并破产清算申请通知应送达申请中指明的每家集团成员公司债

---

① See David Morrison & Colin Anderson, *The Australian Insolvency Regime Revisited: A Precis of the Next Leap Forward*, 15 International Insolvency Review 129 (2006).

② See The Law Reform Commission, *General Insolvency Inquiry*, Australian Law Reform Commission (Dec. 13, 1988), https://www.alrc.gov.au/wp-content/uploads/2019/08/alrc45_Summary.pdf.

务人和法院指明的其他人员。

合并破产清算的后果是所有被合并集团成员公司债务人的破产财产形成一个统一的破产财产,从统一的破产财产中对所有被合并集团成员公司债务人的债权人进行偿付,法院可以指定一名已登记的破产从业人员作为两家或者所有集团成员公司债务人的清算人。《哈默报告》试图在管理效率和公平分配被合并集团成员公司债务人破产财产之间取得平衡。合并裁定不影响担保债权人的权利,如果将资产平等分配给所有被合并集团成员公司债务人的债权人可能造成不公正,那么法院可以裁定根据不遵循严格的平等分配政策之计划进行分配。

2000 年 5 月,澳大利亚公司与证券咨询委员会在《公司集团最终报告》中比较与考察了美国实质合并破产制度,承认合并裁定是减少企业集团破产困难和复杂性的一种方法,有可能增加债权人的偿付,因此遵循《哈默报告》提出法庭裁定合并的建议,并明确合并裁定不应影响外部担保债权人的权利。对担保不足的担保债权人,担保不足的部分可以作为无担保债权从破产企业集团合并的资产中受偿。《公司集团最终报告》还增加自愿合并的建议,认为《澳大利亚公司法》应当允许清算人事先取得拟合并集团成员公司债务人的所有无担保债权人同意后,对这些处于破产清算的集团成员公司债务人之无担保资产和负债进行合并破产清算,以便在没有法庭裁定的情况下避免债权人利益受到损害。[①]

《哈默报告》和《公司集团最终报告》关于企业集团实质合并破产的建议更多是针对企业集团破产清算情形,2004 年公司与市场咨询委员会(Corporations & Markets Advisory Committee)公布的《恢复陷入财务困境的大型复杂企业报告》(Rehabilitating Large and Complex Enterprises in Financial Difficulties Report)进一步将合并建议扩展到企业集团自愿管理(Voluntary Administration)程序。[②]《恢复陷入财务困境的大型复杂企业报告》认为,在适当的情况下,比如,当集团成员公司债务人之间事务高度混同时,允许处于自愿管理的集团成员公司债务人进行合并,有助于简化和加速恢复过程。

《恢复陷入财务困境的大型复杂企业报告》明确,自愿管理中的合并是对处于

---

① See Companies & Securities Advisory Committee, *Corporate Groups Final Report*, Takeovers Panel (May 1,2000), https://takeovers.gov.au/sites/takeovers.gov.au/files/2021-04/corporate_groups_final_report_may_2000.pdf.

② 自愿管理程序于 1993 年被引入澳大利亚,作为公司恢复程序,其目的是让陷入财务困境且具有继续经营价值的企业有一个现实的机会来解决其财务问题,并继续经营。自愿管理程序本质上是破产重整程序。

自愿管理的各集团成员公司债务人进行统一管理，将这些集团成员公司债务人的资产和负债合并为如同一家公司的资产和负债，同时将所有集团成员公司债务人的债权人视为一家公司的债权人，并给予债权人缔结能够约束所有异议者之单一公司安排契约的权利。所有被合并集团成员公司债务人的债权人将在同一个债权人会议中对单一公司安排契约进行投票，在适当和公平的情况下，公司安排契约能够给予不同集团成员公司债务人之债权人不同的偿付率，但允许任何受损害的债权人能够对公司安排契约提出异议。①

《恢复陷入财务困境的大型复杂企业报告》《哈默报告》《公司集团最终报告》既有相似，也有差异。在相似方面，《恢复陷入财务困境的大型复杂企业报告》同样明确自愿管理中的合并不会影响外部担保债权人的权利。在差异方面，《哈默报告》和《公司集团最终报告》均主张只能对处于破产清算中的集团成员公司债务人进行合并破产清算。换言之，不能对具有偿付能力的集团成员公司进行合并破产清算。《恢复陷入财务困境的大型复杂企业报告》建议，允许具有偿付能力的集团成员公司与不具有偿付能力的集团成员公司债务人在自愿管理中进行合并，只要这些集团成员公司中至少有一家满足自愿管理的前提条件。

此外，《恢复陷入财务困境的大型复杂企业报告》没有采取《公司集团最终报告》中自愿合并事前取得所有被合并集团成员公司债权人同意的做法，而是通过给予债权人异议权简化同意程序，即除非债权人提出反对，否则破产管理人有权进行合并自愿管理。为保护拟合并集团成员公司债务人的债权人利益，具有偿付能力的集团成员公司的董事和不具有偿付能力的集团成员公司债务人的破产管理人在作出合并决定时需要向公司的所有债权人送达合并意图的书面通知，告知债权人其所知的影响债权人作出是否反对合并决定的重要信息、债权人的异议权以及债权人向集团成员公司债务人提出异议的程序。

《恢复陷入财务困境的大型复杂企业报告》建议，是否合并的初始决定由有偿付能力的集团成员公司的董事和不具有偿付能力的集团成员公司债务人的破产管

---

① See Corporations & Markets Advisory Committee, *Rehabilitating Large and Complex Enterprises in Financial Difficulties*, Takeovers Panel (Oct. 7, 2004), https://takeovers.gov.au/sites/takeovers.gov.au/files/2021-04/financial_difficulties_report_oct_2003.pdf.

理人作出,法院的权力限于是否批准集团成员公司进入合并,而无权改变合并提议。[①] 如果没有拟合并集团成员公司债务人的债权人在规定期内提出异议或者法院在债权人提出异议后确认集团成员公司债务人的合并申请,合并可以继续。除非所有集团成员公司都能参与拟议合并,否则合并不能发生。任何新的合并建议,都需要重复批准程序。集团成员公司加入现有集团合并需要遵守批准程序,经现有合并的破产管理人同意,以及处于合并中的集团成员公司债务人之债权人没有异议或者债权人异议被法院否决。

第二节　实质合并破产的实践方法及其问题

尽管针对企业集团破产改革的合并建议不断被提出,但这些改革建议在当时并未被澳大利亚政府立即接受。法定合并制度并未被规定在当时的澳大利亚法律制度框架中。破产从业人员试图利用《澳大利亚公司法》中已存在的安排计划(scheme of arrangement)、公司安排计划(deed of company arrangement)、债权人与公司和解等机制来实现企业集团实质合并破产的处理效果,[②]但这些机制在实现企业集团实质合并破产方面存在一些劣势。

一、安排计划的优势与劣势

《澳大利亚公司法》第 411 条规定的安排计划曾被用于实现企业集团实质合并破产。根据《澳大利亚公司法》第 411 条的规定,公司与其债权人之间可以就公司的债务或者财务事务的重建达成安排计划。《澳大利亚公司法》规定的默认条款可以被安排计划条款替代,因为安排计划条款非常灵活,可以对公司与公司债权人之间的任何权利和义务作出安排,允许当事人设计符合其需求的安排计划,所以安排计划有可能被用于实施集团成员公司债务人之间资产和负债的合并处理。

例如,在卡萨布兰卡葡萄酒吧公司案(Re Casablanca Wines Bar Pty Ltd)中,[③]

---

① See Corporations & Markets Advisory Committee, *Rehabilitating Large and Complex Enterprises in Financial Difficulties*, Takeovers Panel (Oct. 7, 2004), https://takeovers.gov.au/sites/takeovers.gov.au/files/2021-04/financial_difficulties_report_oct_2003.pdf.

② See Sandeep Gopalan & Michael Guihot, *Cross-Border Insolvency Law and Multinational Enterprise Groups: Judicial Innovation as an International Solution*, 48 George Washington International Law Review 549 (2016).

③ See Re Casablanca Wines Bar Pty Ltd [1978] 3 ACLR 318.

因斯特罗尔公司(Instrol)的临时清算人认为,因斯特罗尔公司已不具有偿付能力,原因在于因斯特罗尔公司未从事任何贸易活动,只是充当其5家子公司的“银行家”,为其子公司的债务提供担保。集团内存在许多贷款账户,而各集团成员公司未能保持适当的会计记录,各集团成员公司的事务混同,因此因斯特罗尔公司的破产清算将不可避免地导致其5家子公司破产清算。花费大量的时间和精力来核对集团成员公司之间的会计账目是一种浪费,全体无担保债权人不太可能获得有意义的分配。临时清算人提出,给予6家集团成员公司五年迟延偿还期,将6家集团成员公司的收入合并后按比例分配给集团债权人的安排计划,并向法院申请召开6家集团成员公司的债权人会议以审议安排计划。

安排计划除具有灵活性之外,还具有两个重要优势:第一,经债权人会议通过且法院批准的安排计划对异议债权人和公司成员具有约束力。① 由于实质合并破产可能改变债权人收到的分配价值,因此债权人可能会反对实质合并破产的处理方法。安排计划能够约束异议债权人,为企业集团实质合并破产的顺利实施提供帮助。第二,安排计划可以改变债权人平等规则的运作。这些安排计划的优势为通过安排计划实施企业集团实质合并破产带来便利。

安排计划本身存在的劣势很有可能抵销实质合并破产制度的优势。安排计划是以法院为基础的方法,受到法院的高度干预。安排计划提出之后,需要向法院申请召开债权人会议以审议安排计划,法院只有在申请满足《澳大利亚公司法》第5章第5.1节规定要求的情况下才能允许召开债权人会议。债权人会议审议安排计划之前,安排计划的提出者需要向债权人分发拟议安排计划和解释性声明。安排计划须经出席会议之有表决权的债权人过半数通过,且其所代表的债权额须占出席会议的有表决权的债权人之债权总额的75%以上。如果债权人会议通过安排计划,那么安排计划提出者必须向法院申请批准安排计划。因此,安排计划的成功实施至少需要两次法院批准。安排计划是一个耗时且昂贵的程序,因此自1993年澳大利亚引入自愿管理程序后,安排计划在破产实践中很少被使用。② 实质合并破产制度的一个重要优势是简化破产管理和节约破产程序成本,但安排计划的程序成本会抵销实质合并破产制度的程序收益。

---

① See Corporations Act 2001 §411 (4).

② See Jason Harris, *Charting the Limits of Insolvency Reorganizations: Lehman Brothers Holdings Inc v City of Swan*, 32 Sydney Law Review 141 (2010).

此外,《澳大利亚公司法》没有规定法院有必须批准安排计划的义务。法院对安排计划的批准享有裁量权,这可能增加通过安排计划实施实质合并破产的难度。法院对安排计划进行持续监督,法院必须确保安排计划没有压迫性及符合商业道德。法院对是否批准安排计划的裁量权意味着安排计划可能面临最终不能得到法院批准的风险,进一步意味着以实质合并破产为方案的安排计划可能得不到法院的支持。

二、公司安排协议的优势与劣势

由于安排计划等公司破产机制的缺陷,为最大限度地增加公司继续经营的机会或者为股东和债权人提供比立即清算更大的回报,[①]澳大利亚《1992 年公司法改革法案》(Corporate Law Reform Act 1992)引入自愿管理程序,并将该程序编入《澳大利亚公司法》第 5 章内的第 5.3A 节。

自愿管理程序为实施企业集团实质合并破产提供另一个可能选项。自愿管理程序的启动不需要法院批准,只需要指定一名适格的外部管理人接管和控制破产或者面临破产的公司债务人之事务,管理人的指定即启动自愿管理。在自愿管理期间,管理人需要与债权人协商,迅速采取行动,为公司未来营业准备公司安排协议。在第一次债权人会议后,管理人须向债权人准备一份报告,该报告包括对公司业务、财产、事务和财务状况的分析,以及在提出公司安排协议的情况下,提供公司安排协议的条款细节,管理人采用公司安排协议的观点与理由。管理人必须在《澳大利亚公司法》规定的召集期结束前 5 个工作日或者召集期结束之后的 5 个工作日内召开第二次债权人会议,管理人可以向法院申请延长召集期。在第二次债权人会议中,债权人可以决定是否批准公司安排协议。《澳大利亚公司法》基本没有规定公司安排协议必须包含哪些内容,目的是通过公司安排协议形成创造性的解决方案,以适应特定公司的情况。[②] 公司安排协议的相对灵活性使得有可能在协议中加入有关实质合并破产的条款,实现企业集团实质合并破产。

在门塔诉通用电气金融公司案(Mentha *v.* GE Capital Ltd)中,[③]迪姆集团

---

① See Rebecca O. Fruchtman, *Corporate Law Reform Act* 1993: *Australia's Voluntary Administration Scheme*, 3 International Insolvency Review 33 (1993).

② See Colin Anderson, *Some Cross-Border Issues under the Australian Voluntary Administration Procedure*, 13 International Insolvency Review 137 (2004).

③ See Mentha *v.* GE Capital Ltd [1997] 154 ALR 565.

(DIM)内16家集团成员公司债务人的共同管理人对各集团成员公司债务人进行调查后提出一份公司安排协议,该协议计划将各集团成员公司债务人除不动产外的所有资产和债务转移到其中一家集团成员公司债务人中,由该集团成员公司债务人经营其他集团成员公司债务人的业务和偿还所有集团成员公司债务人的债务。各集团成员公司债务人的债权人会议通过公司安排协议,但公司安排协议规定,在协议对各方和债权人产生约束力之前,需要由法院声明公司安排协议涉及的转让和合同更新是有效的,不会被撤销,管理人为此向法院申请声明公司安排协议的有效性。法院认为,根据《澳大利亚公司法》第5章第5.3A节的规定,管理人可以通过公司安排协议对合并两家或者多家破产公司的资产和债务作出有约束力的安排,由债权人决定公司安排协议提议的合理性,本案中管理人、自愿管理中的集团成员公司债务人和担保债权人等均同意实施公司安排协议,所以该协议具备有效性。

公司安排协议在实施企业集团实质合并破产时存在一些优势。第一,由于自愿管理程序有意缩短程序期限,以及自愿管理程序的启动和公司安排协议不涉及法院许可,法院干预极少,因此公司安排协议涉及的程序成本较低,[①]不需要过度担心公司安排协议与安排计划一样产生过高的程序成本,并抵销实质合并破产制度的程序收益。第二,公司安排协议只需经出席会议之有表决权的债权人过半数通过,且其所代表的债权额只需占出席会议的有表决权的债权人之债权总额的50%以上。公司安排协议无须经股东批准和债权人会议特别决议。债权人会议通过的公司安排协议对公司及其债权人具有约束力,包括异议债权人,这可以防止异议债权人破坏实质合并破产方案。

公司安排协议具有的劣势影响利用公司安排协议促进企业集团实质合并破产。第一,公司安排协议只能在自愿管理程序下被适用,在企业集团破产清算中难以利用公司安排协议实现实质合并破产。第二,根据《澳大利亚公司法》第445D条规定,如果公司安排协议对一个或者多个债权人有压迫性偏见或者不公正的歧视,那么法院可以终止公司安排协议。由于实质合并破产制度涉及对债权人权利的调整,但《澳大利亚公司法》第445D条的规定一定程度上限制公司安排协议对债权人权利的全面调整,因此这为通过公司安排协议实施企业集团实质合并破产

---

① See Peta Spender, *Blue Asbestos and Golden Eggs: Evaluating Bankruptcy and Class Actions as Just Responses to Mass Tort Liability*, 25 Sydney Law Review 223 (2003).

增加阻碍。

三、其他实施实质合并破产的方法

除安排计划和公司安排协议之外,澳大利亚企业集团破产实践还存在利用《澳大利亚公司法》其他规定来实施实质合并破产的潜在方法。

第一,根据《澳大利亚公司法》第447A条的规定,法院可以就特定公司如何进行自愿管理作出法院认为适当的法庭裁定。在实践中,有法院认为,《澳大利亚公司法》第447A条赋予法院的权力可以被用来促进企业集团实质合并破产。比如,在迪恩－威科克斯诉可溶性溶液水培技术公司案(Dean-Willcocks *v.* Soluble Solution Hydroponics Pty Ltd)中,[①]处于自愿管理的可溶性溶液水培技术公司和可溶性溶液批发公司(Soluble Solution Wholesale)的债权人会议通过公司清算及合并2家公司的资产、债务和债权人分配的决议,2家公司从自愿管理转为破产清算。2家公司的共同清算人以2家公司之间资产和负债混同为由向法院申请合并清算2家公司的债务和资产。法院认为,根据《澳大利亚公司法》第447A条的规定,法院可以允许清算人根据债权人会议决议对2家公司的资产和债务进行合并处理。

第二,根据《澳大利亚公司法》第477(1)(c)条和第477(2A)条的规定,公司的清算人可以与公司债权人达成任何和解或者安排,在和解或者安排债务数额超过2万美元的情况下,清算人与公司债权人达成的和解或者安排需要法院批准或者债权人决议。在企业集团破产清算中,如同安排计划,清算人与公司债权人达成的和解或者安排可能包含以实质合并破产处理企业集团破产。在实践中,澳大利亚法院认为,《澳大利亚公司法》第477(1)(c)条没有像安排计划一样明确规定对异议债权人的约束力,清算人根据《澳大利亚公司法》第477(1)(c)条与公司债权人达成的和解或者安排不能用于约束异议债权人。[②] 因此,只有在清算人取得所有债权人同意和证明所有债权人都接受和解或者安排的情况下,《澳大利亚公司法》第477(1)(c)条才可能被用于与公司债权人达成和解或者安排来实现实质合并破产处理,这反过来可能限制利用《澳大利亚公司法》第477(1)(c)条与公司债权人达成和解或者安排以实施企业集团实质合并破产。

---

① See Dean-Willcocks *v.* Soluble Solution Hydroponics Pty Ltd [1997] 24 ACSR 79.

② See Re Switch Telecommunications Pty Ltd (in liq) [2000] 35 ACSR 172.

第三，根据《澳大利亚公司法》第510条的规定，公司与债权人在公司自愿清算中可以达成安排，因而清算人可以通过促使公司与其债权人达成安排来实施企业集团实质合并破产。《澳大利亚公司法》第510条规定，如果公司与其债权人达成安排并经股东特别决议和债权人普通决议通过，该安排对公司和债权人具有约束力。因此，与《澳大利亚公司法》第477(1)(c)条相比，公司与债权人依据《澳大利亚公司法》第510条的规定达成的安排能够约束异议债权人。

不过，公司与债权人依据《澳大利亚公司法》第510条的规定达成实质合并破产安排存在缺陷。首先，《澳大利亚公司法》第510条规定，公司与债权人达成的安排只适用于自愿清算情形。其次，无投票权的债权人或者异议债权人必须与具有投票权的债权人一样平等受偿，如果无投票权的债权人或者异议债权人未得到平等受偿，公司与债权人达成的安排可能不会得到法院承认。[①] 最后，公司与债权人达成的安排需要股东批准，给予破产公司的股东批准安排的权力可能产生股东敲竹杠问题，并进一步破坏在企业集团破产清算中实施实质合并破产的尝试。

四、实质合并破产实践方法的小结

澳大利亚企业集团破产实践利用《澳大利亚公司法》其他条款的规定来实施企业集团实质合并破产的做法，展现了实践对实质合并破产制度的需求，但这些方法本身存在问题。从法条文义的角度来看，上述这些《澳大利亚公司法》的规定没有明确授权可以对破产企业集团内的集团成员公司债务人之资产和负债进行实质合并破产处理。在缺乏法律明确规定的情况下，澳大利亚法院实际上对能否利用上述这些规定实现企业集团实质合并破产处理存在司法分歧与冲突。

在黑柱事业公司及其联营公司案(Re The Black Stump Enterprises Pty Ltd and Associated Companies)中，[②] 9家集团成员公司债务人的清算人因这些集团成员公司债务人之间的事务混同，难以确定每家集团成员公司债务人的资产和负债，打算对9家集团成员公司债务人进行实质合并破产处理。清算人向所有已知的债权人发送通知，说明将这些公司资产和负债实质合并破产的意图，并要求债权人以书面形式通知对实质合并破产建议的异议。没有债权人对实质合并破产建议提出异议，于是清算人向法院提出对这些集团成员公司债务人的资产进行实质合并破产

---

① See Re Switch Telecommunications Pty Ltd (in liq) [2000] 35 ACSR 172.

② See Re The Black Stump Enterprises Pty Ltd and Associated Companies [2005] NSWCA 480.

清算的申请。

法院认为,虽然有法官主张可以通过《澳大利亚公司法》规定的安排计划、公司安排协议、清算人与债权人达成和解或安排、自愿清算中的公司与其债权人达成安排或者第447A条规定的法庭裁定的方式之一实现资产实质合并破产,但当集团成员公司债务人进入清算时,每家集团成员公司债务人之债权人拥有的财产没有变化,每家集团成员公司债务人之债权人都只对该集团成员公司债务人主张债权,除非集团成员公司债务人之债权人放弃/改变其债权或者根据《澳大利亚公司法》规定的安排计划允许多数人否决个人权利,否则任何人都无权改变他人权利,进而得出法院没有权力允许资产合并。

因此,在企业集团实质合并破产处理面临债权人异议的情况下,法院有可能不愿意允许实质合并破产。[①] 能否利用上述《澳大利亚公司法》的规定实现企业集团实质合并破产取决于法院及其他破产程序参与人一定程度的实用主义,致使这些实践中实施企业集团实质合并破产的方法都至少存在一定的司法不确定性,[②]使用这些方法来实现企业集团实质合并破产甚至有可能产生无效率的结果。

第三节　澳大利亚实质合并破产制度的构造

因为破产从业人员需要一个有效的破产框架来克服实施企业集团实质合并破产的不确定性,为债权人提供最佳回报和最有效的资源分配,所以2007年澳大利亚公司破产法的修正回应了企业集团实质合并破产问题。澳大利亚联邦议会于2007年8月通过《2007年公司法修正(破产)草案》,该草案后成为澳大利亚《2007年公司法修正(破产)法案》,并于2007年12月31日生效。澳大利亚《2007年公司法修正(破产)法案》的出台导致对企业集团实质合并破产清算和实质合并破产重整的处理不一致,虽然其为企业集团实质合并破产清算提供一个法定机制,却没有为企业集团实质合并破产重整提供一个法定机制。

一、企业集团破产清算:法定合并制度

澳大利亚《2007年公司法修正(破产)法案》为促进外部管理中的合并,在《澳

---

① See Re Ansett Australia Ltd [2006] 56 ACSR 718.

② See Jason Harris, *Corporate Group Insolvencies: Charting the Past, Present and Future of "Pooling" Arrangements*, 15 Insolvency Law Journal 78 (2007).

大利亚公司法》第5章中第5.6节之下增加第8目,规定在企业集团破产清算情况下自愿合并和法庭裁定合并两种合并类型。出于消除不必要的成本、提高破产管理效率等因素考虑,①2016年澳大利亚联邦议会通过《2016年破产法改革法案》(Insolvency Law Reform Act 2016),对《澳大利亚破产法》和《澳大利亚公司法》进行修订和简化,其中包括对《澳大利亚公司法》第5章中第5.6节下第8目关于合并条款的调整和删除,主要变化是将有关债权人会议的通知和决议等事项从《澳大利亚公司法》转移到《澳大利亚2016年(公司)破产实务规则》中。

(一)自愿合并

自愿合并是在企业集团破产清算中,清算人可以作出书面合并决定,由集团成员公司债务人的适格无担保债权人②决定是否对集团成员公司债务人进行合并清算。具体而言,清算人在作出合并决定之后的5个工作日内必须分别召开各集团成员公司债务人的适格无担保债权人会议,③并在会议召开前至少5个工作日向集团成员公司债务人的适格无担保债权人发出书面通知。通知必须具体说明清算人提出合并的理由、拟合并集团成员公司债务人、合并决定是否符合适格无担保债权人的整体利益、合并决定对特定适格无担保债权人和特定集团成员公司债务人的不利程度、合并决定生效与否给适格无担保债权人带来的回报以及其他清算人已知可能影响适格无担保债权人作出是否批准合并的信息等事项。④ 适格无担保债权人可以在会议上决议通过合并决定,只有各拟合并集团成员公司债务人的适格无担保债权人会议都通过合并决定,合并决定才会生效。⑤ 清算人可以书面变更合并决定,变更合并决定同样需要召开适格无担保债权人会议,且经适格无担保债权人会议决议通过的程序。合并破产清算在合并决定或者变更合并决定生效之后7日内,须向澳大利亚证券投资委员会提交合并决定副本。

澳大利亚自愿合并机制利用了债权人自治,与美国法上的实质合并破产制度相比,是对实质合并破产制度的一个重大发展。一国的破产制度深刻反映该国的

---

① See Insolvency Law Reform Bill 2014, The Treasury (Nov. 7, 2014), https://treasury.gov.au/consultation/insolvency-law-reform-bill-2014.

② 适格无担保债权人是指对集团成员公司享有无担保债权的债权人,但不包括其他集团成员公司作为债权人的情形。

③ See Corporations Act 2001 §577 (1A).

④ See Insolvency Practice Rules (Corporations) 2016 §75-180 (3)、75-180 (4)、75-185.

⑤ See Corporations Act 2001 §578 (1).

法律、历史、政治和文化背景。[①] 美国法院在破产程序中处于核心位置，实质合并破产制度在美国法上被法院视为一项衡平法救济，实质合并破产不要求债权人表决，法院拥有是否允许实质合并破产的最终权力。即便是通过重整计划实施实质合并破产方案，美国法院原则上仍须对实质合并破产的适当性进行独立审查。美国法更关注法院在何种情形下允许实质合并破产。澳大利亚破产制度根本上以债权人为导向，[②]法院在自愿管理、自愿破产清算和法庭裁定破产清算等程序中通常是有限参与，法院主要限于监督角色，债权人能够在很大程度上决定困境公司的未来。这主要是由于破产在澳大利亚仍被视为债权人追偿机制。[③] 即便是在公司拯救中，正如澳大利亚法律改革委员会在《哈默报告》中所言，保留公司继续经营的重点仍然是使债权人在有序管理的环境中对公司未来作出知情决定。在公司破产情况下，破产公司实际上归债权人所有，债权人承担着进一步的损失，从合理配置决策权的角度来看，债权人应当被赋予最终的决策权。因此，为保护债权人利益，债权人有权对是否合并集团成员公司的资产和负债作出决定。

澳大利亚自愿合并机制注重破产管理效率与债权人利益保护之间的平衡。澳大利亚《2007 年公司法修正（破产）草案（征求意见稿）》最初采取与《公司集团最终报告》相同的做法，要求清算人只有在事先取得集团成员公司债务人的所有适格无担保债权人一致同意的情况下，才能对集团成员公司债务人的资产和负债进行自愿合并破产清算。[④] 而澳大利亚《2007 年公司法修正（破产）法案》将自愿合并中债权人同意的阈值从所有适格无担保债权人一致同意变更为适格无担保债权人会议决议，合并决定须经出席会议的有表决权之适格无担保债权人过半数通过，且这些适格无担保债权人所代表的债权额占出席会议的适格无担保债权人之债权总额的 3/4 以上。澳大利亚《2016 年破产法改革法案》删除《澳大利亚公司法》第 577（2）条规定，降低适格无担保债权人会议的决议要求，合并决议仍须由出席会议

---

① See Nathalie Martin, *The Role of History and Culture in Developing Bankruptcy and Insolvency Systems: The Perils of Legal Transplantation*, 28 Boston College International and Comparative Law Review 1 (2005).

② See Brian R. Cheffins, *Corporate Governance Convergence: Lessons from Australia*, 16 Transnational Lawyer 13 (2002).

③ See Paul B. Lewis, *Can't Pay Your Debts, Mate-A Comparison of the Australian and American Personal Bankruptcy Systems*, 18 Bankruptcy Developments Journal 297 (2002).

④ See Corporations Amendment (Insolvency) Bill 2007 (Exposure Draft): Explanatory Statement, Insolvency Resources Centre (Nov. 11, 2006), http://insolvencyresources.com.au/Legislation/ES_to_the_Bill[1].pdf.

的有表决权的适格无担保债权人半数通过，但且其所代表的债权额只须占出席会议的适格无担保债权人之债权总额的1/2以上。[1] 降低债权人同意要求可以减少有力债权人(blocking creditor)的敲竹杠威胁，[2]避免个别债权人破坏有利的合并决定，避免程序拖延和程序成本增加，增加破产管理效率。降低债权人同意要求并没有牺牲对债权人利益的保护。《澳大利亚公司法》规定，债权人可根据合并决定将使其受重大不利、提供给债权人的信息是虚假的或具有误导性、遗漏重要信息及对债权人造成不公平损失等理由向法院申请变更或者终止合并决定，或者取消变更合并决定，法院保留对债权人的救济权力。如果法院认为存在提供给债权人的虚假信息、误导性信息或者遗漏重要信息等相关事实，可以作出变更或者终止合并决定，或者取消变更合并决定的裁定。

（二）法庭裁定合并

《澳大利亚公司法》赋予法院根据集团成员公司债务人的清算人申请作出合并裁定的权力。[3] 处于破产清算中的集团成员公司债务人之清算人可以向法院申请合并裁定，同时给每家集团成员公司债务人的适格无担保债权人、自愿破产清算的集团成员公司债务人的成员和法院指定的其他人发送书面通知，说明合并裁定申请或者可查看该申请副本的网站。若法院认为多家集团成员公司债务人的资产和负债合并破产清算是公正和公平的，可以作出合并裁定。法院在考虑作出合并裁定是否公正和公平时，需要考虑集团成员公司债务人及其高级职员或雇员参与其他集团成员公司债务人的管理或运营的程度、集团成员公司债务人及其高级职员或雇员对其他集团成员公司债务人之债权人的行为、导致集团成员公司债务人破产清算的情形可以直接或间接归因于其他集团成员公司债务人/其他集团成员公司债务人的高级职员或雇员行为的程度、集团成员公司债务人之间活动和营业的混同程度、任何集团成员公司债务人的债权人可能因合并裁定获益或受损的程度及其他相关事项。如果法院认为合并裁定将对集团成员公司债务人的无担保债权人产生重大损害且适格无担保债权人不同意作出合并裁定，抑或一家集团成员公司债务人处于成员自愿破产清算，法院认为合并裁定将对该集团成员公司债务人的成员（成员非集团成员公司）产生重大损害，且成员不同意作出合并裁定，法

---

① See Insolvency Practice Rules (Corporations) 2016 §75 - 115 (1)、75 - 190 (1).

② See David A. Skeel Jr., *The Nature and Effect of Corporate Voting in Chapter* 11 *Reorganization Cases*, 78 Virginia Law Review 461 (1992).

③ See Corporations Act 2001 §579E.

院不得作出合并裁定。

澳大利亚法庭裁定合并机制与美国法上的实质合并破产制度具有相似性与差异性：

在相似性方面，与美国判例法中的做法相同，澳大利亚法庭裁定合并只有在依申请的情况下才能作出，法院不能主动依职权实施实质合并破产，法院只拥有是否允许实质合并破产的裁量权。法院在作出实质合并破产决定前，需要考虑适用实质合并破产的标准。虽然美国判例法没有形成统一的实质合并破产适用标准，而是更多地让法院根据个案进行考量，但美国法上适用实质合并破产通常会考虑集团成员公司债务人之间的关系及混同程度。集团成员公司债务人之间的关系及混同程度同样是《澳大利亚公司法》规定的法院作出合并裁定时需要考虑的重要标准，同时《澳大利亚公司法》通过考虑"其他相关事项"的兜底方式为法院在个案中作出合并裁定保留了裁量空间。

在差异性方面，美国法没有明确限定实质合并破产的申请主体，集团成员公司债务人、债权人和破产管理人都能提出实质合并破产申请，而澳大利亚法庭裁定合并机制将合并裁定的申请主体限制为集团成员公司债务人的清算人，①集团成员公司债务人的债权人或者自愿破产清算的集团成员公司债务人之成员只能在法院作出合并裁定之后申请变更合并裁定。这种差异的背后在一定程度上表明澳大利亚更多考虑的是实质合并破产制度是否有助于破产从业人员履行其职责。② 澳大利亚法庭裁定合并中，异议债权人向法院申请变更合并裁定的救济方式也不同于美国法上异议债权人针对法院实质合并破产裁定向上一级法院上诉的救济方式。

（三）合并的法律效果

《澳大利亚公司法》规定了自愿合并中合并决定或者法庭裁定合并中合并裁定生效之后的程序效果和实体效果。

在程序效果方面，③除非法院另有裁定，否则清算人可以在合并的基础上召开集团成员公司债务人的债权人会议，而不用分别召开。各集团成员公司债务人的债权人在合并会议上通过的决议被视为各集团成员公司债务人的债权人通过的决议。如果有两个或者两个以上清算人，合并会议应由其中一个清算人主持。合并

① See Corporations Act 2001 §579E (12).

② See Jenny Dickfos, Colin Anderson & David Morrison, *The Insolvency Implications for Corporate Groups in Australia-Recent Events and Initiatives*, 16 International Insolvency Review 103 (2007).

③ See Corporations Act 2001 §579L.

会议的通知可以由清算人发出。

在实体效果方面,[①]《澳大利亚公司法》对集团成员公司债务人之债权人从统一的资产池中受偿的法律性质进行了定性,即各集团成员公司债务人对其他集团成员公司债务人的债务承担连带责任。集团成员公司债务人之间的债权债务因合并决定或合并裁定的生效而消灭。《澳大利亚公司法》第 556 条、第 560 条和第 561 条规定的优先权顺序不受生效合并决定或者合并裁定的影响。外部担保债权人的权利不受生效合并决定或者合并裁定的影响,除非担保债权人放弃担保权利。[②] 外部担保债权人实现担保权利后,扣除担保物变价净值后剩余债务可纳入集团成员公司债务人承担连带责任的债务范围。在自愿合并中,集团成员公司债务人的雇员债权人享有的优先权至少应等同于在合并决定没有作出的情况下其应当享有的优先权。

此外,澳大利亚企业集团破产清算中法定合并制度采取了美国判例法中部分实质合并破产的相似做法。根据《澳大利亚公司法》的规定,自愿合并中的清算人或者法庭裁定合并中的法院可在其认为符合公正和公平的情况下,调整合并的法律效果,比如,使特定债务人或债权免受合并影响、将一家集团成员公司债务人的财产转让给另一家集团成员公司债务人等。[③] 法庭裁定合并中法院调整合并的法律效果需要根据集团成员公司债务人的清算人、债权人或者自愿破产清算的集团成员公司债务人的成员申请,通过作出辅助裁定的方式进行。

《澳大利亚公司法》将法定合并制度的法律效果限制在处于破产清算的集团成员公司债务人,具有偿付能力的集团成员公司则被排除在法定合并制度之外。澳大利亚公司与市场咨询委员会的《恢复陷入财务困境的大型复杂企业报告》曾建议将具有偿付能力的集团成员公司纳入合并的范围中,美国判例法上也存在将实质合并破产制度的适用范围扩展到具有偿付能力的集团成员公司的做法。这些法律改革建议和比较法经验没有被《澳大利亚公司法》采纳。澳大利亚《2007 年公司法修正(破产)草案(征求意见稿)》的解释声明认为,将具有偿付能力的集团成员公司纳入合并范围中,会引发保护具有偿付能力的集团成员公司的股东和债权人利益的困难问题,保护具有偿付能力的集团成员公司的股东和债权人利益之需

---

① See Corporations Act 2001 §571 (2)、579E (2).

② 外部担保债权人是指集团成员公司作为担保债权人之外的其他担保债权人。

③ See Corporations Act 2001 §579G.

要超过将具有偿付能力的集团成员公司纳入合并带来的潜在收益。①

二、企业集团破产重整:非法定合并制度

澳大利亚《2007 年公司法修正(破产)草案(征求意见稿)》曾建议在《澳大利亚公司法》第 5 章中第 5.3A 节之下增加第 8A 目,允许对处于自愿管理中的集团成员公司债务人之资产和负债进行合并处理。此合并建议的内容整体上与破产清算中的合并建议的内容相似。

根据澳大利亚《2007 年公司法修正(破产)草案(征求意见稿)》的建议,②管理人或者公司安排协议管理人可以在自愿管理或者公司安排协议期间提出合并,并书面通知集团成员公司债务人的债权人。如果没有债权人在规定期限内提出异议,合并决定将在执行公司安排协议时生效或者公司安排协议管理人作出合并决定后生效。如果有债权人反对合并决定,管理人可以向法院申请批准合并决定,合并决定只有经法院批准才能生效。法院在考虑集团成员公司债务人及其高级职员或雇员参与其他集团成员公司债务人的管理或运营的程度、集团成员公司债务人及其高级职员或雇员对其他集团成员公司债务人之债权人的行为、任何集团成员公司债务人的债权人可能因合并裁定获益或受损的程度及其他相关事项等因素后,才可以批准合并决定。合并的效果是拟合并集团成员公司债务人对其他集团成员公司债务人的债务承担连带责任,集团成员公司债务人之间的债务消灭,外部担保债权人的权利不受合并影响。管理人如果认为改变合并决定的结果对各债权人是公正和公平的,可以改变合并决定的结果,法院也可以通过辅助裁定对合并的结果加以调整。

法定合并制度只针对破产清算,在企业集团破产重整中实施实质合并破产仍只能采用非法定合并制度。主要原因是,澳大利亚《2007 年公司法修正(破产)法案》移除了澳大利亚《2007 年公司法修正(破产)草案(征求意见稿)》中关于自愿管理的法定合并规则,没有采纳自愿管理中的合并建议。来自实务界的意见认为,

---

① See Jennifer Dickfos, *Enterprise Liability for Corporate Groups: A More Efficient Outcome for Creditors*, 25 Australian Journal of Corporate Law 242 (2011).

② See Corporations Amendment (Insolvency) Bill 2007 (Exposure Draft): Explanatory Statement, Insolvency Resources Centre (Nov. 11, 2006), http://insolvencyresources.com.au/Legislation/ES_to_the_Bill[1].pdf.

现有的自愿管理和公司安排协议程序能够使债权人有效决定是否进行合并。① 澳大利亚自愿管理是一个非基于法院的公司拯救方案,是由管理人接管公司的全部控制权和监督破产重整过程,并提出公司安排协议交由债权人表决,最后由债权人决定公司是继续经营或是破产清算的机制。尽管法院可以履行监督职能,但法院只是有限地参与自愿管理程序。② 澳大利亚《2007 年公司法修正(破产)草案(征求意见稿)》中有关自愿管理的法定合并规则实际上增加了法院对自愿管理程序的参与。将法定合并制度限制在破产清算情形的规定在一定程度上表明《澳大利亚公司法》在改革中意图避免法定合并制度扰乱既存法律规则的谨慎态度。③

澳大利亚《2007 年公司法修正(破产)草案(征求意见稿)》中,有关自愿管理的法定合并规则并不是对实践中利用公司安排协议实现实质合并破产方法的替代。④ 由于自愿管理中缺乏法定合并制度,针对企业集团破产重整情形,只能在个案基础上继续利用上述公司安排协议或者法庭裁定等机制间接实施实质合并破产。因此,在企业集团破产重整中,仍可能会继续存在实现实质合并破产的方法缺乏明确性和一致性的问题。

本章小结

本章主要讨论澳大利亚对实质合并破产制度的继受与发展。为提高企业集团破产管理效率,给债权人带来更好的回报,澳大利亚出现企业集团实质合并破产的实践需求和改革建议。自 1988 年《哈默报告》提出允许法院在满足特定条件的情况下对破产集团成员公司债务人的资产和负债进行合并破产清算的建议起,到 2007 年《澳大利亚公司法》改革采纳企业集团实质合并破产的部分法律改革建议,澳大利亚有关企业集团实质合并破产的法律改革建议存续近 20 年的时间。

---

① See Jennifer Dickfos, *Improving Outcomes for Creditors: Balancing Efficiency with Creditor Protections*, 16 Insolvency Law Journal 84 (2008).

② See Paul B. Lewis, *Trouble Down under: Some Thoughts on the Australian-American Corporate Bankruptcy Divide*, 2001 Utah Law Review 189 (2001).

③ See Mary Wyburn, *Pooling as a Response to the Competing Interests in Corporate Group Collapse in Australia*, 19 International Insolvency Review 65 (2010).

④ See Corporations Amendment (Insolvency) Bill 2007 (Exposure Draft): Explanatory Statement, Insolvency Resources Centre (Nov. 11, 2006), http://insolvencyresources.com.au/Legislation/ES_to_the_Bill[1].pdf.

澳大利亚关于企业集团实质合并破产的法律改革建议,参考了美国法上的实质合并破产制度,并对实质合并破产制度作出了进一步发展。《澳大利亚公司法》规定的法定合并制度将集团成员公司债务人之资产和负债的合并处理分成自愿合并和法庭裁定合并的两种类型,融合债权人自治和法院司法裁量。债权人自治可用来强化实质合并破产制度的正当性,避免实质合并破产制度的争议。债权人自治排除集团成员公司债务人作为其他集团成员公司债务人之债权人时的表决权,增强对外部债权人的保护。法院的司法裁量可以应对债权人集体行动的困境,同时通过列举和兜底的方式将法院作出合并裁定时需要考虑的因素成文化,明确法院不得在合并裁定可能会给异议债权人造成重大损害,且异议债权人不同意合并的情况下作出合并裁定,有助于降低实质合并破产可能对债权人造成的损害。此外,《澳大利亚公司法》对合并决定或者合并裁定的救济,采取清算人或者债权人等向法院申请变更或者终止合并决定或者合并裁定的模式,不同于美国法上异议者就实质合并破产裁定提出上诉的救济模式。

与美国法上的实质合并破产制度相比,《澳大利亚公司法》中的法定合并制度对实质合并破产制度进行了限制,主要表现在三个方面:第一,法定合并制度只适用于集团成员公司债务人破产清算情形。在企业集团破产重整中,实质合并破产只能利用公司安排协议等非法定合并机制来实现,结果可能会存在缺乏一致性和产生效率损失的问题。第二,法定合并制度只适用于破产清算的集团成员公司债务人,具有偿付能力的集团成员公司不能被纳入合并范围,目的是避免将合并适用于具有偿付能力的集团成员公司可能产生的具有偿付能力的集团成员公司之少数股东保护的复杂问题。第三,无论是自愿合并,还是法庭裁定合并,合并发起的决定权仅掌握在清算人手中。集团成员公司债务人及其债权人不能自行发起合并,法院在没有申请的情况下,也不能主动作出合并裁定。

第五章　德国对程序协调制度与实质合并破产制度的抉择

德国 1999 年生效的《德国破产法》存在问题，即破产法律制度是针对单个权利主体而设计，缺乏处理企业集团破产的专门规定。为回应如何处理企业集团破产的实践需求，《德国破产法》围绕企业集团破产启动修订计划。德国立法者经过比较程序协调制度和实质合并破产制度，最终选择程序协调制度作为调整企业集团破产问题的工具。《德国破产法》的修订使人产生疑问：程序协调制度能够完全有效地处理企业集团破产吗？如果程序协调制度能够有效处理企业集团破产，那么在处理企业集团破产问题上便可以选择相对温和的程序协调制度，而不是利用可能会引起剧烈后果的实质合并破产制度。

第一节　拒绝实质合并破产制度

德国企业集团破产法从无到有经历了一个相对漫长的过程。2018 年生效的德国《简化康采恩破产解决法》的逻辑体系与《德国破产法》的逻辑体系保持一致，选择用温和的方式来处理企业集团破产。

一、德国企业集团破产改革指导理念

德国《简化康采恩破产解决法》的出台是为了德国经济

利益,具体而言是为了扩大和稳定企业集团作为一个经济统一体的可能性,并在必要时使企业集团重新具有竞争力。① 为此,德国《简化康采恩破产解决法》的目标在于,加强每家集团成员公司债务人破产程序之间的协调,在保障每家集团成员公司债务人破产程序之利益的基础上,通过协调每家集团成员公司债务人的破产程序,在破产程序中维护企业集团经济统一体的经济结构,以便实现企业集团价值的最大化,改善所有债权人的整体收益。② 与破产程序分离的情形相比,这种程序协调的机制可以保障债权人不会因为每家集团成员公司债务人破产程序之间的协调而受到损害。从福利经济学的角度来看,德国企业集团破产法针对企业集团破产问题,寻求一个符合帕累托最优状态的解决方案。

二、选择程序协调制度

面对处理企业集团破产的工具选择,德国破产法委员会明确拒绝一切合并的做法,特别是实质合并破产制度。德国破产法委员会认为,实质合并破产制度与公司法和康采恩法上的责任分离原则及法人独立性原则不一致,将集团成员公司债务人的资产和负债集中,对所有债权人进行清偿的方法突破责任分离原则,产生再分配效应,资产负债比率低的集团成员公司债务人之债权人在非实质合并破产情形下,能够获得比实质合并破产情形下更高的清偿率,实质合并破产制度将对这些债权人造成损害。③ 此外,实质合并破产制度破坏债权人对责任的合理预期,可能引起信贷成本的增加。④

面对企业集团结构的多样性,德国破产法委员会认为应当采取一个有区别且灵活的法律框架,以便适应个案中企业集团的具体情况和需求。⑤ 企业集团结构的多样性表明对企业集团破产的处理不应当采取一个统一的解决方法,并制定一

---

① Vgl. Stefan Lissner, Die Insolvenzrechtsreform-Eine Betrachtung der Entwicklung, DZWIR 24(2014), S. 63.

② Vgl. Friedrich Birnbreier, Begründung und Fortbestehen des Gruppen-Gerichtsstands, NZI-Beilage (2018), S. 11.

③ See Wilhelm Uhlenbruck, Konzerninsolvenzrecht über einen Insolvenzplan, NZI 2(1999), S. 42.

④ Vgl. Bundesjustizministerium, Entwurf eines Gesetzes zur Erleichterung der Bewältigung von Konzerninsolvenzen, Bundesministerium der Justiz und für Verbraucherschutz (Aug. 28, 2013), https://www.bmjv.de/SharedDocs/Gesetzgebungsverfahren/Archiv/RegE_Entwurf_eines_Gesetzes_zur_Erleichterung_der_Bewaeltigung_von_Konzerninsolvenzen.pdf?__blob=publicationFile&v=4.

⑤ Vgl. Marc Alexander Göb, Aktuelle gesellschaftsrechtliche Fragen in Krise und Insolvenz, NZI 16 (2013), S. 963.

个具有约束力的程序框架。德国《简化康采恩破产解决法》选择程序协调制度，用以适应企业集团结构的多样性和灵活性需求。

选择程序协调制度的结果表明，《德国破产法》仍遵循“一人（eine Person）、一份财产（ein Vermögen）、一个程序（ein Verfahren）”的传统路径处理企业集团破产问题，针对单个权利主体的权利主体原则及规则仍然可以适用于企业集团破产，保留企业集团破产中破产程序的复数性。在企业集团破产情形中，程序协调制度的适用仍需要对每家集团成员公司债务人启动单独的破产程序，但其旨在通过加强集团成员公司债务人破产程序之间的协调，避免在破产程序中对破产企业集团分散化管理产生摩擦所造成的价值损失。①

第二节　程序协调制度的内容与运作

德国法上的程序协调制度包含多个环节与步骤，每一个环节、每一个步骤均是环环相扣。

一、程序协调制度的内容

《德国破产法》改革为处理企业集团破产问题所提供的程序协调制度框架可以分为集中与合作两个面向。集中包括设立集团法院（Gruppen-Gerichtstand）和任命统一的破产管理人，合作是指破产程序参与人的合作义务与协调程序（Koordinationsverfahren）。

在《德国破产法》改革之前，实践中针对处理企业集团破产问题，已出现集中管辖和集中管理的做法，这些做法所要解决的主要问题是对企业集团内可支配资源管理和处分的分散化造成的摩擦与价值损失。集中管辖和集中管理在实践中主要通过两种方式实现：第一，依据《德国破产法》第3条第1款第2句之规定对集团成员公司债务人的独立经济活动中心进行解释，将每家集团成员公司债务人的破产程序集中到同一个法院；第二，法院为多家或者所有集团成员公司债务人破产程序任命统一的破产管理人。②

① Vgl. Lucas F. Flöther, Die Gesetzesstruktur des neuen Konzerninsolvenzrechts, NZI-Beilage（2018）, S. 6.

② Vgl. Thorsten Graeber, Der Konzerninsolvenzverwalter-Pragmatische Überlegungen zu Möglichkeiten eines Konzerninsolvenzverfahrens, NZI 5（2007）, S. 265 ff.

学术界对能否通过《德国破产法》第 3 条第 1 款第 2 句的解释获得管辖集中和任命统一的破产管理人的做法存在分歧。比如,因为破产程序参与人的地理位置原因,管辖集中可能会引发破产程序参与人更难参与破产程序的危险。① 管辖集中和管理集中的做法很大程度上依赖破产法院的实用主义,②导致存在相当程度的法律不确定性,债权人很难预期集团成员公司债务人启动破产程序的地点。《德国破产法》将这些最佳实践成文化,分别在第 3a 条和第 56b 条引入集团法院和统一的破产管理人,以避免集中管辖和集中管理取决于偶然性,增加法律的确定性。

为保证集团成员公司债务人破产程序之间更好地衔接,特别是在集团成员公司债务人破产程序在不同的法院进行,由不同的破产管理人管理的情形下,《德国破产法》改革增加破产程序参与人的合作义务和协调程序。诸如破产管理人之间的合作义务,理论界和实务界认为,其可以从《德国破产法》第 1 条第 1 句关于债务人的债权人共同清偿的破产程序目标中被推导出来。③《德国破产法》改革只是使破产程序参与人的合作义务更加明确,将这些实践中相关做法成文化。

在《德国破产法》关于企业集团破产规定的改革中,最重要的创新是引入协调程序。协调程序为破产管理人的合作义务提供一个特别框架,使破产管理人的合作制度化。破产程序参与人的合作义务和协调程序的目的是为改善企业集团破产程序的协调,其必要性源自各集团成员公司债务人在经济上的交织,集团成员公司债务人各自进行破产程序可能产生价值破坏效果,而破产程序参与人的合作及协调程序可能实现对各自破产程序的共赢。

二、程序协调制度的运作

从《德国破产法》改革内容来看,是否设立集团法院影响程序协调制度的适用。程序协调机制的运作模式可以具体分为设立集团法院和未设立集团法院两种类型。此外,《德国破产法》关于企业集团破产改革的程序协调机制,还考虑到债务人自行管理的情形。

---

① Vgl. Frank Frind, Gefahren und Probleme bei der insolvenzgesetzlichen Regelung der Insolvenz der „Unternehmensgruppe", ZInsO 19(2014), S. 932.

② Vgl. Friedrich Birnbreier, Begründung und Fortbestehen des Gruppen-Gerichtsstands, NZI-Beilage (2018), S. 12.

③ Vgl. Michael Pluta, Insolvenzverwalter einer Unternehmensgruppe kooperiert, NZI-Beilage (2018), S. 18.

(一)设立集团法院下的破产程序

由于不能对所有集团成员公司债务人之财产启动单一的破产程序,在集团法院中仍存在多个集团成员公司债务人的破产程序,设立集团法院下的企业集团破产程序根据具体场景,包含统一的破产管理人、协调程序、破产管理人和债权人委员会等程序参与人的合作义务。

1. 集团法院的设立

依据《德国破产法》第 2 条第 1 款的规定,州法院所在地的地方法院对辖区内的破产案件具有专属管辖权,不能由当事人协议变更。地方法院内设的破产法院作为具体负责破产程序的法庭。对于债务人公司的破产案件,原则上由债务人公司的独立经济活动中心所在地的破产法院专属管辖,当不存在债务人公司的独立经济活动中心时,则由债务人公司住所地的破产法院管辖。[①] 对于企业集团破产案件,在德国《简化康采恩破产解决法》生效之前,不存在企业集团破产案件的专属管辖法院,只能对各个破产的集团成员公司债务人分别确定地域管辖。[②] 2018 年《德国破产法》改革之后,《德国破产法》第 3a 条第 1 款规定,对企业集团不属于明显不重要的(nicht offensichtlich von untergeordneter Bedeutung)集团成员公司债务人可以向受理其破产申请的破产法院提出设立集团法院的申请,使该破产法院可以管辖其他集团成员公司债务人可能提出的破产申请,成为企业集团破产案件的管辖法院。《德国破产法》规定集团法院只能依申请设立,破产法院不能主动依职权设立集团法院。

(1)债务人或者(临时)破产管理人申请

设立集团法院首先需要集团成员公司债务人向受理其启动破产程序申请的破产法院提出申请,该申请应当与启动破产程序的申请分开提出,只有对整个企业集团不属于明显不重要的集团成员公司债务人才能提出设立集团法院的申请。意味着该集团成员公司债务人须满足在上一个决算年度,集团成员公司债务人年平均雇佣的雇员人数占企业集团年平均雇用的雇员人数之总数的 15% 以上,并且集团成员公司债务人的资产占企业集团合并资产的 15% 以上或者集团成员公司债务

---

① 参见[德]乌尔里希·福尔斯特:《德国破产法》(第 7 版),张宇晖译,中国法制出版社 2020 年版,第 320 页。

② Vgl. Horst Eidenmüller, Der Markt für internationale Konzerninsolvenzen: Zuständigkeitskonflikte unter der EuInsVO, NJW 57(2004), S. 3457.

人的营业额收益占企业集团合并营业额总数的15%以上的条件。① 由于集团成员公司债务人的重要性阈值具有争议，在德国法律委员会审议后，《德国破产法》将立法草案中10%的阈值提升到15%。

满足申请权利资格的集团成员公司债务人只能在针对其财产的破产程序启动前和任命临时破产管理人之前提出申请。破产程序启动后或者破产法院在对破产程序启动申请作出决定之前任命临时破产管理人，集团成员公司债务人的申请权则转移给（临时）破产管理人。债权人没有设立集团法院的申请权，因为立法者认为这可能会妨碍从企业集团及每家集团成员公司债务人管理的角度规划破产解决过程。②

（2）申请需要提交的信息

集团成员公司债务人或者（临时）破产管理人提出设立集团法院申请时，须充分陈述企业集团的相关信息，包括名称、总资产、营业额和雇员人数等，程序集中是否符合债权人的整体利益，是否寻求企业集团或者部分集团成员公司债务人的破产重整，针对其财产提出破产程序启动申请或者已启动破产程序的集团成员公司债务人及其管辖破产法院和文件登记号码，并且提交企业集团最近的合并决算报告。不能提交合并决算报告的，要提交对企业集团不属于明显不重要的集团成员公司债务人最近的年度决算报告，其他集团成员公司债务人的年度决算报告也应当一并提交。③

（3）时间优先原则

如果存在多个设立集团法院申请，原则上第一个提出的设立申请具有决定性。如果多个设立集团法院的申请在时间顺序上不明确，根据德国法律委员会建议，《德国破产法》将立法草案中申请人资产规模标准改为雇员规模标准，即上一个营业年度雇用最多雇员的集团成员公司债务人所提出的申请具有决定性。④ 标准调整与雇员人数在确定集团成员公司债务人的重要性相对应。德国立法者未采取学者主张的母公司破产法院优先原则，若母公司尚未破产或者母公司的利益中心在

---

① Vgl. § 3a Ⅰ InsO.

② Vgl. Bundesjustizministerium, Entwurf eines Gesetzes zur Erleichterung der Bewältigung von Konzerninsolvenzen, Bundesministerium der Justiz und für Verbraucherschutz (Aug. 28, 2013), https://www.bmjv.de/SharedDocs/Gesetzgebungsverfahren/Archiv/RegE_Entwurf_eines_Gesetzes_zur_Erleichterung_der_Bewaeltigung_von_Konzerninsolvenzen.pdf?__blob=publicationFile&v=4.

③ Vgl. § 13a InsO.

④ Vgl. § 3a Ⅰ InsO.

国外，则不适合由母公司破产法院管辖。依时间优先原则，母公司可以第一个提出设立集团法院的申请，这鼓励集团成员公司债务人及早、主动地制订破产重整策略，增加破产企业集团的破产重整机会。[①]

具有"先到先得"特征的时间优先原则可能造成"法院选择"(forum-shopping)问题。企业集团可能选择阻力最小且不能胜任的破产法院，进而造成法院选择的滥用。[②] 至此，提出设立集团法院申请的集团成员公司债务人之资格限制可谓是对法院选择问题的一种回应，其有助于防止对整个企业集团属于明显不重要的集团成员公司债务人的破产管辖法院获得破产企业集团的管辖权。

(4)受理申请法院的审查与裁定

受理申请的破产法院需要对设立集团法院申请进行审查，审查主要考虑以下几个因素：第一，是否存在许可的破产程序启动申请。第二，集团成员公司债务人或者(临时)破产管理人是否具备申请资格及提交相关信息。第三，设立集团法院是否符合所有集团成员公司债务人的债权人利益，而非仅符合提出申请的集团成员公司债务人的债权人利益。[③] 如果破产法院怀疑程序集中不符合所有集团成员公司债务人的债权人利益，可裁定驳回设立申请，除非拒绝受理的情形在其后发生变化，否则不再受理同一集团成员公司债务人提出的相同申请。

当满足设立条件时，受理申请的破产法院法官可裁定设立集团法院，其可以管辖其他集团成员公司债务人可能提出的破产申请。只要集团法院对其他集团成员公司债务人有待决程序，设立的集团法院就不受提出申请的集团成员公司债务人之破产程序未启动、撤销或者废止的影响。对是否设立集团法院的裁定，不可通过立即抗告撤销。

2. 统一的破产管理人

破产管理人是破产程序的核心角色，[④]破产程序的成功往往取决破产管理人管理和使用破产财产的能力。依据《德国破产法》第56b条的规定，集团法院可以为所有集团成员公司债务人的破产程序任命一个统一的破产管理人，并可解聘最

---

① Vgl. Heinz Vallender / Stephan Deyda, Brauchen wir einen Konzerninsolvenzgerichtsstand, NZI 17 (2009), S. 828.

② Vgl. Lucas F. Flöther, Die Gesetzesstruktur des neuen Konzerninsolvenzrechts, NZI-Beilage (2018), S. 7.

③ Vgl. Eberhard Braun/Andreas J. Baumert, Insolvenzordnung, 8. Aufl. 2020, § 3a Rn. 17.

④ 参见[德]莱因哈德·波克：《德国破产法导论》(第6版)，王艳柯译，北京大学出版社2014年版，第24页。

初的破产法院任命的临时破产管理人,但须考虑统一的破产管理人是否符合所有债权人的利益。集团法院还须考虑统一的破产管理人之人选是否符合“适合个案情况,尤其是有商业经验,并独立于债权人和债务人的自然人”之任命破产管理人的一般条件。[①] 其还应重点关注破产管理人的独立性和可能的利益冲突情形,以及利益冲突是否能够通过任命特别破产管理人消除。由于企业集团破产程序及破产程序参与人通常较多,对破产管理人的独立性和可能的利益冲突考虑范围也应更广,应当考虑到集团后续破产程序对破产管理人独立性的影响及造成的利益冲突危险。[②]

集团法院任命统一的破产管理人的裁量权受集团成员公司债务人的临时债权人委员会限制,任命统一的破产管理人之前应听取临时债权人委员会的意见。[③] 不过只有所有集团成员公司债务人的临时债权人委员会对统一的破产管理人之人选达成一致提议,集团法院才须遵循临时债权人委员会的提议。如果被提议的人不适合担任统一的破产管理人,法院可以选择不任命由临时债权人委员会一致提议的人选。

3. 破产管理人的合作义务

尽管在企业集团破产中根据债权人共同清偿的破产程序目的,从解释上能够得出集团成员公司债务人的破产管理人之合作义务,[④]但《德国破产法》第 269a 条仍在未任命统一的破产管理人场合直接明确破产管理人之间的告知与合作义务。破产管理人之间合作不应导致被纳入集团特定解决方案的集团成员公司债务人的破产财产和债权人清偿比孤立的破产程序解决情形更差。破产管理人履行告知与合作义务时,不得损害其所管理破产程序之参与人的利益,否则告知与合作义务终止。从该条的规范目的来看,与破产管理人具有相同或者类似地位的临时破产管理人、特别破产管理人也应当负有告知与合作义务。

告知义务更多是指破产管理人之间的信息交流,告知的信息应当是对其他破产程序重要的信息。破产管理人根据其他破产管理人的请求,应当将信息不迟延

---

① Vgl. § 56 Ⅰ InsO.

② Vgl. Georg Streit, Auswirkungen des § 56 b InsO im Rahmen des neuen Konzerninsolvenzrechts auf die Praxis der Bestellung von Insolvenzverwaltern, NZI-Beilage (2018), S. 16.

③ Vgl. § 56b Ⅱ InsO.

④ Vgl. Christian Brünkmans, in: Münchener Kommentar zur Insolvenzordnung, Band 3, 4. Aufl. 2020, § 269a Rn. 9.

地告知其他破产管理人。告知费用原则上由提供信息的破产管理人所管理的破产财产承担。[①] 对于破产管理人的合作义务,《德国破产法》第 269a 条没有规定具体的内容和形式,而是有赖于破产实务和判例法的发展。合作的内容不仅有信息告知,处理集团成员公司债务人之间的给付关系、取回权、待履行双务合同中履行选择权的行使等,可能都需要破产管理人相互合作。合作形式包括破产管理人之间的磋商、破产管理人参与其他破产程序中债权人委员会的会议或者破产管理人之间缔结合同等。告知与合作义务应根据不同的破产程序阶段有所区分,并贯穿整个破产程序。

《德国破产法》第 269a 条没有规定破产管理人违反告知与合作义务的法律后果,对此可适用《德国破产法》的一般规定。例如,破产法院和债权人委员会监督破产管理人告知与合作义务的履行。若破产管理人因违反告知与合作义务,对其管理破产程序的参与人造成损害,还应承担损害赔偿责任。[②]

4. 债权人委员会的合作义务

《德国破产法》第 269c 条赋予每家集团成员公司债务人的债权人委员会合作义务。德国立法者没有对实践中已存在的债权人不成文合作义务表明立场,而是使债权人机构的合作制度化。法律没有直接要求每家集团成员公司债务人之债权人委员会相互合作,而是通过成立集团债权人委员会促进每家集团成员公司债务人之债权人委员会的间接合作。

集团债权人委员会仅依申请成立,法院不能依职权成立,任何一个集团成员公司债务人之债权人委员会都能提出申请。集团成员公司债务人之债权人委员会是否申请,依据《德国破产法》第 72 条规定的债权人委员会议事组织规则作出决定。集团法院根据申请,对其他集团成员公司债务人之债权人委员会进行听证。集团法院具有是否成立集团债权人委员会的裁量权,裁量中应进行成立集团债权人委员会的成本效益分析。对成立集团债权人委员会的裁定,《德国破产法》第 269c 条没有规定能立即提出抗告,但不排除新情况下提出新申请的可能性。[③]

集团债权人委员会由集团成员公司债务人的债权人委员会提名之人和企业集

---

① Vgl. Michael Pluta, Insolvenzverwalter einer Unternehmensgruppe kooperiert, NZI-Beilage (2018), S. 19.

② Vgl. § 60 InsO.

③ Vgl. Christian Brünkmans, in: Münchener Kommentar zur Insolvenzordnung, Band 3, 4. Aufl. 2020, § 269c Rn. 23.

团的雇员代表组成。对整个企业集团不是属于明显不重要的集团成员公司债务人的债权人委员会能够提供一名集团债权人委员会的成员。该成员人选最好是该集团成员公司债务人的债权人委员会中的成员,这有利于集团成员公司债务人的债权人委员会和集团债权人委员会之间的信息流动,有助于直接建立信任,进而促进债权人委员会之间的合作。此外,《德国破产法》第269c条第1款第3句在立法草案之上进一步要求集团债权人委员会的成员应有一名有来自雇员的代表。

法律对集团债权人委员会的成员规模没有具体规定。有观点认为,集团债权人委员会的成员规模过大会增加合作成本,减少合作可能性。相反观点则认为,由于集团债权人委员会按照多数决作出决定,个别干扰能够被以多数票否决,且法律对能够提供集团债权人委员会成员的集团成员公司债务人之债权人委员会作了限制,不应过于担心集团债权人委员会的成员规模问题。[①]

集团债权人委员会的主要任务,是通过向每个集团成员公司债务人破产程序中的破产管理人和债权人委员会提供支持,实现企业集团协调破产清算或者破产重整。集团债权人委员会的一项重要支持是通过提供对话沟通场所,汇集每家集团成员公司债务人破产程序的重要信息,协调每家集团成员公司债务人之债权人委员会对这些信息的使用,改善每家集团成员公司债务人破产程序的透明度。德国理论上普遍认为,债权人委员会的成员负有保密义务,[②]法律没有规定每家集团成员公司债务人的债权人委员会层面的信息交换与合作义务,因此集团债权人委员会的成员没有其所代表的集团成员公司债务人之债权人委员会的事先同意,不能将机密的信息转告集团债权人委员会的其他成员。不过成员对于在集团债权人委员会中获得的信息,不负有对集团成员公司债务人之债权人委员会的保密义务。因此,获得每家集团成员公司债务人之债权人委员会信息的目标之实现,只能寄希望于每家集团成员公司债务人之债权人委员会自愿合作。

此外,集团债权人委员会成员的解职、责任、报酬以及集团债权人委员会的决定,适用《德国破产法》第70条至第74条关于通常的债权人委员会及其成员的一般规定。根据《德国破产法》第269c条第3款之规定,上述关于集团成员公司债务人的债权人委员会之合作规定同样适用于集团成员公司债务人的临时债权人委

① Vgl. Peter H. Hoegen/Christopher Kranz, Die Zusammenarbeit der Gläubigerausschüsse, NZI-Beilage (2018), S. 22.

② Vgl. Nikolaus Schmidt/Volkhard Frenzel/Ulf Gundlach, Die Verschwiegenheitspflicht des Gläubigerausschussmitglieds, ZInsO 3(2006), S. 71.

员会。

5. 协调程序

协调程序被视为此次改革的重要基石。协调程序的引入是为在不存在统一的破产管理人的情况下更好地协调企业集团破产程序。协调程序主要围绕程序协调员和协调计划两个支柱构建。

(1)协调程序的启动

设立集团法院后,集团成员公司债务人或者集团成员公司债务人的(临时)债权人委员会以一致决议的方式能够提出协调程序启动申请。① 破产程序启动后,集团成员公司债务人的协调程序申请权则转移给(临时)破产管理人。

集团法院作为协调法院可以裁量决定启动协调程序。实务中集团法院应当组织协调程序参与人听证,听取与权衡关于协调程序的赞成与反对意见,并从债权人角度考虑协调程序安排对债权人利益的利弊。② 协调符合债权人利益应是启动协调程序的前提条件,债权人利益则是从帕累托效率的角度进行考虑。③ 法律没有规定关于集团法院启动协调程序的肯定裁决和否定裁决的法律救济程序,对裁决不能提出立即抗告,④但不排除在新情况下提出新申请的可能性。协调程序启动后,当不再符合协调程序的启动条件时,集团法院可终止协调程序。

(2)程序协调员

协调法院应当在协调程序启动时任命一名程序协调员,立法者将程序协调员视为整个协调程序的灵魂。任命的程序协调员应当是独立于集团成员公司债务人及其债权人、破产管理人、财产监督人的自然人。⑤ 这可能增加额外的熟悉工作时间和费用,但可能的利益冲突威胁表明程序协调员与集团成员公司债务人的破产管理人和财产监督人身份分离是适当的。

在成立集团债权人委员会情况下,协调法院任命程序协调员前应当听取集团债权人委员会关于程序协调员人选及其须满足的要求之意见。⑥ 由于程序协调员的任命适用《德国破产法》第 27 条第 2 款第 5 项、第 56 条至第 60 条及第 62 条至

---

① Vgl. § 269d Ⅱ InsO.

② Vgl. Nicole Langer, Die Aufgaben des Koordinationsgerichts, NZI-Beilage (2018), S. 28.

③ Vgl. Christian Brünkmans, in: Münchener Kommentar zur Insolvenzordnung, Band 3, 4. Aufl. 2020, § 269d Rn. 19.

④ Vgl. Sebastian Mock, in: Uhlenbruck, Insolvenzordnung: InsO, Band 1, 15. Aufl. 2019, § 269d Rn. 19.

⑤ Vgl. § 269e Ⅰ InsO.

⑥ Vgl. § 269e Ⅱ InsO.

第65条关于破产管理人的一般规定,[①]集团债权人委员会对程序协调员一致提议的人选满足《德国破产法》第56条和第269f条适格性与独立性的要求,则对协调法院的选择决定具有约束力,协调法院应当遵循集团债权人委员会的提议。

程序协调员的任务是负责协调各集团成员公司债务人的破产清算或者破产重整。债权人利益是衡量程序协调员协调工作的标准。立法理由认为,只要有一个集团成员公司债务人破产程序及其债权人受益,而其他集团成员公司债务人破产程序中没有产生损害,程序协调员的协调就符合债权人利益。[②] 平等对待债权人在各集团成员公司债务人破产程序之间是不必要的。研发、制订价值最佳的整体利用战略,并使每个集团成员公司债务人破产程序中的破产管理人和债权人确信是程序协调员的两个核心任务。

法律没有明确规定程序协调员是否有参加集团成员公司债务人的(临时)债权人委员会和集团债权人委员会会议的权利,但程序协调员可以要求(临时)破产管理人告知其适当执行协调工作所需的信息,(临时)破产管理人负有与程序协调员合作的义务。与《德国破产法》第269a条的规定不同,(临时)破产管理人向程序协调员的信息告知义务不受破产程序参与人的利益限制。[③] 学术界观点认为,对此应类推适用《德国破产法》第269a条的限制条件。[④] (临时)破产管理人与程序协调员的合作义务为程序协调员提供信息获取渠道,使程序协调员能够更好地了解企业集团的整体概况,开展协调工作。

程序协调员只有协调职能而没有管理权利,不能作出决定。程序协调员的协调不能通过强迫(临时)破产管理人或者自行管理的债务人承担义务及以命令的方式进行,只能以交流与说服的方式进行。程序协调员更像是在协调程序中扮演调解人的角色,通过居间调解确保信息顺利交换,[⑤]以及尽可能地平衡破产程序参与人的利益。协调法院监督程序协调员履行其任务,可以随时要求程序协调员报告,并以罚金形式约束程序协调员的行为。

---

① Vgl. §269f Ⅲ InsO.

② Vgl. Susanne Berner/Wolfgang Zenker, Die Befugnisse des Verfahrenskoordinators § § 269 e bis 269 g InsO, NZI-Beilage (2018), S. 30.

③ Vgl. §269f Ⅱ InsO.

④ Vgl. Christian Brünkmans, in: Münchener Kommentar zur Insolvenzordnung, Band 3, 4. Aufl. 2020, §269f Rn. 26.

⑤ Vgl. Christian Gerloff, Der Verfahrenskoordinator-Stütze oder nur Kostenfaktor der Konzerninsolvenz, NZI-Beilage (2018), S. 32.

程序协调员有权因工作获得报酬和报销适当的费用，[①]报酬原则上根据协调程序协调的集团成员公司债务人破产程序中破产财产总和的价值计算，但可与协调任务的范围和难度相适应。具体报酬由协调法院确定，按比例从每家集团成员公司债务人的破产财产中支付。《德国破产法》改革没有规定程序协调员的职务终止，程序协调员的职务应当随着协调程序的终止或者有效废止而结束。此外，因为程序协调员的任命适用《德国破产法》关于破产管理人的一般规定，所以通常导致破产管理人职务终止事由可以适用于程序协调员。

(3)协调计划

为协调集团成员公司债务人破产程序，程序协调员可以向协调法院提交一份协调计划。[②] 如果没有任命程序协调员，集团成员公司债务人的破产管理人可以共同向协调法院提交一份协调计划。协调计划是《德国破产法》中一个跨破产程序的新法律工具。协调计划是描述协调措施的计划，构成每家集团成员公司债务人的破产管理人行动和破产计划的参考计划。因《德国破产法》改革依旧遵循权利主体原则，只有每家集团成员公司债务人的破产计划在内容方面相互协调，才有可能实现企业集团整体协调破产清算或者破产重整，保留企业集团结构带来的经济增值和协同效应。

协调计划能够描述所有有助于集团成员公司债务人破产程序协调的措施，使协调计划具有高度灵活性。例如，协调计划内容可以包括恢复每家集团成员公司债务人和企业集团经济上支付能力的建议、调解集团内部法律争议的建议和破产管理人之间缔结合同的建议。[③]

与破产计划不同，协调计划仅具有陈述部分，缺少说明破产程序参与人的法律地位将如何通过计划而被改变的形成部分，因而协调计划也被称为“裁剪的破产计划”，[④]没有法律形成效果。协调计划的内容与建议不具有直接的约束力，在每家集团成员公司债务人破产程序中破产计划的制订者可以自由决定是否遵循协调计划的内容与建议。

协调计划的接受人是协调法院，如果成立集团债权人委员会，协调计划还应获

---

① Vgl. § 269g Ⅰ InsO.

② Vgl. § 269h Ⅰ InsO.

③ Vgl. § 269h Ⅱ InsO.

④ Vgl. Silvio Höfer/Florian Harig, Mögliche Anwendungsfälle des Koordinationsplans nach § 269 h InsO in der Praxis, NZI-Beilage (2018), S. 38.

得集团债权人委员会的通过。协调法院负责对协调计划进行审查,但协调法院没有实质审查权,[①]建议措施的合理性和成功的可能性等,不属于协调法院审查的内容。协调法院对协调计划仅作形式审查,例如,协调计划的提交人是否有提交的权利、协调计划是否限于陈述部分,以及集团债权人委员会是否适当地参与。如果协调计划没有法律瑕疵,协调法院则裁定予以确认。若协调计划显示出不可消除的法律瑕疵,协调法院应驳回协调计划。对协调计划可消除的瑕疵,计划提交人未能消除该瑕疵或者不能在协调法院规定的适当期限内消除该瑕疵,协调法院应驳回协调计划。每个协调计划提交人可以对拒绝确认协调计划的裁定立即提出抗告,并且其余提交人可以参与抗告的法律救济程序。[②] 因为协调计划缺少对破产程序参与人权利的直接干预,其他的破产程序参与人没有抗告权。

如果没有程序协调员或者其委托的人在报告日期向集团成员公司债务人之债权人会议解释说明协调计划,集团成员公司债务人的破产管理人须在报告日期向债权人会议解释说明协调计划。报告日期应当在破产程序启动后6周,至多不超过3个月内,[③]这可能构成完成协调计划的时间窗口期。如果在此时间段内没有完成协调计划,已有协调计划时,协调法院须专门组织召开债权人会议。[④] 破产管理人在解释说明协调计划后,若想采取与协调计划不一致的措施,应当解释说明理由。这表明破产管理人首先应遵循受其管理的集团成员公司债务人破产程序的利益,[⑤]没有义务将企业集团的整体利益置于受其管理的集团成员公司债务人破产程序的利益之上。

程序协调员或其委托的人,或者破产管理人在集团成员公司债务人的债权人会议上解释说明协调计划,旨在通过全面地告知债权人有关协调计划的内容信息,使债权人能够在知情的基础上进行决策。此举还旨在说服集团成员公司债务人破产程序的参与人在企业集团破产中采取协调行动,以企业集团整体破产清算或者破产重整为目标。如果集团成员公司债务人的债权人委员会通过协调计划,协调计划将成为破产管理人制订破产计划的基础,[⑥]具有约束力,破产管理人在协调计

① Vgl. Detlef Specovius, Der Koordinationsplan, NZI-Beilage (2018), S. 36.

② Vgl. § 269h Ⅲ InsO.

③ Vgl. § 29 Ⅰ InsO.

④ Vgl. § 269i Ⅰ InsO.

⑤ Vgl. Horst Eidenmüller/Tilmann Frobenius, Münchener Kommentar zur Insolvenzordnung, Band 3, 4. Aufl. 2020, § 269i Rn. 11.

⑥ Vgl. § 269i Ⅱ InsO.

划的实施中只能对集团成员公司债务人破产程序中可能存在的不同细节问题作出决定。集团成员公司债务人的债权人会议有权决定破产管理人实施协调计划中的全部或者部分措施。

6. 例外:法院的合作义务

由于在集团法院设立前,其他集团成员公司债务人或其债权人可能向集团法院之外的其他有管辖权的破产法院提出破产程序启动申请,同时,受申请的破产法院没有将破产程序移交集团法院的义务,除非该集团成员公司债务人/(临时)破产管理人履行申请移交的义务,向破产法院申请移交。[①] 由此可能出现不同集团成员公司债务人破产程序在集团法院和其他破产法院分别进行的情况。在这种情况下,集团法院和其他破产法院之间有《德国破产法》第269b条规定的破产法院之间的合作义务与信息交换义务。

协调破产法院的裁定对其他或者所有集团成员公司债务人具有重要意义。在《德国破产法》改革前的实践中破产法院已在非正式层面进行协调。根据破产法院的合作义务与信息交换义务,破产法院所交换的信息对其他集团成员公司债务人破产程序而言应当具有重要性,例如,破产法院应当告知其他破产法院有关保全措施的命令、破产程序的启动、破产管理人的任命、主要的程序决定、破产财产的规模、提交的破产计划及其他完成破产程序的措施。[②] 破产法院具体的合作与信息交换义务依赖个案情形,并考虑债权人共同清偿的破产程序目标,不应损害每个破产法院所管辖的集团成员公司债务人破产程序的债权人利益。

(二)未设立集团法院下的破产程序

在未设立集团法院的场合下,各集团成员公司债务人的破产程序分别在不同的破产法院进行。为保证各集团成员公司债务人破产程序更好地紧密衔接,在此情形中也适用《德国破产法》第269a条和第269b条规定的破产管理人、破产法院的合作义务。由于立法者拒绝破产法院在企业集团破产中负有仅任命一个统一的破产管理人义务的建议,集团法院的设立不能当然推导出任命统一的破产管理人的必要性,不同的破产法院之间也可以相互协调是否任命一个统一的破产管理人。破产管理人、破产法院的合作义务及是否任命统一的破产管理人与上述设立集团法院的情形并无不同。

---

① Vgl. § 3d Ⅰ InsO.

② Vgl. §269b InsO.

未设立集团法院的企业集团破产程序和设立集团法院的企业集团破产程序存在的差异之处,以及理论上比较有争议的是《德国破产法》第269c条规定的债权人委员会的合作义务、第269d条至第269i条规定的协调程序是否可在未设立集团法院的企业集团破产程序中适用。从《德国破产法》第269c条和第269d条的文义来看,集团法院是设立集团债权人委员会和启动协调程序的前提。学术界有反对观点认为,通过集团债权人委员会和协调程序进行协调的需求并不取决于集团法院,没有合理的理由使适用债权人委员会的合作义务和协调程序建立在设立集团法院的基础上。① 若根据反对观点,未设立集团法院的企业集团破产程序可以适用债权人委员会的合作义务和协调程序,则设立集团法院和未设立集团法院下的企业集团破产程序将没有实质差异。

(三)自行管理程序中的程序协调

企业集团越复杂,越有可能在破产重整中动用自行管理与“保护伞”程序。自行管理是在破产重整中,债务人在财产监督人的监督下自行管理破产财产。“保护伞”程序是临时性的自行管理程序,只要债务人濒临支付不能或者资不抵债,就可提出“保护伞”程序申请。② 采取自行管理首先是为利用企业原管理层的知识和经验,企业原管理层比破产管理人在企业内部人事、经营和商业战略等方面有信息优势,这可避免破产管理人熟悉企业的必要消耗。③ 其次,能够鼓励企业在陷入困境时及早提出破产申请,增加破产重整的机会。自行管理在企业集团破产中有助于维持企业集团关系,增加破产重整成功的可能性。

因为对权利主体原则的路径依赖,破产法院须对每个申请自行管理的集团成员公司债务人的申请权,及是否符合自行管理命令的前提条件进行单独审查。自行管理命令须不存在任何已知可预见到自行管理命令将导致债权人处于不利地位的情形。④ 破产法院作出自行管理裁定前,在不会明显导致债务人财务状况发生有害变化的情况下,须经过临时债权人委员会的听证。临时债权人委员会的一致

---

① Vgl. Christian Brünkmans, in: Münchener Kommentar zur Insolvenzordnung, Band 3, 4. Aufl. 2020, §269c Rn. 11.

② 参见[德]莱因哈德·波克:《德国破产法导论》(第6版),王艳柯译,北京大学出版社2014年版,第208页。

③ Vgl. Lars Westpfahl, (Vorläufige) Eigenverwaltung und Schutzschirm in der Konzerninsolvenz § 270 d und Allgemeines, NZI-Beilage (2018), S. 42.

④ Vgl. §270 Ⅱ InsO.

通过则推定自行管理不会对债权人产生不利后果。[①]“保护伞”程序的前提条件要求债务人濒临支付不能或者资不抵债,及破产重整并非明显毫无希望,这两个条件都需要提交破产专业人员出具的证明。[②]

在自行管理中,破产管理人的职责被分摊到债务人和财产监督人身上。前者拥有对破产财产的管理权和处分权,负责破产程序的进行。后者负责破产债权的申报,审查债务人的经济状况,监督债务人的经营管理及日常开支,向破产法院和债权人委员会通知继续债务人自行管理将会导致债权人不利的状况。财产监督人可参与破产财产的管理。债务人或者财产监督人可根据债权人会议的委托拟定破产计划。(临时)自行管理的集团成员公司债务人应遵循《德国破产法》第 269a 条规定的破产管理人的合作义务。[③] 程序启动后,自行管理的集团成员公司债务人享有《德国破产法》第 3a 条第 1 款、第 3d 条第 2 款和第 269d 条第 2 款第 2 句规定的设立集团法院、程序移交和启动协调程序的申请权。

遗憾的是,《德国破产法》改革缺少对企业集团自行管理更为全面的关注。《德国破产法》第 270d 条规定简陋,对能否为所有集团成员公司债务人的自行管理任命统一的财产监督人,财产监督人是否也负有《德国破产法》第 269a 条规定的合作义务,自行管理的集团成员公司债务人和财产监督人是否负有《德国破产法》第 269f 条第 2 款规定的与程序协调员合作的义务,能否根据《德国破产法》第 269h 条第 1 款的规定在没有任命程序协调员情形下共同提交协调计划,以及自行管理中集团成员公司债务人的债权人会议通过的协调计划是否须成为破产计划的基础等诸多问题缺乏规定,这有赖破产实务发展和进一步的法律解释来完善。[④]

第三节　程序协调制度的优势与劣势

从程序协调制度的内容和运作来看,程序协调制度具有其优势,但程序协调制度也产生成本,这成为程序协调制度的劣势。通过权衡程序协调制度的优势和劣

---

① 参见[德]乌尔里希·福尔斯特:《德国破产法》(第 7 版),张宇晖译,中国法制出版社 2020 年版,第 320 页。

② Vgl. § 270b Ⅰ InsO.

③ Vgl. § 270d Ⅰ InsO.

④ Vgl. Christian Brünkmans, in: Münchener Kommentar zur Insolvenzordnung, Band 3, 4. Aufl. 2020, § 270d Rn. 12.

势可以发现,程序协调制度的劣势超过程序协调制度的优势之可能性并不能被排除。程序协调制度可能并不是一个能够完全有效处理企业集团破产的工具。

一、程序协调制度的优势

就成本与效益而言,将企业集团破产程序集中到同一个破产法院和同一个破产管理人手中,以及破产程序参与人的合作具有相似的经济效益。集中管辖和集中管理能够使法院、破产管理人可以更好地考虑企业集团的整体结构和内部情况,更好地在破产程序中将企业集团视为经济统一体。破产程序参与人的合作也有助于维护企业集团整体经营的稳定性,避免稳定性丧失和集团成员公司之间的摩擦给债权人带来经济价值损失。[①] 破产程序的集中还可以带来进一步的经济优化,破产程序的集中可以使破产程序得到更快、更容易的处理,提高破产程序的管理效率,降低集团成员公司债务人破产程序之间的协调需求,避免破产程序的时间延误产生的程序拖延,减少对多个破产管理人的监督成本、开支和其他破产程序参与人的费用,减少破产程序的成本,增加企业集团的破产重整机会。

任何经济活动和市场运行均离不开信息,信息是经济活动和市场运行的基础。信息为经济活动的选择与决策提供保障,人类利用信息不断减少其经济行为的不确定性。市场通过价格机制传递的需求信息和供给信息来调节市场运行。因信息搜寻与处理需要成本,及信息在传递过程中可能出现噪声致使信息失真,不完全信息在市场中普遍存在。[②] 不完全信息产生逆向选择与道德风险问题,使市场失灵并造成效率损失。降低不完全信息程度需要依靠信号发送与信息甄别机制,从而保障市场合理运行。

企业的经济活动、内部协调和资源配置离不开信息。在现今知识经济时代,信息日益成为各行业成功的关键驱动力。成功的企业被能够汇聚大量生产知识资产所需信息的能力定义,信息问题在企业内部越来越重要。[③] 信息的重要性随着企业的集团化逐渐凸显。为避免集团成员公司之间的分散和摩擦,使企业集团成为一个紧密协作的有机整体,需要建立企业集团管控体系。通过确立企业集团战略规划,围绕战略规划对集团成员公司实施管理控制和资源的协调分配,协调集团成

---

① Vgl. Volker Römermann, Die Konzerninsolvenz auf der Agenda des Gesetzgebers, ZRP 46 (2013), S. 202.

② 参见陈钊:《信息与激励经济学》(第3版),格致出版社2018年版,第13页。

③ See Jill E. Fisch & Simone M. Sepe, *Shareholder Collaboration*, 98 Texas Law Review 863 (2020).

员公司的相互关系,使集团成员公司能够协同行动,产生协同效应,最终实现企业集团的整体优化。管控体系的建立需要以信息为支撑,只有借助信息才能实现有效协调集团成员公司之间的关系,在集团内有效分配资源。集团内一定的信息流动是必要的。①

程序协调制度保障企业集团破产程序中必要的信息流动。信息在企业破产程序中具有重要性。一方面,破产法在破产程序中为法院、破产管理人、债权人会议和债权人委员会分配了程序任务。为使法院等破产程序参与人在各自责任范围内履行破产法分配的程序任务,需要向这些破产程序参与人提供履行任务所需的相关信息。另一方面,破产法赋予债权人会议和债权人委员会关于破产程序的程序权利和参与权利。债权人会议和债权人委员会只有获得所有相关信息,才有可能以适当的方式行使程序权利和参与权利。在企业集团破产中,破产程序的启动通常会导致企业集团内部的管理权丧失,②要想在企业集团破产中保存有利于债权人的协同效应,必要的信息流动不可缺少。程序协调制度通过程序参与人的合作,相互分享与告知信息,更好地帮助法院、破产管理人、债权人会议和债权人委员会履行破产法分配的任务,同时使集团成员公司债务人的破产程序更容易协调,进而实现更好地清偿债权人的目标。

不同的交易成本和组织成本之和会导致企业集团结构的不同,产生企业集团组织形式的多样性,面对企业集团结构的多样化,需要有灵活的法律框架应对企业集团破产问题。③ 程序协调机制具有灵活性,可以在个案中针对不同结构的企业集团选择搭配不同的制度,进行不同程度的协调,适应企业集团结构多样化的现实,满足不同结构的企业集团不同的协调需求。

二、程序协调制度的劣势

程序协调机制的使用本身存在协调成本。程序协调制度旨在通过促进破产程序参与人的相互沟通和交流,避免集团成员公司债务人破产程序之间的摩擦冲突,

---

① Vgl. Martin Schockenhoff, Der Konzerninformationsanspruch, NZG 23(2020), S. 1001.

② Vgl. Peter H. Hoegen/Christopher Kranz, Neue Möglichkeiten der Konzernsanierung durch SanInsFoG und StaRUG, NZI 24(2021), S. 106.

③ Vgl. Bundesjustizministerium, Entwurf eines Gesetzes zur Erleichterung der Bewältigung von Konzerninsolvenzen, Bundesministerium der Justiz und für Verbraucherschutz (Aug. 28, 2013), https://www.bmjv.de/SharedDocs/Gesetzgebungsverfahren/Archiv/RegE_Entwurf_eines_Gesetzes_zur_Erleichterung_der_Bewaeltigung_von_Konzerninsolvenzen.pdf?__blob=publicationFile&v=4.

而并不直接解决破产企业集团的任何程序问题和实体问题,[①]因此程序协调制度未必能够简化企业集团破产案件的复杂性。[②] 当企业集团内部关系复杂,集团成员公司债务人之间存在大量的相互交易和相互担保,集团成员公司债务人相互间有着大量的重叠债务时,要厘清集团成员公司债务人之间的相互关系,准确界定资产和负债的具体归属,可能需要耗费更多的时间和资源,也有可能引起更多的企业集团内部纠纷争议。因此,通过协调集团成员公司债务人破产程序的方式来处理企业集团内部复杂的法律关系,可能需要耗费更多的时间和精力,导致集团成员公司债务人破产程序处理的拖延,造成程序协调机制的协调成本增加,[③]甚至出现高昂的协调成本。

德国法上的管辖集中和管理集中均是一种选入(opt-in)机制。首先,设立集团法院由集团成员公司债务人或者其(临时)破产管理人申请,并经过受理申请的法院裁量选入。法院具有设立集团法院的裁量权。设立集团法院需要考虑管辖集中是否符合所有相关集团成员公司债务人之债权人的共同利益,只有符合所有相关集团成员公司债务人之债权人的共同利益,法院才有可能作出设立集团法院的决定。其次,德国理论界有观点认为,法院原则上应当在企业集团破产案件中指定统一的破产管理人。[④]《德国破产法》没有明确规定法院负有为所有相关集团成员公司债务人破产程序指定统一的破产管理人之义务。法院是否为相关集团成员公司债务人破产程序指定统一的破产管理人,由法院自由裁量。指定统一的破产管理人的一项重要考量是统一的破产管理人是否会带来利益冲突的危险。[⑤] 只有指定统一的破产管理人不会带来难以克服的利益冲突危险,法院才有可能选入指定统一的破产管理人的做法。这些选入机制对处理企业集团破产是否是一项理想的选择?行为经济学研究发现,默认选项(default option)会影响行为人的决策行为,产

---

① Vgl. Johannes Holzer, Die Empfehlungen der UNCITRAL zum nationalen und internationalen Konzerninsolvenzrecht, ZIP 32(2011), S. 1897.

② See Christoph Thole & Manuel Duenas, *Some Observations on the New Group Coordination Procedure of the Reformed European Insolvency Regulation*, 24 International Insolvency Review 214 (2015).

③ See Stephan Madaus, *Insolvency Proceedings for Corporate Groups under the New Insolvency Regulation*, 2015 International Insolvency Law Review 235 (2015).

④ Vgl. Dirk Andres/Andreas Möhlenkamp, Konzerne in der Insolvenz-Chance auf Sanierung, BB 23 (2013), S. 585.

⑤ Vgl. Georg Streit, Auswirkungen des § 56 b InsO im Rahmen des neuen Konzerninsolvenzrechts auf die Praxis der Bestellung von Insolvenzverwaltern, NZI-Beilage (2018), S. 16.

生默认效应。[①] 在默认效应中，人们会倾向于选择默认选项。设立集团法院和指定统一的破产管理人带有选入机制的属性，表明默认选项是不设立集团法院和不指定统一的破产管理人，这可能会削弱管辖集中和管理集中的效用。

此外，建立单独的协调程序可能不会减少企业集团破产程序，反而可能增加企业集团破产程序，增加企业集团破产程序的复杂性。[②] 德国立法者既没有接受程序协调员对破产管理人享有指示权的建议，也没有至少采纳协调计划应当具有约束力特征和形成部分的建议。程序协调员被认为是“纸老虎”。[③] 对于协调程序在企业集团破产实务中是否能真正起到积极效果也存在疑问，因为协调程序的优势有可能会被其劣势抵销。

总之，在一些情况下，程序协调制度的优势可能会被程序协调制度的劣势所抵销，造成使用程序协调制度处理企业集团破产而出现的效率损失，程序协调制度可能成为一个效率减损的工具。程序协调制度可能无法完全有效地解决处理破产企业集团所带来的问题。

本章小结

本章主要介绍德国法上处理企业集团破产的程序协调制度。《德国破产法》是欧陆破产法的典型代表。在权利主体原则下，遵循的均是“一个人、一份财产、一个程序”的处理路径。针对企业集团破产改革，德国立法者出于担心实质合并破产制度可能会引起剧烈的效果，最终选择程序协调制度处理企业集团破产。程序协调制度契合《德国破产法》长期以来遵循的权利主体原则。在程序协调制度的框架下，企业集团破产案件中依然存在多家集团成员公司债务人的复数破产程序，《德国破产法》改革通过设立集团法院、指定统一的破产管理人、破产程序参与人的合作义务以及特别的协调程序，加强企业集团破产案件中复数破产程序之间的协调，维持企业集团的整体性，避免集团成员公司债务人破产程序之间的冲突造成

① See Christina L. Brown & Aradhna Krishna, *The Skeptical Shopper: A Metacognitive Account for the Effects of Default Options on Choice*, 31 Journal of Consumer Research 529 (2004).

② See Klaus Siemon & Frank Frind, *Groups of Companies in Insolvency: A German Perspective*, 22 International Insolvency Review 61 (2013).

③ Vgl. Christian Gerloff, Der Verfahrenskoordinator-Stütze oder nur Kostenfaktor der Konzerninsolvenz, NZI-Beilage (2018), S. 33.

价值损失。程序协调制度既有优势,也有劣势,不排除某些情况下,程序协调制度的劣势可能超过程序协调制度的优势,程序协调制度不是一项能够完全有效处理企业集团破产的工具。为此,一方面需要针对性地完善程序协调制度,另一方面需要重思实质合并破产制度的必要性。

第六章　程序协调制度与实质合并破产制度的关系

尽管实质合并破产制度具有公平救济债权人、调整企业集团结构和促进企业集团破产重整的功能，但如前所述，德国立法者在考虑以何种工具来处理企业集团破产时，对实质合并破产制度提出了质疑，转而选择程序协调制度。程序协调制度和实质合并破产制度是否为非此即彼的互斥关系？比较分析程序协调制度和实质合并破产制度，对于理解为何需要实质合并破产制度来处理企业集团破产有所裨益。

第一节　对实质合并破产制度质疑的反思

讨论程序协调制度和实质合并破产制度的关系，首先，需要立足于实质合并破产制度的功能效果，分析实质合并破产制度相对于程序协调制度的比较优势。其次，需要反思理论上对实质合并破产制度的批评是否恰当。对实质合并破产制度的批评通常是采取程序协调制度的理由。在德国法上，企业集团破产法改革拒绝实质合并破产制度的做法没有得到学术界的一致支持，支持实质合并破产制度的德国学者认为，在一些情形中有适用实质合并破产制度的必要，并提出在德国法框架下适用实质合并破产制度的渠道。

一、实质合并破产制度的功能优势

与程序协调制度相比,实质合并破产制度在制度功能效果方面至少具有五个潜在的功能优势:

第一,简化企业集团破产程序。[①] 程序协调制度的目的是为加强和改善多家集团成员公司债务人的复数破产程序之间的协调,[②]所以程序协调的前提是在企业集团破产案件中存在多家集团成员公司债务人的复数破产程序。[③] 实质合并破产制度通过将多家集团成员公司债务人的复数破产程序合并为一个单一的破产程序,减少破产企业集团的破产程序数量,可以避免企业集团破产程序的复杂化。

第二,减少企业集团破产程序成本。由于实质合并破产制度减少了破产企业集团中破产程序数量,与破产程序相关的管理费用和成本费用也会随之减少。[④] 在程序协调制度中,集团成员公司债务人的资产和负债相互独立和区分。[⑤] 在集团成员公司债务人财产混同的场合,适用程序协调制度,需要区分集团成员公司债务人的资产和负债。实质合并破产制度则消除集团成员公司债务人之间的债权债务,将集团成员公司债务人的资产和负债集中到一起,简化企业集团内部复杂的法律关系,节省区分和确定集团成员公司债务人之间资产和债务所需的工作量与时间,[⑥]确定和执行集团成员公司债务人之间的债权所需的工作量和时间也将被节省,避免稀缺的破产财产被消耗,这可以促进价值创造。

第三,减少企业集团破产程序协调成本。因为实质合并破产制度消除企业集团破产程序的复数性,所以没有必要在企业集团破产程序中使用不同的职能主体,

---

① See Lindsay M. Weber, *The Road less Traveled: Substantive Consolidation Provides Alternatives Path to Enhancing Creditor Recoveries*, 13 Pratt's Journal of Bankruptcy Law 264 (2017).

② Vgl. Phillip-Boie Harder/Michael Lojowsky, Der Diskussionsentwurf für ein Gesetz zur Erleichterung der Bewältigung von Konzerninsolvenzen-Verfahrensoptimierung zur Sanierung von Unternehmensverbänden, NZI 16 (2013), S. 327.

③ Vgl. Steffen Schneider/Carl-Christian Kramer, Neues Konzerninsolvenzrecht: Effektivere Verfahren durch Mediation, BB 28(2018), S. 714.

④ See Nora Wouters & Alla Raykin, *Corporate Group Cross-Border Insolvencies between the United States & European Union: Legal & Economic Developments*, 29 Emory Bankruptcy Developments Journal 387 (2013).

⑤ See Kostoula Theodora, *Cross-Border Insolvency of Groups of Companies under the Regulation (EU) 2015/848*, 16 European Company Law Journal 74 (2019).

⑥ See Michael A. Barrett, *Substantive Consolidation after Nortel: The Treatment of Corporate Groups in Canadian Insolvency Law*, 59 Canadian Business Law Journal 376 (2017).

例如,不必通过不同的破产管理人和法院来处理企业集团破产案件,而是可以由统一的破产管理人和法院来处理企业集团破产案件,[①]避免在多个集团成员公司债务人破产程序之间沟通和交流的必要。在单一的企业集团破产程序中,破产程序参与人之间的沟通和交流成本可以被降到最低,[②]这进而减少协调多个集团成员公司债务人破产程序所可能产生的协调成本。

第四,减少破产企业集团内信息流动成本。实质合并破产制度使各个集团成员公司债务人的破产问题能够集中在一个统一的破产程序中得到处理,与企业集团及各家集团成员公司债务人相关的信息也能够汇聚到统一的破产程序内,无须通过复数破产程序之间的协调来促进信息在复数破产程序中的汇聚与流动,只确保企业集团破产情形中必要的信息流动。从成本的角度来看,具有软约束力的程序协调制度中的信息流动成本可能要高于实质合并破产制度中的信息流动成本。

第五,增加企业集团破产重整机会。一方面,实质合并破产制度产生的成本节约,可以将稀缺的破产资源用于企业集团或者多家集团成员公司债务人的继续经营。另一方面,实质合并破产制度的集中效果可以避免破产企业集团在破产程序中的解体,维持破产中企业集团的整体性。由于企业集团内的协同效应,企业集团被整体出售,而不是只出售企业集团内的一些集团成员公司债务人,可能会实现更高的继续经营价值。实质合并破产制度可以从根本上提高企业集团的破产重整机会。

因此,在一些情形下,实质合并破产制度可能比程序协调制度具有成本效益优势,使用实质合并破产制度更能有效地维护破产企业集团的整体价值和减少损害,实现对债权人更好地清偿。重要的是,实质合并破产制度不仅是对债权人的救济,以实现债权人的公平清偿,还具有矫正企业集团结构和促进企业集团破产重整的功能。实质合并破产制度具有程序协调制度所不具备的制度功能优势,程序协调制度未必能有效替代实质合并破产制度。

二、反对实质合并破产制度理由的批判性分析

德国立法者在采取程序协调制度处理企业集团破产时,提出的反对采纳实质

① Vgl. Heribert Hirte, Vorschläge für die Kodifikation eines Konzerninsolvenzrechts, ZIP 29 (2008), S. 449.

② See Christoph G. Paulus, *Group Insolvencies-Some Thoughts about New Approaches*, 42 Texas International Law Journal 819 (2007).

合并破产制度的主要理由，往往是相关实质合并破产制度文献中对实质合并破产制度的批评理由，这些批评理由是否完全合理，值得检讨。

(一)质疑一：背离公司法上责任分离原则和法人独立性原则

实质合并破产制度首先受到来自公司法上的责任分离原则和法人独立性原则的反对。[①] 法人独立性原则和责任分离原则意味着公司应当以其财产为限，承担公司的责任，履行公司的债务。与公司法上的法人独立性原则和责任分离原则一致，在破产程序中，破产债务人的破产财产价值应当完全用于清偿该破产债务人的债权人。

虽然公司法遵循法人独立性原则和责任分离原则，但这些原则不是绝对的，并非不受限制地被适用。法人独立性原则和责任分离原则只是公司法上的一种应然状态，现实生活中的实然状态可能会偏离公司法上的应然状态。当现实生活中的事实、经济上的需求和事实力量要求忽略法律上的应然状态，那么应当采取契合实然状态的做法。[②] 在特定情形下必须忽略公司法上的法人独立性原则和责任分离原则，特别是在坚守法人独立性原则和责任分离原则的成本可能超过收益，出现效率损失的情况下，比如公司法上的“刺破公司面纱”制度。

公司法上的责任分离原则与“刺破公司面纱”制度构成原则与例外的关系。原则是立法者针对某种情况所提供的普遍适用于该种情况的规则，例外是对原则的背离，例外提供的行为模式与原则提供的行为模式相对立。但是，原则与例外不是相互抵牾，两者描述的是一个体系内两类要素之间的脉络关系，具有一致性。[③] 法律和法学的各领域中充斥着原则与例外的关系，例外是立法者在特定情形下，为了某些利益引入的、背离一般理性准则的法。[④]

公司法上的法人独立性原则和责任分离原则与实质合并破产制度构成原则与例外的关系。与“刺破公司面纱”制度一样，实质合并破产制度并不是一项普遍适用的制度，而是在特殊的破产情形下所适用的一项制度。[⑤] 在企业集团特殊的破产情形下，当法人独立性原则和责任分离原则的成本明显超过收益时，坚持法人独

① Vgl. Peter Sester, Plädoyer gegen ein materielles Konzerninsolvenzrecht, ZIP 26(2005), S. 2100.

② 参见[德]格茨·怀克、[德]克里斯蒂娜·温德比西勒：《德国公司法》(第21版)，殷盛译，法律出版社2010年版，第389页。

③ 参见易军：《原则/例外关系的民法阐释》，载《中国社会科学》2019年第9期。

④ 参见[德]乌尔里希·克卢格：《法律逻辑》，雷磊译，法律出版社2016年版，第153页。

⑤ Vgl. Karsten Schmidt, Flexibilität und Praktikabilität im Konzerninsolvenzrecht-Die Zuständigkeitsfrage als Beispiel, ZIP 33(2012), S. 1056.

立性原则和责任分离原则可能是不合适的,法律需要考虑一般规则的例外。实质合并破产制度法律效果的发生依赖适用实质合并破产制度的前提条件,适用实质合并破产制度的前提条件是对法人独立性原则和责任分离原则的背离。适用实质合并破产制度的前提条件要求被合并主体之间具有实质同一性或者资产混同,实质合并破产制度只有在其适用前提被满足时,才可能发生背离法人独立性原则和责任分离原则的效果,否则仍适用法人独立性原则和责任分离原则的法律效果。换言之,在实质合并破产制度所调整的情形中,排除法人独立性原则和责任分离原则的适用,仅发生实质合并破产制度的法律效果,而在未落入实质合并破产制度调整范围而由法人独立性原则和责任分离原则调整的情形中,仍发生法人独立性原则和责任分离原则的法律效果。实质合并破产制度和法人独立性原则、责任分离原则表面上看相互冲突,但二者实则相互衔接与配合,共同构成一个在破产法领域内处理企业集团破产的规范整体。

(二)质疑二:破坏责任预期和增加信贷成本

从债权人责任预期和信贷交易的角度来看,德国立法者认为,在法人独立性原则和责任分离原则下,债权人是根据与其交易的特定债务人公司信用评估贷款给特定债务人公司的风险,并在此风险计算的基础上调整信贷协议条款,设定补偿风险的利率。① 在适用实质合并破产制度的情况下,一家被合并集团成员公司债务人的债权人将与其他被合并集团成员公司债务人的债权人分享该集团成员公司债务人的资产,破坏该集团成员公司债务人之债权人与该集团成员公司债务人在破产前的等价关系,实质合并破产制度可能摧毁该集团成员公司债务人之债权人的风险计算基础。债权人不能够仅根据特定集团成员公司债务人的信用评估来作出贷款决定,还可能需要审查并在必要时监督整个企业集团的情况。因此,实质合并破产制度可能损害债权人的责任预期和合同预期,②导致债权人可能收取更高的利益补偿风险增加或者抑制债权人向集团成员公司贷款的意愿,结果可能造成信贷成本的增加。

认为实质合并破产制度破坏债权人责任预期和增加信贷成本的观点本身存在

---

① Vgl. Dirk Andres/Andreas Möhlenkamp, Konzerne in der Insolvenz-Chance auf Sanierung, BB 23 (2013), S. 580.

② Vgl. Marc Alexander Göb, Aktuelle gesellschaftsrechtliche Fragen in Krise und Insolvenz, NZI 16 (2013), S. 963.

三个问题。第一,该种观点仅是理论上的分析,缺乏相应的经验证据支持。[①] 第二,该种观点忽视了比较法经验。比较法上采纳企业集团实质合并破产制度的国家并不限于美国,加拿大、澳大利亚、新西兰和法国等国家都对企业集团实质合并破产处理有相同或者相似的做法。联合国国际贸易法委员会《贸易法委员会破产法立法指南》第三部分"破产企业集团对待办法"建议将实质合并破产制度作为处理破产企业集团问题的工具之一。现代法律制度设计的一项重要考虑就是制度的经济效率,制度采纳需要对制度进行成本与效益分析。[②] 比较法采取实质合并破产制度或者与实质合并破产制度相似的做法,在一定程度上表明实质合并破产制度具有一定程度的可取性,并非完全是一项破坏债权人责任预期和增加信贷成本的无效率制度。第三,实质合并破产制度本身是一项例外适用的制度,这限制了实质合并破产制度对债权人责任预期和信贷成本的负面影响。对实质合并破产制度破坏债权人责任预期和增加信贷成本的担忧本质上并不是针对制度本身,而是针对制度适用的不确定性。[③] 解决实质合并破产制度适用不确定性的适当方法可以是改善实质合并破产制度适用的确定性,而不是直接否定实质合并破产制度。通过进一步增加适用实质合并破产制度的确定性和可预见性,实质合并破产制度对债权人责任预期和信贷成本的不利影响将被减少。

(三)质疑三:产生再分配效应

批评实质合并破产制度具有再分配效应的观点认为,因为集团成员公司债务人可能具有不同的资产负债比率,一些集团成员公司债务人的资产负债比率高于另一些集团成员公司债务人的资产负债比率,实质合并破产制度将具有不同资产负债比率的集团成员公司债务人的资产合并到一起,使所有债权人从合并的资产池中受偿,可能会降低资产负债比率低的集团成员公司债务人之债权人的清偿,提高资产负债比率高的集团成员公司债务人之债权人的清偿。[④] 除非集团成员公司债务人之间的资产负债比率相同,否则实质合并破产制度必然会减少对一些债权人的破产分配,增加对另一些债权人的破产分配,产生再分配效应。实质合并破产

① Vgl. Stephan Madaus, Das Konzerninsolvenzrecht-die Ziele des Gesetzgebers, NZI-Beilage (2018), S. 6.

② See Hanoch Dagan & Roy Kreitner, *Economic Analysis in Law*, 38 Yale Journal on Regulation 566 (2021).

③ See Hanna R. Benjamin, *Federalism in Bankruptcy: Relocating the Doctrine of Substantive Consolidation*, 96 Minnesota Law Review 711 (2011).

④ See Richard M. Hynes & Steven D. Walt, *Inequality and Equity in Bankruptcy Reorganization*, 66 University of Kansas Law Review 875 (2018).

制度之再分配效应的结果会对某些债权人造成分配损害。[1]

实质合并破产制度的再分配效应有一个隐含的前提，即能够准确地计算每家被合并集团成员公司债务人的资产负债比率。在集团成员公司债务人相互间资产和负债高度混同的情况下，确定每家集团成员公司债务人的实际资产和债务是不可能的，或者会涉及不相称的工作量。在集团成员公司债务人相互间资产和负债高度混同的情况中，准确计算每家被合并集团成员公司债务人的资产负债比率是困难的，更不用说由此确定在何种程度上存在再分配效应，甚至不可能有任何再分配效应。实质合并破产制度的适用通常考虑被合并集团成员公司债务人相互间资产和负债混同的程度，以及分离被合并集团成员公司债务人相互间资产和负债混同的难度，这实际是在降低或者尽可能避免实质合并破产制度造成的再分配效应。

此外，由于企业集团是经济统一体，企业集团内存在统一管理，不同集团成员公司债务人之间的交易可能并非公司理性经济考量和市场交易的结果，而是出于企业集团整体利益的考虑，所以表面上看每家被合并集团成员公司债务人的资产负债比率不同，但事实上每家被合并集团成员公司债务人的资产负债比率的区别可能是不正确的。[2] 在这种情况下，如果强调对不同的集团成员公司债务人分别进行破产程序，反而有可能造成对不同的集团成员公司债务人之债权人的不公平对待。

三、德国支持实质合并破产制度的学理主张

尽管德国主流观点拒绝在处理破产企业集团问题上采用实质合并破产制度，但在《德国破产法》改革前后，学术界和实务界中均存在一些观点认为不应当断然拒绝实质合并破产制度。[3] 在一些情形下，破产企业集团采取实质合并破产的做法具有必要性与可取性。例如，对于因企业集团内现金池、撤销、利益冲突、集团成员公司债务人相互间混同、集团成员公司债务人延续或者每家集团成员公司债务人变价分配中相互依赖、不再能够确定资产具体归属等问题引起处理破产企业集团的困难，实质合并破产制度可能实现更好的变价结果，加速破产程序，更好地满

---

① See Robert W. Miller, *Economic Integration: An American Solution to the Multinational Enterprise Group Conundrum*, 11 Richmond Journal of Global & Business 185 (2012).

② 参见贺丹：《企业集团破产：问题、规则与选择》，中国法制出版社 2019 年版，第 23 页。

③ Vgl. Christoph G. Paulus, Nach der Reform ist vor der Reform Schwachstellen des neuen Konzerninsolvenzrechts, NZI-Beilage (2018), S. 47.

足债权人的利益。

约亨·胡姆贝克(Jochen Humbeck)提出,在合同康采恩和康采恩公司承担连带责任的两种案型下,基于平等对待债权人的理念,实施实质合并破产是有必要的。[①] 合同康采恩是指从属企业和通过控制合同对从属企业具有控制权的控制企业形成的康采恩类型。[②] 在合同康采恩案型中,根据《德国股份法》第303条的规定,控制合同或者盈余转移合同终结时,需要向商事登记机关申报,在商事登记簿登记公告。控制企业对合同终止登记公告之前产生的从属企业之债务负有担保义务,表明建立包括控制企业和从属企业在内的责任破产财产是合理的。控制企业和从属企业的债权人信赖的是康采恩责任和康采恩破产财产,将破产财产分离成多个破产程序只会产生表面上的公平,控制企业对从属企业的负债承担责任导致控制企业债权人的清偿被稀释。控制企业的债权人不能向从属企业寻求清偿,且从属企业向控制企业转移盈余等资产分配情况,分离的程序处理将导致债权人的不平等待遇。在康采恩成员公司因为其他康采恩成员公司提供担保承担连带责任的情况下,根据德国联邦最高法院的判例,如果提供担保的同时给予贷款,则不能根据《德国破产法》第134条规定以无偿为由撤销担保,担保权人可以在提供担保的康采恩成员公司破产程序和受担保的康采恩成员公司破产程序中主张其债权。稀释提供担保的康采恩成员公司债权人的清偿,将产生债权人不平等待遇,实质合并破产制度可以消除此种债权人不平等待遇。

根据克里斯托弗·保勒斯(Christoph Paulus)的观点,实质合并破产制度在三种案型下是可取的:第一,相关集团成员公司债务人之间财产混同且不能区分;第二,集团成员公司债务人在经济现实中呈现出其是企业集团组成部分的外观,使债权人信赖整个企业集团的信用,而不是单个集团成员公司债务人的信用;第三,企业集团是集中化的结构,集团成员公司债务人只是生产或者管理的组成部分,所有集团成员公司债务人作为一个统一整体运作,实质合并破产方法反映了企业集团这种高度的经济统一体结构。[③]

在确定集团成员公司债务人相互间的债权和债务方面,实质合并破产制度可

---

① Vgl. Jochen Humbeck, Plädoyer für ein materielles Konzern-insolvenzrecht, NZI 16(2013), S. 956 ff.

② 参见[德]托马斯·莱塞尔、[德]吕迪格·法伊尔:《德国资合公司法》(第6版),高旭军等译,上海人民出版社2019年版,第906页。

③ Vgl. Christoph G. Paulus, Überlegungen zu einem modernen Konzerninsolvenzrecht, ZIP 26(2005), S. 1954.

以在很大程度上简化企业集团破产程序，显著增加可用于分配的资金总额，符合所有债权人的利益。[①] 适用实质合并破产制度是对实践需求的回应，具有实用性优势。

在德国法缺乏对采用实质合并破产制度处理企业集团破产明确规定的情况下，德国支持实质合并破产制度的学者提出通过制订一份统一的破产计划实现对破产企业集团的实质合并破产处理。[②] 这些德国学者认为，实施实质合并破产的破产计划在现行德国法下具有可行性。《德国破产法》中的破产计划是具有实体性质和程序性质双重属性的合同，[③]可以偏离法定条款，对担保债权人和破产债权人的清偿、破产财产的处置和分配、破产程序以及终止破产程序之后债务人的责任另行作出规定，为债务人及其债权人提供灵活性保障。由于破产计划的灵活性、联系不同法律主体的潜在可能性和在破产程序中快速构造程序的可能性，破产计划是实现企业集团最佳破产重整的重要工具。

威廉·乌伦布鲁克（Wilhelm Uhlenbruck）最早提出在德国法框架下，通过在破产企业集团内采取针对破产企业集团的合并破产计划实现实质合并破产清算或者实质合并破产重整。[④] 乌伦布鲁克主张，可以在主要的破产程序中制订一份统一的破产计划，其中规定对集团成员公司债务人进行实质合并破产清算或者实质合并破产重整，企业集团债权人在主要的破产程序中决定是否接受破产计划，被合并集团成员公司债务人的所有无担保债权人可以合并为一个表决组进行表决。这种实施实质合并破产的破产计划避免了将企业集团资产分配给每家被合并集团成员公司债务人所造成的时间和资源消耗，但这种破产计划不得损害债权人的权利。

通过破产计划实现实质合并的想法得到其他德国学者进一步的发展与阐释。赫里伯特·希尔特（Heribert Hirte）的想法与乌伦布鲁克基本一致，但认为应当将子公司的债权人分为别除权债权人组或者具有同等地位的单独组别，《德国破产

---

① Vgl. Heribert Hirte, Vorschläge für die Kodifikation eines Konzerninsolvenzrechts, ZIP 29 (2008), S. 449.

② Vgl. Christoph G. Paulus, Überlegungen zu einem modernen Konzerninsolvenzrecht, ZIP 26 (2005), S. 1953.

③ Vgl. Horst Eidenmüller, in: Münchener Kommentar zum Insolvenzordnung, Band 3, 4. Aufl. 2020, § 217 Rn. 14.

④ Vgl. Wilhelm Uhlenbruck, Konzerninsolvenzrecht über einen Insolvenzplan, NZI 2 (1999), S. 43.

法》第245条阻碍禁止的规定适用于债权人对实施实质合并破产计划的表决。① 克里斯蒂安·布伦克曼斯(Christian Brünkmans)认为,对债权人权利的干预要由债权人自我决定,肯定通过在集团成员公司债务人破产程序中采取内容相同的破产计划实现实质合并破产效果的可能性。② 虽然德国《简化康采恩破产解决法》规定,作为破产管理人参考计划的协调计划因缺乏形成部分,没有提供企业集团实质合并破产的可能性,③但仍有可能为集团成员公司债务人制订统一的破产计划,通过破产计划框架内的形成部分实现企业集团实质合并破产处理。④ 亚历山大·维尔霍芬(Alexander Verhoeven)提出,企业集团破产管理人可以根据《德国破产法》第217条及其以下条款,编制企业集团破产计划,对集团成员公司债务人实施实质合并破产。实施实质合并破产的破产计划可以为债权人和投资者重整企业集团提供一个有吸引力的工具。⑤ 与乌伦布鲁克最初的提议相比,维尔霍芬认为,由于每家被合并集团成员公司债务人的债权人可能有不同的经济利益,将所有无担保债权人合并为一个组别,不符合《德国破产法》第222条第1款规范目的,对这种实施实质合并破产计划的表决应当在分离的基础上进行,不应当在合并基础上进行表决。除了完全实质合并破产,德国还有理论认为,基于破产计划或者协调计划的灵活性,可以通过破产计划或者协调计划对企业集团实质合并破产进行灵活设计,采取部分实质合并破产的做法。⑥

此外,德国学者对能否利用破产计划实现债务人集团成员公司与非债务人集团成员公司的实质合并破产有进一步讨论。少数支持实质合并破产制度的德国学者提出,可以通过破产计划将非债务人集团成员公司列入破产计划,实现债务人集团成员公司与非债务人集团成员公司的实质合并破产,前提是不得损害债权人的权利。⑦ 但是,也有德国学者反对债务人集团成员公司与非债务人集团成员公司

---

① Vgl. Christoph Jensen, Der Konzern in der Krise: Aktuelle Rechtsfragen im Kontext deutscher und europäisch-grenzüberschreitender Konzerninsolvenzen, Band 27, 2018, S. 147.

② Vgl. Christian Brünkmans, Die Koordinierung von Insolvenzverfahren konzernverbundener Unternehmen nach deutschem und europäischem Insolvenzrecht, Bonn, Diss., 2008, S. 299 ff.

③ 德国法规定的破产计划分为陈述部分和形成部分,前者主要是关于破产计划的基本内容和效果的信息,后者是说明破产程序参与人的法律地位将如何被破产计划改变。

④ Vgl. Christian Brünkmans, Entwurf eines Gesetzes zur Erleichterung der Bewältigung von Konzerninsolvenzen: Kritische Analyse und Anregungen aus der Praxis, ZIP 34(2013), S. 195.

⑤ Vgl. Christoph Poertzgen, Die Konzerninsolvenz, NZI 15(2012), S. 657.

⑥ Vgl. Irmtraut Pape, in: Uhlenbruck, Insolvenzordnung: InsO, Band 1, 15. Aufl. 2019, § 3a Rn. 8.

⑦ Vgl. Wilhelm Uhlenbruck, Konzerninsolvenzrecht über einen Insolvenzplan, NZI 2(1999), S. 43.

实质合并破产。反对观点认为，破产程序是否需要启动，主要取决于是否存在启动原因，只有当债务人存在无支付能力或者资不抵债的破产程序启动原因时，才能够启动破产程序，否则破产程序对债务人是不适当的，应当为每家集团成员公司债务人单独确定是否存在破产程序的启动原因。[①] 债务人集团成员公司与非债务人集团成员公司的实质合并破产反而会产生巨大的风险。如果从德国立法者在处理企业集团破产问题上拒绝实质合并破产制度的态度来看，债务人集团成员公司和非债务人集团成员公司实质合并破产的做法并不可行。

第二节　程序协调制度与实质合并破产制度的共存性

程序协调制度与实质合并破产制度各有优劣，程序协调制度与实质合并破产制度不是互为替代的关系。程序协调制度与实质合并破产制度共同构成破产程序参与人处理企业集团破产的选择工具菜单。

一、普遍适用与特殊适用

企业集团结构的多样性意味着需要有一个灵活的监管框架适应和处理企业集团破产问题。尽管在权利主体原则下传统企业破产法律制度在处理企业集团破产时，对企业集团的经济结构会有不适应性，但其本质仍是处理企业集团破产的一种方式。传统企业破产法律制度和实质合并破产制度位于规制企业集团破产的两端，分别对应着在相互关联市场中有松散公司合作的企业集团和高度整合的企业集团。程序协调制度是介于传统企业破产法律制度和实质合并破产制度之间规制企业集团破产的中间制度。企业集团经济一体化程度越高，越有可能适用实质合并破产制度处理企业集团破产问题。企业集团的高度经济一体化和资产分割可能激励债务人的机会主义行为，导致集团成员公司债务人间投资和分配财产的混同与不确定性。实质合并破产制度在功能上可以解决因集团成员公司债务人之间投资和分配财产混同所引起准确界定每家集团成员公司债务人财产、解决债权人索

---

① Vgl. Conrad Grau, Konsolidierung von Rechtsträgern einer Unternehmensgruppe in der Sanierung: Überlegungen zur Einführung einer insolvenzrechtlichen Konsolidierung in Deutschland mit rechtsvergleichendem Bezug zum neuseeländischen und US-amerikanischen Recht, Hamburg Rostock, Diss., 2007, S. 218; Christian Schmollinger, Der Konzern in der Insolvenz, Freiburg, Diss., 2012, S. 310.

赔方面的争议与拖延的不经济成本。[①] 传统企业破产法律制度和程序协调制度难以直接解决这些实体问题或者解决这些实体问题可能需要付出更多的成本,但传统企业破产制度和程序协调制度有可能在集团成员公司债务人之间联系松散或者企业集团未达到高度经济一体化的情况下被适用。传统企业破产制度、程序协调制度和实质合并破产制度是在同一工具类型谱上可并存的三种制度,共同应对企业集团破产问题,以适应企业集团结构多样化的需求。

企业集团结构的多样化表明,破产法应当为规制企业集团破产提供工具选择菜单。破产法作为一个中立的法律框架,如同在解决债务人破产问题上提供破产清算、破产重整与破产和解的解决方案一样,在处理企业集团破产问题上,也应当提供更多选择工具,[②]使破产程序参与人能够选择并实施对企业集团破产最有利的解决方案。

无论是在破产内,还是在破产外,尊重独立的公司形式是一项法律的基本规则,[③]所以在权利主体原则下,程序协调制度是一般性制度,实质合并破产制度是特殊性制度,两者在制度适用上构成普遍适用与特殊适用的关系。程序协调制度是对多家集团成员公司债务人已启动的复数破产程序的协调。程序协调制度遵循权利主体原则,在对每家集团成员公司债务人进行单独的破产测试和启动单独的破产程序的前提下,对多家集团成员公司债务人的破产程序进行协调。[④] 只要集团成员公司债务人相互间存在协调需求,程序协调制度在权利主体原则下就具有普遍适用性。相反,实质合并破产制度对多家集团成员公司债务人只启动一个破产程序,是对权利主体原则的否定。在权利主体原则下,实质合并破产制度只能是在满足特殊适用标准的前提下才能被适用,实质合并破产制度是针对权利主体原则的例外适用制度。

理论上除非当事人一致同意采取实质合并破产制度,实质合并破产制度在企业集团破产中的适用情形有限,实质合并破产制度是在特殊情形下的适用。无论

---

① See Henry Hansmann, Reinier Kraakman & Richard Squire, *Law and the Rise of the Firm*, 119 Harvard Law Review 1335 (2006).

② See Bob Wessels & Stephan Madaus, *Business Rescue in Insolvency Law in Europe: Introducing the ELI Business Rescue Report*, 27 International Insolvency Review 255 (2018).

③ See Kenneth C. Kettering, *Securitization and Its Discontents: The Dynamics of Financial Product Development*, 29 Cardozo Law Review 1553 (2008).

④ See Janis Sarra, *Oversight and Financing of Cross-Border Business Enterprise Group Insolvency Proceedings*, 44 Texas International Law Journal 547 (2009).

企业集团结构如何,破产企业集团可能都有不同程度的协调需求。即便是在满足实质合并破产制度适用标准的情况下,处理破产企业集团仍可以使用程序协调制度,而不使用实质合并破产制度。程序协调制度在企业集团破产中的适用取决于集团成员公司债务人相互间的协调需求和破产程序参与人选择程序协调制度的意愿。程序协调制度在企业集团破产中可适用的情形范围远比实质合并破产制度可适用情形范围更广。

二、选择工具菜单

我国最高人民法院《破产审判会议纪要》对企业集团破产的处理除了提供实质合并破产制度工具外,《破产审判会议纪要》第 38 条还规定法院对多家集团成员公司债务人破产程序的协调审理,并可根据程序协调需要,将多家集团成员公司债务人的破产程序集中管辖。

《破产审判会议纪要》第 38 条规定的协调审理之定性存在程序协调制度和程序合并制度的疑问。有学者认为,《破产审判会议纪要》第 38 条规定的是程序合并制度,而非程序协调制度,理由是程序协调制度不涉及任何对破产程序的实质或者程序的调整,可在法律制度之外自行协商,无须借助新的立法或者制度设计即可实现,与《破产审判会议纪要》中规定的协调审理不同。[①]

理论上的程序合并制度是指将多家集团成员公司债务人的破产程序合并为一个统一的破产程序,但各集团成员公司债务人仍保持独立的法人人格,对各集团成员公司债务人的资产和负债进行分离处理。[②] 程序合并制度中只存在一个统一的破产程序。[③] 根据《破产审判会议纪要》第 38 条规定的文义,协调审理是针对多家集团成员公司债务人的复数破产程序展开,并依据程序协调的需要进一步将多家集团成员公司债务人的复数破产程序集中管辖。从《破产审判会议纪要》第 38 条的文义来看,其没有将多家集团成员公司债务人的复数破产程序合并为一个统一的破产程序,不符合程序合并制度的理论要求。因此,《破产审判会议纪要》第 38

---

① 参见王欣新:《〈全国法院破产审判工作会议纪要〉要点解读》,载《法治研究》2019 年第 5 期。

② See Jonathan Hightower, *The Consolidation of the Consolidations in Bankruptcy*, 38 Georgia Law Review 459 (2003).

③ Vgl. Horst Eidenmüller/Tilmann Frobenius, Ein Regulierungskonzept zur Bewältigung von Gruppeninsolvenzen: Verfahrenskonsolidierung im Kontext nationaler und internationaler Reformvorhaben, ZIP-Beil (2013), S. 2.

条规定的并非程序合并制度。

《破产审判会议纪要》第 38 条的规定更接近程序协调制度。《破产审判会议纪要》第 38 条规定的协调审理可能涉及不同法院之间的协调与合作。实践中，各个受理不同集团成员公司债务人破产程序的法院之间的协调审理可能具体包括协调债权申报时间、债权人会议召开时间和集团成员公司债务人案件审理进程等程序性事项。从《德国破产法》中关于处理企业集团破产的程序协调制度内容来看，《破产审判会议纪要》第 38 条规定的协调审理和集中管辖，事实上都属于程序协调制度的内容。即便程序协调可以在法律制度之外自行协商，但通过法律制度设计，能够将程序协调制度内容固定下来，明确程序协调的方法，更有利于破产程序协调的开展。

《破产审判会议纪要》第 38 条将程序协调制度的适用与实质合并破产制度的适用条件联系在一起，对不符合实质合并破产制度适用条件的企业集团破产案件，可以程序协调的方式进行处理。将程序协调制度的适用与实质合并破产制度的适用条件联系起来的逻辑表述容易引发误解，即在适用程序协调制度前，法院是否需要审查企业集团破产案件的情形是否满足实质合并破产制度的适用条件？在满足实质合并破产制度的条件下是否只能适用实质合并破产制度？换言之，实质合并破产制度与程序协调制度是相互排斥的关系吗？

有观点指出，在关于《破产审判会议纪要》的理解与适用中，针对不符合实质合并破产制度适用条件的企业集团破产案件，可以积极探索以程序协调的方式进行处理，程序协调制度主要适用于具备破产原因的多家集团成员公司债务人之间不存在法人人格高度混同、区分集团成员公司债务人财产成本过高、严重损害债权人公平清偿利益的情形。[①] 从上述表述来看，似乎程序协调制度和实质合并破产制度是相互排斥的关系，对程序协调制度的适用需要首先审查是否不满足实质合并破产制度的适用条件，在满足实质合并破产制度适用条件的情况下，只能选择实质合并破产制度或者使用针对单一企业法人破产的传统企业破产制度来处理，不能选择程序协调制度进行处理。

事实上，程序协调制度具有普遍适用性，程序协调制度的适用取决于企业集团破产案件中的协调需求和当事人选择程序协调制度的意愿，与实质合并破产制度

---

① 参见贺小荣、葛洪涛、郁琳：《破产清算、关联企业破产以及执行与破产衔接的规范与完善——〈全国法院破产审判工作会议纪要〉的理解与适用》（下），载《人民司法（应用）》2018 年第 16 期。

的适用条件无关。即便在满足实质合并破产制度适用条件的情况下，只要当事人愿意，仍可以选择程序协调制度处理企业集团破产。从选择工具的角度来说，满足实质合并破产制度适用条件并不能排除选择程序协调制度。因此，建议《破产审判会议纪要》第38条的规定将“不符合实质合并条件”的表述删除，以免造成不必要的困惑与误解。

未来我国《企业破产法》的修订在企业集团破产规制问题上，可以为破产程序参与人处理企业集团破产问题同时提供实质合并破产制度和程序协调制度的选择工具菜单。程序协调制度的适用与是否满足或者不满足实质合并破产条件没有内在的必然联系。在实质合并破产制度和程序协调制度并存的情况下，程序协调制度的适用与否不应当建立在不符合实质合并破产条件的基础上。

本章小结

本章讨论程序协调制度和实质合并破产制度的关系。从功能比较的角度来看，实质合并破产制度相对于程序协调制度具有功能优势，程序协调制度不能成为实质合并破产制度的功能替代物。理论上对实质合并破产制度的批评观点或者理由未必合理，因为实质合并破产制度原则上是针对特定情形而例外适用的制度，只有在满足特定的适用标准的前提下，才会考虑适用实质合并破产制度，这缓解了实质合并破产制度的负面效果。

在权利主体原则下，程序协调制度和实质合并破产制度构成普遍适用与特殊适用的共存关系。程序协调制度的存在并不必然消除实质合并破产制度存在的必要性，实质合并破产制度的存在也并不必然消除程序协调制度存在的必要性。从破产法的角度来看，破产法应当为当事人提供包括程序协调制度和实质合并破产制度在内的选择工具菜单，使当事人能够根据个案中破产企业集团的具体情况，选择适合处理企业集团破产的最佳工具，更好地适应企业集团结构的多样性。

第七章　我国企业集团实质合并破产现状及其面临的挑战

我国《企业破产法》没有专门规定如何调整企业集团破产，在我国企业集团破产案件中，法院对实质合并破产制度表现出相当程度的依赖与偏重。由于《企业破产法》没有对于企业集团实质合并破产的相关规定，致使适用企业集团实质合并破产制度存在诸多困难与挑战，企业集团实质合并破产制度的实体构造、程序构造和救济构造方面仍有需要完善之处。

第一节　我国企业集团实质合并破产现状

比较法上对是否采用实质合并破产制度处理企业集团破产及实质合并破产制度的合理性的态度呈现两极分化，我国司法实践在缺乏明确法律依据的情况下，肯定并采取实质合并破产制度。

一、企业集团破产的司法处理与填补

我国《企业破产法》第2条将调整范围限定为企业法人破产，[①]《企业破产法》适用对象为企业法人。《民法典》将法人分成营利法人、非营利法人和特别法人三种类型，营利

---

① 参见《中华人民共和国企业破产法》起草组编：《〈中华人民共和国企业破产法〉释义》，人民出版社2006年版，第8页。

法人包括有限责任公司、股份有限公司和其他企业法人。法人是具有民事权利能力和民事行为能力，依法独立享有民事权利和承担民事义务的组织。在我国现行法律体系中，企业集团并非能够具有民事权利能力和民事行为能力，依法独立享有民事权利和承担民事义务的权利主体，不是企业法人。根据《企业破产法》处理企业法人破产的规则，处理企业集团破产需要对集团成员公司债务人进行单独破产测试，启动单独的破产程序，分别指定破产管理人，各集团成员公司债务人的破产程序不存在关联。

《企业破产法》为何缺乏关于企业集团破产的特别规定？可能的原因主要有两个：一方面，2006 年《企业破产法》反映的是我国在当时阶段的实际需要和有待解决的现实问题，[①]主要是为完善适用范围、破产原因、破产管理人和破产重整等制度内容，强化破产法的可操作性，企业集团破产问题在当时可能不重要或者尚不突出，没有得到立法关注。另一方面，从破产法尊重非破产法规范的原则来看，破产法规则以承担责任或者实现权利为目的，而责任或者权利的基础只能从非破产法规范当中寻找。我国《公司法》中缺少对企业集团的具体规定，在一定程度上也影响《企业破产法》对企业集团破产进行规范。

随着建立全国统一市场和提高企业集团国际竞争力的相关政策及法律法规的推动与保障，我国企业集团在历经孕育、发展、成长等阶段后，已经成为当前国民经济的重要经济力量与支柱。我国企业集团在快速发展的同时，也暴露出一些问题：

第一，盲目的规模过度扩张，特别是利用资本的杠杆效应盲目扩张，追求产业多元化，偏离主业。当遇到国际和国内经济下行时，银行在国家宏观调控背景下紧缩银根，盲目过度扩张、过度多元化的企业集团常常出现资金链断裂、债券违约的情形。

第二，由于现阶段我国资本市场远没有达到成熟完善的程度，资本市场中信息不对称程度较高，企业面临较高的外部融资成本，受到强烈的融资成本约束，特别是对民营企业集团。集团成员公司通过相互担保，以增加信用，满足覆盖贷款要求，是企业集团常用的获取贷款，缓解外部融资约束的方式，结果企业集团内部存在明显的相互担保，实践中不乏有集团成员公司通过相互担保形成高达数亿元的互保链现象。

第三，企业集团形骸化。企业集团在组织结构、治理结构和集团管控方面存在

---

① 参见贾志杰：《关于〈中华人民共和国企业破产法（草案）〉的说明》，载中国法院网 2004 年 6 月 28 日，https://www.chinacourt.org/article/detail/2004/06/id/122023.shtml。

不规范现象，集团内部的运营、人事、财务和资产等存在混同，集团成员公司之间通过经营性关联交易占有企业集团成员公司的资金。企业集团资金的集中管理和调拨、分配的目的不是追求和实现企业集团整体价值的最大化，相反可能是为追求控股股东自身利益的最大化。

当出现经济下行时，这些问题导致企业集团面临债务风险，更可能使企业集团陷入财务困境或者经济困境，从而寻求破产清算或者破产重整。自从《企业破产法》出台后，我国企业集团破产案件的数量逐渐增加。2018 年最高人民法院发布的十大典型破产案例中，有 5 起是关于企业集团破产的案件。[①] 2019 年人民法院报评选的 2019 年度人民法院十大商事案件中，2 起破产案件都是企业集团破产案件。[②] 企业集团破产已然成为我国现阶段破产领域亟待解决的现实问题。

法律层面的规范缺失，难免使法院在面对企业集团破产问题时捉襟见肘。处理企业集团破产不免可能存在分散化管辖、管理和摩擦冲突，造成企业集团价值损失，进而不能为企业集团破产带来最优的解决方案，而是选择次优的解决方案。考虑到企业集团在我国社会经济中的重要性和影响力不断增加，这无论是对于企业集团整体，还是债权人、政府和社会而言，可能都是不利的。

由于立法尚不完善，当前如何处理企业集团破产主要依靠司法实践探索展开。《破产审判会议纪要》总结司法实践经验，其第六部分内容专门对关联企业破产作了规定，规定也适用于企业集团破产。因为关联企业泛指两个或者两个以上能够独立存在而相互之间又具有稳定、密切的业务联系或者投资关系的公司，[③]关联企业的外延大于企业集团的外延，企业集团是关联企业的一种。[④] 在处理企业集团破产问题上，《破产审判会议纪要》兼收并蓄，既规定实质合并破产制度，又规定集中管辖与程序协调制度。《破产审判会议纪要》为法院处理企业集团破产提供一定的指导。

二、实质合并破产制度的工具倾向性

在具体案件中，实质合并破产制度成为处理企业集团破产的主要工具。笔者

---

① 参见《全国法院审理破产典型案例》，载全国企业破产重整案件信息网 2018 年 3 月 6 日，https://pccz. court. gov. cn/pcajxxw/pcdxal/dxalxq? id = B784F57BB44802F0F362DC2BE96D8462。

② 参见《人民法院报评出 2019 年度人民法院十大商事案件》，载中国法院网 2020 年 1 月 18 日，https://www. chinacourt. org/article/detail/2020/01/id/4777002. shtml。

③ 参见赵旭东主编：《公司法学》（第 4 版），高等教育出版社 2015 年版，第 57 页。

④ 参见甘培忠：《企业与公司法学》（第 7 版），北京大学出版社 2014 年版，第 338 页。

从北大法宝案例数据库项下的司法案例子数据库、中国裁判文书网、威科先行数据库和无讼案例数据库对企业集团实质合并破产相关案例进行收集。数据收集的具体方法为：

首先，在北大法宝的案例检索界面的全文一栏输入“实质合并”作为搜索关键词。根据该方法，在2021年12月31日前共收集到包括典型案例、经典案例、法宝推荐案例和普通案例在内的“实质合并”案件1668件。由于企业集团实质合并破产在我国司法实践中未必采用实质合并的表述，而是根据破产案件类型划分，使用“合并重整”、“合并清算”或者“合并和解”的措辞。① 依照相同方法，分别以“合并清算”、“合并重整”和“合并和解”作为关键词进行搜索，在2021年12月31日前共收集到“合并清算”案件239件，“合并重整”案件3285件，“合并和解”案件154件。

其次，在中国裁判文书网的高级检索中的案由一栏中选择“民事案由”，并在全文检索一栏分别输入“实质合并”、“合并重整”、“合并清算”和“合并和解”作为搜索关键词进行搜索，在2021年12月31日前共收集到“实质合并”案件1406件、“合并清算”案件232件，“合并重整”案件2890件，“合并和解”案件105件。

再次，在威科先行数据库的案例检索界面的全文一栏分别输入“实质合并”、“合并重整”、“合并清算”和“合并和解”作为搜索关键词进行搜索，在2021年12月31日前共收集到“实质合并”案件2690件，“合并清算”案件308件，“合并重整”案件4504件，“合并和解”案件158件。

最后，在无讼案例数据库的案例检索界面的检索栏分别输入“实质合并”、“合并重整”、“合并清算”和“合并和解”作为搜索关键词进行搜索，在2021年12月31日前共收集到“实质合并”案件2件，“合并清算”案件2件，“合并重整”案件1件，“合并和解”案件0件。

将所有检索到的“实质合并”、“合并清算”、“合并重整”和“合并和解”案件合计，共收集到案件17644件。剔除二审、再审及多个当事人多份裁判文书的重复案件；剔除申请人提出实质合并破产申请，但未说明法院是否裁定同意实质合并破产的案件；剔除与企业集团实质合并破产内涵不符的案件，例如，实质合并破产概念在破产领域外的误用等，筛选出有效样本636件，裁定适用实质合并破产的案件时间跨度为2007～2021年，所有这些案件都是法院裁定适用实质合并破产的案件。

① 参见陶蛟龙、史和新：《关联公司合并破产重整若干法律问题研究》，载《人民司法》2012年第3期。

此外，另收集到 18 件申请人提出实质合并破产申请，法院认为未构成实质合并破产的案件，时间跨度为 2014～2021 年。

一方面，由于北大法宝、中国裁判文书网、威科先行和无讼案例数据库的裁判文书来源以及上传时间差异，这些样本并不能完全科学地代表企业集团实质合并破产的情况。另一方面，由于案件基数总量较大，自然人的理性有限，故未对以上样本作二次抽样检验，因而不排除有部分或者个别遗漏案件。但这并不排除上述有效样本所具有的一定代表性。

以法院作出实质合并破产裁定的时间为标准，从图 7－1 可以发现，我国司法实践在处理企业集团破产中适用实质合并破产制度的案件数量，自 2007 年开始总体上呈现出一个上升趋势，并在 2020 年达到一个峰值。虽然 2021 年适用实质合并破产制度的企业集团破产案件数量有所下降，但适用实质合并破产制度的企业集团破产案件数量仍高于 2018 年之前适用实质合并破产制度的企业集团破产案件数量的年平均量，而且由于企业集团破产案件上传数据库的时间可能影响 2021 年相关企业集团破产案件数量的统计，不排除 2021 年适用实质合并破产制度的企业集团破产案件数量会进一步增加，所以 2021 年适用实质合并破产制度的企业集团破产案件数量仍有可能高于 2020 年适用实质合并破产制度的企业集团破产案件数量。这种上升趋势反映出，实质合并破产制度越来越被法院及其他破产程序参与人所接受，作为处理企业集团破产问题的一个常用工具。

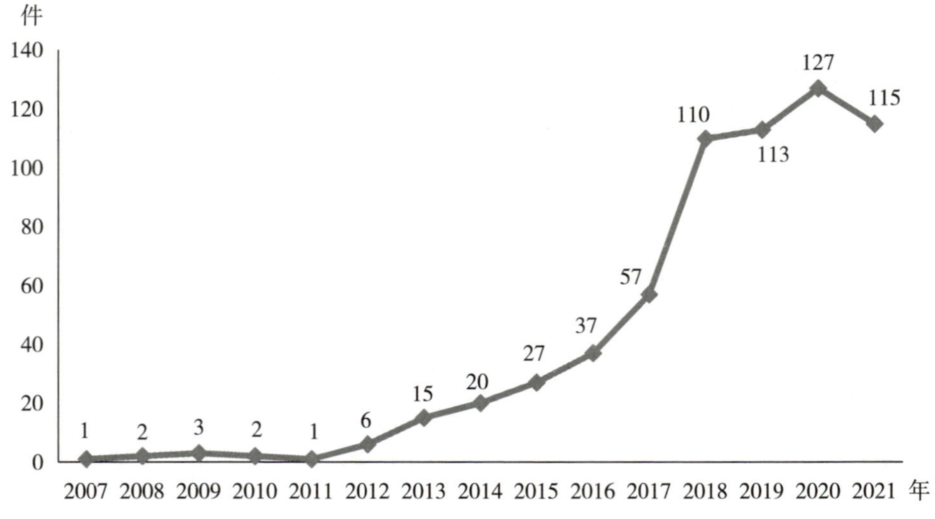

图 7－1　2007～2021 年实质合并破产案件数量

从时间上来看,在收集到的企业集团破产案件中,最早采用实质合并破产制度的是南方证券股份有限公司破产清算案。南方证券股份有限公司曾经是我国三大证券公司之一。由于违法违规经营,挪用客户保证金高达80亿元和自营业务的巨额亏损,2004年南方证券股份有限公司被中国证监会和深圳市政府宣布行政接管,并被中国证监会责令关闭,深圳市政府随后成立清算组,负责南方证券股份有限公司的清算工作。[①] 根据清算结果显示,南方证券股份有限公司严重资不抵债,经中国证监会批复同意南方证券股份有限公司破产还债,2006年深圳市中级人民法院启动关于南方证券股份有限公司的破产清算程序。

在清算过程中发现,南方证券股份有限公司的账面资产并不多,南方证券股份有限公司为了操纵股票、逃避监管等目的,注册包括华德资产管理有限公司和上海天发投资有限公司在内的空壳公司,利用大量其他公司或者个人名义开立证券账户,南方证券股份有限公司的大部分财产都在这些账户中。华德资产管理有限公司和上海天发投资有限公司的客户长期以来认为,其是与南方证券股份有限公司进行交易。进一步调查发现,华德资产管理有限公司、上海天发投资有限公司和南方证券股份有限公司存在高度关联关系,资产、账册和管理人员存在严重混同,证券资产权属难以界定,如果对三家公司分别破产,将会造成资产权属无法厘清,无法维护债权人利益,势必影响破产清算的效率。

为此,深圳市中级人民法院建议,在分别宣告华德资产管理有限公司和上海天发投资有限公司破产之后,将二者与南方证券股份有限公司破产案进行合并清算。这在当时是一个大胆的设想,一方面,合并清算试图否定公司法人的独立性;另一方面,华德资产管理有限公司和上海天发投资有限公司的注册地不是深圳,对于深圳市中级人民法院能否管辖在上海、南京注册的公司存有疑问。深圳市中级人民法院认为,华德资产管理有限公司和上海天发投资有限公司是南方证券股份有限公司的壳公司,合并清算不仅符合法律原则,也是公平保护债权人利益的必要之举。将合并清算意见层报到最高人民法院后,最高人民法院同意合并清算的做法,并指定深圳市中级人民法院管辖华德资产管理有限公司和上海天发投资有限公司破产清算案件。3家公司合并清算有利于彻底解决相互间的债权债务关系,提高

---

① 参见李自然、杨如彦:《金融机构退出机制研究:南方证券接管案》,载张曙光主编:《中国制度变迁的案例研究(广东卷)》第6集,中国财政经济出版社2008年版。

破产清算工作的效率，节约破产清算人力和费用资源，能够更好地维护债权人利益。[①]

南方证券股份有限公司破产案件中的实质合并破产清算做法在随后的闽发证券有限责任公司破产清算案和汉唐证券有限责任公司破产清算案中被福州市中级人民法院与深圳市中级人民法院所借鉴、延续。[②] 这两起破产案件与南方证券股份有限公司破产案具有相似性，均存在控制公司为规避监管，利用空壳公司从事违规经营，控制公司与从属公司之间存在人员、资产和经营等方面的混同，造成资产权属难以区分，分别清算效率低下，损害债权人利益的情况。对此，审理法院采取实质合并破产清算的方法。

从我国法院早期关于企业集团实质合并破产制度的司法裁判来看，法院在司法实践中引入实质合并破产制度的初衷是基于一种实践需求，主要目的是利用实质合并破产制度解决企业集团内部复杂关系所带来的企业集团破产案件的复杂性，特别是清理相关集团成员公司债务人的资产、负债和债权，迅速推进破产程序，保护债权人利益。尽管缺乏明确的法律依据，我国法院和破产从业人员在处理企业集团破产的方法选择上也表现出对实质合并破产制度的倾向性。

从表 7－1 来看，企业集团实质合并破产方法的适用地域分布广泛。企业集团实质合并破产案件数量主要集中在我国经济相对发达的省份。实质合并破产案件数量分布与我国民营企业分布地域大致相关。从表 7－1 中可以看出，浙江省和山东省作为我国拥有民营企业数量相对较多的省份，适用实质合并破产制度的企业集团破产案件数量也相对较多。这主要可能是因为我国民营企业长期面临融资难和融资贵的问题，[③]公司治理结构相对不完善，存在治理缺陷。在资本市场发展不完善的现状下，企业背负着沉重的债务负担，受经济环境和市场因素影响，由民营企业形成的民营企业集团很可能容易陷入财务困境，使适用实质合并破产制度的企业集团破产案件数量相对增加。

---

① 参见赵刚、李汝健：《从“开先河”到“立标杆”——来自南方证券破产案的创新之举》，载《人民法院报》2013 年 3 月 31 日，第 1 版。

② 参见闽发证券有限责任公司与北京辰达科技投资有限公司、上海元盛投资管理有限公司、上海全盛投资发展有限公司、深圳市天纪和源实业发展有限公司合并破产清算案，载《最高人民法院公报》2013 年第 11 期。

③ 参见王志峰、谭昕：《民营企业在贷款融资中更受歧视吗？——基于土地抵押贷款微观数据的再探讨》，载《中央财经大学学报》2021 年第 8 期。

表 7-1 实质合并破产案件发生的地域及占比

地域	案件数量/件	$\frac{案件数量}{636}\times100\%$
北京市	4	0.63%
上海市	8	1.26%
广东省	16	2.52%
浙江省	97	15.25%
江苏省	81	12.74%
山东省	123	19.34%
福建省	15	2.36%
安徽省	24	3.77%
河北省	19	2.99%
河南省	34	5.35%
黑龙江省	6	0.94%
吉林省	4	0.63%
辽宁省	17	2.67%
湖北省	14	2.20%
湖南省	26	4.09%
江西省	17	2.67%
四川省	34	5.35%
重庆市	40	6.29%
云南省	10	1.57%
贵州省	9	1.42%
陕西省	13	2.04%
山西省	5	0.79%
广西壮族自治区	4	0.63%
甘肃省	1	0.16%
宁夏回族自治区	5	0.79%
新疆维吾尔自治区	4	0.63%

续表

地域	案件数量/件	$\frac{\text{案件数量}}{636}\times 100\%$
内蒙古自治区	3	0.47%
海南省	2	0.31%
青海省	1	0.16%

从表 7－2 可以看出,在适用实质合并破产制度的企业集团破产案件中,企业集团破产重整案件类型共计 423 件,占比高达 66.51%,超过适用实质合并破产制度的企业集团破产案件总数的 2/3。

表 7－2　实质合并破产案件类型及占比

破产案件类型	案件数量/件	$\frac{\text{案件数量}}{636}\times 100\%$
清算	208	32.70%
重整	423	66.51%
和解	5	0.79%

在适用实质合并破产制度的企业集团破产案件中,企业集团实质合并破产重整案件数量占多数的主要原因可能有三个:

第一,企业集团只是暂时性地出现财务困境,没有陷入经济困境,企业集团整体或者核心集团成员公司仍具有继续经营的价值。处理企业集团暂时性的财务困境,应当通过破产重整恢复集团成员公司的财务,保存企业集团的核心结构。

第二,破产重整与破产清算的规则差异,比如破产重整的规则允许债务人在符合法定条件的情况下选择自行管理。《企业破产法》第 73 条规定,在破产重整期间,经债务人申请和法院批准,债务人可以在破产管理人的监督下自行管理财产和营业事务,由债务人行使《企业破产法》规定的破产管理人之职权。债务人自行管理制度在我国实践中具有一定的效率,能够帮助债务人解决财务困境,提高无担保债权人的清偿率。① 破产重整能够让集团成员公司债务人从企业集团整体的角度进行规划,恢复企业集团生机。

① 参见高丝敏:《我国破产重整中债务人自行管理制度的完善——以信义义务为视角》,载《中国政法大学学报》2017 年第 3 期。

第三，陷入破产困境的企业集团由于自身体量较大、涉及债权人人数众多、债权金额巨大等原因，不仅对相关行业有深刻影响，还关系到地方经济与社会的稳定和发展，我国地方政府可能会参与企业集团破产程序。① 2017 年最高人民法院印发《关于为改善营商环境提供司法保障的若干意见》，强调要推进府院联动破产工作统一协调机制。企业破产会牵涉诸多社会问题，需要依靠政府的权威及协调能力来进行处理，②府院联动机制是政府参与破产程序的表现。相比于破产重整，破产清算可能会影响企业集团的整体价值与债权人清偿，并对地方金融秩序和社会秩序形成强烈冲击。比如，在广东嘉粤集团实质合并破产重整案中，该案涉及众多债权人且债权金额特别巨大，对湛江市的金融、房地产、酒店等行业发展有着深刻影响，直接关系到地方经济社会的稳定与发展大局，如果只能破产清算而不能顺利破产重整，不仅与嘉粤集团相关的企业和个人会受到影响，湛江市的金融秩序也会受到强烈冲击，从而引发更大的社会矛盾。③ 因此，在地方政府参与下，通过破产重整挽救企业集团，减少企业集团破产对地方经济社会的冲击，成为相对于破产清算的优先选择。

第二节　企业集团实质合并破产对我国立法及司法的挑战

虽然法院在司法实践中愿意接受企业集团实质合并破产制度，最高人民法院通过《破产审判会议纪要》对企业集团实质合并破产作了相应的规范指导，但目前我国企业集团实质合并破产制度中仍存在一些亟待解决的问题。

一、企业集团实质合并破产认定缺少妥当的评价框架

在什么条件下可以适用企业集团实质合并破产制度？对此问题没有明确、统一的标准。与完全法条之构成要件的功能相同，企业集团实质合并破产制度的适用标准属于法学三段论推理中的大前提，决定着企业集团实质合并破产制度是否适用，以及能否得到正确适用。企业集团实质合并破产司法裁判、学者们对企业集

---

① 参见董宁：《论产能过剩企业金融债务有效重组路径与条件——基于山东肥矿集团的案例研究》，载《金融发展研究》2017 年第 7 期。

② 参见王毓莹：《论我国上市公司重整中的“府院失衡现象”及其协调》，载《法学评论》2022 年第 2 期。

③ 参见梁盛、李蓝珊、叶辉：《广东嘉粤集团重整案进入法律程序　资产负债逾 70 亿》，载中国新闻网，https://www.chinanews.com/fz/2013/06-19/4946276.shtml。

团实质合并破产制度适用标准有着不同考量。

(一)法院对适用实质合并破产的多因素综合考量

我国企业集团实质合并破产司法裁判中,存在适用企业集团实质合并破产制度的失序状态。在笔者收集到的636件适用企业集团实质合并破产裁判和18件不适用企业集团实质合并破产裁判中,有502份与企业集团实质合并破产相关裁判,其中由法院提供了适用企业集团实质合并破产制度和不适用企业集团实质合并破产制度的理由。

在司法实践中,法院使用多种理由来支持适用企业集团实质合并破产制度的正当性,这些理由可以归纳为法人人格混同、同一实际控制人、资产/财产混同、经营/业务混同、过度支配与控制、资本显著不足、难以区分资产/负债、公平对待债权人/非合并损害债权人、破产程序效率、司法审理效率、债权人同意、欺诈/不当行为、相似公司名称、有利于清算/重整和符合破产法宗旨。如表7－3所示,在不适用企业集团实质合并破产制度的司法裁判中,法院的理由是法人人格未混同、资产/财产未高度混同、没有区分资产/负债的困难、实质合并破产严重损害债权人公平清偿、没有人员混同等情形。对不适用企业集团实质合并破产制度理由进行反向推理,其与适用企业集团实质合并破产制度的理由是一致的。从法院所提到不同理由的企业集团实质合并破产案件数量差异中可以发现,不同的法院在适用企业集团实质合并破产制度时,对企业集团实质合并破产的理由有不同的考量。

表7－3 适用实质合并破产的理由及占比

企业集团实质合并破产理由	案件数量/件	理由所占给予理由的案件总数(502)的比重/%
法人人格混同	374	74.50
同一实际控制人	157	31.27
资产/财产混同	405	80.68
人员混同	373	74.30
经营/业务混同	279	55.58
过度支配与控制	16	3.19
资本显著不足	2	0.40
难以区分资产/负债	277	55.18

续表

企业集团实质合并破产理由	案件数量/件	理由所占给予理由的案件总数(502)的比重/%
公平对待债权人	345	68.73
破产程序效率	81	16.14
司法审理效率	25	4.98
债权人同意	38	7.57
欺诈/不当行为	28	5.58
相似公司名称	1	0.20
有利于清算/重整	103	20.52
符合破产法宗旨	28	5.58

我国最高人民法院通常会针对司法实践所产生的问题,进行分析与经验总结,形成旨在指导法律适用的司法解释。《破产审判会议纪要》是具有司法解释性质的司法文件,指导法院如何处理相关法律问题和正确适用法律,具有统一裁判标准和填补法律漏洞的功能。[①] 根据《破产审判会议纪要》的规定,企业集团实质合并破产制度的适用定位于集团成员公司债务人之间法人人格高度混同、区分各集团成员公司债务人财产的成本过高、严重损害债权人公平清偿利益的三个判断标准,只有满足上述三个判断标准,才可例外适用企业集团实质合并破产方式进行审理。

从法院的裁判说理来看,《破产审判会议纪要》未能有效实现统一裁判标准的功能预期目标,没有完全改善司法实践中的失序现状。笔者收集到 2018 ~ 2021 年间共 380 件提供企业集团实质合并破产适用理由的案件。在这些企业集团实质合并破产案件中,未说明关联企业成员之间法人人格是否高度混同的案件有 2 件,未说明关联企业成员的财产区分成本是否过高的案件有 113 件,未说明是否严重损害债权人公平清偿利益的案件有 71 件。如表 7 - 4 所示,这表明法院适用企业集团实质合并破产的裁判理由与《破产审判会议纪要》的适用理由仍有不一致,《破产审判会议纪要》中企业集团实质合并破产适用理由的逻辑被割裂。《破产审判会议纪要》虽完善了企业集团实质合并破产适用标准,实践中却仍然存在以单一标

① 参见彭中礼:《最高人民法院会议纪要研究》,载《法律科学(西北政法大学学报)》2021 年第 5 期。

准为主进行判断的情形,[1]有的法院只注重和分析法人人格是否高度混同,遗漏对关联企业成员财产的成本是否过高和/或是否严重损害债权人公平清偿利益的说明。

表 7－4　2018～2021 年与《破产审判会议纪要》适用理由不一致的案件数量情况

年份	未说明关联企业成员之间法人人格是否高度混同的案件数量/件	未说明关联企业成员的财产区分成本是否过高的案件数量/件	未说明是否严重损害债权人公平清偿利益的案件数量/件
2018	0	28	17
2019	1	28	24
2020	1	39	23
2021	0	18	7
合计	2	113	71

事实上,即便有法院遵循《破产审判会议纪要》给出的适用理由,在一定程度上受到《破产审判会议纪要》第 33 条规定的影响,在认定企业集团实质合并破产时,也可能考虑提高破产效率、增加破产重整可能性、提高司法效率、债权人同意及维护社会稳定等因素,从而加强适用实质合并破产制度的正当性和说服力。《破产审判会议纪要》第 33 条规定,法院在审查实质合并申请中可以考虑企业之间资产的混同程度及其持续时间、债权人整体清偿利益、增加企业破产重整的可能性等因素。

(二)学者对适用实质合并破产的多因素综合考量

我国学者普遍从包含多个因素的综合标准角度考虑企业集团实质合并破产制度的适用标准问题,主要分为两因素说、四因素说和多因素说。在两因素说方面,王静主张,应当采取法人人格混同和债权人利益保护这两项因素作为判断实质合并破产制度适用的标准。[2] 关于四因素说的主张,如朱黎认为,实质合并破产制度是为纠正关联企业之间"法人人格高度混同且无法分离"或"非法或不当的利益转移/分配"对债权人的不公平损害,应当以非法或不当的利益转移/分配和法人人格高度混同作为实质合并破产的核心适用标准,若具备以非法或不当的利益转移/分配和法人人格高度混同,当然适用实质合并破产,同时还应当兼顾实质合并破产是

① 参见赵惠妙、左常午:《我国关联企业实质合并破产的裁定标准》,载《法律适用》2022 年第 4 期。

② 参见王静:《实质合并适用标准体系之重构》,载《月旦财经法杂志》第 46 期(2021 年)。

否有利于债权人整体利益，是否有利于推进破产工作。① 王欣新认为，适用实质合并破产制度的四项标准是法人人格混同、欺诈、债权人收益更大化和破产重整需求，其中法人人格混同、欺诈和债权人收益标准可以独立适用，而破产重整需求在多数情形下不宜作为一个独立的适用标准。② 贺丹提出，适用实质合并破产制度的标准应当从法人人格混同的单一标准扩展至包含资产分离困难标准、破产管理收益标准与债权人期待标准在内的综合标准。③ 徐阳光提出的多因素说认为，除法人人格混同情形之外，实质合并破产制度的适用还应当考虑是否有利于实现破产程序的价值、是否有利于充分保障债权人的合法权益、是否有利于提高破产程序的经济效率与司法效率等标准。④

我国学者提出的适用实质合并破产制度之多因素考量之间，既有相同之处，也存在明显的差异。学者对实质合并破产制度的适用标准主张的相同之处在于，普遍承认法人人格混同作为实质合并破产制度的一个适用标准。学者关于实质合并破产制度适用标准的主张差异主要在于，是否应当将欺诈、促进破产重整和债权人期待标准作为实质合并破产制度的类别性适用标准。因此，需要进一步反思欺诈、促进破产重整和债权人期待标准。

1. 对欺诈理由的反思

联合国国际贸易法委员会制定的《贸易法委员会破产法立法指南》第三部分“破产企业集团对待办法”认为，适用实质合并破产的情形包括保持企业集团结构纯粹是为了欺诈。欺诈并非指公司在日常经营中发生的欺诈，而是指公司活动没有正当的商业目的，比如公司为自己的利益而保全和保留资产，实施庞氏骗局，阻碍、拖延和欺诈公司债权人等，几乎将公司所有资产转让至某个新设立的实体或者公司自身拥有的不同实体中。⑤

在我国早期企业集团实质合并破产司法裁判中，法院适用实质合并破产制度

---

① 参见朱黎：《论实质合并破产规则的统一适用——兼对最高人民法院司法解释征求意见稿的思考》，载《政治与法律》2014 年第 3 期。

② 参见王欣新：《关联企业实质合并破产标准研究》，载《法律适用（司法案例）》2017 年第 8 期。

③ 参见贺丹：《破产实体合并司法裁判标准反思——一个比较的视角》，载《中国政法大学学报》2017 年第 3 期。

④ 参见徐阳光：《论关联企业实质合并破产》，载《中外法学》2017 年第 3 期。

⑤ 参见联合国国际贸易法委员会：《贸易法委员会破产法立法指南》，载联合国国际贸易法委员会网 2009 年 8 月 31 日，https://uncitral.un.org/sites/uncitral.un.org/files/media-documents/uncitral/zh/leg-guide-insol-part3 – ebook-c.pdf。

曾考虑到债务人欺诈对债权人利益的影响。例如,在南方证券股份有限公司破产清算案、闽发证券有限责任公司破产清算案和汉唐证券有限责任公司破产清算案中,南方证券股份有限公司、闽发证券有限责任公司和汉唐证券有限责任公司均为逃避监管,下设立壳公司,利用壳公司从事违规经营和违规操作,挪用客户保证金和交易结算资金,造成南方证券股份有限公司、闽发证券有限责任公司和汉唐证券有限责任公司分别与其壳公司之间经营混同、人员混同、资产/财产混同,资产分离存在重大困难,严重损害债权人利益。为保护债权人利益,法院在这些企业集团破产清算案件中均采取实质合并破产做法。

欺诈,并非我国法院在确定是否适用实质合并破产时关注的重点。欺诈标准曾被纳入最高人民法院《关于适用实体合并规则审理关联企业破产清算案件的若干规定(第四稿)》中。根据《关于适用实体合并规则审理关联企业破产清算案件的若干规定(第四稿)》第 2 条第 2 款的规定,如果集团成员公司成立的目的是出于欺诈,则可以对集团成员公司进行实质合并破产清算。[①] 最高人民法院随后出台的《破产审判会议纪要》未明确将欺诈标准作为适用实质合并破产制度的标准。在南方证券股份有限公司破产清算案、闽发证券有限责任公司破产清算案和汉唐证券有限责任公司破产清算案等早期案件后,法院很少使用欺诈作为企业集团实质合并破产制度的适用理由,越来越多的法院司法裁判将关注的重点放在法人人格混同和集团成员公司债务人之间关系的分离困难上。从法院适用企业集团实质合并破产制度提到欺诈理由的案件数量来看,欺诈理由在企业集团实质合并破产制度适用理由中的比重并不高。

欺诈理由的式微可能是多种原因力作用的结果。首先,欺诈是主观状态,很难在实践中被直接证明,需要通过资产转移等客观行为推定,这与企业集团构成经济统一体之认定存在一定的重叠。[②] 既然在企业集团构成经济统一体的基础上有可能适用实质合并破产,何况是具有主观恶意的欺诈。其次,实质合并破产制度的功能之一是公平对待所有债权人,而不是某个特定债权人,实质合并破产需要考虑是

① 参见朱黎:《论实质合并破产规则的统一适用——兼对最高人民法院司法解释征求意见稿的思考》,载《政治与法律》2014 年第 3 期。

② 美国法上,自索维耶罗案之后,欺诈标准在实质合并破产司法裁判中失去了重要性。多数美国法院适用实质合并破产制度考虑的是企业集团是否构成事实上经济统一体等因素。《澳大利亚公司法》第 579E 条关于法院裁定合并的规定,包含法院作出企业集团实质合并破产裁定需要考虑的因素,列举的集团成员公司之间活动和营业的混同程度等客观考虑因素中并不包括主观欺诈。

否能够实现对所有债权人的公平，所以放松了对欺诈的要求。① 最后，适用实质合并破产也是为矫正企业集团内部的扭曲结构，企业集团结构扭曲可能由经济一体化引起，不一定由欺诈导致。因此，欺诈不宜作为适用企业集团实质合并破产的判断标准。

2. 对促进破产重整理由的反思

基于实质合并破产制度促进企业集团破产重整的功能，我国有学者提出，企业集团实质合并破产的司法裁定标准应当包含破产管理收益标准，破产管理收益标准指向适用实质合并破产制度是否有利于破产重整进行。② 破产管理收益通常包括利用企业集团实质合并破产增加继续经营的能力，③获取继续经营的资金，④促进破产重整计划的成功。⑤ 另有学者认为，实质合并破产制度可以提高破产重整的司法效率，有效整合资源，给破产重整提供便利，降低成本，提升经济效率，保障破产重整的成功。⑥

事实上，企业集团实质合并破产制度促进破产重整的破产管理收益是由企业集团经济一体化引起的。例如，当集团成员公司债务人相互间资产和负债混同时，⑦将时间和金钱浪费在确定资产和负债具体归属于哪家集团成员公司债务人的事项上，会减少可用于继续经营的资源，损害继续经营的能力，降低企业集团破产重整的可行性。对企业集团经济一体化的考虑已经融入法人人格混同和区分集团成员公司债务人财产的成本当中，没有必要将促进破产重整单独列为适用企业集团实质合并破产制度的类别性标准。

3. 对债权人信赖理由的反思

只有当人与人之间交往的信赖基础能够得到普遍维持时，人们才有可能共处

---

① See Judith Elkin, *Lifting the Veil and Finding the Pot of Gold: Piercing the Corporate Veil and Substantive Consolidation in the United States*, 6 Dispute Resolution International 131 (2012).

② 参见贺丹：《破产实体合并司法裁判标准反思——一个比较的视角》，载《中国政法大学学报》2017年第3期。

③ See In re Standard Brands Paint Co., 28 C. B. C. 2d 1658, 1666, 154 B. R. 563, 566 (Bankr. C. D. Cal. 1993).

④ See In re F. A. Potts & Co., 7 C. B. C. 2d 415, 23 B. R. 569 (Bankr. E. D. Pa. 1982).

⑤ See In re Eagle-Picher Indus., Inc., 192 B. R. 903 (Bankr. S. D. Ohio 1996).

⑥ 参见王欣新：《关联企业实质合并破产标准研究》，载《法律适用(司法案例)》2017年第8期。

⑦ 参见联合国国际贸易法委员会：《贸易法委员会破产法立法指南》，载联合国国际贸易法委员会网2009年8月31日，https://uncitral.un.org/sites/uncitral.un.org/files/media-documents/uncitral/zh/leg-guide-insol-part3-ebook-c.pdf。

在一个即便是关系很宽松的共同体之中,如果人们处于一个互不信任的社会中,将处在一种潜在的战争状态中,毫无和平可言,信赖的丧失会严重干扰人与人之间的交往。[①] 法律本质是调整人们行为的规范,法律制度的构筑自然离不开保护信赖的思想指导。信赖思想是法律思想的组成部分之一,是每一个法律制度最基本的原则。[②] 企业集团实质合并破产制度的适用也受到保护信赖思想的支配。美国企业集团实质合并破产判例法在适用企业集团实质合并破产制度发展过程中,为调和不同债权人的利益竞争发展出债权人信赖标准。债权人信赖标准的内涵涉及两方面内容。一方面,债权人建立债权债务关系是否出于信赖企业集团是一个经济统一体。另一方面,债权人建立债权债务关系是否是基于信赖单个集团成员公司债务人的独立信用。我国理论上有观点认为,企业集团实质合并破产制度的适用与否应当考虑债权人信赖标准,当债权人建立债权债务关系是出于将企业集团作为一个整体对待,法院可以考虑裁定企业集团实质合并破产。

然而,债权人信赖标准不适合作为判断是否适用企业集团实质合并破产制度的类别性标准。债权人信赖是一种主观状态,这种主观状态是建立在企业集团经济一体化的事实或者表现的客观证据基础上,如果债权人能够证明集团成员公司债务人法人人格混同的事实,就不需要以债权人信赖作为适用实质合并破产制度的独立理由。

在集团成员公司债务人之间资产和负债没有混同或者可以通过合理费用区分,但债权人误以为集团成员公司债务人资产是一个整体资产组成部分的情况下,如果根据债权人的信赖对企业集团进行实质合并破产处理,不一定能够通过企业集团实质合并破产制度节省成本,反而可能增加某些债权人的清偿。除非集团成员公司债务人之间存在相同的资产负债比率,否则这将构成明显的再分配,给债权人将企业集团置于实质合并破产以获取他们在企业集团实质合并破产外所不能获取之优势的不当激励。

理论上,依据债权人能否根据不同的风险状况调整自己的行为或者价格,将债权人分为调整债权人和非调整债权人,[③]后者通常包括侵权受害者和雇员。以债权人信赖为基础决定是否适用企业集团实质合并破产制度对非调整债权人不利。

---

① 参见[德]卡尔·拉伦茨:《德国民法通论》,王晓晔等译,法律出版社2013年版,第58页。

② Vgl. Claus-Wilhelm Canaris, Die Vertrauenshaftung im Deutschen Privatrecht, 1971, S. 33.

③ See Elizabeth Warren & Jay Lawrence Westbrook, *Contracting out of Bankruptcy: An Empirical Intervention*, 118 Harvard Law Review 1197 (2005).

只有调整债权人有机会事先与债务人公司协商,依赖债务人的公司形式。非调整债权人无法事先与债务人公司进行有意义的协商,尤其是侵权受害者,侵权受害者无法以信赖企业集团的整体信用主张适用实质合并破产制度,或者以信赖单个集团成员公司债务人的独立信用反对适用实质合并破产制度。以保护债权人信赖的理由决定是否适用实质合并破产制度限制非调整债权人获得企业集团实质合并破产制度救济的能力,可能产生不公平和不一致的结果。① 考虑到破产案件中可能出现的不同类型债权人,债权人信赖也不适合作为企业集团实质合并破产制度的适用依据。债权人信赖可在消极层面被适用,即债权人可以其建立债权债务关系是基于对单个集团成员公司债务人的独立信用作为抗辩理由,对债权人信赖进行特殊保护。

从我国企业集团实质合并破产司法裁判情况来看,债权人的主观信赖状态并非法院适用企业集团实质合并破产制度的单独考虑标准。我国法院在适用企业集团实质合并破产制度时主要考量的是被合并集团成员公司债务人之间的客观状态。虽然在一些企业集团实质合并破产案件中,法院注意到债权人难以准确界定具体交易对象的债权人信赖问题,②但法院并未将债权人信赖作为企业集团适用实质合并破产制度的独立理由,而是将债权人信赖当作资产/财产混同、负债混同和人格混同的表征。③

(三)小结

一方面,企业集团实质合并破产制度的适用应是多个因素综合判断的结果。无论是法院,还是学者对于企业集团实质合并破产制度的适用判断总体上表现为对诸多因素的综合权衡与评估。对多个因素的综合判断考虑了企业集团实质合并破产案件中多种相互竞争的利益,这带来了处理个案所需要的灵活性。但是,有关是否应适用企业集团实质合并破产制度的因素数量应当是有限的,而非具有开放性,包含任何可能的因素。如果对适用企业集团实质合并破产制度的因素没有限定,使其包含多种可能,反而可能难以确定在什么条件下可以适用企业集团实质合

---

① See Scott R. Bowling, *Substantive Consolidation and Parties' Incentives in Chapter 11 Proceedings*, 66 New York University Annual Survey of American Law 341 (2010).

② 参见上海美浩电器有限公司与上海特毅通用动力机械有限公司等申请破产清算纠纷案,上海市金山区人民法院(2008)金民二(商)破字第1号民事裁定书。

③ 参见刘敏、梁闽海:《企业破产清算案件中的审判实务问题——以闽发证券有限公司破产清算案为视角》,载《法律适用》2013年第7期。

并破产制度，进而可能产生不确定性损失。学术界和实务界对实质合并破产认定需要考虑哪些因素，尚未达成一致意见。

另一方面，确定适用企业集团实质合并破产制度的考量因素只是适用企业集团实质合并破产制度的第一步。在此之外，需要进一步考虑的是这些因素如何运作，进而能够通过因素的运作得出适用企业集团实质合并破产制度的结果。目前司法实践和学术界关于在什么条件下适用企业集团实质合并破产制度的讨论只完成了第一步，虽然提出适用企业集团实质合并破产制度的多个权衡因素，但没有对这些因素的权重或者重要性进行说明与排序。在学者看来，所列举的因素只是一种对适用企业集团实质合并破产的原则性指引，具体如何适用应当由法官根据个案中的实际情况确定。[①] 因素的考量以及因素如何运作完全取决于法官的自由裁量或者说给法官留出更大的自由裁量的空间，权衡的过程可能充满任意性，容易产生法官的恣意，判决结果也可能欠缺可反驳性和可检验性。总之，当前我国企业集团实质合并破产认定缺少一个妥当的评价框架。

二、企业集团实质合并破产制度程序构造之挑战

企业集团实质合并破产制度的程序构造涉及企业集团破产案件管辖、破产程序的管理、实质合并破产申请、听证等程序事项。

（一）企业集团实质合并破产案件管辖现状

根据我国公司法和破产法领域的权利主体原则，当企业集团破产时，每家集团成员公司债务人必须单独地提出破产申请。依据《企业破产法》第 3 条确立的地域管辖规则，破产案件由债务人住所地人民法院管辖。法人的住所地是指法人的主要办事机构所在地，不能确定法人的主要办事机构所在地，则法人的住所地以注册地或者登记地为准。[②]《企业破产法》亦未明确规定破产案件的级别管辖，最高人民法院《审理企业破产案件规定》第 2 条规定，县、县级市或者区的工商行政管理机关核准登记企业的破产案件一般由基层人民法院管辖，地区、地级市（含本级）以上的工商行政管理机关核准登记企业的破产案件一般由中级人民法院管辖。如果企业集团的集团成员公司债务人之住所地不同，那么可能出现不同地域、级别的法

---

① 参见朱黎：《论实质合并破产规则的统一适用——兼对最高人民法院司法解释征求意见稿的思考》，载《政治与法律》2014 年第 3 期。

② 参见《最高人民法院关于适用〈中华人民共和国民事诉讼法〉的解释》（2022 年修正）第 3 条。

院分别管辖不同的集团成员公司债务人破产案件的情况。

从表7－5关于采取实质合并破产方式审理企业集团破产案件的法院级别来看，采取实质合并破产方式审理企业集团破产案件的法院大多数是基层法院。基层法院审理的实质合并破产案件数量占收集到的采取实质合并破产方式审理企业集团破产案件数量的比例超过2/3。囿于当前基层法院司法资源的有限性、案件基数繁多和企业集团破产案件的复杂性，基层法院未必能够完全适当地采取实质合并破产方式审理企业集团破产案件，有效地应对与解决企业集团破产问题，避免不当的价值损失。司法机关确立的级别管辖并不能真实反映企业集团破产案件审理的难易程度。

表7－5　适用实质合并破产审理的不同层级法院的案件数量及占比

法院层级	案件数量/件	$\frac{\text{案件数量}}{636}\times 100\%$
基层人民法院	439	69.03%
中级人民法院	193	30.35%
高级人民法院	4	0.63%

此外，我国《企业破产法》没有规定专门的破产审判机构。为改善我国的营商环境，推动供给侧结构性改革，全国各级法院加速破产审判专业化的进程，成立清算与破产审判庭，还在北京、上海和深圳等地专门成立破产法庭，打造专门的破产审判队伍，逐步解决破产审判机构缺乏、破产审判能力不足以及破产案件缺乏适当激励等基础性问题，[①]但破产审判机构的专业化程度客观来说还需要继续提升。[②]

企业集团破产案件的管辖分散和破产审判专业化不足相结合，可能会影响企业集团破产案件的有效处理。在企业集团破产案件复杂化和强调破产审理专业化的背景下，有效应对企业集团破产案件，一方面应当继续增加破产审判的专业性，另一方面应当能够由一个统一的法院审理企业集团破产案件，从而为适用实质合

① 参见陈夏红：《我国清算与破产审判庭的设置与运转》，载《甘肃社会科学》2017年第1期。

② 参见杜万华：《深圳、北京、上海成立破产法庭具有标志性意义》，载《人民法院报》2019年3月21日，第2版。

并破产制度创造良好基础，便于实现整个企业集团的价值最大化。[①]

因为《企业破产法》缺少对企业集团破产案件的管辖规定，学术界和实务界讨论了企业集团破产案件管辖法院的选择方案，对此需要进行检讨。企业集团破产案件管辖法院的确定应当与尽可能明确和可预测性为目标的一般管辖标准相适应。对于企业集团破产案件的管辖法院，学术界和实务界主要提出控制公司/母公司住所地法院、核心公司住所地法院和已受理集团成员公司债务人破产案件之法院的三种不同管辖方案。

我国司法实践在对企业集团实质合并破产案件管辖探索与协调的过程中，最早寻求将企业集团实质合并破产案件交由控制公司（母公司）破产案件的管辖法院管辖。理论上由控制公司/母公司住所地的法院管辖企业集团破产案件的主要理由有两点：第一，控制公司/母公司通常是统一管理的实施者，聚集着企业集团的主要资产和负债，是企业集团的控制、协调和利益中心，[②]由控制公司/母公司住所地的法院管辖企业集团破产案件，能够使企业集团破产案件的管理活动以及集团成员公司债务人的活动得到更好的协调。第二，从程序效率的角度来看，也有可能提高企业集团破产案件的审理效率。

在经济生活中，控制公司/母公司可能仅仅是一个控股和投资公司，并无经营资产，企业集团的主要资产和负债位于其他集团成员公司，该集团成员公司被视为企业集团的核心公司，所以为提高破产案件的审理效率和减轻债权人的负担，实践中有将核心公司住所地法院作为企业集团破产案件的管辖法院的情形。比如在上海美浩电器有限公司等破产清算案中，上海美浩电器有限公司、上海特毅通用动力机械有限公司和上海特毅企业有限公司在形式上并非母子公司关系，而是同处于子公司层面，但3家公司的资产主要集中在上海特毅通用动力机械有限公司名下。为提高破产清算的效率，上海特毅通用动力机械有限公司住所地的法院被指定作为3家公司实质合并破产清算案件的管辖法院。理论上有观点赞同在核心公司和控制公司/母公司不一致时，选择核心公司住所地的法院作为管辖法院更适宜。[③]

---

① See Anthony V. Sexton, *Current Problems and Trends in the Administration of Transnational Insolvencies involving Enterprise Groups: The Mixed Record of Protocols, the UNCITRAL Model Insolvency Law, and the EU Insolvency Regulation*, 12 Chicago Journal of International Law 811 (2012).

② Vgl. Johannes Holzer, Die Empfehlungen der UNCITRAL zum nationalen und internationalen Konzerninsolvenzrecht, ZIP 32(2011), S. 1900.

③ 参见王欣新：《关联企业的实质合并破产程序》，载《人民司法（应用）》2016年第28期。

核心控制公司往往集中了企业集团的资产和负债，对企业集团的整体情况较为了解，由核心控制公司住所地法院管辖企业集团的实质合并破产案件，有助于确保破产案件审理的效率和破产程序的经济效率。①

由于实践中每家集团成员公司债务人出现破产原因，以及进入破产程序的时间可能有先后差异，对于已经对某家集团成员公司债务人启动破产程序的法院能否管理其他集团成员公司债务人的破产案件不无疑问。从《企业破产法》规定来看，只有该法院同时也是其他集团成员公司债务人住所地的法院，该法院才有可能管辖其他集团成员公司债务人的破产案件。因为我国法中没有类似《德国破产法》中集团法院的规定，先对某家集团成员公司债务人启动破产程序的法院不能当然宣告对其他集团成员公司债务人破产案件的破产管辖。理论上认为，除非该法院是控制公司/母公司住所地法院或者核心公司住所地法院，才可能确定对其他集团成员公司债务人的管辖权。②

从《破产审判会议纪要》规定来看，核心控制公司住所地法院管辖企业集团破产案件的观点得到法院支持和认同。《破产审判会议纪要》第35条规定，采取实质合并破产审理企业集团破产案件，首先应由企业集团中的核心控制企业住所地之法院管辖，如果核心控制企业不明确，则应由企业集团的主要财产所在地之法院管辖，如果在多家法院之间发生破产管辖权争议，则应当报请共同的上级法院指定管辖。不将控制公司/母公司住所地作为确定企业集团破产案件管辖法院的依据，有着相当程度的合理性。因为在控制公司/母公司没有破产或者控制公司/母公司住所地位于国外的情况下，将控制公司/母公司住所地作为确定企业集团破产案件管辖法院的依据并不合适。③

以核心控制公司住所地作为确定企业集团破产案件管辖法院的标准，目的是将管辖权引向企业集团的核心，但将核心控制公司住所地作为确定企业集团破产案件管辖法院的依据存在两个问题：第一，随着科技日益发展，通信和交通的便捷程度提高，公司的经营活动和/或财产可能常常分散在多处地点，导致识别企业集团中核心控制公司或者主要财产所在地遭受困难。④ 第二，什么是核心控制公司，

---

① 参见王欣新、周薇：《关联企业的合并破产重整启动研究》，载《政法论坛》2011年第6期。

② 参见王欣新：《关联企业的实质合并破产程序》，载《人民司法（应用）》2016年第28期。

③ Vgl. Heribert Hirte, Vorschläge für die Kodifikation eines Konzerninsolvenzrechts, ZIP 29 (2008), S. 445.

④ 参见许德风：《破产法论：解释与功能比较的视角》，北京大学出版社2015年版，第243页。

相关学术文献和《破产审判会议纪要》并没有给出一个明确的定义。《德国破产法》从集团成员公司债务人的年平均雇佣人员数量和资产/营业额收益占企业集团年平均雇佣人员数量和合并资产总额/营业额总数的比例,界定集团成员公司债务人的重要性,从而确定集团成员公司债务人能否提出设立集团法院申请。最初提交德国联邦议会审议的政府草案要求各占 10%,正式生效后的法案则将比例要求提到了 15%。核心控制公司的定义似乎也可以考虑采取与德国法相似的做法,对核心控制公司相关要素与企业集团相关要素作出比例要求,通过这种比例关系来描述什么是企业集团中的核心控制公司。但是,这种比例要求是一种人为的主观选择结果,并不是一个客观的结果,"一刀切"的方法可能不适合企业集团结构的多样性。将核心控制公司住所地作为确定企业集团破产案件管辖法院的标准不符合确定性和可预见性的管辖权确定标准。

(二)企业集团实质合并破产案件管理现状

我国《企业破产法》缺乏为企业集团破产案件指定统一的破产管理人之规定。为防止破产程序的迟延,《企业破产法》未赋予债权人选任破产管理人的权利,[①]法院享有指定破产管理人的权限。《企业破产法》第 13 条规定,法院受理破产申请时,需要同时指定破产管理人。由于集团成员公司债务人破产程序的分散性,尤其是企业集团破产案件可能由不同的法院管辖,法院并没有指定统一的破产管理人之法定义务,所以法院可能会为企业集团破产案件指定不同的破产管理人。《破产审判会议纪要》对企业集团实质合并破产的适用原则、审查标准、利害关系人的权利救济、管辖、法律后果及不适用实质合并破产的企业集团破产案件的协调审理等方面内容进行了规定,但没有对企业集团实质合并破产中是否指定统一的破产管理人作出规定。

当前,我国法院在企业集团实质合并破产案件中通常会指定统一的破产管理人,但这仅是法院的实用主义做法,当中存在相当程度的不确定性。从《企业破产法》和《破产审判会议纪要》的规定来看,企业集团实质合并破产案件中可能存在多个破产管理人。例如,在纵横控股集团有限公司等 6 家公司实质合并破产重整案中,[②]纵横控股集团有限公司、绍兴纵横高仿真化纤有限公司、绍兴纵横聚酯有限公司、浙江倍斯特化纤有限公司、浙江星河新合纤有限公司、绍兴市涌金纺织有

---

① 参见金春等:《破产重整程序中的管理人制度》,载《政法论坛》2010 年第 6 期。

② 参见纵横集团"1 +5"公司合并破产重整案,浙江省绍兴市中级人民法院(2009)浙绍商破字第 1 号民事裁定书。

限公司由于经营不善、盲目投资、高成本融资等，发生重大财务危机，向法院提出破产重整申请，法院分别裁定受理纵横集团等6家公司提出的破产重整申请，并指定3家律师事务所担任破产管理人。又如，在禄漪园大酒店公司等3家公司实质合并破产清算案中，[①]申请人对禄漪园大酒店公司、环保科技公司和禄漪园实业公司提出破产清算申请，法院裁定受理申请人的破产清算申请，并指定无锡东华会计师事务所有限责任公司、无锡市金顺经济咨询有限公司担任破产管理人。

指定统一的破产管理人在实践中往往是企业集团继续经营、破产重整和有效变价的方式。[②] 除了债务人自行管理的特殊情形，在指定破产管理人之后，债务人对其属于破产财产的财产进行管理和处分的权利转移给破产管理人，破产管理人是重要的破产程序参与人。[③]《企业破产法》第25条关于破产管理人职责的规定包括破产管理人接管债务人的财产、管理和处分债务人的财产。统一管理权的行使是企业集团的重要特征，企业集团破产通常会导致企业集团内部的统一管理权丧失，[④]因为在每家集团成员公司债务人的破产管理人接管债务人事务和财产的情况下，很难继续保持、行使企业集团内的统一管理权，而且任何集团成员公司债务人的破产管理人也不具有对其他集团成员公司债务人之破产管理人的法定指示权。由统一的破产管理人管理企业集团破产程序，方便形成有利于实现企业集团整体价值的破产清算或者破产重整方案。[⑤] 由不同的破产管理人管理企业集团破产程序，实现企业集团整体价值的破产清算或者破产重整方案就需要破产管理人之间的协调，破产管理人之间通过协调未必能够达成一致意见，即便不同的破产管理人能够通过协调达成一致意见，协调也需要花费时间和精力等有限资源，可能会导致破产程序拖延，错失实现企业集团整体价值的机会。

（三）企业集团实质合并破产程序启动方式之争

我国关于法院裁定企业集团实质合并破产启动存在依申请启动和依职权启动

---

① 参见宜兴禄漪园国际大酒店有限公司、江苏禄漪园环保科技有限公司、江苏禄漪园实业有限公司申请破产清算案，江苏省宜兴市人民法院(2015)宜商破字第2号民事裁定书。

② Vgl. Christian Brünkmans, Entwurf eines Gesetzes zur Erleichterung der Bewältigung von Konzerninsolvenzen: Kritische Analyse und Anregungen aus der Praxis, ZIP 34 (2013), S. 198.

③ 参见邹海林：《新企业破产法与管理人中心主义》，载《华东政法大学学报》2006年第6期。

④ Vgl. Peter H. Hoegen/Christopher Kranz, Neue Möglichkeiten der Konzernsanierung durch SanInsFoG und StaRUG, NZI 24 (2021), S. 106.

⑤ Vgl. Sabine Leutheusser-Schnarrenberger, Dritte Stufe der Insolvenzrechtsreform-Entwurf eines Gesetzes zur Erleichterung der Bewältigung von Konzerninsolvenzen, ZIP 34 (2013), S. 101.

两种方式与观点。[①] 在依申请启动模式中，企业集团实质合并破产在当事人申请的前提下启动。在依职权启动模式中，法院可以在无当事人申请的情况下，主动依职权启动企业集团实质合并破产。司法实践中曾存在法院依职权启动企业集团实质合并破产的做法。在沈阳欧亚集团实质合并破产清算案中，沈阳市中级人民法院于2008年受理了债权人对沈阳欧亚有限公司的破产清算申请，法院在审理过程中发现，沈阳欧亚有限公司与其17家关联企业之间存在法人人格严重混同，为公平清理债权和债务，保护债权人的合法利益，裁定将17家关联企业并入沈阳欧亚有限公司破产清算中。[②]

实务界和学术界对法院依职权启动企业集团实质合并破产的做法存在争议。《破产审判会议纪要》第33条明确企业集团实质合并破产依申请启动，否定法院依职权启动企业集团实质合并破产。有地方法院已经明确禁止法院依职权启动企业集团实质合并破产。[③] 我国有学者认为，赋予法院依职权启动企业集团实质合并破产的权力可能是一种合理的做法，能够增加破产程序的管理效率。[④] 由此引出的疑问是，企业集团实质合并破产在程序上能否由法院依职权启动？反之，法院裁定启动企业集团实质合并破产在程序上是否应当仅根据当事人申请？未来《企业破产法》在构建企业集团实质合并破产制度时需要关注该问题，并予以回应。

（四）企业集团实质合并破产程序具体事项相对简略

《破产审判会议纪要》明确，法院不得依职权自行启动企业集团实质合并破产程序，企业集团实质合并破产程序只能依申请启动。《破产审判会议纪要》第33条规定，法院收到企业集团实质合并破产申请后，应当及时通知相关利害关系人，并组织听证，听证时间不计入审查时间，法院需要在收到企业集团实质合并破产申请之日起30日内作出是否实质合并破产审理的裁定。在法院依申请启动企业集团实质合并破产程序的模式中，《破产审判会议纪要》相关规定较为简略，致使当中的许多程序事项规定并不清晰，有待进一步明确与解释。

首先，对于企业集团实质合并破产申请的主体是谁，《破产审判会议纪要》没

---

① 参见王欣新、周薇：《关联企业的合并破产重整启动研究》，载《政法论坛》2011年第6期。

② 参见辽宁省沈阳市中级人民法院课题组：《关联企业破产实体合并法律适用问题研究》，载最高人民法院民事审判第二庭编：《商事审判指导》第2辑，人民法院出版社2010年版。

③ 参见《深圳市中级人民法院审理企业重整案件的工作指引（试行）》第45条。

④ 参见徐阳光：《论关联企业实质合并破产》，载《中外法学》2017年第3期；朱黎：《论实质合并破产规则的统一适用——兼对最高人民法院司法解释征求意见稿的思考》，载《政治与法律》2014年第3期。

有给出明确答案。企业集团破产程序参与人通常包括集团成员公司债务人、债权人、破产管理人和债务人的出资人等主体，这些主体是否都能够成为适格的企业集团实质合并破产申请的主体？还是只有其中一些破产程序参与人能够成为适格的企业集团实质合并破产申请的主体，而有一些破产程序参与人不能够成为适格的企业集团实质合并破产申请的主体？这些主体在满足何种条件时，能够成为企业集团实质合并破产申请的主体？

其次，对于企业集团实质合并破产申请应当在什么时间内提出，《破产审判会议纪要》没有给出明确答案。企业集团实质合并破产申请需要在申请启动企业集团破产程序之时同时提出，还是允许在企业集团破产程序终结前的任何时间内都可以提出企业集团实质合并破产申请？

再次，对于企业集团实质合并破产申请可以采取何种方式，《破产审判会议纪要》没有给出明确答案。企业集团实质合并破产申请是否应当与破产申请同时提出，破产申请当中包含企业集团实质合并破产申请？还是允许企业集团实质合并破产申请和破产申请可以分开提出？这也意味着提出破产申请的主体和企业集团实质合并破产申请的主体是否可以有所不同？

最后，《破产审判会议纪要》要求法院收到企业集团实质合并破产申请之后，及时通知相关利害关系人，并组织听证，但对于谁是利害关系人，利害关系人范围包含哪些主体，听证程序如何进行，[①]法院应当采取何种听证方式，《破产审判会议纪要》均没有给出明确答案。

（五）决定企业集团实质合并破产程序的类型单一

我国目前决定启动企业集团实质合并破产程序的类型略显单一。《破产审判会议纪要》规定的启动企业集团实质合并破产程序的方式是法院在收到企业集团实质合并破产申请后，经过组织的听证程序，审查企业集团实质合并破产适用标准，若符合企业集团实质合并破产适用标准，裁定企业集团实质合并破产。这种决定启动企业集团实质合并破产程序的方式本质上是法院裁定企业集团实质合并破产的程序，也是我国当前司法实践中启动企业集团实质合并破产程序的唯一模式。

比较法层面，决定启动企业集团实质合并破产程序的类型不仅仅限于法院裁定企业集团实质合并破产。澳大利亚法决定企业集团实质合并破产的方式除了法院裁定之外，还允许清算人在作出书面合并决定后，将其提交集团成员公司债务人

---

① 参见王欣新：《实质合并破产中听证与复议的规制研究》，载《法律适用》2022年第8期。

的适格无担保债权人来决定是否对集团成员公司债务人实施合并清算，法院仅保留了事后救济的权力，无须事前参与决定是否实施企业集团实质合并破产。[①] 后一种决定启动企业集团实质合并破产的方式本质上是债权人自愿实施企业集团实质合并破产程序。

由此，我国未来《企业破产法》在构建企业集团实质合并破产制度时，可以考虑是仅仅规定法院裁定企业集团实质合并破产的程序类型，提供决定企业集团实质合并破产的单一程序类型，还是在法院裁定企业集团实质合并破产的程序类型之外，增加决定企业集团实质合并破产的程序类型，增加破产程序参与人的可选项。

三、企业集团实质合并破产救济构造之挑战

根据对我国企业集团实质合并破产司法裁判文本的观察，关于企业集团实质合并破产裁定救济的案件数量极少，特别是在《破产审判会议纪要》出台之前，这并非当事人对法院作出的企业集团实质合并破产裁定完全没有异议。实际上，司法实践中存在当事人不服法院所作出的企业集团实质合并破产裁定而提出异议的情形，只是法律对如何处理此类当事人异议未作规定，造成司法实践中法院可能不知该如何妥善处理当事人对法院作出的企业集团实质合并破产裁定提出异议的问题。

如何处理针对企业集团实质合并破产裁定的异议，有观点认为，根据《企业破产法》第 12 条的规定，法院裁定不受理破产申请或者受理破产申请后至破产宣告前发现债务人不具备破产原因而裁定驳回破产申请的，申请人对裁定有异议的，可以自裁定送达之日起 10 日内向上一级法院提起上诉，因而对企业集团实质合并破产裁定有异议的异议权利人应当参照这一标准，在裁定送达之日起 10 日内向上一级法院提起上诉。[②] 司法实践中存在企业集团实质合并破产异议债权人对企业集团实质合并破产另行起诉和寻求上诉救济的做法。[③]

2018 年《破产审判会议纪要》规定，相关利害关系人拥有对企业集团实质合并

---

① See Jennifer Dickfos, *Improving Outcomes for Creditors: Balancing Efficiency with Creditor Protections*, 16 Insolvency Law Journal 84 (2008).

② 参见徐阳光：《论关联企业实质合并破产》，载《中外法学》2017 年第 3 期。

③ 参见金某与江苏东方重工有限公司管理人管理人责任纠纷案，江苏省泰州市中级人民法院（2019）苏 12 民终第 3708 号民事判决书。

破产裁定的救济权利，对如何处理企业集团实质合并破产裁定异议才有了司法指导。从企业集团实质合并破产司法裁判文本来观察，企业集团实质合并破产裁定救济的案件绝大多数发生在《破产审判会议纪要》出台之后。对比《破产审判会议纪要》出台前后企业集团实质合并破产裁定救济的案件数量，二者间存在差异的一个重要原因正是对如何处理企业集团实质合并破产裁定异议有了规定。

根据《破产审判会议纪要》第 34 条的规定，相关利害关系人对企业集团实质合并破产申请受理法院作出的企业集团实质合并破产裁定不服的，可以自收到企业集团实质合并破产裁定书之日起 15 日内向受理法院的上一级法院申请复议。该条规定明确了企业集团实质合并破产裁定的申请救济之权利主体、救济法院和救济方式。对企业集团实质合并破产裁定申请救济的权利人是对企业集团实质合并破产裁定持有异议的利害关系人，救济法院是受理企业集团实质合并破产申请之法院的上一级法院，救济方式则是对企业集团实质合并破产裁定申请复议。由此可知，就对企业集团实质合并破产裁定的救济而言，《破产审判会议纪要》采取的复议救济和上述学者主张的上诉救济有着明显的不同。

结合我国《民事诉讼法》第 157 条、第 158 条和第 182 条的规定，最高人民法院和第二审法院作出的民事裁定，一经送达便发生法律效力，地方各级法院作出的第一审民事裁定，除对于“不予受理”“对管辖权有异议”“驳回起诉”的民事裁定允许上诉外，其余的民事裁定一经送达便发生法律效力。民事裁定生效之后，将会对法院和当事人产生特殊的拘束力。一方面，法院未经法定程序不能随意改变民事裁定的内容；另一方面，当事人必须依民事裁定的内容和结论行事。[①] 这意味着企业集团实质合并破产裁定一经送达当事人便发生法律效力，当事人必须依企业集团实质合并破产裁定的内容和结论行事，企业集团实质合并破产裁定在向受理法院的上一级法院申请复议期间不会被自动中止执行。依据《民事诉讼法》中规定的执行中止制度，除非当事人一致同意而向法院申请或者法院认为应当中止执行而依职权裁定中止执行，企业集团实质合并破产裁定才有可能在向受理法院的上一级法院申请复议期间被中止执行。由于当事人之间异质化的利益，实践中可能很难达成当事人一致同意对企业集团实质合并破产裁定的执行中止。

依据《民事诉讼法》第 210 条的规定，当事人认为已经发生法律效力的民事裁定有错误的，只能通过审判监督程序向上一级法院申请再审。在《企业破产法》和

---

① 参见常怡主编：《民事诉讼法学》（第 3 版），中国政法大学出版社 2013 年版，第 318 页。

《民事诉讼法》对企业集团实质合并破产裁定缺乏规定的情况下,《破产审判会议纪要》第 34 条规定的异议权利人对企业集团实质合并破产裁定可以向受理法院的上一级法院申请复议的救济权利,就其性质而言,是一种再审救济。再审既是对司法权是否正确行使的监督,即纠正已经发生法律效力的裁判中所存在的错误,更是对当事人权利的救济。对民事再审救济而言,为避免拖延执行、滥申诉和稳定当事人关系,[①]当事人只能申请一次。[②] 根据"相同之事作相同处理、不同之事作不同处理、相类似之事作相应改变处理"的原则,[③]异议权利人对企业集团实质合并破产裁定在程序上仅能申请一次复议救济。

在审判监督程序中决定再审的,由于启动再审一律中止原裁判的执行虽然有一定的合理性,但也可能带来当事人规避或者拖延执行等负面影响,所以除特殊情形外,再审一般不会中止执行。[④] 法院决定再审的条件之一是发现原判决、裁定有错误,需要对此进行纠正,而法院对企业集团实质合并破产裁定的复议是审查裁定内容和结论是否正确,与法院再审决定不完全类似,故对企业集团实质合并破产裁定不宜适用再审程序中的中止执行。而且,《民事诉讼法》第 111 条规定,对涉及实体权利的保全或者先予执行的裁定申请复议的,复议期间不停止执行。鉴于此,对企业集团实质合并破产裁定在复议期间也不应中止执行。

自 2018 年《破产审判会议纪要》出台后,笔者收集到 28 件关于企业集团实质合并破产裁定复议救济的案件,其中 26 件案件是关于一审法院裁定适用企业集团实质合并破产制度的复议救济,2 件案件是关于一审法院裁定不适用企业集团实质合并破产制度的复议救济。

根据对申请企业集团实质合并破产裁定复议的司法裁判的观察,复议申请人很难复议成功,二审法院基本不会改变一审法院对于企业集团实质合并破产裁定的结果。如表 7－6 所示,这主要可能是因为法院根据《破产审判会议纪要》第 32 条的规定审查是否符合适用企业集团实质合并破产方式进行审理的条件,而在对集团成员公司债务人之间存在法人人格高度混同、区分各集团成员公司债务人财产的成本过高和严重损害债权人公平清偿利益的判断上,法院一般会结合审计机

① 参见江必新:《论民事审判监督制度之完善》,载《中国法学》2011 年第 5 期。

② 参见《最高人民法院关于适用〈中华人民共和国民事诉讼法〉的解释》第 381 条第 1 款。

③ 参见[德]罗尔夫·施蒂尔纳:《民法学及其方法论——过度关注法律适用与太少注重基础导向?》,于程远译,载李昊、明辉主编:《北航法律评论》第 6 辑,法律出版社 2015 年版。

④ 参见《民事诉讼法》第 199 条。

构出具的审计报告进行判断,依赖专业机构出具的专业意见,只有在专业机构出具报告的基础上,能够确定满足《破产审判会议纪要》第32条规定的适用企业集团实质合并破产方式的条件,才可能裁定适用实质合并破产制度。二审法院同样如此,关注点在于是否符合《破产审判会议纪要》第32条规定的适用条件。一审法院对企业集团实质合并破产申请的处理是否存在程序瑕疵,并不会影响二审法院的复议结果。

表7-6 适用实质合并破产裁定的复议情况

复议结果	案件数量/件	复议成功率/%
维持原裁定	25	—
撤销原裁定	1	3.85

例如,在贵州华电华和能源有限公司实质合并清算案中,复议申请人提出一审法院作出企业集团实质合并破产裁定未及时通知利害关系人,并组织听证。二审法院认为,尽管一审法院作出企业集团实质合并破产裁定未组织听证,存在程序违法的瑕疵,但二审法院在复议期间组织的听证可以弥补该程序瑕疵。① 在2件关于二审法院驳回一审法院裁定不适用企业集团实质合并破产复议申请的裁判中,二审法院驳回申请的根源也在于依据审计机构出具的审计报告,不能确定集团成员公司债务人之间法人人格高度混同,不存在不能区分集团成员公司债务人之财产的情形。

从司法实践中二审法院处理企业集团实质合并破产裁定复议申请的结果来看,由于二审法院倾向维持一审法院的企业集团实质合并破产裁定结果,企业集团实质合并破产裁定在复议期间不停止执行可能并没有什么不妥之处。

从体系化视角来观察,我国企业集团实质合并破产裁定的救济规则仅允许异议权利人申请一次复议救济,且在申请复议期间和复议审查期间内原则上不中止企业集团实质合并裁定的执行。② 由于我国在复议期间不中止执行企业集团实质

① 参见山西省安瑞风机电气股份有限公司、遵义长征电器智控设备有限责任公司实质合并破产案,贵州省高级人民法院(2019)黔民他1号民事裁定书。

② 参见中国吉林森林工业集团有限责任公司与吉林森林工业集团财务有限责任公司破产重整案,吉林省长春市中级人民法院(2020)吉01破5号民事裁定书;浙江欧华造船股份有限公司、浙江中实海洋科技股份有限公司破产案,浙江省舟山市中级人民法院(2018)浙09破7号民事裁定书;绿陵化工集团与绿陵系企业合并破产清算案,江苏省宿豫区人民法院(2020)苏1311破45号民事裁定书;资阳晨风工业有限公司与资阳晨工电器有限公司合并破产清算案,四川省乐至县人民法院(2019)川2022破2号民事裁定书。

合并破产裁定,即便上一级法院通过复议审查更改或者撤销企业集团实质合并破产裁定,也可能会给异议权利人造成难以弥补的损害。此外,我国目前民事诉讼法对复议制度的规定不完善,缺乏具体的复议程序规定。[①] 考虑到企业集团实质合并破产裁定可能对相关利害关系人产生实质影响,目前复议救济方式可能不利于对异议权利人权益的保护。

本章小结

本章讨论与分析我国企业集团实质合并破产的现状以及企业集团实质合并破产制度构造面临的挑战。从司法实践中企业集团实质合并破产案件数量来看,法院在处理企业集团破产问题上,表现出对企业集团实质合并破产制度一定程度的依赖。虽然实践中企业集团破产程序参与人对企业集团实质合并破产制度的需求较高,但目前《破产审判会议纪要》对企业集团实质合并破产制度的构造远非完美。在实体构造方面,企业集团实质合并破产认定缺乏一个稳妥的评价框架。在程序构造方面,集中管辖规定有所不足,缺乏集中管理规定,企业集团实质合并破产申请主体、申请时间、申请模式、利害关系人等诸多程序事项规定均有不清晰之处,决定启动企业集团实质合并破产程序的类型较为单一。在救济构造方面,向受理企业集团实质合并破产申请之法院的上一级法院申请复议的救济方式,未必能给异议权利人提供有效的救济。

① 参见贺丹:《论实质合并破产中债权人异议权的实现》,载《政法论坛》2024 年第 2 期。

第八章　我国企业集团实质合并破产制度的完善建议

鉴于实质合并破产制度处理企业集团破产的功能及其工具价值，企业集团实质合并破产制度未来极有可能被纳入《企业破产法》之中，在法律层面被正式确立。[①] 如何构造企业集团实质合并破产制度，使其成为良好的破产法律制度安排，充分释放制度的功能优势，是需要思考的问题。建议为，遵循企业集团实质合并破产制度的实体构造、程序构造和救济构造的区分，沿着实体构造、程序构造和救济构造的路径针对性地完善企业集团实质合并破产制度。

第一节　企业集团实质合并破产制度的实体构造

在什么情形下适用企业集团实质合并破产制度，企业集团实质合并破产制度具有何种法律效果，成为企业集团实质合并破产制度构造的首要问题。动态体系论对企业集团实质合并破产制度的实体构造具有适用意义，我国民事立法与司法中已有运用动态体系论的实例，[②]我们同样可以考虑在企业集团实质合并破产制度的实体构造中使用动态

---

① 参见王欣新：《实质合并破产中听证与复议的规制研究》，载《法律适用》2022年第8期。

② 参见朱晓峰：《论人格权侵权责任认定中的构成要件与利益权衡》，载《法学评论》2024年第1期；王利明、朱虎：《〈民法典〉合同编通则司法解释的亮点与创新》，载《法学家》2024年第1期。

体系论。

一、实质合并破产认定的动态体系论

企业集团实质合并破产认定的动态体系论的构建主要分为两个步骤。第一个步骤是确定动态体系论中的各项要素。第二个步骤是明确各项要素之间的相互作用,以及要素协动与法律效果的关系。

(一)企业集团实质合并破产认定的要素分解

一方面,动态体系论中的要素是法律领域内法律原理的体现,需要具有一定程度的抽象性,使该领域的动态体系论保持灵活性和开放性。要素一定的抽象程度确保各项要素之间的互换与权衡。另一方面,出于法律的确定性考虑,动态体系论中要素的抽象程度不能过高,要素的抽象程度不能等同于法律原则的抽象程度。法律原则必须具体化到能够对某种法律事实类型作价值判断时,才能获得具体的内容及其适用性。[①] 法律原则若没有足够的具体化,则缺少直接的适用性。用以直接权衡适用的要素之抽象程度须低于法律原则的抽象程度,过高的抽象程度使动态要素模糊化,权衡依据的评价标准不明确,对法律的确定性产生不利影响。要素的抽象程度应当是中等程度,形成一般化与个性化之间的平衡。[②]

破产法规则体系的构建受到破产法目的之驱动,规则设计应当与破产法的目的一致。企业集团实质合并破产制度是一项特殊的破产法制度,制度构成应当契合破产法的目的。企业集团实质合并破产制度的动态体系论中要素的提炼,一方面,需要立足于企业集团实质合并破产制度作用的法律领域,寻求该法律领域内实质的法律思想,并观察与借鉴比较法经验;另一方面,需要对本土案例进行梳理和类型化,找出带有本土实际的要素。企业集团实质合并破产制度的动态体系论可以被体系化为法人独立性原理、债权人公平对待原理、效率原理和债权人自治原理的组合,进一步表现为法人人格混同要素、区分集团成员公司债务人财产的成本要素和债权人同意要素的相互作用。

《破产审判会议纪要》在总结经验的基础上提炼出“关联企业成员之间存在法人人格高度混同”“区分各关联企业成员财产的成本过高”“严重损害债权人公平

---

① 参见于飞:《民法基本原则:理论反思与法典表达》,载《法学研究》2016 年第 3 期。

② Vgl. Hans-Joachim Mertens, Verkehrspflichten und Deliktsrecht-Gedanken zu einer Dogmatik der Verkehrspflichtverletzung, VersR 31(1980), S. 404.

清偿利益”三项要素，缺少对债权人同意要素的重视。“严重损害债权人公平清偿利益”作为结果要件，可以被放入“区分各关联企业成员财产的成本过高”要素中考量。法人人格混同要素、区分集团成员公司债务人财产的成本要素和债权人同意要素是在认定企业集团实质合并破产与否，以及企业集团实质合并破产范围时应当注意的要点指标，可在各项要素下进一步细分相关度的因子。

1. 法人人格混同要素

破产法在某种意义上是实体法的镜像，破产法原则上需要尊重实体法的规则内容。在比较法层面，对企业集团的管制主要分为三类方式：一是由公司法和/或民法调整，公司法和/或民法处理单个公司的条款同样适用于企业集团。如英国萨洛蒙诉萨洛蒙公司案产生的法人独立性原则在企业集团中得到法院坚定的支持。① 二是像德国法一样采取特殊的企业集团法来规制企业集团。三是由会计法、税法、竞争法、环境法等不同法律领域根据各自领域内特定且多样的监管目的，共同调整企业集团关系。无论是何种规制方式，企业集团通常是由两个或者多个法律上独立的公司组成的联合体。企业集团虽然是经济统一体，但集团成员公司在法律上保持独立性，企业集团本身并不是独立的法律主体。破产程序的启动并不当然意味着集团成员公司债务人的法律独立性丧失，处理企业集团破产问题原则上仍须坚持法人独立性原则。

我国破产程序原则上应当遵守法人独立性原则。首先，能够成为权利主体的是自然人和法人。② 法人是具有民事权利能力和民事行为能力，依法独立享有民事权利和承担民事义务的组织。除了具有民事权利能力和民事行为能力，法人的成立还须满足一系列条件，譬如有自己的名称、组织机构、住所和财产等。特别是法人作为不同于自然人的权利主体，需要有自己的意思形成机构与意思表达机构。③ 企业集团不能满足法人成立的条件，不具有法人资格，成为权利主体。从比较法经验来看，无论企业集团内部集团成员公司相互关系如何，各集团成员公司都是独立的法律实体。④ 其次，公司法律上的独立性或者主体资格于公司成立时产

---

① See Paul L. Davies & Sarah Worthington, *Principles of Modern Company Law*, Sweet & Maxwell, 2016, p. 453.

② 参见[德]汉斯·布洛克斯、[德]沃尔夫·迪特里希·瓦尔克：《德国民法总论》(第22版)，张艳译，中国人民大学出版社2012年版，第416页。

③ 参见[德]迪特尔·梅迪库斯：《德国民法总论》，邵建东译，法律出版社2013年版，第841~844页。

④ See Phillip l. Blumberg, *The Corporate Entity in an Era of Multinational Corporations*, 15 Delaware Journal of Corporate Law 283 (1990).

生,公司终止则消灭。按照商主体法定原则的要求,[①]公司只有在注销登记后才终止消灭。在破产程序中,公司尚未经终止注销登记。《企业破产法》第121条规定,公司主体资格只在破产程序终结后,破产管理人向破产人的原登记机关办理注销登记,才会终止消灭,所以公司的主体资格在破产程序中仍然存在。

遵守法人独立性原则要求在企业集团破产程序中,原则上将集团成员公司债务人的资产和负债进行分开处理,不能损害法人独立性原则,企业集团实质合并破产制度是法人独立性原则的例外,所以实质合并破产制度的适用需要以公司法人独立性丧失为前提。[②] 公司法人人格混同实际是我国目前司法裁判中判断适用企业集团实质合并破产制度的核心理由。我国企业集团实质合并破产司法裁判使用人员混同、财产混同、负债混同、业务混同和相互担保等多种理由,但人员、财产、负债和业务等在实践中被视为公司法人人格的要素表征,人员混同、财产混同、负债混同、业务混同和相互担保等表征公司法人人格混同(见表7-3)。

实践中,企业集团破产普遍存在集团成员公司债务人法人人格混同的情形,这与企业集团经济一体化性质有着密切关系。完全维持集团成员公司债务人的独立法律地位可能破坏企业集团的经济一体化收益。例如,为每家集团成员公司债务人准备精确的财务报表往往会带来高额的会计成本,以抵销经济一体化的收益,所以降低严格执行法律实体分割的成本,能够提高经济一体化的收益。企业集团的经济一体化反过来可能损害集团成员公司债务人的独立法律地位。企业集团经济一体化的程度越高,越有可能打破集团成员公司债务人之间独立法律地位的边界,产生公司法人人格混同。

企业集团的经济一体化程度随着企业集团内部统一管理强度的变化而变化。由于现实中企业集团管控结构模式的多样性,在法律上对统一管理作出准确定义是困难的。统一管理的一端是以企业集团的整体利益为目标,就所有企业的核心领域(如人事管理、采购、生产、财务、销售等)制订统一的计划。[③] 这种企业集团管控结构模式如同"U"形结构(Unitary Structure),企业集团犹如以某个单一企业在

① 参见王保树:《商法总论》,清华大学出版社2007年版,第91页。

② 在美国判例法中,法院关于适用企业集团实质合并破产制度的分析离不开集团成员公司债务人之间关系的分析,集团成员公司债务人之间构成事实上的统一体,丧失公司法人的独立性。《澳大利亚公司法》规定,法院裁定企业集团实质合并破产,需要对诸如集团成员公司债务人之间混同程度等集团成员公司债务人相互间关系进行分析。

③ Vgl. Uwe Hüffer/Jens Koch, Aktiengesetz, Band 53, 14 Aufl. 2020, § 18 Rn. 9.

动作，集团成员公司如同支配企业（核心企业）的生产单位或者分支机构，集团成员公司很难成为独立的法律主体。统一管理的另一端是至少在一个企业活动的基本领域（如生产、销售、组织等）中有统一的计划。这种管控结构模式下可以形成“M”形结构（Multidivisional Structure），集团成员公司是独立或者半独立的利润中心，[①]具有经济上与法律上的独立性。在企业集团管控结构类型谱的中间则存在不同样式的统一管理，统一管理的强度从类型谱的一端向另一端逐渐增加，企业集团经济一体化程度增加，集团成员公司的独立性则可能随之递减。

据裁判经验观察，集团成员公司债务人之间法人人格混同需要达到高度混同的程度，适用企业集团实质合并破产制度才具有妥当性。轻微的法人人格混同不构成集团成员公司债务人之间的实质同一性，未导致集团成员公司债务人不具备独立的法人人格。企业集团的经济一体化程度越高，只能说明集团成员公司债务人之间法人人格混同的可能性越高，并不能就此确定集团成员公司债务人之间法人人格混同的程度。如何判断集团成员公司债务人之间法人人格混同，有学者借鉴美国判例法经验罗列了26项指引因子，[②]但判断集团成员公司债务人之间法人人格混同的因子更需要从我国本土司法裁判中提取。

从我国司法裁判经验来看，法院在判断集团成员公司债务人法人人格混同时，通常考虑集团成员公司债务人之间是否存在过度控制与支配、相互担保、经营、人员、财产等方面的混同，[③]基本通过对不同因子权衡的整体印象来判断集团成员公司债务人之间是否存在法人人格混同及其混同程度。实际上，法院在企业集团实质合并破产中对破产法因素考量更多一些，在企业集团实质合并破产中，公司法人人格独立标准没有公司法上公司法人人格独立标准严格。[④] 公司法上公司法人人格否认要求股东存在“滥用行为”，[⑤]实质合并破产中公司法人人格混同并不特别强调股东存在滥用行为，而是关注是否因财产混同、人员混同等产生的人格混同造成集团成员公司债务人财产分离的困难。

结合公司法人人格理论和司法裁判经验，集团成员公司债务人法人人格是否

---

① 参见［美］奥利弗·E.威廉姆森：《资本主义经济制度：论企业签约与市场签约》，段毅才、王伟译，商务印书馆2002年版，第390～391页。

② 参见徐阳光：《论关联企业实质合并破产》，载《中外法学》2017年第3期。

③ 参见黄辉：《公司集团背景下的法人格否认：一个实证研究》，载《中外法学》2020年第2期。

④ 参见蒋大兴：《“法人格否认裁判”之效力射程——“法人格否认裁判”是否具有跨域效力?》，载《交大法学》2023年第5期。

⑤ 参见李建伟：《关联公司法人人格否认的实证研究》，载《法商研究》2021年第6期。

高度混同取决于对法人的意志独立性和财产独立性两类因子的判断。[①] 在企业集团实质合并破产认定中,集团成员公司债务人法人人格混同需要考虑法人的意志独立性和财产独立性。

一方面,人与动物的重要区别在于人有独立的意志,人格本质是主体意志的存在资格,[②]法人人格是法人意志的存在资格。法人意志由成员团体的共同意志按照法律、公司章程和内部规则所界定的程序转换而成,法人意志由成员团体的共同意志所决定。当集团成员公司有着相同的成员时,集团成员公司间容易形成影响公司利益的共同意志,难以形成有区别的独立意志,产生两家或者多家集团成员公司法人人格上同一意志的控制,对集团成员公司产生不当影响。在此情况下,集团成员公司有可能为其他集团成员公司利益作出或者采取损害自身公司利益的决策、行动,消解公司作为独立主体的独立性。因此,对法人意志独立性的判断,需要考虑集团成员公司债务人之间是否存在过度支配与控制、人员混同,是否为“一套班子,两块或者多块牌子”。

另一方面,近代以来,法学理论都认识到财产与人格之间的内在联系。私有财产是个体得以全面发展的前提条件,[③]个体自治或者自由须具有财产,缺少财产会对人之所以成为人形成阻碍。财产体现人格与外部事物的联系,财产是人格的表现。[④] 财产和人格之间的关系要求个体以财产权的形式对外部环境中的事物具有一定的控制。[⑤]

财产与人格的关联同样适用于公司及其法人人格,而且财产对公司法人人格来说具有更重要的地位。[⑥] 公司作为与其股东相区别的法律主体,应当能以其名义持有财产。最高人民法院《九民纪要》第 10 条特别强调人格混同的主要表现是“公司的财产与股东的财产是否混同且无法区分”。公司财产与其股东、经理、其

① 参见《全国法院民商事审判工作会议纪要》第 10 条。

② 参见冯珏:《自然人与法人的权利能力　对于法人本质特征的追问》,载《中外法学》2021 年第 2 期。

③ 参见[美]约翰 · G. 斯普兰克林:《美国财产法精解》(第 2 版),钟书峰译,北京大学出版社 2009 年版,第 21 页。

④ 参见尹田:《无财产即无人格——法国民法上广义财产理论的现代启示》,载《法学家》2004 年第 2 期。

⑤ See Margaret Jane Radin, *Property and Personhood*, 34 Stanford Law Review 957 (1982).

⑥ 《德国民法典》第一草案立法理由书曾指出,法人的本质在于可以通过实证法赋予人之社团或者财产集合体享有本属于自然人的财产能力,甚至可以进一步说法人与财产能力是同一个意思,财产能力是享有财产权利和承担财产义务的能力,Vgl. Thomas Raiser, Der Begriff der juristischen Person, AcP 199(1999), S. 115。

他公司成员的个人财产分割是公司法人人格最显著的特征。[①] 公司具有资产锁定作用，使公司资产不受任何想要撤资之股东及其继承人的清算，为公司长期从事经营活动提供物质基础。[②] 资产分割将共同控制下的资产分配到不同的公司，缺少财产的公司仅是一具空壳。如果集团成员公司债务人之间资产和负债混同，难以界定资产和负债的具体归属，集团成员公司债务人也就失去财产独立性，结果使集团成员公司债务人的法人人格失去意义。

法人人格混同程度可以从人员混同和财产混同的程度进行综合判断。当集团成员公司债务人之间存在过度支配与控制、人员混同、财产混同且区分成本巨大的情况下，公司决策自主性会受到不当影响。而公司利益是公司独立人格的基础，公司利益需要决策自主性来保障，当公司决策自主性受到不当影响时，将会影响公司独立人格，[③]可以认定集团成员公司债务人之间构成法人人格高度混同，考虑否定集团成员公司债务人的法人人格。在最高人民法院发布的第 15 号指导案例徐工集团工程机械股份有限公司诉成都川交工贸有限责任公司等买卖合同纠纷案中，法院认可"人员混同、资产和负债混同，导致无法区分各自财产"作为判断公司丧失法人人格的依据。[④] 对于实际中存在的集团成员公司债务人之间相互担保、经营场所混同和公司名称相似等因子，可以将其作为进一步加深集团成员公司债务人法人人格混同程度的判断依据。例如，在商业信贷市场中，集团成员公司债务人相互担保实际上表明债权人倾向于将这些集团成员公司债务人视为一个整体，而不是将集团成员公司债务人视为独立的主体。[⑤] 当存在这些因子时，集团成员公司债务人的法人人格混同程度越高。

2. 区分集团成员公司债务人财产的成本要素

尽管破产法学者对破产法应当追求的目的与功能定位有着观念上的分歧，但破产法律制度毫无疑问应当是公平且富有效率的制度，公平与效率是破产法规则

---

① See Stephen M. Bainbridge, *Corporate Law*, Foundation Press, 2015, p. 3.

② See Margaret M. Blair, *Locking in Capital: What Corporate Law Achieved for Business Organizers in the Nineteenth Century*, 51 UCLA Law Review 387 (2003).

③ 参见石一峰：《关联公司人格否认动态判断体系的构建》，载《环球法律评论》2022 年第 3 期。

④ 参见徐工集团工程机械股份有限公司诉成都川交工贸有限责任公司等买卖合同纠纷案，最高人民法院指导案例 15 号(2013 年)。

⑤ See Danny Spahos, *Lenders, Borrowing Groups of Companies and Corporate Guarantees: An Insolvency Perspective*, 1 Journal of Corporate Law Studies 333 (2001).

构造的重要价值指引。从商法体系来看,效率是商法的重要价值理念,[①]体现商法的本质。效率的价值理念是商法规范体系的基础,贯穿商法规范的始终。破产法律制度作为商法基本制度的组成部分,应当包含效率的价值理念,效率是破产法的一个显著经济理由。[②] 效率本身并不解决分配问题,[③]效率不能说明任何分配或者规则的最终合理性。破产法律制度最终是为实现公平对待债权人,破产分配应当实现公平的结果。效率与公平不是彼此分离,效率为公平提供支持,追求公平的结果应当以最少的成本来实现。

资源的稀缺性决定破产法律制度需要尽可能最大化破产财产的价值,这不仅有利于债务人和债权人,还可能为其他利益相关者带来益处。最大化破产财产的价值需要减少与破产相关的成本,避免不必要的交易成本。与破产相关的成本可以分为事前成本和事后成本。事前成本由破产法律规则可能造成债务人及其利益相关者在常规营业中的不当激励所引起。[④] 比如公司管理层在公司濒临破产的情况下,可能会为自己的私人利益或者股东利益,寻求风险大但收益高的投资项目,将损失转移给公司债权人,产生负债代理成本。[⑤] 在破产法可能给债权人提供非破产法下不可能获得的特殊优势之情形时,如果债权人认为能够从破产程序的启动中获益,债权人可能产生将债务人置于破产下的不当激励,造成不必要的成本。破产法应当尽可能避免干预破产前的当事人权利,除非出于公平和/或效率的理由。事后成本包括寻求公司破产重整或者终止而发生的专业人员费用,以及公司资产事后无效率处置而造成的损失。破产法虽然本身并不直接产生效率,但能够提高效率的制度是可取的。破产法的制度设计应尝试减少这些潜在成本。

在企业集团破产情形中,大多数企业集团破产案件通常具有两个明显特征:第一,集团成员公司债务人层面的交易记录和财务记录信息缺失、不充分,确定资产权属和债务归属存在困难;第二,集团成员公司债务人相互担保较为普遍。集团成

---

① 参见施天涛:《商法学》(第 5 版),法律出版社 2018 年版,第 21 页。

② See Douglas G. Baird, Anthony J. Casey & Randal C. Picker, *The Bankruptcy Partition*, 166 University of Pennsylvania Law Review 1675 (2018).

③ See Richard A. Posner, *Norms and Values in the Economic Approach to Law*, in Aristides N. Hatzis and Nicholas Mercuro eds., Law and Economics: Philosophical Issue and Fundamental Questions, Routledge, 2015, p. 11.

④ See John Armour, *The Law and Economics of Corporate Insolvency: A Review*, EconPapers (Mar. 1, 2001), https://econpapers.repec.org/paper/cbrcbrwps/wp197.htm.

⑤ 参见[美]莱纳·克拉克曼、[美]亨利·汉斯曼等:《公司法剖析:比较与功能的视角》(第 2 版),罗培新译,法律出版社 2012 年版,第 37 页。

员公司债务人层面的会计信息对只关心企业集团合并财务报表结果的集团控制者和股东来说价值意义不大,维持集团成员公司债务人之间准确的法律分割所产生的成本反而可能削弱企业集团经济一体化的收益。集团成员公司债务人层面的财务报表之潜在读者是与特定集团成员公司债务人交易的债权人,但如果这些债权人收到其他集团成员公司债务人提供的担保,将债权偿付与集团整体业绩联系起来,这些债权人可能会很少关注集团成员公司债务人之间的价值分配。[①] 集团成员公司债务人之间相互担保对企业集团具有吸引力。依据利率变化与风险变化的动态关系,当债权人面临的风险增加时,债权人可能会收取更高的利率来弥补风险增量。集团成员公司债务人之间相互担保降低债权人面临的风险,使债权人收取的利率下降,减少企业集团的融资成本。

我国企业集团中集团成员公司债务人相互担保情形较为普遍,[②]从企业集团实质合并破产的司法裁判来看,集团成员公司债务人之间相互担保也是集团成员公司债务人陷入破产困境的主要原因之一。[③] 忽视集团成员公司债务人层面的会计信息,以及集团成员公司之间相互担保的结果,通常使集团成员公司债务人的管理层未能保持准确的集团成员公司债务人层面的记录,集团成员公司债务人之间资产和负债的分配不透明。实践中常常出现破产集团成员公司债务人之间资产和负债混同的情形。对集团成员公司债务人破产财产的处理首先需要确定资产和负债的具体归属,以及集团成员公司债务人之间债权债务的有效性和具体的债权金额,为此需要聘请会计师等专业人士正确编制集团成员公司债务人层面的财务报表,准确反映集团成员公司债务人的财务信息,这可能消耗稀缺的破产资源和宝贵的时间,付出巨大的破产程序成本。对集团成员公司债务人资产和负债的合并处理或者分开处理,需要考虑哪种方法能够避免不必要的成本支出,[④]使破产程序更

---

① See Henry Hansmann & Richard Squire, *External and Internal Asset Partitioning: Corporations and their Subsidiaries*, Bankruptcy Roundtable (Apr. 19, 2016), https://bankruptcyroundtable.law.harvard.edu/2016/04/19/external-and-internal-asset-partitioning-corporations-and-their-subsidiaries/.

② 参见李建伟:《公司关联担保规制的制度变迁与政策选择——兼论法律规制的目标与方法》,载《商事法论集》2006 年第 2 期。

③ 参见飞龙家电集团有限公司管理人公司合并纠纷破产案,浙江省慈溪市人民法院(2015)甬慈破字第 1－5 号民事裁定书。

④ See Samuel L. Bufford, *Coordination of Insolvency Cases for International Enterprise Groups: A Proposal*, 86 American Bankruptcy Law Journal 685 (2012).

有效率。①

企业集团实质合并破产制度对债权人的公平性受到普遍关注,②在我国《破产审判会议纪要》中,具体体现为"严重损害债权人公平清偿利益"的结果要件。这种担忧背后的深层次原因主要是被合并集团成员公司债务人可能有不同的资产负债比率,企业集团实质合并破产使所有债权人从合并的资产池中受偿,可能在被合并集团成员公司债务人的债权人之间产生重新分配财富的效果,再分配效应很可能对债权人造成伤害,产生不公平的威胁。企业集团实质合并破产制度的再分配效应以能够准确地计算被合并集团成员公司债务人的资产负债比率为前提。因此,企业集团实质合并破产制度对债权人的公平性可以被纳入区分集团成员公司债务人财产的成本要素中考虑。

我国法院虽然将企业集团实质合并破产制度的适用重心放在集团成员公司债务人之间法人人格混同上,但也有法院在适用企业集团实质合并破产制度时,注意到集团成员公司债务人之间资产和负债混同产生的区分困难。北京市第一中级人民法院《关联企业实质合并重整工作办法(试行)》第 7 条将关联企业资产、负债区分成本或者因记载资料匮乏等原因造成已经事实上无法区分关联企业资产、负债作为实质合并破产重整的适用标准之一。《破产审判会议纪要》明确规定,将区分各关联企业成员财产的成本过高作为认定企业集团实质合并破产的标准之一,但《破产审判会议纪要》没有说明什么情况下区分各关联企业成员财产的成本是过高的,也未给出具体明确的判断因素。

区分集团成员公司债务人财产的成本需要达到何种程度,才能达到区分集团成员公司债务人财产的成本过高,引起认定企业集团实质合并破产的评价?区分集团成员公司债务人财产的成本多寡本身带有经济意涵,可以诉诸经济分析来精确化其含义,并通过区分不同情形进行成本效益分析。由于效率是经济分析中评价结果好坏的核心标准,常使用的效率标准是帕累托效率和卡尔多－希克斯效率,区分集团成员公司财产的成本可以分为帕累托情形和卡尔多－希克斯情形。另

① 自化学银行案起,美国许多法院基于破产法效率理念,将区分集团成员公司债务人之间资产和负债的难度作为认定企业集团实质合并破产的理由之一。《澳大利亚公司法》关于法院裁定合并的考量因素,包含集团成员公司债务人之间活动和营业的混同程度等涉及区分集团成员公司债务人财产的成本要素。德国也有学说认为,在集团成员公司债务人财产混同且难以区分的情形下,出于节省成本和时间的考虑,适用企业集团实质合并破产制度具有可取性。

② See Jonathan Hightower, *The Consolidation of the Consolidations in Bankruptcy*, 38 Georgia Law Review 459 (2003).

外,区分集团成员公司财产之成本两端分别是不能区分和区分成本极低,所以还应当包括必要性情形和财富转移情形。

第一,在必要性情形中,当无法区分集团成员公司债务人的财产,实际上已经无法准确计算各集团成员公司债务人的资产负债比率时,适用企业集团实质合并破产制度不会因为各集团成员公司债务人之间具有不同的资产负债比率而产生财富转移与再分配的效果。出于避免程序拖延造成资源浪费的考虑,此种情形应当在各集团成员公司债务人的债权人之间进行平等分配,①对集团成员公司债务人适用企业集团实质合并破产制度符合破产法公平分配的要求。②

第二,在帕累托情形中,当区分集团成员公司债务人财产的成本不可能使所有债权人都受益时,区分集团成员公司债务人财产将造成无谓的成本负担和破产资源的消耗,降低所有债权人的预期清偿。不区分集团成员公司债务人财产至少有一个债权人清偿增加。出于破产法效率理念的追求,此种情形应当认定为区分集团成员公司债务人财产的成本过高,进而考虑适用企业集团实质合并破产制度。

第三,在卡尔多－希克斯情形中,当区分集团成员公司债务人财产的成本可能会使一些债权人受益,使另一些债权人受损,但如果适用企业集团实质合并破产制度节省的成本要高于区分集团成员公司债务人财产给一些债权人带来的损失时,不能认定为区分集团成员公司债务人财产的成本过高,从而考虑适用企业集团实质合并破产制度。因为这可能导致以某些债权人的经济损失来为其他债权人创造经济利益的情形。以牺牲其他债权人利益的方式加强某些债权人的权利需要有正当理由作为支撑。③ 比如,受企业集团实质合并破产损害的债权人同意,或者能够对受企业集团实质合并破产损害的债权人进行补偿。④

第四,在财富转移情形中,当区分集团成员公司债务人财产的成本较低,节省的区分成本远远低于适用企业集团实质合并破产制度造成的损害,更不应该当然产生适用企业集团实质合并破产制度的效果。因为这种情况将造成不当的财富再分配,损害破产法的公平清偿要求。

---

① Vgl. Wolfram Timm, Die Sanierung von Unternehmen, ZIP 4(1983), S. 236f.

② See Irit Mevorach, *Insolvency within Multinational Enterprise Groups*, Oxford University Press, 2009, p. 255.

③ See Douglas G. Baird, *Substantive Consolidation Today*, 47 Boston College Law Review 5 (2005).

④ See Janis Sarra, *Oversight and Financing of Cross-Border Business Enterprise Group Insolvency Proceedings*, 44 Texas International Law Journal 547 (2009).

区分集团成员公司债务人财产的成本过高至少应当建立在帕累托情形的基础上。对区分集团成员公司债务人财产的成本及其节省收益的评估,可以通过依靠会计师等专家人士及估值技术予以解决。在我国企业集团实质合并破产司法裁判中,法院、债权人和破产管理人等程序参与人通常会根据会计师事务所等中介机构出具的拟实质合并破产集团成员公司债务人财务审计报告,对区分集团成员公司债务人财产的成本进行判断。

例如,在金融街惠州惠阳置业有限公司实质合并破产清算案中,[①]法院在为相关集团成员公司债务人指定破产管理人后,破产管理人委托审计机构对相关集团成员公司债务人进行财务专项审计。审计机构出具的审计报告认为无法在严格意义上区分相关集团成员公司债务人的收支及财产情况,认定相关集团成员公司债务人存在财务资产混同且无法区分的情形。破产管理人将审计机构出具的审计报告作为申请企业集团实质合并破产清算的依据之一,法院根据审计机构的审计报告内容认定相关集团成员公司债务人存在资产财产、债权债务等方面高度混同,且难以区分。

3. 债权人同意要素

无论破产法在债权人主导破产程序的当事人支配主义和法院控制破产程序的职权主义之间如何摇摆,债权人自治都是破产法的一个重要面向。[②] 破产法最初及其本质上是债务人与债权人关系法,调整的是债务人和债权人之间的关系,[③]保护与实现债权人利益是破产法律制度设计的基本出发点。我国《企业破产法》第1条开宗明义,将公平清理债权债务和保护债权人的合法权益作为立法目的。由于坚信个人是其自身事务的最佳判断者与照顾者,私法自治有助于维护个人利益,并确保获得最优的经济效率,促进社会进步与经济效率,破产法中的集体行动建立在债权人自主决定的基础上。[④]

近几十年来,人们逐渐承认商事交易和组织的异质性,意识到当事人能够围绕

---

① 参见金融街惠州惠阳置业有限公司与惠州市惠阳区鸿裕实业发展有限公司等申请破产清算案,广东省高级人民法院(2018)粤破终第39号民事裁定书。

② Vgl. Christoph G. Paulus, Insolvenzverwalter und Gläubigerorgane, NZI 11(2008), S. 708.

③ See Thomas E. Plank, *Bankruptcy and Federalism*, 71 Fordham Law Review 1063 (2002).

④ Vgl. Hans Gerhard Ganter/Alexander Bruns, in: Münchener Kommentar zur Insolvenzordnung, Band 1, 4. Aufl. 2019, § 1 Rn. 46.

默示规则缔结与自身环境相适应的合同，商法改革增加法律灵活性，促进私人秩序。[①] 现代破产法的结构朝着合同导向转变，增加更灵活的规则促进利用合同的私人秩序，减少限制当事人缔约自由的强制性规则，尤其是将债务人及其债权人的谈判置于破产重整程序的核心，用多数决规则取代变更合同条款的一致同意要求的方式，解决谈判过程中可能出现的敲竹杠问题，促进债务人及其债权人的事后谈判。[②] 破产法通过不同程度的利用和限制当事人“同意”概念来调和相互竞争的权益，塑造破产法的自身内容，[③]为根据现行法律规则无法实施的问题解决方案提供正当理由。当事人“同意”的变革性力量更加表明债权人自治在破产程序中的重要作用。

在我国企业集团实质合并破产案件中，破产清算或者破产重整程序都存在利用债权人自治作为企业集团实质合并破产制度适用依据的现象。在纵横控股集团有限公司等6家公司实质合并破产重整案中，[④]纵横控股集团有限公司等6家公司分别向法院提出破产重整申请，法院分别裁定受理6家公司的破产重整申请后，为6家公司指定3个不同的破产管理人。因6家公司之间存在法人人格高度混同情形，6家公司的资产和负债难以区分，破产管理人提出实质合并破产重整的方案，并在6家公司第二次债权人会议上提交债权人会议表决。债权人会议对实质合并破产重整方案表决通过后，法院据此对6家公司进行实质合并破产重整审理。企业集团实质合并破产制度适用与否经由债权人会议表决的主要理由在于企业集团实质合并破产制度属于债权人自治的范畴，可通过债权人会议表决的方式确定是否予以适用，债权人会议表决增加适用企业集团实质合并破产制度的正当性。[⑤]

可以发现，我国司法实践可能将各个集团成员公司债务人的债权人会议表决

---

① See Lawrence A. Hamermesh, *The Policy Foundations of Delaware Corporate Law*, 106 Columbia Law Review 1749 (2006).

② See David A. Skeel Jr. & George Triantis, *Bankruptcy's Uneasy Shift to a Contract Paradigm*, 166 University of Pennsylvania Law Review 1777 (2018).

③ See Daniel J. Bussel & Kenneth N. Klee, *Recalibrating Consent in Bankruptcy*, 83 American Bankruptcy Law Journal 663 (2009).

④ 参见纵横集团“1+5”公司合并破产重整案，浙江省绍兴市中级人民法院(2009)浙绍商破字第1号民事裁定书。

⑤ 参见王永亮、黄杰国、高丽宏：《关联企业破产实体合并的司法实践》，载《人民司法》2010年第16期。

通过作为适用企业集团实质合并破产制度的前提条件。[①] 不过实践中有法院认为,债权人会议表决是否适用企业集团实质合并破产制度仅是一项程序性事项,即便在重整程序中作为制订重整计划的基础,与重整计划草案存在联系,但不是重整计划草案的组成部分,所以不适用重整计划的分组表决方式,债权人会议应当分别就是否实质合并破产重整予以表决。[②]

债权人如何对企业集团实质合并破产进行表决是一个难题。[③] 在我国企业集团实质合并破产司法实践中,利用债权人会议对是否适用实质合并破产制度进行表决,经常是在各个集团成员公司债务人的债权人会议基础上进行分离表决。但是,当集团成员公司债务人资产和负债严重混同,且很难作出准确的区分时,在分离基础上进行的债权人表决可能存在问题,事实上是难以合理地进行。

有观点认为,不应当把各个集团成员公司债务人的债权人会议通过作为适用企业集团实质合并破产制度的必要条件。一方面,这可能会因为部分集团成员公司债务人的债权人会议反对,阻碍企业集团实质合并破产清算或者破产重整的进行,不符合司法实践的需要。另一方面,企业集团实质合并破产制度是关于法人人格混同的认定,该认定是具有司法效力的裁判,不属于债权人会议的职权范围,只能由法院作出。[④] 实践中有法院遵循这种观点,认为根据《破产审判会议纪要》第33条的规定,法院在收到企业集团实质合并破产申请后,及时完成送达和组织听证程序,在此基础上对企业集团实质合并破产制度的适用条件进行审查并作出裁定。是否符合企业集团实质合并破产制度适用条件属于司法裁判权的范畴,债权人会议是债权人的议事决策机构,债权人会议的功能是听取报告、审议议案、决定营业事务等,以实现债权人自治,二者在性质、功能和宗旨上存在较大差异。通过债权人会议对企业集团实质合并破产进行表决,混淆了法院的司法裁判权与债权

---

① 这种利用债权人自治实现企业集团实质合并破产的方式与美国和德国的情况有明显差异,但利用债权人会议表决的做法与澳大利亚法的做法具有一定的相似性。美国企业集团实质合并破产重整计划和德国企业集团实质合并破产计划分别采取的是重整计划和破产计划的分组表决方式。

② 参见陶蛟龙、史和新:《关联公司合并破产重整若干法律问题研究——以纵横集团"1+5"公司合并重整案件为视角》,载《政治与法律》2012年第2期。

③ 德国理论提出,企业集团实质合并破产计划应当分别在每家集团成员公司债务人破产程序中进行表决。美国企业集团实质合并破产重整计划通常是在合并基础上对重整计划进行分组表决,虽然有观点担心合并投票可能稀释债权人的投票权,认为应当在分离的基础上进行重整计划表决,但债权人可以在法院确认重整计划的听证中充分表达对企业集团实质合并破产的意见,为债权人提供了保护。

④ 参见王欣新:《关联企业的实质合并破产程序》,载《人民司法(应用)》2016年第28期。

人会议的自治权。[①] 目前我国大多数企业集团实质合并破产司法裁判很少会在适用企业集团实质合并破产制度前寻求债权人会议表决。

这种观点本身值得商榷。[②] 企业集团实质合并破产制度本质上涉及对破产财产的管理、处置和分配,破产财产是债权人利益分配的物质基础,破产财产的管理、处置和分配是否得当,直接关系到债权人的切身利益,[③]应当给予债权人参与、监督和表达意见的机会。债权人自治原则是贯穿破产法始终的基本原则,债权人自治原则内容之一表现为债权人参与决定破产财产的分配。[④] 我国《企业破产法》第61条规定,破产财产的管理、处置和分配应由破产管理人制订成方案,交债权人会议表决通过。债权人会议是破产程序中债权人自治的类型之一。[⑤] 由于实践中可能存在多项关系到债权人利益而需要由债权人会议表决的事项,为保持法律弹性,《企业破产法》第61条特意对债权人会议表决的事项规定兜底条款。依《企业破产法》第61条的文义解释,债权人会议并非没有职权对是否适用企业集团实质合并破产进行表决。

让债权人参与对破产程序很重要的关键决策,尤其是涉及债权人利益的决策,是经过经济分析得出的结论。在破产程序中,公司股东持有的股权价值几乎为零,公司债权人取代股东成为公司财产的剩余索取权人。由于债权人的财产价值处于危险之中,债权人是受破产影响的主要当事人,债权人能够从债务人财产的管理和变价中获取绝大多数边际收益,同时债权人也承担着债务人财产管理和变价不当的风险,[⑥]理论上更有观点主张,当公司濒临破产时,公司董事的信义义务对象应当向公司债权人转移。[⑦] 正是出于这种风险承担,债权人在破产程序中需要参与到关键事项的决策中,债权人有适当的激励作出正确的决策。

---

① 参见上海某兴铝业有限公司等三公司关联企业实质合并破产案,上海市第三中级人民法院(2019)沪03破监2号民事裁定书。

② 从比较法层面观察企业集团实质合并破产制度的发展,可以发现企业集团实质合并破产能够通过两种方式实现,一是法院裁定企业集团实质合并破产,二是利用债权人自治证明认定企业集团实质合并破产的正当性。

③ 参见韩长印主编:《破产法学》(第2版),中国政法大学出版社2016年版,第223页。

④ 参见许德凤:《破产法基本原则再认识》,载《法学》2009年第8期。

⑤ 参见邹海林:《我国新破产法(草案)与债权人自治》,载《法学家》2005年第2期。

⑥ See Paul Davies, *Directors' Creditor-Regarding Duties in Respect of Trading Decisions Taken in the Vicinity of Insolvency*, 7 European Business Organization Law Review 301 (2006).

⑦ See Andrew Keay, *The Shifting of Directors' Duties in the Vicinity of Insolvency*, 24 International Insolvency Review 140 (2015).

虽然企业集团实质合并破产认定未必需要事先经过债权人会议表决，但应当给予债权人发表意见的机会，听取债权人的意见。因为企业集团实质合并破产属于涉及债权人利益的重大事项，债权人应当有权决定是否放弃企业集团资产分割的收益，表达是否同意适用企业集团实质合并破产制度，法院应当尊重债权人自治。债权人同意应当成为法院考虑是否裁定企业集团实质合并破产的一项重要考量要素，可以被用来实现企业集团实质合并破产。①

适用企业集团实质合并破产并不要求达到所有债权人一致同意的程度，只要多数债权人同意即可，而且这些债权人应当是利益受到企业集团实质合并破产影响的债权人。② 当前我国法院在作出企业集团实质合并破产裁定前通常会寻求听取债权人的意见，组织债权人召开企业集团实质合并破产听证会，适用企业集团实质合并破产同样不需要债权人一致同意。只是当债权人协商一致同意适用企业集团实质合并破产制度时，法院更应尊重债权人意愿，考虑适用企业集团实质合并破产制度。当债权人未能达成一致时，法院应当进一步考察其他要素的充足度，审查适用企业集团实质合并破产制度的必要性。

例如，在上海安鲜达物流科技有限公司等 3 家公司实质合并破产重整案中，③上海安鲜达物流科技有限公司等 3 家公司的联合破产管理人以 3 家公司存在"法人人格高度混同、区分各公司财产的成本过高、严重损害债权人公平清偿利益"为由，向法院申请实质合并破产重整。法院就实质合并破产重整申请召开听证会，联合破产管理人、3 家公司的法定代表人和债权人的委托代理人参加听证会。一些债权人对实质合并破产重整不持异议，另一些债权人没有就是否同意实质合并破产重整给出具体意见。法院听取债权人意见后，根据会计师事务所出具的《专项审查报告》等证据对 3 家公司的组织架构、经营管理、资产和财务等情况进行审查，认为 3 家公司在意志、人员、资产和负债等方面已达到持续高度混同，导致资产和负债难以区分，债权人公平清偿利益严重受损，裁定 3 家公司实质合并破产重整。

---

① See Daniel J. Bussel, *Corporate Governance, Bankruptcy Waivers, and Consolidation in Bankruptcy*, 36 Emory Bankruptcy Developments Journal 99 (2020). 解正山：《论公司临近破产时的董事义务及问责制——基于公司法与破产法交错视角的思考》，载《当代法学》2022 年第 6 期。

② See Jennifer Dickfos, *Improving Outcomes for Creditors: Balancing Efficiency with Creditor Protections*, 16 Insolvency Law Journal 84 (2008).

③ 参见上海安鲜达物流科技有限公司、上海云象供应链管理有限公司等申请破产重整案，上海市第三中级人民法院(2020)沪 03 破 198 号之一民事裁定书。

（二）企业集团实质合并破产认定的要素协动

就企业集团实质合并破产认定的动态体系论中的要素协动而言，法人人格混同要素、区分集团成员公司债务人财产的成本要素和债权人同意要素的协动方向是一致的。法人人格混同程度越严重、区分集团成员公司债务人财产的成本越高、债权人同意的程度越高，越应当考虑适用企业集团实质合并破产制度。

1.基础评价与原则性示例

在企业集团实质合并破产认定的动态体系论下，如果以A表示法人人格混同要素，B表示区分集团成员公司债务人财产的成本要素，C表示债权人同意要素，a1、b1、c1分别表示法人人格混同要素的充足度、区分集团成员公司债务人财产之成本要素的充足度、债权人同意要素的充足度，则法院是否裁定企业集团实质合并破产的评价框架应当是：要素A×a1+要素B×b1+要素C×c1=企业集团实质合并破产效果。

通过上述分析，结合各项要素，法院裁定适用企业集团实质合并破产的基础评价应当是：当集团成员公司债务人法人人格高度混同、区分集团成员公司债务人财产的成本过高致使不会有任何一个债权人受益和多数债权人同意时，可以评价企业集团实质合并破产的法律效果。例如，在最高人民法院指导性案例重庆金江印染有限公司等实质合并破产清算案中，[①]重庆金江印染有限公司和重庆川江针纺有限公司的共同破产管理人向破产管辖法院提出实质合并破产清算申请，法院组织2家公司的债权人会议主席、债权人委员会成员、2家公司共同委托代理人等召开听证会。在法院作出实质合并破产清算裁定前，2家公司的债权人会议分别通过对2家公司进行实质合并破产清算的方案。法院在听证会中审查发现，2家公司存在法人人格高度混同、2家公司的资产和负债无法完全区分且分别清算将严重损害债权人利益，裁定2家公司实质合并破产清算。本案中，法院裁定实质合并破产清算符合“集团成员公司债务人间法人人格高度混同+区分集团成员公司债务人财产的成本过高致使不会有任何一个债权人受益+多数债权人同意”的基础评价。

此外，在早期的上海美浩电器有限公司等3家公司实质合并破产清算案和近期的北大方正集团有限公司等5家公司实质合并破产重整案等案件中，同样可以

---

① 参见重庆金江印染有限公司、重庆川江针纺有限公司破产管理人申请实质合并破产清算案，重庆市江津区人民法院(2015)津法民破字第00001号之六民事裁定书。

发现这种企业集团实质合并破产认定之动态体系论的基础评价和原则性示例。

在上海美浩电器有限公司等3家公司实质合并破产清算案中,[①]上海美浩电器有限公司等3家公司因拖欠欠款,先后被债权人提出破产申请,法院通过指定管辖获得对3家公司破产管辖权,受理债权人对3家公司的破产申请后,指定相同的破产管理人负责3家公司的清算工作。破产管理人在清算过程中发现,3家公司法人人格高度混同,3家公司的资产和债务无法区分,分别清算会增加清算成本,不利于债权人公平清偿。破产管理人制订3家公司的财产合并清算和统一清偿的清偿方案,分别提交3家公司债权人会议表决通过。法院对3家公司的法人人格混同程度、3家公司财产是否可以区分和债权人会议表决有效性进行审查之后,认为3家公司法人人格高度混同、3家公司财产难以区分和多数债权人同意实质合并破产清算,进而确认实质合并破产清算方案。

在北大方正集团有限公司等5家公司实质合并破产重整案中,[②]北大方正集团有限公司因不能清偿到期债务且明显缺乏清偿能力,被债权人北京银行股份有限公司申请破产重整,法院裁定受理破产重整申请后,指定北大方正集团有限公司清算组担任北大方正集团有限公司的破产管理人。破产管理人以北大方正集团有限公司、方正产业控股有限公司、北大医疗产业集团有限公司、北大方正信息产业集团有限公司、北大资源集团有限公司之间存在高度关联性、区分5家公司财产的成本过高、单独重整将严重损害债权人公平清偿利益为由,申请5家公司进行实质合并破产重整。法院组织破产管理人、被申请公司的法定代表人/委托代理人和债权人的委托代理人召开听证会。在听证会上,债权人对实质合并破产重整的一致同意未能达成,其中一个债权人太平资产管理有限公司对实质合并破产重整提出异议,认为实质合并破产重整将损害其债权清偿顺序和可清偿金额。法院根据会计师事务所出具的调查报告等证据,对5家公司的股权结构、经营管理、财务管理、资产和负债等情况进行审查后,认为5家公司之间存在显著、广泛和持续的法人人格混同,区分5家公司财产的成本过高,实质合并破产重整有利于保护债权人的整体清偿利益,并不会影响债权人太平资产管理有限公司的清偿顺序,裁定5家公司的实质合并破产重整。

---

① 参见上海美浩电器有限公司与上海特毅通用动力机械有限公司等申请破产清算纠纷案,上海市金山区人民法院(2008)金民二(商)破字第3号民事裁定书。

② 参见北大方正集团有限公司管理人等申请破产重整案,北京市第一中级人民法院(2020)京01破申530号民事裁定书。

2. 要素的比较与运作

动态体系论并不取决于多个要素的堆积。① 在构建适用企业集团实质合并破产制度的基础时，集团成员公司债务人法人人格混同要素、区分集团成员公司债务人财产的成本要素、债权人同意要素并非都需要满足特定的充足度。在各个具体案件中，集团成员公司债务人法人人格混同要素、区分集团成员公司债务人财产的成本要素、债权人同意要素按照各自的充足度相互结合、补充，形成企业集团实质合并破产的法律效果。法院需要根据个案表现出的企业集团实质合并破产认定要素及其充足度，与基础评价进行比较，判断企业集团实质合并破产的法律效果。

在具体个案中，如果债权人同意程度未达到基础评价中“多数债权人同意”的充足度，但集团成员公司债务人法人人格达到严重混同程度和/或区分集团成员公司债务人财产的成本高至不能区分的程度，通过集团成员公司债务人法人人格混同要素和/或区分集团成员公司债务人财产之成本要素更高的充足度，补充债权人同意要素充足度的不足，从而提供与“集团成员公司债务人法人人格高度混同 + 区分集团成员公司债务人财产的成本过高致使不会有任何一个债权人受益 + 多数债权人同意”情形几乎相同的企业集团实质合并破产法律效果。如果集团成员公司法人人格混同要素和/或区分集团成员公司债务人财产的成本要素未能达到更高的充足度，不能补充债权人同意充足度的不足，则不能形成企业集团实质合并破产法律效果。

例如，在绿能高科集团实质合并破产清算申请案中，②绿能高科集团向法院提出与中原绿能高科有限公司、绿能融创燃气有限公司、绿能物流有限公司实质合并破产清算申请，多数债权人在听证会中对实质合并破产清算提出异议，此时能否裁定实质合并破产清算就需要考察集团成员公司债务人法人人格混同要素和区分集团成员公司债务人财产之成本要素的充足度。若集团成员公司法人人格混同要素充足度满足“法人人格高度混同”的基础评价要求，区分集团成员公司债务人财产的成本要素充足度超过基础评价中“区分集团成员公司财产的成本过高致使不会有任何一个债权人受益”，达到不可能区分的充足度，则可以通过区分集团成员公司债务人财产的成本要素充足度补足债权人同意要素充足度的不足，认定实质合

---

① Vgl. Maurer Franz, Das bewegliche System zur Konkretisierung der Sittenwidrigkeit bei § 826 BGB, 2017, S. 78.

② 参见绿能高科集团实质合并破产清算申请案，北京市第一中级人民法院(2021)京01破申90号民事裁定书。

并破产。该案中,绿能高科集团未能证明与其他 3 家公司存在法人人格高度混同和区分各公司财产的成本过高。因而法院以异议债权人对实质合并破产清算不予认可,绿能高科集团未能证明与其他 3 家公司存在法人人格高度混同和区分各公司财产的成本过高,裁定不予受理实质合并破产申请。

又如,在康得新复合材料集团股份有限公司实质合并破产重整案中,①康得公司等 3 家公司的破产管理人共同向法院申请实质合并破产重整,建筑公司等 8 家债权人对实质合并破产重整提出异议。法院通过审查认为,康得公司等 3 家公司法人人格高度混同,3 家公司财务长期混同,内部往来款记账差异巨大,厘清关联方债权债务关系难度很大,难以对 3 家公司的财产进行区分,8 家债权人异议理由不能成立,裁定 3 家公司实质合并破产重整。在企业集团实质合并破产认定动态体系下,该案认定实质合并破产重整的依据事实上应当是区分集团成员公司债务人财产的成本要素充足度已经达到不可能区分的程度,对债权人同意要素充足度之不足进行了补强,通过要素之间的动态互动可以评价企业集团实质合并破产重整。

如果集团成员公司法人人格未达到高度混同程度和/或区分集团成员公司债务人财产的成本未达到过高的程度,要发生企业集团实质合并破产的法律效果,就需要债权人同意的程度达到一致同意的程度,而不能仅是多数债权人同意的程度。通过比基础评价中债权人同意程度更高的债权人同意程度要求,弥补集团成员公司债务人法人人格混同要素和/或区分集团成员公司债务人财产的成本要素的充足度不足,形成企业集团实质合并破产的法律效果。比如,美国法允许在确定公司法人人格高度混同的方式之外通过重整计划实现企业集团实质合并破产,这表明即便其他要素的充足度较低,但债权人同意要素充足度较高时,仍可能认定企业集团实质合并破产。在破产程序中债权人同意涉及对其权利的处分,当不存在欺诈、胁迫等影响债权人表意自由的情况时,从私法自治的角度有其本身的正当性。②当前我国企业集团实质合并破产案件中尚未出现在债权人同意要素达到一致同意,而其他要素充足度不足时,法院裁定企业集团实质合并破产的情况。

我国法院在实质合并破产认定上仍遵循“构成要件—法律后果”的思维模式,

---

① 参见康得新复合材料集团股份有限公司实质合并破产重整案,江苏省苏州市中级人民法院(2021)苏 05 破 5 号民事裁定书。

② 参见李永军:《重申破产法的私法精神》,载《政法论坛》2002 年第 3 期。

未充分认识到要素、要素的充足度和要素间的协动关系，尚未从“构成要件—法律后果”思维模式转向动态体系论的思维模式。在“构成要件”思维模式下，任何一个构成要件有无的判断均可直接决定法律效果的发生与否，各项要件的判断彼此独立，相互不发生影响。我国法院主要关注集团成员公司债务人法人人格混同要素，考虑集团成员公司债务人法人人格是否达到高度混同程度，如果集团成员公司债务人法人人格未达到高度混同程度，法院将不会裁定企业集团实质合并破产，①当集团成员公司债务人法人人格轻微混同时同样如此，忽视其他要素充足度对集团成员公司债务人法人人格混同要素充足度的补充及协动作用。

例如，在三星机床公司等实质合并破产清算案中，②三星机床公司 2/3 以上有表决权的债权人在债权人会议上同意三星机床公司、三星锻压公司和三星玻璃公司实质合并破产清算，三星锻压公司和三星玻璃公司的债权人均同意 3 家公司实质合并破产清算，但法院认为 3 家公司法人人格只是轻微混同，未达到高度混同的程度，裁定不予实质合并破产清算。该案中，法院没有考虑债权人同意要素的充足度，也没有考虑债权人同意要素的充足度能否与集团成员公司债务人法人人格混同要素相互补充。忽视要素的协动关系排除了通过债权人谈判形成债权人一致同意，使企业集团实质合并破产转化为帕累托最优方案，在帕累托最优基础上实施企业集团实质合并破产的可能性。

未来《企业破产法》的修订在企业集团实质合并破产认定规则设计上可以考虑运用动态体系论方法，确定实质合并破产认定需要考量的要素。动态体系论在我国立法中已经有所运用，《民法典》“人格权编”多处采用了动态体系论。③ 例如，《民法典》第 1026 条针对新闻媒体侵权纠纷中认定媒体对其报道是否尽到合理核实义务，规定应当考虑的因素包括内容来源的可信度、对明显可能引发争议的内容是否进行了必要的调查、内容的时限性、内容与公序良俗的关联性、受害人名誉受贬损的可能性、核实能力和核实成本。相关立法经验为《企业破产法》在企业集团实质合并破产认定规则设计中采纳与运用动态体系论提供参考。具体在企业集团实质合并破产认定规则上，规定法院在审理企业集团破产案件中，应当尊重企业法

---

① 参见浙江百基特材科技有限公司、浙江百基不锈钢有限公司、浙江百基机械有限公司破产案，浙江省临海市人民法院(2019)浙 1082 破申 38 号民事裁定书。

② 参见三星机床公司等实质合并破产清算案，湖南省长沙市中级人民法院(2020)湘 01 破监 1 号民事裁定书。

③ 参见王利明：《民法典人格权编中动态系统论的采纳与运用》，载《法学家》2020 年第 4 期。

人人格的独立性，以对企业集团成员公司的破产原因进行单独判断并适用单个破产程序为基本原则。认定适用实质合并破产，应当考虑下列因素：集团成员公司法人人格混同程度、区分集团成员公司财产的成本、债权人同意程度。立法层面的条文设计为企业集团实质合并破产认定的动态体系论在司法实践中的运用奠定基础与提供指导。

二、实质合并破产制度的法律效果

《破产审判会议纪要》第36条规定了企业集团实质合并破产制度的一般法律效果，但对企业集团实质合并破产制度的特殊法律效果缺少规定。企业集团实质合并破产制度的特殊法律效果有待于进一步斟酌和完善。

（一）实质合并破产制度法律效果的弹性化

实质合并破产制度的一般法律效果是集团成员公司债务人之间的债权债务归于消灭，各集团成员公司债务人的财产作为合并后统一的破产财产，由各集团成员公司债务人的债权人在同一程序中按照法定顺序进行公平受偿。

在动态体系论下，法律效果的实现不同于“构成要件—法律效果”模式中全有或者全无的状态，而是取决要素之间的协动作用。要素到法律效果之间是一个非逻辑演绎的论题学结构，根据要素的协动作用，构建全部法律效果或者部分法律效果的基础，从而实现最终结果的弹性化。[①] 在企业集团实质合并破产制度动态体系论构造中，根据要素的协动作用结果，可以实现完全实质合并破产效果或者部分实质合并破产效果，企业集团实质合并破产制度的效果并非全有或者全无的状态。换言之，要素协动作用的结果表明，企业集团实质合并破产是必要且有益的，但可能会对某些债权人造成损害，可采取将这些债权人排除在合并效果外或者调整合并效果的部分实质合并破产的方式，避免对这些债权人造成不利影响。

例如，假设一家集团成员公司债务人（A）对另一家集团成员公司债务人（B）享有1000万元债权，集团成员公司债务人（A）向银行申请贷款，并用其对另一家集团成员公司债务人（B）享有1000万元债权来做担保，即设定债权质押。如果遵循完全实质合并破产的一般效果，拟合并集团成员公司债务人相互间的债权债务关系消灭，此时类似发生《民法典》中债权债务混同的效果，质权人银行的担保利益显然有可能受到影响，尤其是在该质押债权上还存在其他主体之保证的情况下，

---

① 参见解亘、班天可：《被误解和被高估的动态体系论》，载《法学研究》2017年第2期。

该质押债权的继续存在对质权人银行具有特别的意义。在债权成为第三人权利标的之场合，债权债务混同不消灭债权。[①]《民法典》第576条规定，债权债务混同的效力限于非损害第三人利益的情形。相似地，在实质合并破产可能损害某些债权人的情形下，可以考虑对实质合并破产的效果进行调整，而非采取完全实质合并破产的效果。[②]

只影响被合并集团成员公司债务人某些资产或者债权的部分实质合并破产做法在我国理论上较少受到关注，司法实践中也很少见，或者可以说司法实践中几乎没有运用部分实质合并破产处理企业集团破产的案件。[③] 出现这种情况的原因可能很大程度上是因为法院在判断企业集团实质合并破产制度的适用上采取"构成要件—法律效果"的全有或者全无的思维方式。在司法实践中，法院大多以集团成员公司债务人法人人格高度混同作为适用企业集团实质合并破产制度的依据。在这种情况下，债权人利益受到严重损害，分别破产清算或者破产重整会造成集团成员公司债务人之间债权人受偿率极高和极低的分化现象，产生严重的不公平，适用企业集团实质合并破产制度对债权人没有存在不公平，[④]没有必要采取部分实质合并破产的方法进行调整。

在未达到集团成员公司债务人法人人格高度混同的情况下，法院不太可能裁定适用企业集团实质合并破产制度。例如，在中国华信能源有限公司等16家关联企业实质合并破产清算案中，[⑤]华信能源有限公司等16家关联企业的联合破产管理人以法人人格高度混同为由，向法院申请将上海开源华信投资管理有限公司纳入实质合并破产清算。法院组织召开听证会，华信能源有限公司等16家关联企业的联合破产管理人、上海开源华信投资管理有限公司的法定代表人、委托人等参加听证会，被申请人上海开源华信投资管理有限公司对实质合并破产清算提出异议。法院根据《破产审判会议纪要》认为，上海开源华信投资管理有限公司是否适用实

---

① 参见史尚宽：《债法总论》，中国政法大学出版社2000年版，第881页。

② 美国判例法针对具体情形也允许部分实质合并破产的做法，限制完全实质合并破产的效果，比如为保护特定债权人对集团成员公司债务人独立性的信赖，允许该债权人在部分实质合并破产下获得没有企业集团实质合并破产时所能得到的清偿。《澳大利亚公司法》第571条和第579E条分别规定在自愿合并或者法院裁定合并中，可以对企业集团实质合并破产的效果进行调整，无须严格遵循完全实质合并破产的效果。

③ 参见王欣新、周薇：《关联企业的合并破产重整启动研究》，载《政法论坛》2011年第6期。

④ 参见孔维璜：《实质合并规则的理解和运用》，载《人民司法(应用)》2016年第28期。

⑤ 参见中国华信能源有限公司等关联企业实质合并破产清算案，上海市第三中级人民法院(2021)沪03破申143号民事裁定书。

质合并破产清算,应考虑该公司是否与华信能源有限公司等16家关联企业之间存在法人人格高度混同情形、区分各关联企业财产的成本是否过高、是否有利于全体债权人公平清偿利益。法院结合当事人提交的证据和审计报告审查认为,上海开源华信投资管理有限公司与华信能源有限公司等16家关联企业构成法人人格高度混同的证据不足,在此情况下也不需要对"区分各关联企业财产的成本是否过高"和"是否有利于全体债权人公平清偿利益"进行阐述,对联合破产管理人申请对上海开源华信投资管理有限公司实质合并破产清算的主张不予支持。

在企业集团实质合并破产制度动态体系论下,法律效果是根据个案中要素的协动作用,并在此基础上以整体评价法律效果的方式实现的,结果可能是构建完全实质合并破产或者部分实质合并破产的法律效果。换言之,企业集团实质合并破产制度动态体系论中的法律效果不是全有或者全无地发生。相反,企业集团实质合并破产法律效果可以全部或者部分地发生。部分实质合并破产符合企业集团实质合并破产制度的价值理念,并为整合集团成员公司债务人的资源提供新的可能,这种弹性化的法律效果满足不同个案事实的差异化需求。

(二)实质合并破产制度的特殊法律效果

除企业集团实质合并破产制度法律效果的弹性化之外,对于企业集团实质合并破产制度的特殊法律效果,还需要考虑非债务人集团成员公司和债务人集团成员公司能否实质合并破产、企业集团实质合并破产是否具有溯及力和企业集团实质合并破产是否会影响破产抵销规则的问题。

1. 非债务人集团成员公司与债务人集团成员公司的实质合并破产

我国学术界和实务界对实质合并破产的范围能否包括不存在破产原因的非债务人集团成员公司有着明显对立的观点分歧。学说上有观点主张,实质合并破产范围能够包括非债务人集团成员公司,在非债务人集团成员公司与破产集团成员公司构成法人人格高度混同的情况下,将非债务人集团成员公司纳入实质合并破产范围,有助于避免人为选择或者规避纳入企业集团实质合并破产范围的集团成员公司所产生的不公平。[①] 这需要区分形式上非破产的集团成员公司和实质上非破产的集团成员公司。前者是指虽然从集团成员公司的外观看没有发生破产原因,但矫正企业集团内部利益输送和减免负担后,该集团成员公司存在破产原因。后者是指矫正企业集团内部不合理的利益输送后,该集团成员公司仍不存在破产

① 参见王欣新:《关联企业的实质合并破产程序》,载《人民司法(应用)》2016年第28期。

原因。实质上非破产集团成员公司仍有可能因为挽救其他集团成员公司的需要，适用实质合并破产重整。实务观点认为，由于破产清算将导致企业法人资格的丧失，在破产清算中，只有在利用公司法人人格否认、破产撤销、破产无效等制度确定非债务人集团成员公司具有破产原因的情况下，才应将该非债务人集团成员公司纳入企业集团实质合并破产范围，而破产重整中，只有在各方主体达成合意的情况下，才应允许将非债务人集团成员公司纳入企业集团实质合并破产重整范围。①

在我国企业集团实质合并破产司法实践中，将非债务人集团成员公司与债务人集团成员公司实质合并破产的情况较为少见。在一些个别情形中，法院基于非债务人集团成员公司与债务人集团成员公司之间形成法人人格高度混同，将非债务人集团成员公司与债务人集团成员公司实质合并破产。在这种个别情形中，非债务人集团成员公司可能只是具有形式上的偿付能力。法院在司法实践中对非债务人集团成员公司与债务人集团成员公司的实质合并破产做法相当克制，因为将不具有破产原因的集团成员公司纳入企业集团实质合并破产范围有倾轧公司法人独立人格和损害该集团成员公司利益的风险。② 法院通常在集团成员公司债务人分别提出破产申请或者一并提出破产申请，进入破产程序之后，裁定实质合并破产。③ 这意味着适用企业集团实质合并破产的集团成员公司债务人应当已经启动破产程序。

未来《企业破产法》在增加关于企业集团实质合并破产制度的立法时，以及企业集团实质合并破产制度的司法适用，对非债务人集团成员公司与债务人集团成员公司实质合并破产的做法应当保持克制态度，原则上不应当将非债务人集团成员公司与债务人集团成员公司进行实质合并破产。原因如下：

第一，从法教义学角度来看，根据《企业破产法》第 2 条和第 7 条的规定，进入破产清算或者破产重整程序的集团成员公司应当具备破产原因。将不具有破产原因的非债务人集团成员公司纳入企业集团实质合并破产范围，与债务人集团成员公司进行实质合并破产，与现行法律体系存在抵牾，违反启动破产程序需要具备破产原因的规定要求。

---

① 参见高小刚、陈萍：《论关联企业破产程序中实质合并原则的适用》，载《法律适用》2020 年第 12 期。

② 参见王静、蒋伟：《实质合并破产制度适用实证研究——以企业破产法实施以来 76 件案例为样本》，载《法律适用》2019 年第 12 期。

③ 参见无锡市奥特钢管有限公司与无锡市沪通焊管有限公司合并破产清算案，江苏省无锡市中级人民法院(2010)锡破字第 3 号民事裁定书。

第二，由于现实中普遍存在的企业集团破产的“多米诺骨牌效应”，集团成员公司具有偿付能力，一定程度上表明其与其他集团成员公司之间混同、一体化程度不高，资产与负债能够被计算，不满足企业集团实质合并破产要素的充足度。若集团成员公司的偿付能力是由其他集团成员公司的不当利益输送和/或欺诈性资产转让造成的，可通过破产外撤销、破产撤销或者“刺破公司面纱”制度予以救济与矫正。将未破产的非债务人集团成员公司与破产的债务人集团成员公司进行实质合并破产，可能会严重损害有效资本市场所依赖的法律之可预测性、对公司形式的尊重和对破产法律制度的一贯适用。如同联合国国际贸易法委员会《贸易法委员会破产法立法指南》第三部分“破产企业集团对待办法”的建议，未破产的集团成员公司与破产的集团成员公司的实质合并破产应限于通过调查发现因资产混同或者该未破产的集团成员公司为虚假实体或者涉嫌欺诈意图，即表面上虽未破产，但实际已经破产的情形。①

第三，在破产重整中，若把未破产的企业集团成员公司列入企业集团实质合并破产范围，对实现其他企业集团成员公司债务人的破产重整有所助益，可考虑通过听证会的正当程序在破产计划中令其以重组方的角色参与企业集团实质合并破产重整。

2. 实质合并破产裁定对破产撤销的效果

在企业集团破产中，集团成员公司债务人申请破产的时间可能会有不同，进入破产程序的时间也可能有所差异。如果认可企业集团实质合并破产裁定具有追溯效力，结果意味着最先提出破产申请的集团成员公司债务人所提出的破产申请时间，成为其他被合并集团成员公司债务人破产撤销的计算时间。

企业集团实质合并破产制度在我国司法实践中的运作通常是法院在为破产集团成员公司债务人指定破产管理人之后，破产管理人在履行接管集团成员公司债务人财产、调查集团成员公司债务人财产状况和管理集团成员公司债务人财产等的过程中，发现集团成员公司债务人之间符合企业集团实质合并破产标准，申请企业集团实质合并破产清算或者破产重整。法院在举行企业集团实质合并破产听证后，对符合企业集团实质合并破产标准的，作出企业集团实质合并破产裁定。即使

① 参见联合国国际贸易法委员会：《贸易法委员会破产法立法指南》，载联合国国际贸易法委员会网 2009 年 8 月 31 日，https://uncitral.un.org/sites/uncitral.un.org/files/media-documents/uncitral/zh/leg-guide-insol-part3－ebook-c.pdf。

之后另有集团成员公司债务人申请破产，提出实质合并破产请求，法院也将在重新听证后作出实质合并破产裁定。根据《民事诉讼法》和《破产审判会议纪要》的规定，企业集团实质合并破产裁定不属于可以上诉的裁定，作出即发生法律效力。[①]故而，我国企业集团实质合并破产裁定自作出时生效，没有追溯效力，不会对破产撤销权的运作产生影响。

赋予企业集团实质合并破产裁定追溯效力的逻辑是集团成员公司债务人在经济现实上作为一个整体或者单一经济企业运作，应当一体对待，防止集团成员公司债务人的不当行为减少所有集团成员公司债务人之债权人的受偿，确保所有集团成员公司债务人之债权人得到平等对待。在中国法语境下，赋予企业集团实质合并破产裁定追溯效力，无异于是人为地提前后面破产的集团成员公司债务人的破产受理时间和破产临界期，不仅与现行的破产法体系，还与民事诉讼法体系有所抵牾。我国司法实践中不赋予企业集团实质合并破产裁定追溯效力，符合对法律安定性和体系化的考虑。

3. 实质合并破产制度对破产抵销的效果

抵销是清结债权债务的一种方式，抵销的效力在破产程序中得到承认。抵销人将自己的债务与抵销相对人的债务冲抵，使抵销人与抵销相对人彼此的债务全部或者部分归于消灭。抵销的双方当事人在抵销范围内免除各自的债务履行，同时担保抵销人债权的实现，因而抵销具有清偿功能、执行功能和担保功能。[②]从经济视角来看，抵销免除双方当事人各自的亲自履行债务，节省履行费用，有降低交易成本的功效。

在企业集团破产情形中，可能会出现某一债权人对一家集团成员公司债务人享有金钱债权，而对另一家集团成员公司债务人负有金钱债务的现象。该债权人能否将其对一家集团成员公司债务人的债权与另一家集团成员公司债务人对其享有的债权进行抵销？企业集团实质合并破产制度是否会创造破产抵销的相互性要件，影响破产抵销的适用？

我国学术界和实务界较少关注企业集团实质合并破产制度是否会影响破产抵销的法律效果问题，企业集团实质合并破产司法裁判中出现过将债权人对一个集团成员公司债务人的债权与该债权人对另一个集团成员公司债务人的债务进行抵

---

① 参见《民事诉讼法》第154条和第155条。

② 参见王洪亮：《债法总论》，北京大学出版社2016年版，第173～174页。

销的情形。在江苏省纺织工业(集团)进出口有限公司等6家公司实质合并破产重整案中,[①]纺织工业(集团)进出口有限公司等6家公司申请破产重整,法院裁定受理破产重整,为6家公司指定共同的破产管理人后,破产管理人以6家公司法人人格高度混同为由,提出实质合并破产重整申请。法院组织债权人代表、债务人代表、职工代表、破产管理人和审计机构等进行听证后,审查认为6家公司存在法人人格高度混同情形,资产不能完全相互独立,债权债务清理极为困难,裁定实质合并破产重整。破产管理人在实质合并破产重整基础上,就同一债权人对6家公司同时存在的债权债务进行抵销处理。

尽管破产抵销与破产外抵销在构成要件上有一定差异,但二者均要求抵销的双方当事人通常互负债务,同时是对方的债务人与债权人,[②]分别是主动债权和被动债权的受益人,具有利益归属性。[③] 譬如,甲不能用对乙的债权抵销甲对丙的债务,抵销的债权之间要有相互性和利益归属性。在美国判例法上,即使两个实体有关联或者在企业集团中,一家子公司不得以其对债务人负担的债务抵销该债务人对另一家子公司负担的债务,[④]母公司也不能以其对债务人负担的债务抵销该债务人对子公司负担的债务。[⑤]

从教义学角度来看,破产法对破产抵销有特别的构成要件要求。在破产法禁止偏颇清偿和公平原则的法理要求下,用于破产抵销的债权债务应当发生在破产开始之前。我国《企业破产法》第40条限制将破产开始后取得的债权、已知债务人陷入破产困境且于破产申请前一年内对债务人负担的债务或者取得的债权用于抵销。

即使拟用于抵销的两项债权在破产开始之前就已存在,但两项债权之间不存在相互性,在破产程序之外没有抵销的余地,在破产程序之内能否抵销,需要分析两项债权在破产程序之内是否具有相互性,抵销双方是否是主动债权和被动债权

① 参见江苏省纺织工业(集团)进出口有限公司等申请破产重整案,江苏省南京市中级人民法院(2017)苏01破1号民事裁定书。

② 参见李永军:《破产法:理论与规范研究》,中国政法大学出版社2013年版,第287页;陈自强:《民法讲义Ⅱ:契约之内容与消灭》,法律出版社2004年版,第344页。

③ 参见许德风:《破产视角下的抵销》,载《法学研究》2015年第2期。

④ See Depositors Trust Co. of Augusta *v.* Frati Enters., Inc., 590 F. 2d 377, 379, 1 C. B. C. 2d 147, 149 (1st Cir. 1979); In re Vehm Eng'g Corp., 521 F. 2d 186, 191 (9th Cir. 1975); In re Fasano/Harris Pie Co., 43 B. R. 864, 870 – 871 (Bankr. W. D. Mich. 1984).

⑤ See Inland Steel Co. *v.* Berger Steel Co. (In re Berger Steel Co.), 327 F. 2d 401, 403 – 404 (7th Cir. 1964).

的受益人。在涉及公司等法律实体时,如果法律允许打破法律实体之间的资产分割,那么可能会产生新的相互性。例如,在合伙破产的情况下,合伙人作为连带债务人就合伙债务向合伙的债权人负个人责任,合伙人和合伙的债权人便会产生相互性,合伙人和合伙的债权人各自对他方的债权可以进行抵销。[①] 企业集团实质合并破产的效果是将被合并集团成员公司债务人的债权债务转让给实质合并破产中幸存的单一实体,某一债权人对一家集团成员公司债务人享有的债权和另一家集团成员公司债务人对该债权人享有的债权,都归属于该单一实体,可以认为由此创造了拟用于抵销的两项债权之间的相互性,这种相互性是在破产程序开始后通过实施企业集团实质合并破产取得的。该债权人和单一实体是债权利益的最终归属人。因此,只要不存在《民法典》第568条规定的根据债务性质、当事人约定或者法律规定不得抵销的情形,在企业集团实质合并破产中,某一债权人对一家集团成员公司债务人享有的债权就可以被用于抵销另一家集团成员公司债务人对该债权人享有的债权。

第二节　企业集团实质合并破产制度的程序构造

为保证结果的公正性,判断企业集团实质合并破产制度的适用需要按照特定的程序进行,这本质上是法律的正当程序应有之义。企业集团实质合并破产制度构造需要关注程序问题。在企业集团破产案件集中管辖和集中管理之外,企业集团实质合并破产程序是否只能通过法院裁定的方式启动,还是也可以通过其他程序方法启动,是需要进一步考虑的问题。

一、企业集团破产案件管辖法院

由同一个法院集中管辖企业集团破产案件,对企业集团破产案件的处理可能是有利的,[②]特别是在考虑是否适用企业集团实质合并破产制度的情形下。鉴于企业集团实质合并破产的法律效果,对企业集团实质合并破产的管辖与程序应当集中在同一个法院。一方面,由一个统一的法院管辖企业集团实质合并破产案件,

---

① Vgl. Ralf Sinz, in: Uhlenbruck, Insolvenzordnung: InsO, Band 1, 15. Aufl. 2019, § 94 Rn. 15.

② 参见王志诚:《企业集团破产法制比较——解构与建构》,载《政大法学评论》第139期(2014年)。

有利于企业集团实质合并破产程序的处理与推进;①另一方面,也有助于实现企业集团破产案件的协调处置,②避免企业集团破产案件分散化管辖可能导致的摩擦损失和价值减损,尽可能地维持与保留企业集团当中的协同效应,并进一步节省破产程序成本。

通常来说,将债务人公司的住所地作为确定管辖法院的根据,不仅是为便于诉讼和案件审理,还因为这个管辖规则具有透明性和确定性,③这种考虑原则上同样适用于企业集团场景。在企业集团破产案件管辖法院的确定上,我国可以采取集团成员公司债务人选择与优先原则结合的方式。集团成员公司债务人可以根据地域管辖规则向对其具有管辖权的法院提出宣告管辖其他集团成员公司债务人破产案件的申请。当存在多个申请时,第一个提出的申请具有决定性。

不可否认的是,给予集团成员公司债务人根据地域管辖规则确定企业集团破产案件的管辖法院之选择权,有可能带来法院选择的问题和对法院处理企业集团破产案件能力的忧虑,但这些相关问题可以被解决,与之相关的消极影响可以被减少。集团成员公司债务人关于企业集团破产案件管辖法院的选择并非不可接受。

首先,法院选择是指诉讼当事人在有管辖权的法院之间进行选择。对法院选择问题的疑虑是法院选择使一方当事人通过选择对其最有利的法院,获得某些不公平的优势,尤其是利用法院选择挑选法律制度以及产生适用法律制度不一致的风险。④ 而我国统一的破产法律制度能够降低法院选择所带来的适用破产法律制度不一致的风险。

其次,将企业集团管辖法院的确定规定为一个选出制度,受到集中管辖申请的法院应当审查集中管辖是否符合相关集团成员公司债务人之债权人的共同利益,只有在明显不符合相关集团成员公司债务人之债权人的共同利益的情况下,法院才应当拒绝集中管辖申请。这既可以防止集团成员公司债务人操纵管辖,又可以增加管辖可预见性。

---

① See Irit Mevorach, *Cross-Border Insolvency of Enterprise Groups: The Choice of Law Challenge*, 109 Brooklyn Journal of Corporate, Financial & Commercial Law 107 (2014).

② Vgl. Christian Pleister/ Michael Sturm, Die Herausforderungen des neuen Konzerninsolvenzrechts, ZIP 38 (2017), S. 2331.

③ See Liza Perkins, *A Defense of Pure Universalism in Cross-Border Corporate Insolvencies*, 32 New York University Journal of International Law and Politcs 787 (2000).

④ See Christopher A. Whytock, *The Evolving Forum Shopping System*, 96 Cornell Law Review 481 (2011).

最后,法官处理企业集团破产案件的能力问题不是一个天然的问题,[①]只是暂时性的,立法与司法之间的良性互动,终将使法院致力于配备足够的物质资源和人力资源,尤其是我国不断推进破产审判的专业化建设,努力实现审判机构专业、审判队伍专业化、审判程序规范化、裁判规则标准化。截至2023年,全国已经设立了17家破产法庭,近100家清算与破产审判庭,破产审判专业化建设取得新的进展,[②]基础逐渐稳固,解决法官处理企业集团破产案件的能力问题终归只是时间问题。

考虑到时间和破产程序的稳定性对企业集团实质合并破产案件审理的重要性,为避免破产案件管辖权争议造成破产程序拖延,根据“优先原则”和“管辖恒定”原则,如果先有一家法院受理其中一家集团成员公司债务人的破产案件,应由该法院继续审理企业集团实质合并破产案件。此外,为更好地实现集中管辖的效果,相关法律可以规定其他受理集团成员公司债务人破产申请的法院负有向企业集团破产案件管辖法院移送管辖的义务,除非移送管辖不符合该集团成员公司债务人之债权人的利益。

二、统一的破产管理人

破产管理人是破产程序的核心人物,对于债权人和债务人而言,破产程序能否取得成功,很大程度上取决于破产管理人对破产程序的管理,以及管理和处分破产财产的方式与方法。破产管理人通常是破产财产的代表,代表破产财产起诉和应诉,负责管理债务人的资产、保护债权人和其他人的权利。[③] 我国《企业破产法》规定破产管理人的诸多职责,包括破产管理人负责接管债务人的财产、印章、账簿和文书等资料;调查债务人的财产状况,制作财产状况报告;决定债务人的内部管理事务、日常开支、其他必须开支、是否继续或停止债务人的营业;代表债务人参加诉讼、仲裁或其他法律程序;提议召开债权人会议;等等。[④] 这足可见破产管理人对破产程序成功的重要性。

在企业集团破产案件中,为所有破产集团成员公司债务人指定统一的破产管

---

① 参见苏力:《法官素质与法学院的教育》,载《法商研究》2004年第3期。

② 参见徐阳光:《中国破产法年度观察(2022—2023)》,载《法律适用》2024年第4期。

③ 参见[美]道格拉斯·G.贝尔德:《美国破产法精要》(第6版),徐阳光、武诗敏译,法律出版社2020年版,第11页。

④ 参见《企业破产法》第25条。

理人具有明显的成本优势和效率优势。在破产集团成员公司债务人由不同的破产管理人管理的情形中,由于没有任何一个破产管理人对其他破产管理人具有法定指示权,指定不同的破产管理人增加破产管理人相互间的协调成本,以及因破产管理人采取不同的管理战略导致企业集团解体的风险。从实践效果来看,为所有破产集团成员公司债务人指定统一的破产管理人,通常是集中组织企业集团继续经营、破产重整或者变价的最有效方式。① 为所有破产集团成员公司债务人指定统一的破产管理人,避免了在指定多个破产管理人管理企业集团破产案件情形中耗时的协调过程,能够以统一的意志管理和塑造破产企业集团,可以制订和实施处理企业集团破产的整体战略,将企业集团作为一个整体对待,能够最大化企业集团的价值。②

对于指定统一的破产管理人的主要疑虑和担忧是指定统一的破产管理人可能带来利益冲突风险,而指定统一的破产管理人的利益冲突风险有可能被高估。指定统一的破产管理人所带来的利益冲突风险通常有两种,即在集团成员公司相互间存在可撤销的债权债务的情况下,一是统一的破产管理人成为双方代理人,③二是通过行使撤销权将其他集团成员公司拖入破产程序。④ 相关的利益冲突风险在分别为集团成员公司债务人破产程序指定单独的破产管理人的情形下同样存在。如果适当履行破产管理人职责要求破产管理人行使破产撤销权,单独的破产管理人也应当行使破产撤销权,否则将面临破产管理人的责任风险。我国《企业破产法》第 130 条规定破产管理人责任,如果破产管理人未勤勉尽责,忠实执行职务造成债权人、债务人或者第三人损失,需要承担赔偿责任。《企业破产法司法解释二》第 9 条第 2 款规定,破产管理人因过错未依法行使破产撤销权,导致债务人财产不当减损,需要承担相应的赔偿责任。如果统一的破产管理人的行为损害债权人、债务人或者第三人利益,统一的破产管理人将面临损害赔偿责任制裁。受破产管理人责任风险的约束,指定统一的破产管理人的利益冲突风险可能并没有明显增加。

---

① Vgl. Christian Brünkmans, Entwurf eines Gesetzes zur Erleichterung der Bewältigung von Konzerninsolvenzen: Kritische Analyse und Anregungen aus der Praxis, ZIP 34(2013), S. 198.

② See Bob Wessels, *Corporate Groups: Bringing Insolvency Law and Corporate Together*, 15 European Company Law Journal 41 (2018).

③ Vgl. Thorsten Graeber, Der Konzerninsolvenzverwalter-Pragmatische Überlegungen zu Möglichkeiten eines Konzerninsolvenzverfahrens, NZI 10(2007), S. 266.

④ Vgl. Klaus Siemon, Konzerninsolvenzverfahren-wird jetzt alles besser, NZI 17(2014), S. 61.

在我国企业集团实质合并破产案件中,法院通常会指定统一的破产管理人。例如,在无锡市奥特钢管有限公司、无锡市沪通焊管有限公司实质合并破产清算案中,[①]无锡市奥特钢管有限公司、无锡市沪通焊管有限公司发生大幅度经营亏损,2家公司以不能清偿到期债务,并且资产不足以清偿全部债务为由,分别向法院申请进行破产清算,法院分别裁定受理申请后,指定无锡华安达投资顾问有限公司同时担任2家公司的破产管理人。又如,在浙江溢佳香食品集团有限公司等4公司实质合并破产重整案中,[②]浙江溢佳香食品集团有限公司及杭州佳美旅游营养食品有限公司、杭州麦地尔食品有限公司、杭州市农业机械有限公司因盲目扩张,受国内外经济形势影响而导致资金链断裂,向法院申请破产重整,法院裁定受理破产重整申请后,指定浙江六和律师事务所同时担任4家公司的破产管理人。

从企业集团破产程序集中处理的意义上来看,为所有破产集团成员公司债务人指定统一的破产管理人具有积极意义。基于统一管理对实施企业集团整体破产清算或者破产重整的特殊重要性,通常可以假定在大多数情况下指定统一的破产管理人的优势超过其劣势。指定统一的破产管理人应当作为一项规则,只有例外情形下才应选出(opt-out)指定统一的破产管理人的做法。因此,在我国企业集团破产案件中,相关法律可以规定法院原则上有指定统一的破产管理人的义务,除非指定统一的破产管理人会产生难以消除的利益冲突。特别是在企业集团实质合并破产案件中,因为法院应当对相关集团成员公司债务人的资产和负债进行合并处理,更没有必要指定不同的破产管理人,指定不同的破产管理人通常在企业集团实质合并破产案件中没有太多的实质意义。

三、法院裁定实质合并破产的程序

法院裁定企业集团实质合并破产的程序涉及两个核心环节,申请与听证。完善法院裁定企业集团实质合并破产的程序,需要对与申请与听证相关的事项进行完善。

(一)企业集团实质合并破产申请

法院裁定企业集团实质合并破产在程序上应当依申请启动,法院不能依职权

---

① 参见无锡市奥特钢管有限公司与无锡市沪通焊管有限公司合并破产清算案,江苏省无锡市中级人民法院(2010)锡破字第3号民事裁定书。

② 参见浙江溢佳香食品集团有限公司等四公司破产重整案,浙江省杭州市中级人民法院(2010)浙杭商破字第1号民事裁定书。

主动裁定企业集团实质合并破产。首先,司法本质上具有被动性,特别是对于“不告不理”的民事审判,法官处在中立和被动的位置,司法权蕴含中立性和被动性,破产程序具有“不告不理”的民事程序性质。法官不应当事后主动改变当事人事前设定的风险分配与激励,否则可能产生当事人利用破产法律规则将企业置于破产状态等负面效应。其次,法官通常缺乏企业运营方面的专业知识和信息,[①]需要通过当事人博弈披露的信息来获取决策所需要的信息进行决策。最后,我国破产程序启动遵循申请主义原则,法院不能主动开启一项破产程序,依申请启动实质合并破产程序符合破产程序启动的申请主义原则体系。

因此,法院裁定企业集团实质合并破产在程序上应当依当事人申请启动,而不应当由法院依职权主动裁定企业集团实质合并破产。[②] 同时,为提高破产管理效率,法院可以在适当情形下通过释明的方式,引导当事人提出企业集团实质合并破产申请。

1. 以对集团成员公司债务人破产申请为前提

企业集团实质合并破产制度针对企业集团破产案件,对此应当存在两个或者两个以上可受理的集团成员公司债务人破产申请。《企业破产法》第 7 条规定,债务人和债权人可以提出破产申请。在企业集团破产案件中,破产申请是集团成员公司债务人之债权人的申请,还是集团成员公司债务人自己的申请并不重要。[③]如果集团成员公司债务人破产申请在提出企业集团实质合并破产申请之前被撤回,导致并不存在两个或者两个以上关于集团成员公司债务人的破产申请,可能只存在对一家集团成员公司债务人的破产申请,由于不能在确定非债务人集团成员公司具备实质破产原因前,贸然对非债务人集团成员公司进行企业集团实质合并破产,法院应当裁定驳回企业集团实质合并破产申请。

2. 企业集团实质合并破产申请主体

《企业破产法》没有对企业集团实质合并破产的相关规定,《破产审判会议纪要》亦没有明确规定企业集团实质合并破产的申请主体,有必要分析能够享有企业

---

① See Douglas G. Baird & Robert K. Rasmussen, *The End of Bankruptcy*, 55 Stanford Law Review 751 (2002).

② 鉴于企业集团实质合并破产可能会产生改变集团成员公司债务人、债权人等主体的事前权利与义务之剧烈效果,比较法通常不鼓励法院依职权主动裁定企业集团实质合并破产,比如在澳大利亚法定合并制度中,法院作出企业集团实质合并破产裁定的前提是集团成员公司债务人的清算人提出申请。

③ 《企业破产法》第 7 条规定,债务人对重整、和解或者清算的申请权,债权人对债务人重整或者清算的申请权。

集团实质合并破产申请权的主体。《企业破产法》第2条、第7条和第70条分别规定，债务人、债权人或者清算责任人可以向法院申请破产清算，债务人、债权人或者出资额占债务人注册资本1/10以上的出资人可以向法院申请破产重整。需要考虑的问题是，这些相关的破产申请主体能否申请企业集团实质合并破产，此外，企业集团实质合并破产申请主体是否还包括其他主体，比如破产管理人？

（1）集团成员公司债务人

集团成员公司债务人享有企业集团实质合并破产申请权是一项通行做法，[①]集团成员公司债务人可以向法院提出企业集团实质合并破产申请。集团成员公司债务人是企业集团破产案件的对象，作为受直接影响的主体，应当具有申请企业集团实质合并破产的权利。从信息拥有者的角度来看，集团成员公司债务人更为了解自身的经营状况、财务状况、清偿债务能力、与其他集团成员公司债务人之间的关系及企业集团的整体情况，拥有更多的相关信息，具有信息优势。[②] 集团成员公司债务人有条件对采取企业集团实质合并破产方式进行破产清算或者破产重整是否妥当、是否可取作出评价。企业集团实质合并破产申请权被赋予集团成员公司债务人，集团成员公司债务人有足够的考虑空间，[③]以斟酌是否借助企业集团实质合并破产完成企业集团破产清算或者破产重整，以便及时启动企业集团实质合并破产，获得债权人的公平清偿和/或企业集团经济上新的开始。赋予集团成员公司债务人企业集团实质合并破产申请权亦符合自治和自我负责的私法秩序要求。

（2）破产管理人

随着破产程序的启动，破产管理人取得债务人占有属于破产财产的全部债务人财产，债务人管理和处分破产财产等相关权利被转让给破产管理人。企业集团实质合并破产涉及对破产财产的管理和处分，企业集团实质合并破产申请权亦应当被转移给破产管理人。

将债务人的权利转让给破产管理人首先是为防止债务人对破产财产施加影响的可能性，以便尽可能地不减损破产财产，实现债权人的共同清偿。[④] 这不仅是保护了债权人，而且还保护了破产财产，有利于破产清算或者破产重整。在企业集团

---

① 美国判例法和联合国国际贸易法委员会《贸易法委员会破产法立法指南》第三部分“破产企业集团对待办法”均认可集团成员公司债务人享有企业集团实质合并破产申请权。

② 参见王卫国：《破产法精义》（第2版），法律出版社2020年版，第29页。

③ Vgl. Dirk Wegener, in: Uhlenbruck, Insolvenzordnung: InsO, Band 1, 15. Aufl. 2019, § 13 Rn. 12.

④ Vgl. Werner Sternal, in: Karsten Schmidt, Insolvenzordnung, Band 27, 19. Aufl. 2019, § 80 Rn. 1.

破产中,债务人的权利转让和破产管理人的职责履行,使破产管理人能够获取集团成员公司债务人和企业集团的相关信息,对集团成员公司债务人的情况和企业集团的整体状况有所了解。故而,破产管理人有条件对采取企业集团实质合并破产方式处理企业集团破产的适当性和可取性作出评价,破产管理人应当享有企业集团实质合并破产申请权。在我国企业集团实质合并破产案件中,法院通常为相关集团成员公司债务人指定统一的破产管理人或者联合的破产管理人,破产管理人在对相关集团成员公司债务人相互关系、经营、资产和负债状况等进行调查后,向法院提出企业集团实质合并破产申请。

(3)债权人

企业集团实质合并破产制度最初是一项针对债权人的公平救济,属于保护债权人利益的机制。企业集团实质合并破产制度对债权人利益有直接的影响,考虑到个人在原则上能够保护和实现自身的利益,债权人亦有可能享有企业集团实质合并破产申请权。[①] 而且,债权人通常比法院更熟悉经济上的事务,能够促进破产程序的经济优化,破产程序很大程度是由债权人自治决定。[②] 不过,债权人享有企业集团实质合并破产申请权也可能产生负外部性。

第一,在集团成员公司债务人破产重整情形中,成功的集团成员公司债务人破产重整很难违背集团成员公司债务人的意愿来进行规划和实施,无限制地允许债权人申请企业集团实质合并破产,可能会损害企业集团和集团成员公司债务人利用破产程序解决企业集团困境问题的能力。

第二,企业集团实质合并破产是解决企业集团破产问题的一种战略措施,企业集团的内部结构不同,对是否采取该战略措施的需求也不同。除个别情形和个别类型债权人(如大型银行机构)外,债权人在破产程序中通常属于信息匮乏者,面临信息不对称的问题。[③] 在企业集团破产案件中,债权人往往缺乏用以评估企业集团整体情况的有关信息,因而很难评价采取企业集团实质合并破产方式处理企业集团破产案件是否恰当、是否可取。

---

① 联合国国际贸易法委员会《贸易法委员会破产法立法指南》第三部分"破产企业集团对待办法"在关于企业集团实质合并破产申请主体的建议中,主张任何集团成员公司债务人的债权人可以申请企业集团实质合并破产。

② Vgl. Ulf Gundlach/Volkhard Frenzel/Jens-Uwe Strandmann, Die Rechtsaufsicht des Insolvenzgerichts als Mittel der Begrenzung der Gläubigerautonomie, NZI 11(2008), S. 462.

③ 参见高丝敏:《破产法的指标化进路及其检讨——以世界银行"办理破产"指标为例》,载《法学研究》2021 年第 2 期。

第三,我国民事程序原则上采取“谁主张,谁举证”的证明责任原则,除非法律另有规定。① 破产程序性质上属于民事程序,延续了民事程序的证明责任分配规则。② 比如《企业破产法》第7条第2款规定,债务人不能清偿到期债务,债权人可以向法院提出破产重整或者破产清算申请。该条款为债权人设置提出债务人破产申请的条件,债权人向法院提出申请需要证明债务人不能清偿到期债务,③具体包括证明债权债务关系依法成立、债务履行期限已经届满和债务人未完全清偿债务。④ 在目前企业集团实质合并破产审查采取“谁主张,谁举证”的规则下,债权人申请企业集团破产申请需要承担举证责任。由于债权人处于信息劣势,很难就企业集团实质合并破产主张证明适用企业集团实质合并破产的要素。即使债权人需要承担证明失败的不利结果,法院处理债权人实质合并破产的申请也可能造成企业集团破产案件的程序拖延。

相较而言,债权人利用企业集团实质合并破产进行救济可以不赋予债权人企业集团实质合并破产申请权的方式实现。债权人可以通过债权人会议和债权人委员会向破产管理人提出申请企业集团实质合并破产的建议。破产管理人应当勤勉尽责,忠实执行职务,为了债权人利益管理和处分破产财产。如果破产管理人对集团成员公司债务人审查和评估得出的结果是企业集团实质合并破产有利于债权人的整体利益,根据评估结果和债权人关于申请企业集团实质合并破产的建议,破产管理人应当向法院提出企业集团实质合并破产申请。破产管理人未勤勉尽责,忠实执行职务的,应当对给债权人造成的损失承担赔偿责任。⑤

根据对我国企业集团实质合并破产司法裁判情况的观察,很少有债权人提出企业集团实质合并破产申请。这可能是由于多个因素结合所导致的。其一,债权人利益分歧。资产负债比率较低的集团成员公司债务人之债权人可能不愿意与资产负债比率较高的集团成员公司债务人之债权人共同清偿。其二,因我国《企业破产法》缺乏关于企业集团实质合并破产制度的规定,债权人通常可能对企业集团实

---

① 参见江伟主编:《民事诉讼法》(第4版),中国人民大学出版社2008年版,第213~215页。

② 参见《企业破产法》第7条、第8条和《最高人民法院关于适用〈中华人民共和国企业破产法〉若干问题的规定(一)》第6条。

③ 参见《最高人民法院民二庭负责人就〈关于适用中华人民共和国企业破产法若干问题的规定(一)〉答记者问》,载中华人民共和国最高人民法院网2011年10月28日,https://www.court.gov.cn/shenpan/xiangqing/3271.html。

④ 参见《最高人民法院关于适用〈中华人民共和国企业破产法〉若干问题的规定(一)》第2条。

⑤ 参见《企业破产法》第130条。

质合并破产制度的申请要求以及企业集团实质合并破产法律效果知之甚少。其三,根据举证责任规则的要求,申请适用企业集团实质合并破产制度要求申请人需要提交相应的证据以证明,而债权人通常处于信息劣势地位,没有必要的信息来证明集团成员公司债务人相互间法人人格混同等要素,从而减少债权人提出企业集团实质合并破产申请的激励。因此,只有在对债权人采取举证责任倒置的前提下,赋予债权人适用实质合并破产的申请权才应当被考虑。

(4)清算责任人和出资人

清算责任人在特定情形下可享有企业集团实质合并破产清算申请权。按照《企业破产法》第7条第3款之规定,在企业法人已经解散但尚未清算或者清算完毕的情况下,如果出现资不抵债情形,清算责任人需要向法院申请破产清算。在集团成员公司解散且需要清算的场合,清算责任人负责清理集团成员公司财产、编制资产负债表与财产清单等,对集团成员公司的相关信息掌握较为全面,了解集团成员公司内部情况,能够判断集团成员公司是否资不抵债,在资不抵债的情形下是否需要与其他集团成员公司实质合并破产清算。但是,随着破产程序启动,集团成员公司由破产管理人接管,因而清算责任人只可在向法院申请破产清算的同时提出企业集团实质合并破产清算的申请。

《企业破产法》第70条第2款规定,在法院根据债权人提出的破产清算申请受理申请后、宣告债务人破产前,出资额占债务人注册资本1/10以上的出资人可以向法院申请破产重整。对出资人在这一阶段能否申请实质合并破产重整的观点存在分歧。支持观点认为,企业集团实质合并破产申请主体应当多元化,出资额占债务人注册资本1/10以上的出资人可以在集团成员公司债务人不申请企业集团实质合并破产重整时,申请企业集团实质合并破产重整。① 实践中曾出现集团成员公司债务人股东申请企业集团实质合并破产重整的案件,例如,惠州市兴华实业有限公司等4家公司实质合并破产重整案。② 反对观点认为,出资人能够在法定条件下申请破产重整是因为其与企业破产重整有直接利益关系,而企业集团实质合并破产决定的是各集团成员公司债务人之间、集团成员公司债务人之债权人的利益关系,不是集团成员公司债务人与出资人的关系,出资人不应当享有企业集团实质

① 参见曹文兵:《供给侧改革背景下实质合并破产制度的构建与完善——以16件关联企业实质合并破产案件为分析样本》,载《理论月刊》2019年第7期。

② 参见惠州市安盾技防科技有限公司破产重整案,广东省惠州市中级人民法院(2016)粤13民破1号民事裁定书。

合并破产申请权。①

出资人未必是合格的企业集团实质合并破产申请主体。从公司治理结构来看,股东主要通过股东会参与公司活动,并不能以股东身份直接参与公司的经营管理。通常除控制股东外,股东从股东会获取的信息有限,股东与公司之间只存在松散的联系,收集公司信息的渠道有限,也存在诸多条件限制,难以深入了解公司内部真实情况,特别是企业集团的整体情况,从而很难对公司是否应当进行实质合并破产重整作出适当的判断,并完成相应的举证责任。而企业集团的最终实际控制人可以借助集团成员公司债务人本身提出申请。

3. 企业集团实质合并破产申请模式

以集团成员公司债务人进入破产程序为准,企业集团实质合并破产申请主要可以分为两种模式:第一,集团成员公司债务人分别或者同时进入破产程序之后,提出企业集团实质合并破产申请;第二,企业集团实质合并破产申请和破产申请同时被提出。在司法实践中,第一种申请模式较为常见。法院在裁定受理破产申请后,需要同时指定破产管理人,破产管理人在对集团成员公司债务人进行清理、核验资产和登记债权之后,通常能够较为准确地判断集团成员公司债务人是否需要实质合并破产。例如,在江苏省纺织工业(集团)进出口有限公司及其5家子公司实质合并破产重整案中,法院裁定受理6家公司重整申请,并指定同一破产管理人负责6家公司的重整程序,破产管理人在对6家公司清产核验后,以6家公司法人人格混同为由提出企业集团实质合并破产重整申请。② 但是,该种模式可能因为集团成员公司债务人进入破产程序而迟滞,在一定程度上可能影响企业集团实质合并破产拯救功能的发挥。

第二种申请模式可以与行政清理、预重整和执行等制度相结合。比如在早期的闽发证券有限公司实质合并清算案中,闽发证券有限公司先是被中国证监会行政接管,委托中国东方资产管理公司组织成立清算组,负责闽发证券有限公司的清算工作,后者在清算过程中发现闽发证券有限公司及其4家子公司在资产和管理上严重混同,违法违规经营,于是向法院提出闽发证券有限公司及其4家子公司合

---

① 参见王欣新:《关联企业的实质合并破产程序》,载《人民司法(应用)》2016年第28期。

② 参见江苏省纺织工业(集团)进出口有限公司、江苏省纺织工业申请破产重整案,江苏省南京市中级人民法院(2017)苏01破1号民事裁定书。

并清算申请,法院裁定受理合并清算申请。[①] 在第二种模式下,企业集团实质合并破产申请和破产申请可以被一同提出,这能够统一协调破产程序事项,但对前期的准备要求相对较高。

4. 企业集团实质合并破产申请时间

虽然企业集团实质合并破产申请与关于集团成员公司债务人的破产申请存在一定的联系,但企业集团实质合并破产申请与破产申请涉及不同的程序问题和实体问题。在破产申请中,法院审查的是集团成员公司债务人是否具备破产原因,是否应当启动破产程序。在企业集团实质合并破产申请中,法院需要审查拟合并集团成员公司债务人是否符合实质合并破产条件。企业集团实质合并破产申请最好应当与破产申请分开,即申请人单独提出企业集团实质合并破产申请,并由法院对企业集团实质合并破产申请进行审查和裁定。对于企业集团实质合并破产申请是否与破产申请一同被提出或者在破产申请提出后再被提出,即对于企业集团实质合并破产申请的时间,《破产审判会议纪要》没有作出规定。[②]

具体到不同类型的企业集团实质合并破产申请主体,申请企业集团实质合并破产的时间对其应有不同的限制。对于集团成员公司债务人,由于破产程序启动的效果将集团成员公司债务人管理和处分破产财产的权利转让给破产管理人,作为集团成员公司债务人权利转让的逻辑结果,集团成员公司债务人申请企业集团实质合并破产的权利同样被转让给破产管理人。根据我国《企业破产法》第 13 条的规定,法院裁定受理破产申请,须同时指定破产管理人,所以集团成员公司债务人申请企业集团实质合并破产的期限应当以法院裁定受理破产申请之日为限。集团成员公司债务人申请企业集团实质合并破产的,原则上应当在法院裁定受理破产申请之前提出。换言之,集团成员公司债务人提出企业集团实质合并破产申请应当与提出破产申请同时,除非集团成员公司债务人是破产重整中的自行管理债务人。在破产重整中自行管理的债务人取代破产管理人,履行破产管理人的职责,债务人原本随破产程序启动转让给破产管理人的权利继续由自行管理的债务人保

---

① 参见李自然、杨如彦:《金融机构退出机制研究:南方证券接管案》,载张曙光主编:《中国制度变迁的案例研究(广东卷)》第 6 集,中国财政经济出版社 2008 年版。

② 联合国国际贸易法委员会《贸易法委员会破产法立法指南》第三部分“破产企业集团对待办法”主张灵活应对企业集团实质合并破产的申请时间,企业集团实质合并破产申请既可以在申请破产之时提出,也可以在提出破产申请之后的任何时间内提出,其背后理由是,支持企业集团实质合并破产的要素在启动破产程序之时可能不是很明显或者很确定,未必能在启动破产程序之时作出企业集团实质合并破产的判断。

有或者转还给自行管理的债务人，[①]破产管理人履行监督职能，负责监督自行管理的债务人。

对于破产管理人，依据我国《企业破产法》第13条的规定，因为破产管理人是法院裁定受理破产申请之时由法院指定，所以破产管理人只有在法院裁定受理破产申请之后或者破产程序启动之后才能提出企业集团实质合并破产申请。虽然破产管理人可以在破产程序进行过程中提出企业集团实质合并破产申请，但为了确保破产程序的稳定性，避免不当的程序拖延，破产管理人申请企业集团实质合并破产的期限应当被施加限制。根据破产程序类型的不同，破产管理人申请企业集团实质合并的时间也应不同。在破产清算中，破产管理人至少应当在将拟定破产财产的分配方案提交债权人会议表决之前提出企业集团实质合并破产清算申请。在破产重整中，破产管理人至少应当在将拟定重整计划交由债权人表决之前提出企业集团实质合并破产重整申请。因为在破产管理人拟定破产财产的分配方案或者重整计划之前，已经对集团成员公司债务人的自身状况进行了调查，有条件对是否满足企业集团实质合并破产要素，采取企业集团实质合并破产方式是否可取作出评估。对于破产重整中自行管理债务人的企业集团实质合并破产申请期限，应当类推适用破产管理人的企业集团实质合并破产申请期限。

（二）企业集团实质合并破产听证

听证是法院裁定企业集团实质合并破产前须经历的一个重要程序环节。在法院裁定企业集团实质合并破产程序中，我国法院通常在收到企业集团实质合并破产申请后，会组织利害关系人进行听证，采取听证会的方式对企业集团实质合并破产申请进行审查。听证为当事人创造陈述其意见的机会。由于企业集团实质合并破产会影响债权人和债务人的权益，尤其是对无担保债权人财产利益，因而法院作出企业集团实质合并破产裁定前应当进行听证。

1. 听证的目的与功能

就企业集团实质合并破产制度的适用召开听证会已经成为我国法院当前在司法实践中一个成熟、稳定的做法，企业集团实质合并破产的听证有四个主要的功能预期。

第一，听证让当事人能够充分陈述意见，以保护自身利益。听证给予当事人发

① See Henry T. C. Hu & Jay Lawrence Westbrook, *Abolition of the Corporate Duty to Creditors*, 107 Columbia Law Review 1321 (2007).

表意见和反驳的机会，让当事人充分参与裁定的过程，获取和消化尽可能多的信息，为未来个人行动提供更为完整的信息，同时通过充分的陈述和交换，当事人有机会说服、影响裁决者或者改变裁决者的想法，使裁定的结果尽可能有益于自身利益。

第二，听证保障了自决和个人控制中的利益。听证使当事人作为程序主体，有权参与程序来保护自己的合法授权或者受保护的权利，这实际上就是法治国家和民主社会保护个人自治的规范性承诺的产物，承认当事人在法律程序中保护或者追求其权利的自治。①

第三，听证有助于澄清事实真相，增强法院裁定的准确性。当事人充分地陈述和交换的过程可以使与案件事实真相相关的信息和证据得以被进一步披露。在披露信息和证据的基础上，听证可以逐步还原案件事实真相，并且增加裁决者能够获得的信息量和证据量。信息和证据是影响法院裁定准确性的重要因素，信息量和证据量的增加使法院裁定能够建立在更完整的信息链和证据链的基础上，信息链和证据链越完整，裁定的准确性可能越高。

第四，听证可以约束法院的审判活动或者决定的过程。② 听证作为预先构建的程序规则，将法院裁定的过程公开化，提升法院审判活动的透明度，可以防止法院的突袭。听证通过程序正义来正当化法院裁定的结果，增进法院裁定结果的可预见性、透明度和合理性。

2. 听证的形式

听证的形式主要有口头听证和书面听证两种形式。如果仅仅是为了给予当事人充分陈述其意见和表达主张的机会，原则上无须进行口头听证，书面听证即可实现该功能。只有在有理由怀疑书面听证可能使当事人对听证对象的意义和效果产生误解的情况下，才需要进行口头听证。书面听证需要规定一个合理的期限，以便当事人可以提交充分的书面陈述。③ 如果书面听证的期限不合理得过短，其在效果上相当于没有听证。④ 但如果不仅是为给予当事人充分陈述其意见的机会，还

---

① See Martin H. Redish & Nathan D. Larsen, *Class Actions, Litigant Autonomy, and the Foundations of Procedural Due Process*, 95 California Law Review 1573 (2007).

② See Ryan C. Williams, *The One and Only Substantive Due Process Clause*, 120 The Yale Law Journal 408 (2010).

③ 参见《企业破产法》第 10 条。

④ Vgl. BVerfG NJW 1982, 1691.

为了澄清案件事实真相，则以口头听证形式为主的听证会是一个更为理想的听证选择。

我国民事诉讼法及相关司法解释对民事程序中的听证程序没有专门的设计和具体规定，口头听证形式的听证程序在实践中参照民事一审普通程序，听证程序分为准备阶段和质证辩论阶段。司法实践中企业集团实质合并破产听证的运作模式通常是法院在收到企业集团实质合并破产申请，召开企业集团实质合并破产听证会之前，将公告债务人名称、案由、事由、听证的时间、地点和利害关系人申报等事项。是否参加企业集团实质合并破产听证会是利害关系人的权利，利害关系人可以不参加企业集团实质合并破产听证会，也可以委托代理人参加企业集团实质合并破产听证会。

在企业集团实质合并破产听证会程序中，由听证主持人说明召开听证的原因和破产案件情况等事项，企业集团实质合并破产申请人陈述申请理由，并提供相应证据。利害关系人可以就企业集团实质合并破产发表意见和出示各自的证据，对企业集团实质合并破产申请人和/或破产管理人就企业集团实质合并破产相关问题发问，由企业集团实质合并破产申请人和/或破产管理人解释和回答相关问题，法院在其中也会解释和回答相关问题。

以口头听证形式为主的听证会是法院裁定企业集团实质合并破产的常见程序环节，但在不适合召开线下听证会的特殊情况下，法院也可以采取书面听证形式。在广西百合化工股份有限公司等 6 家企业实质合并破产重整案中，[①]由于涉及利害关系人数众多、新冠疫情尚未结束及防止听证会上人员过于密集，法院在收到广西百合化工股份有限公司破产管理人申请广西百合化工股份有限公司等 6 家企业实质合并破产重整后，没有组织召开听证会，而是在全国企业破产重整案件信息网发布公告，委托破产管理人书面通知利害关系人，对广西百合化工股份有限公司等 6 家企业实质合并破产重整事项采取书面形式进行听证，要求利害关系人在规定时间内向法院或者破产管理人通过书面形式表达对企业集团实质合并破产重整的意见。

随着数字技术的发展与普及，在不适合召开线下听证会的特殊情况下，法院除了可以采取书面听证形式外，还可以采取线上听证会或者线上听证会与书面听证

① 参见广西百合化工股份有限公司等六家企业实质合并重整案，广西壮族自治区百色市（地区）中级人民法院(2020)桂 10 破 4 号之一民事裁定书。

相结合的形式。数字技术能够在会议参与者的沟通中发挥重要作用。[①]《企业破产法司法解释三》明确债权人会议可以采取通信、网络投票等非现场方式进行表决。数字技术同样可以被用于实质合并破产听证。在线上听证会或者线上听证会与书面听证相结合的模式中,法院不仅需要公告债务人名称、案由、事由、听证的时间和利害关系人申报等事项,还应当公告有关线上听证会的具体技术事项。对不便通过数字技术参与线上听证会的利害关系人,法院仍允许其通过书面形式表达对企业集团实质合并破产的意见。

3. 企业集团实质合并破产听证会的参与人

《破产审判会议纪要》第33条规定,法院收到企业集团实质合并破产申请后应及时通知和组织相关利害关系人进行听证。企业集团实质合并破产听证会的参与人包括法院和相关利害关系人。而对于谁是利害关系人,《破产审判会议纪要》没有给出明确的规定。

利害关系人或者利害关系是我国民事诉讼法及相关司法解释中常用的概念,譬如,审判人员回避事由之一是与案件有利害关系,与案件处理结果有法律上的利害关系的无独立请求权之第三人可以申请参加诉讼,要求原告与案件有直接利害关系等,[②]但相关民事诉讼法与司法解释对利害关系人或者利害关系概念仍缺乏明确的界定。

虽然法律和司法解释不明确界定利害关系人或者利害关系的含义,使得对利害关系人的界定能够保持灵活性,但利害关系人或者利害关系的概念不清在企业集团实质合并破产听证会中可能会导致两个弊端:第一,影响企业集团实质合并破产听证会的参与人资格产生,进而影响其参与企业集团实质合并破产听证会及发表意见等程序权利的行使,不利于参与人合法权益的实现;第二,影响程序保障和裁定效果的范围,不利于纠纷的彻底解决。[③]

理论上对民事程序中利害关系人的解释大致可归纳为两类,一类为法律关系说/权利义务关系说,另一类为利益说。[④] 法律关系说/权利义务关系说的观点认

---

① See Yaron Nili & Megan Wischmeier Shaner, *Virtual Annual Meetings: A Path toward Shareholder Democracy and Stakeholder Engagement*, 63 Boston College Law Review 123 (2022).

② 参见王亚新、陈杭平、刘君博:《中国民事诉讼法重点讲义》(第2版),高等教育出版社2021年版,第148页。

③ 参见[美]理查德·D. 弗里尔:《美国民事诉讼法》,张利民等译,商务印书馆2013年版,第747~749页。

④ 参见[日]伊藤真:《民事诉讼法》,曹云吉译,北京大学出版社2019年版,第79页。

为，利害关系是指系争实体法上的权利义务关系，利害关系人是实体法上权利义务关系的主体。比如民事诉讼理论中的利害关系人观点或者实质当事人概念认为，当事人与诉讼案件的利害关系表现为当事人是诉讼中系争实体法上权利义务关系的承受者。利益说的范围较为广泛，可以泛指财产利益、人身利益或者只要案件的裁判结果将影响其法律地位或民事权益，均可构成利害关系。

在企业集团实质合并破产听证会中，若以法律关系/权利义务关系解释利害关系，则只有与集团成员公司债务人具有实体法上的权利义务关系的主体才能参加听证，相关利害关系人将被限制在狭窄的范围内。由于破产管理人不是权利义务归属的主体，其将被排除在企业集团实质合并破产听证会之外。鉴于破产管理人处于破产程序的核心地位，将破产管理人排除在企业集团实质合并破产听证会之外，明显是不合适的，尤其是在破产管理人是企业集团实质合并破产申请人的情况下。

目的是一切法律的创造者，[①]对利害关系人内涵的探讨离不开制度目的。企业集团实质合并破产听证会的目的是为权益受影响者提供充分陈述其意见，以维护自身权益的机会与程序保障，同时通过有意义的陈述、举证和辩论，澄清案件事实真相，解决争议。因而相关利害关系人的界定可以考虑采取权益影响的路径，相关利害关系人是指因企业集团实质合并破产裁定的结果而使其法律地位或者民事权益受损和/或受益者。增加或者减少的权益不包括反射利益/间接利益，而是限于直接利益。因为反射利益/间接利益过于宽泛，难以对其确立具有可操作性的判断标准，导致增加的司法负担超过司法必要的承受度。故而，除了法院，企业集团实质合并破产听证会的参与人通常还应当包括破产管理人、集团成员公司债务人及其代表人或者代理人、受企业集团实质合并破产影响的债权人及其代表人或者代理人，以及其他权益受企业集团实质合并破产直接影响的主体或者其代理人。

四、自愿企业实质合并破产程序

因为企业集团实质合并破产制度可能对债权人权利产生深远的影响，我国早期关于企业集团实质合并破产的司法裁判为增加适用企业集团实质合并破产制度的正当性，在法院审查企业集团实质合并破产申请上采取通过债权人会议决议的前置做法，即先由债权人会议对企业集团实质合并破产表决通过后，再由法院审查

① 参见黄茂荣：《法学方法与现代民法》（第5版），法律出版社2007年版，第346页。

和确认企业集团实质合并破产方案。有观点赞同采取债权人会议多数决的方式通过企业集团实质合并破产的做法，因为企业集团实质合并破产属于债权人会议自治的范畴。① 伴随企业集团实质合并破产制度在我国司法实践中的进一步发展，越来越多的法院逐渐放弃债权人会议通过的前置性做法，采取向法院申请企业集团实质合并破产，由法院裁定的模式，这种转变弱化了债权人自治的作用。未来我国《企业破产法》在构建企业集团实质合并破产程序时可以考虑借助债权人自治的力量，构造债权人自治与法院裁量的并行程序。

（一）企业集团实质合并破产清算与破产重整的程序

从我国企业集团实质合并破产司法裁判来观察，无论是在企业集团破产清算还是破产重整中，适用企业集团实质合并破产基本是通过法院裁定的方式进行。具体到企业集团破产重整中，通常是在破产管理人提出企业集团实质合并破产重整申请后，法院组织召开听证会，在此基础上裁定企业集团实质合并破产重整。重整计划的准备、表决和批准都是在企业集团实质合并破产的基础上进行。例如，在海航集团有限公司等实质合并破产重整案中，②海南省高级人民法院先根据海航集团有限公司等破产管理人的申请，裁定海航集团有限公司等实质合并破产重整。重整计划在实质合并破产重整基础上被制订，之后在实质合并破产重整第二次债权人会议上被通过，并获得各投票组别表决通过，最终由法院批准。

即便是企业集团实质合并破产预重整的特殊重整情形，其程序的启动也与企业集团实质合并破产清算或者破产重整相同。预重整不同于法庭内的正式重整，典型的预重整是指公司在提起破产重整申请的同时，提交一份已经起草好且获得足够多的债权人赞成票的重整计划，请求法院批准，以实现重整计划对债权人的约束力。债权人的投票在破产申请之前或者之后均可进行，该计划的通过通常与正常的重整计划通过的情形一样。③ 预重整融合法庭内正式重整和法庭外非正式重整的优势，在司法干预下，预重整消除了异议债权人的敲竹杠问题，预重整的重整计划能够在破产重整申请后得到相对快速的批准，使公司快速摆脱重整程序，减少公司在破产中花费的时间和专业费用支出，避免与债权人进行不利和漫长的谈判，

---

① 参见曹文兵：《供给侧改革背景下实质合并破产制度的构建与完善——以16件关联企业实质合并破产案件为分析样本》，载《理论月刊》2019年第7期。

② 参见海航集团有限公司等实质合并重整案，海南省高级人民法院(2021)琼破1号之一民事裁定书。

③ See Robert K. Rasmussen & Randall S. Thomas, *Timing Matters: Promoting Forum Shopping by Insolvent Corporations*, 94 Northwestern University Law Review 1357 (2000).

降低公司破产重整的直接成本。[①]

在我国当前司法实践中,企业集团实质合并破产预重整通常是法院在裁定受理集团成员公司债务人预重整申请后,为集团成员公司债务人指定临时破产管理人,由集团成员公司债务人或者临时破产管理人向法院申请企业集团实质合并破产预重整,法院对企业集团实质合并破产预重整申请组织听证会,裁定是否允许企业集团实质合并破产预重整。[②] 企业集团实质合并破产预重整程序同样遵循当事人申请与听证会结合的模式。在临时破产管理人完成预重整工作,向法院提交预重整工作报告后,再由法院裁定将企业集团实质合并破产预重整转化为企业集团实质合并破产重整程序。[③]

我国企业集团破产实践中缺少跳过法院裁定企业集团实质合并破产而直接通过重整计划实施企业集团实质合并破产的情形。究其原因,一方面,可能与我国企业集团实质合并破产制度是司法实践发展的产物,适用企业集团实质合并破产不能完全基于当事人处分主义,法院应当在其中发挥职权主义的观念相关。另一方面,可能与《破产审判会议纪要》规定相关。《破产审判会议纪要》第 33 条规定,企业集团实质合并破产依申请启动,法院在收到申请后,应当及时组织企业集团实质合并破产听证会。考虑到《破产审判会议纪要》的指导作用可能导致法院和当事人在采取企业集团实质合并破产清算或者破产重整前遵循申请启动的做法,只有在作出企业集团实质合并破产裁定后,破产管理人才可在企业集团实质合并破产裁定基础上制订破产重整计划。因此,在当前中国法语境下,没有为直接利用重整计划实施企业集团实质合并破产预留足够的空间。企业集团实质合并破产预重整和企业集团实质合并破产重整需要遵循申请与听证会相结合的程序模式。

(二)自愿实质合并破产程序的构建

主张以法院裁定方式审查与启动企业集团实质合并破产的观点建立在法院职权主义的基础上。该观点主要认为,集团成员公司债务人之间是否构成法人人格混同的认定属于司法裁判的范畴,不是债权人自我权利的处分行为,要求所有集团

---

① See Lynn M. LoPucki & Sara D. Kalin, *The Failure of Public Company Bankruptcies in Delaware and New York: Empirical Evidence of a Race to the Bottom*, 54 Vanderbilt Law Review 231 (2001).

② 参见山东龙口蓄电池总厂和龙口孚佳电源有限公司的破产预重整案,山东省龙口市人民法院(2021)鲁 0681 破申 2 号民事裁定书;河南新太阳文化旅游集团有限公司等合并破产重整案,河南省信阳市中级人民法院(2021)豫 15 破申 7 号民事裁定书。

③ 参见中航工程公司、中航股份公司实质合并重整案,北京市第一中级人民法院(2020)京 01 破 30 号之二民事裁定书。

成员公司债务人的债权人会议都同意企业集团实质合并破产，可能会阻碍企业集团实质合并破产程序的顺利进行。[①] 此外，企业集团实质合并破产具有非讼程序属性，而非讼程序具有职权探知主义的特征，企业集团实质合并破产应当受到职权干预主义的限制，给予债权人参与听证的权利和对企业集团实质合并破产裁定的异议权已经能够为债权人提供保障。[②]

企业集团实质合并破产启动并非完全属于法院职权主义的范畴，完全没有债权人自治的空间与可能性。利用债权人自治来强化企业集团实质合并破产的正当性是一个不容忽视的趋势。[③] 除了当前法院裁定审查企业集团实质合并破产之外，企业集团实质合并破产审查与启动程序的构建可以考虑采取利用债权人自治的自愿实质合并破产程序。破产管理人可以作出企业集团实质合并破产决定，并必须将企业集团实质合并破产决定提交每家集团成员公司债务人的债权人会议进行表决。在破产管理人经过调查发现难以区分集团成员公司债务人资产和负债的情况下，破产管理人可向法院申请在合并债权人会议基础上召开债权人会议。债权人会议为债权人讨论具有共同利益的问题，并形成债权人集体意志提供机会。

因为企业集团实质合并破产决策事关债权人自身利益，为了能够使债权人作出知情决策，破产管理人应当在债权人会议召开之前向债权人提供作出决策的相关信息。《企业破产法》第 63 条规定，召开债权人会议需要破产管理人提前 15 日通知已知的债权人，在破产管理人向债权人提供作出企业集团实质合并破产决策所需相关信息的时间设计上可以参考《企业破产法》第 63 条规定的做法。具体而言，破产管理人应当在债权人会议召开之前 15 日向债权人发送书面通知，以具体说明破产管理人提出企业集团实质合并破产的理由、拟实质合并破产的集团成员公司债务人、企业集团实质合并破产决定是否符合债权人的整体利益、企业集团实质合并破产决定对特定债权人和特定集团成员公司债务人的不利程度、企业集团实质合并破产决定生效与否给无担保债权人带来的回报以及其他破产管理人已知可能影响债权人作出是否批准企业集团实质合并破产的信息等事项。这既可以为

① 参见王静、蒋伟：《实质合并破产制度适用实证研究——以企业破产法实施以来 76 件案例为样本》，载《法律适用》2019 年第 12 期。

② 参见王静：《非讼程序视角下实质合并的申请与审查》，载《法律适用》2021 年第 6 期。

③ 在美国法上，债权人和债务人可以在事先不经过法院裁定企业集团实质合并破产的情况下，在协商的重整计划中提出企业集团实质合并破产重整，并将重整计划提交法院批准。《澳大利亚公司法》规定的法定合并制度直接采取了债权人自愿合并的做法。

债权人提供充分的时间进行考虑,又可以避免程序拖延。

企业集团实质合并破产决定只有经所有拟实质合并破产的集团成员公司债务人的债权人会议通过或者在合并基础上召开的债权人会议通过后才生效。我国《企业破产法》第59条规定,只有依法申报债权的债权人才能成为债权人会议的成员,并享有表决权,而享有表决权的债权人一般是无担保债权人和担保债权人。若担保债权人未放弃优先受偿权利,则对通过和解协议和破产财产分配方案事项没有表决权。① 这种债权人表决权背后的原理是如果债权人利益受到破产程序影响,则应当赋予该债权人表决权,从而能够对自身利益进行维护。② 企业集团实质合并破产通常不会影响担保债权人的权利,所以担保债权人一般不享有表决权,但如果企业集团实质合并破产影响担保债权人的权利,则应当赋予担保债权人表决权,为此可以考虑对担保债权人享有表决权的例外情形作出进一步安排。由于企业集团实质合并破产消灭集团成员公司债务人之间的债权债务,集团成员公司债务人作为其他集团成员公司债务人之债权人的表决权应当被排除。

为形成债权人的集体意志,债权人会议表决需要满足一定的门槛条件。《企业破产法》第64条规定,债权人会议的决议由出席债权人会议的半数债权人通过,并且其所代表的债权额占无财产担保债权总额的1/2以上。因为企业集团实质合并破产对债权人利益可能产生重大影响,为使企业集团实质合并破产符合债权人整体利益,可考虑提升企业集团实质合并破产决议通过的门槛条件,即企业集团实质合并破产决定应当得到出席债权人会议的半数债权人通过,并且其所代表的债权额占无财产担保债权总额的2/3以上。

两种不同的债权人会议通过情形有着不同的表决含义。在所有拟实质合并破产的集团成员公司债务人的债权人会议表决的情形中,由于企业集团实质合并破产决定需要经所有拟实质合并破产的集团成员公司债务人的债权人会议通过才能生效,该种表决具有全体一致的特征。而在合并基础上召开的债权人会议决定企业集团实质合并破产,具有少数服从多数的特征。

债权人会议表决通过不是法院裁定企业集团实质合并破产程序的前置性条件。换言之,自愿实质合并破产程序和法院裁定企业集团实质合并破产程序是并行的程序。在自愿实质合并破产程序中,法院不是事前介入审查企业集团实质合

---

① 参见《企业破产法》第59条第3款、第61条。

② 参见许德风:《论担保物权在破产程序中的实现》,载《环球法律评论》2011年第3期。

并破产是否符合实质合并破产的要素,而是保留事后对企业集团实质合并破产决定进行救济的权力。在法院裁定企业集团实质合并破产程序中,企业集团能否实质合并破产需要由法院事先审查是否符合实质合并破产的要素。

第三节　企业集团实质合并破产制度的救济构造

法谚云:"有权利必有救济,无救济必无权利。"私法赋予每个人各种权利,在权利受到损害或者影响时,法律应当提供保护与救济。企业集团实质合并破产制度将被合并集团成员公司债务人的资产和负债集中合并处理的做法可能给利害关系人权益造成深远的影响,所以企业集团实质合并破产制度的构造最后需要设计关于企业集团实质合并破产的救济规则。

一、实质合并破产异议权利人的救济

企业集团实质合并破产制度的救济构造应当允许对企业集团实质合并破产提出异议,保护对企业集团实质合并破产有异议之权利人的权利,[①]给异议权利人提供救济的机会与渠道。

(一)实质合并破产异议者的抗辩

我国学术界和实务界越来越关注在企业集团实质合并破产制度中对异议权利人的保护,[②]认为需要保障异议权利人的知情权和异议权。对异议权利人的救济首先表现为异议权利人的抗辩。异议权利人的抗辩是针对企业集团实质合并破产的事前救济。抗辩是一方当事人对他方当事人主张权利时所提出的对抗或者异议。[③] 异议权利人的抗辩是对所提出的企业集团实质合并破产主张之对抗或者异议,旨在挑战适用企业集团实质合并破产制度的正当性。异议权利人的抗辩是异议权利人基于特定的事实对适用企业集团实质合并破产主张所采取的防御措施,同时为保证异议权利人抗辩的有效性,异议权利人应当对其据以抗辩的事实进行举证。

在法院裁定企业集团实质合并破产程序中,我国法院在收到企业集团实质合

---

① 参见贺丹:《论实质合并破产中债权人异议权的实现》,载《政法论坛》2024 年第 2 期。

② 参见肖彬:《实质合并破产规则的立法构建》,载《山东社会科学》2021 年第 4 期。

③ 参见王泽鉴:《民法总则》,北京大学出版社 2009 年版,第 104 页。

并破产申请后,应当及时通知债权人和债务人等相关利害关系人。在必要的情况下,法院应当向利害关系人释明企业集团实质合并破产制度的法律效果,确保利害关系人知悉适用企业集团实质合并破产制度可能对其权利和义务产生的影响,以便利害关系人可以在对企业集团实质合并破产制度的法律效果充分理解的基础上提出意见。

在自愿实质合并破产程序中,破产管理人在召开债权人会议前,应当书面通知已知的债权人。书面通知应当告知债权人破产管理人作出企业集团实质合并决定的相关信息,具体包括破产管理人作出企业集团实质合并破产决定的理由,以及破产管理人已知可能影响债权人表决的其他信息,从而便于债权人提出意见,在知情的基础上进行表决。

因为企业集团实质合并破产制度对集团成员公司债务人、债权人及其他利益相关者的权利与义务会产生巨大影响,企业集团实质合并破产制度应当不允许临时突然袭击。无论是在自愿实质合并破产程序,还是法院裁定企业集团实质合并破产程序中,关于企业集团实质合并破产的通知应当要给债权人及其他利害关系人留有足够的合理期间进行考虑。合理期间要求在债权人会议表决或者法院召开听证会之前,提前将企业集团实质合并破产相关事项通知债权人及其他利害关系人,允许债权人及其他利害关系人在债权人会议或者法院组织召开的听证会中提出对适用企业集团实质合并破产制度的抗辩,特别是债权人的信赖抗辩。

(二)实质合并破产异议者的诉讼

确保个人权利得到全面的法律保护原则是法治国家的一项重要原则。[①] 在法治国家产生前,个人主要依靠自力救济保护个人的权利。法治国家产生后,个人权利受法律保护的要求预设了建立一个由国家组织的法院系统,借助国家制裁权威来解决法律争议,代替自力救济成为保护个人权利的主要方式。在法治国家背景下,法律与国家权力相互作用。法律为国家权力提供正当性和合法性,国家需要实施、维护和发展法律。对于组织经济社会的私法而言,法有客观和主观的双重含义。客观意义上的法是指国家适用的法原则的总体和生活的法秩序,主观意义上的法是指对抽象规则具体化而形成的个人的具体权利。换言之,法律是客观的权利,而权利是主观的法律,私法体系即是权利体系。国家要实施、维护和发展法律,

① 参见[德]哈贝马斯:《在事实与规范之间:关于法律和民主法治国的商谈理论》,童世骏译,生活·读书·新知三联书店2003年版,第207页。

就需要与不法侵害或者抑制权利的行为作斗争。在自愿实质合并破产程序构建中,债权人之间难免存在利益分歧,产生冲突与争议,债权人应当可以借助国家公力救济来保护个人权利及其利益。

此外,在法院裁定企业集团实质合并破产中,设置异议权利人对企业集团实质合并破产裁定的救济程序同样是法治国家确保个人合法权利的需要,从而对个人合法权利形成更加完善的保护。行为经济学的研究表明,人的理性不是完全的或者非完全的,而是介于两者之间的有限理性。[①] 受个人有限理性的影响,人们在复杂和不确定的世界中难免出现认识错误。从法院角度来看,法官受制于个人的有限理性,不能保证每一个司法裁判都完全正确。由上级法院重新审查裁判不仅是为了向当事人提供进一步的权利救济机会与途径,也是根据当事人的请求所启动的一种自我纠错的法律机制,有利于进一步维护和保障司法裁判的正确性,[②]最终实现裁判通过适用法律展示其真实判断以解决纠纷的司法目的,并提高人们对国家司法的信任。由上级法院重新审查裁判,给上级法院解释、阐明、监督和指导下级法院的机会,有助于进一步提高司法质量,统一国家法律的适用。

二、法院裁定实质合并破产的救济

完善我国企业集团实质合并破产裁定的救济规则,加强对异议权利人的救济与保护至少可以考虑从三条路径展开,而第一条路径可以与第二条路径或者第三条路径相结合。

第一,设立专门处理破产案件的破产法院或者破产法庭。美国法和德国法上都设有专门的破产法院来处理破产案件。这主要是因为破产案件本身具有特殊性,不仅涉及与破产程序相关的法律规范,常常还涉及经济、管理及公司经营活动等相关的专业知识与方法经验,审理破产案件需要专业性。美国法和德国法上设立专门的破产法院审理破产案件亦是希望增加破产法官的专业知识和经验,通过利用破产法官的专业知识和经验使破产案件得到有效审理,同时也可避免使用信息技术设备的成本增加。[③] 考虑到破产案件的专业性和审理破产案件的效率,设

---

① See Russell B. Korobkin & Thomas S. Ulen, *Law and Behavioral Science: Removing the Rationality Assumption from Law and Economics*, 88 California Law Review 1051 (2000).

② 参见张卫平:《民事诉讼法》(第5版),法律出版社2019年版,第377页。

③ Vgl. Johannes Holzer, Die neuen Insolvenzgerichte, ZIP 19(1998), S. 2183.

立专门审理破产案件的破产法院是一个比较法趋势。[①] 我国当前存在建立破产法庭的实践与趋势,最高人民法院《破产审判会议纪要》提出将设立清算与破产审判庭或专门的合议庭,作为提升破产审判的专业化建设的重要措施之一。进一步加快破产法庭的建设,提升破产案件审理的专业性和效率,契合我国当前司法实践的要求。设立专门审理破产案件的破产法庭,对增加企业集团实质合并破产裁定的准确性能够起到积极作用。

第二,将利害关系人对企业集团实质合并裁定不服的,可自收到裁定之日起15日内向受理法院的上一级法院申请复议改为提起上诉。上诉是当事人不服法院未生效的裁判,在法定期限内向其上一级法院提起变更或者撤销该未生效裁判的请求。[②] 上诉针对的是未生效的裁判,目前我国规定可以上诉的民事裁定只包括不予受理的裁定、对管辖权有异议的裁定和驳回起诉的裁定。因为企业集团实质合并破产制度可能对破产程序参与人的实体权利产生强烈影响,所以在程序上应当考虑对破产程序参与人救济权利予以充分保障,可以上诉的裁定类型可以考虑增加企业集团实质合并破产裁定。在企业集团实质合并破产裁定上诉期内和上诉审理期间,企业集团实质合并破产裁定不发生法律效力。考虑到破产程序的效率要求,企业集团实质合并破产裁定上诉期间可以缩短,由自收到裁定之日起15日内向受理法院的上一级法院申请复议改为自收到裁定之日起10日内向受理法院的上一级法院提起上诉,从而使企业集团实质合并破产裁定的上诉期间与《民事诉讼法》第171条第2款和《企业破产法》第12条规定的民事裁定上诉期间相一致。第二审法院审理企业集团实质合并破产裁定的上诉案件,可以采取第一审法院审理企业集团实质合并破产申请的听证会模式。第二审法院应当自收到上诉申请之日起30日内作出维持或者撤销企业集团实质合并破产的裁定,防止企业集团破产程序拖延,影响企业集团整体价值的实现。

第三,增加异议权利人以提供中止保证金或者其他担保物为条件的中止执行申请权。在未将利害关系人对企业集团实质合并破产裁定不服,可以在法定期间内向受理法院的上一级法院申请复议改为提起上诉的情况下,企业集团实质合并破产裁定一经作出或者送达,即发生法律效力,在复议期间以及受理企业集团实质合并破产申请的法院之上一级法院复议审查期间,企业集团实质合并破产裁定的

① 参见卢泰岳、李英:《韩国破产法最新修改与破产法院的设立》,载《中国政法大学学报》2018年第4期。

② 参见汤维建主编:《民事诉讼法学》(第2版),北京大学出版社2014年版,第254页。

执行不停止，除非法院依职权裁定应当中止企业集团实质合并破产裁定的执行。[①]对企业集团实质合并破产裁定异议权利人的利益保障具有被动性。为防止适用企业集团实质合并破产制度可能对企业集团实质合并破产异议权利人的利益造成不能回转的损害，可以考虑采取通过提供中止保证金或者其他担保物的方式暂时中止企业集团实质合并破产裁定的执行，给予异议权利人以提供中止保证金或者其他担保物为条件的中止执行申请权，使企业集团实质合并破产异议权利人能够主动保护其利益。通过提供中止保证金或者其他担保物暂时中止执行的做法与我国民事诉讼法体系并不矛盾。《民事诉讼法解释》第 297 条规定，法院受理第三人撤销之诉的案件后，原告通过提供相应担保请求中止执行的，法院可以准许中止执行。相关经验可以作为企业集团实质合并破产异议权利人提供中止保证金或者其他担保物为条件中止执行做法的参考。

三、自愿实质合并破产的救济

自愿实质合并破产借助债权人会议决议的方式实现，债权人会议是破产程序中实现债权人自治的重要债权人机构，[②]维护债权人的利益。为了在债权人平等原则和债权人团体的行为能力之间取得平衡，债权人会议以人数标准和债权数额标准的双重多数决的方式运作。[③] 债权人自治要素和多数决原则要素的结合，使债权人会议可能成为多数债权人自治，但是债权人并非铁板一块，债权人之间可能存在异质的利益和偏好，在多数债权人自治下，少数人所代表的利益必须服从多数人的决定，可能导致进一步限制少数人的利益。为防止多数债权人的权利滥用，保护少数债权人的利益，法院有必要对债权人会议的决议进行监督和控制，撤销错误的决议。[④] 我国《企业破产法》第 64 条第 2 款规定，债权人认为债权人会议的决议违反法律规定，损害其利益，可以自债权人会议作出决议之日起 15 日内向法院申请裁定撤销该决议。对违反法律规定的解释包括债权人会议的决议内容违法、决议程序违法、债权人会议程序违法和其他导致债权人合法利益受损的违法情事，违

---

① 参见《民事诉讼法》第 267 条第 1 款第 5 项。

② Vgl. Ulf Gundlach/Volkhard Frenzel/Jens-Uwe Strandmann, Die Rechtsaufsicht des Insolvenzgerichts als Mittel der Begrenzung der Gläubigerautonomie, NZI 11(2008), S. 462.

③ Vgl. Martin Ahrens, in: Münchener Kommentar zur Insolvenzordnung, Band 1, 4. Aufl. 2019, § 74 Rn. 10.

④ Vgl. Klaus Hubert Görg, Gerichtliche Korrektur von Fehlentscheidungen der Gläubiger im Insolvenzverfahren, DZWIR 10(2000), S. 364.

反法律规定包括违反实体法和程序法。[①]

由于多数决原则的运作可能会损害少数债权人的利益,所以应当允许债权人根据《企业破产法》第 64 条第 2 款规定向法院申请撤销债权人会议作出的企业集团实质合并破产决议。法院通常在三类情形中可以撤销债权人会议的企业集团实质合并破产决议。第一,在给予债权人有关集团成员公司债务人的业务、财产、事务或者财务信息具有虚假性、误导性或者有遗漏,可以合理预期会就债权人对企业集团实质合并破产表决产生实质影响。第二,企业集团实质合并破产决议会对损害申请撤销决议的债权人利益或者不公平对待该债权人。第三,企业集团实质合并破产决议违背集团成员公司债务人之债权人的整体利益。除此之外,为保证救济的灵活性,可以考虑增加兜底情形,即法院可以基于其他理由撤销企业集团实质合并破产决议。

本 章 小 结

本章讨论与分析我国企业集团实质合并破产制度的构造,为未来《企业破产法》在修订中构造企业集团实质合并破产制度提供建议与参考。动态体系论方法可用于企业集团实质合并破产立法和司法实践,为企业集团实质合并破产认定提供一个稳妥的评价框架。

在实体构造方面,法院裁定实质合并破产与否取决于法人人格要素、区分集团成员公司债务人财产的成本要素和债权人同意要素的协动作用。在动态体系论下,实质合并破产制度的法律效果不是以全有或者全无的方式发生,而是根据个案中要素的协动情况,可以在完全实质合并破产效果之外,考虑部分实质合并破产效果。出于法律体系的一致性、无矛盾性和避免产生不当激励效果的考虑,原则上不应采取债务人集团成员公司与非债务人集团成员公司实质合并破产的做法,也不应承认实质合并破产裁定的追溯效力。实质合并破产效果打破了集团成员公司债务人之间的资产分割,可能会产生破产抵销所需的相互性。

在程序构造方面,企业集团实质合并破产案件应当集中管辖和集中管理。企业集团破产案件管辖,可以采取集团成员公司债务人住所地法院管辖与申请优先相结合的模式,并在特定情形中考虑管辖权恒定原则的适用。企业集团破产案件,

---

① 参见王卫国:《破产法精义》(第 2 版),法律出版社 2020 年版,第 216 页。

原则上应当由统一的破产管理人进行管理,除非指定统一的破产管理人会带来难以消除的利益冲突。结合比较法经验与本土实质合并破产司法裁判经验,企业集团实质合并破产启动可以考虑采取法院裁定实质合并破产和自愿实质合并破产的并行程序。在自愿实质合并破产程序中,破产管理人作出实质合并破产决定之后,由集团成员公司债务人的债权人会议进行表决。在法院裁定实质合并破产程序中,采取申请与听证会结合的模式,形成适合我国企业集团实质合并破产的启动模式,但应进一步完善企业集团实质合并破产申请权人、申请时间和听证会参与人等程序事项。

在救济构造方面,企业集团实质合并破产制度的救济构造围绕自愿实质合并破产和法院裁定企业集团实质合并破产两种类型展开。企业集团实质合并破产救济主要分为三种情形:第一,异议权利人对企业集团实质合并破产主张提出抗辩;第二,对债权人会议通过的企业集团实质合并破产决议提起撤销之诉;第三,对企业集团实质合并破产裁定寻求司法救济。未来需要加快推进设立专门处理破产案件的破产法庭。可以考虑将企业集团实质合并破产裁定向受理法院的上一级法院申请复议改为提起上诉,或者增加异议权利人以提供中止保证金/其他担保物为条件的中止执行申请权的方式,完善异议权利人对企业集团实质合并破产裁定的司法救济。

结　论

未来修订《企业破产法》可以考虑界定企业集团的概念,作为企业集团破产的基础。企业集团,是指两个或者两个以上企业法人在控制企业统一管理之下的联合体。控制企业通常指其股份占股份有限公司资本总额或者出资额占有限责任公司资本总额50%以上的企业,以及其股份未占股份有限公司资本总额或者出资额未占有限责任公司资本总额50%,但依其持有的股份或者出资额享有的表决权足以对股份有限责任公司股东会决议或者有限责任公司股东会决议产生控制性影响的企业。如果没有相反证明,一家直接或者间接控制另一家公司的人事、财务或业务等的企业推定为控制企业。统一管理意味着两个或者两个以上企业法人至少在人事、财务、销售和研发等某一方面实现了集中计划。企业集团破产描述了两家或者两家以上集团成员公司债务人同时或者短时间内先后出现破产原因,进入破产程序的现象。

处理企业集团破产可以为破产程序参与人提供可供选择的工具菜单,使破产程序参与人能够选择适合在个案中处理企业集团破产问题的工具。程序协调制度和实质合并破产制度各有优劣,二者不是非此即彼的替代制度,而是并行不悖的可供选择工具。实质合并破产制度具有程序协调制度不具有的功能优势,在特定的情形中仍不失为处理企业集团破产问题的适当工具。实质合并破产制度并不是对特定债权人的救济,而是对所有债权人的公平救济。实质合并破产制度具有矫正企业集团结构和促进企业集团拯救的功能,欺诈转让制度、衡平居次制度和"刺破公司面纱"制度不能成为实质合并破产制度的功能替代物。

对企业集团实质合并破产制度的具体设计,最重要的首先是企业集团实质合并破产制度的实体构造。实体构造可以利用动态体系论的方法,提取一些要素,通过要素满足度的凑整来评价发生法律效果。基于比较法观察和本土企业集团实质合并破产司法裁判的梳理,实质合并破产认定立足于被合并集团成员公司债务人之间的相互关系,取决于集团成员公司债务人法人人格混同要素、区分集团成员公司债务人财产的成本要素和债权人同意要素的相互作用。当集团成员公司债务人法人人格高度混同、区分集团成员公司债务人财产的成本过高致使不会有任何一个债权人受益和过半数的债权人同意,可以评价实质合并破产的法律效果。如果某个要素的充足度不足,只要其他要素的充足度足够高,仍可以通过其他要素充足度的互补来评价发生法律效果。在动态体系论下,实质合并破产制度的适用不是全有或者全无的方式,而是可以根据个案情况和要素的满足度采取部分实质合并破产的法律效果。为避免对破产程序参与人形成不当激励,实质合并破产不应具有追溯效力以影响破产撤销的行使。实质合并破产可能会创造破产抵销所需的相互性要件。实质合并破产制度原则上只针对具有破产原因的集团成员公司债务人,不具有破产原因的集团成员公司是否纳入企业集团实质合并破产的范围更多取决于当事人自治。

在企业集团实质合并破产制度的程序构造方面,具体规则的设计可以包括以下层次:第一,集团成员公司债务人可以向对其具有破产管辖权的法院申请集中管辖企业集团破产案件,多个申请并存时,依据优先原则确定企业集团破产案件管辖法院。法院只有在认为集中管辖不符合相关集团成员公司债务人之债权人的共同利益的情况下,才应当拒绝集中管辖的申请。其他受理相关集团成员公司债务人破产申请的法院原则上有向企业集团破产案件管辖法院移送管辖的义务,除非移送管辖不符合该集团成员公司债务人之债权人的利益。第二,法院原则上应当指定单一的破产管理人负责管理和处分企业集团内的破产财产,除非指定单一的破产管理人会带来难以消除的利益冲突。第三,企业集团实质合并破产可以采取债权人自治和法院裁量的并行程序。以债权人自治方式实施企业集团实质合并破产可以考虑由债权人会议对实质合并破产方案进行表决。在以法院裁定方式实施企业集团实质合并破产的情形中,认定企业集团实质合并破产可以采取申请和听证会结合的模式,债务人、破产管理人和清算责任人具有企业集团实质合并破产申请权。只有在对债权人采取举证责任倒置的前提下,才应当考虑赋予债权人适用企业集团实质合并破产的申请权。

在企业集团实质合并破产制度的救济构造方面,救济构造围绕自愿实质合并破产和法院裁定实质合并破产两种类型展开,具体规则的设计可以包括以下层次:第一,债权人以及其他利害关系人可以在债权人会议或者听证会中对企业集团实质合并破产提出异议,并进行抗辩。第二,针对债权人会议的企业集团实质合并破产决议,债权人可向法院提起撤销之诉的救济。第三,债权人及其他利害关系人可以对企业集团实质合并破产裁定实施救济,可以考虑将目前企业集团实质合并破产裁定申请复议的救济方式改为提起上诉或者允许债权人及其他利害关系人以提供中止保证金或其他担保物为条件中止企业集团实质合并破产裁定在救济期间的执行,并缩短提起上诉或者申请复议的期限,具体为自裁定书送达之日起 10 日内向集团法院的上一级法院提起上诉或者申请复议,上一级法院在收到申请之日起 30 日内作出维持或者撤销企业集团实质合并破产裁定。此外,应加快推进破产法庭的建设,提升法院处理企业集团实质合并破产案件的专业能力。

参考文献

中文著作

[1][奥地利]弗朗茨·比德林斯基:《私法的体系与原则》,曾见等译,中国人民大学出版社2023年版。

[2]陈钊:《信息与激励经济学》(第3版),格致出版社、上海三联书店、上海人民出版社2018年版。

[3]陈自强:《民法讲义Ⅱ:契约之内容与消灭》,法律出版社2004年版。

[4]崔建远:《合同法》(第3版),北京大学出版社2016年版。

[5]常怡主编:《民事诉讼法学》(第3版),中国政法大学出版社2013年版。

[6][德]本德·吕特斯、[德]阿斯特丽德·施塔德勒:《德国民法总论》(第18版),于馨淼、张姝译,法律出版社2017年版。

[7][德]C. W. 卡纳里斯:《德国商法》,杨继译,法律出版社2006年版。

[8][德]迪特尔·梅迪库斯:《德国民法总论》,邵建东译,法律出版社2013年版。

[9][德]格茨·怀克、[德]克里斯蒂娜·温德比西勒:《德国公司法》(第21版),殷盛译,法律出版社2010年版。

[10][德]汉斯·布洛克斯、[德]沃尔夫·迪特里希·瓦尔克:《德国民法总论》,张艳译,中国人民大学出版社2012年版。

[11][德]哈贝马斯:《在事实与规范之间:关于法律和民主法治国的商谈理论》,童世骏译,生活·读书·新知三联书店2003年版。

[12][德]卡尔·拉伦茨:《德国民法通论》,王晓晔等译,法律出版社2013年版。

[13][德]卡尔·拉伦茨:《法学方法论》(第6版),黄家镇译,商务印书馆2020年版。

[14][德]莱因哈德·波克:《德国破产法导论》(第6版),王艳柯译,北京大学出版社2014年版。

[15][德]齐佩利乌斯:《法学方法论》,金振豹译,法律出版社2009

年版。

[16][德]斯蒂芬·格伦德曼:《欧盟公司法》(下册),周万里主译,法律出版社 2018 年版。

[17][德]托马斯·莱塞尔、[德]吕迪格·法伊尔:《德国资合公司法》(第 6 版),高旭军等译,上海人民出版社 2019 年版。

[18][德]乌尔里希·克卢格:《法律逻辑》,雷磊译,法律出版社 2016 年版。

[19][德]乌尔里希·福尔斯特:《德国破产法》(第 7 版),张宇晖译,中国法制出版社 2020 年版。

[20][法]伊夫·居荣:《法国商法》(第 1 卷),罗结珍、赵海峰译,法律出版社 2004 年版。

[21]《法国商法典》,罗结珍译,北京大学出版社 2015 年版。

[22]甘培忠:《企业与公司法学》(第 7 版),北京大学出版社 2014 年版。

[23][古希腊]亚里士多德:《尼各马可伦理学》,廖申白译注,商务印书馆 2003 年版。

[24]韩长印:《破产法学》(第 2 版),中国政法大学出版社 2016 年版。

[25]韩世远:《合同法总论》(第 4 版),法律出版社 2018 年版。

[26]贺丹:《企业集团破产:问题、规则与选择》,中国法制出版社 2019 年版。

[27]黄茂荣:《法学方法与现代民法》(第 5 版),法律出版社 2007 年版。

[28]江伟主编:《民事诉讼法》(第 4 版),中国人民大学出版社 2008 年版。

[29]李永军:《破产法:理论与规范研究》,中国政法大学出版社 2013 年版。

[30][美]奥利弗·E. 威廉姆森:《资本主义经济制度:论企业签约与市场签约》,段毅才、王伟译,商务印书馆 2002 年版。

[31][美]查尔斯·J. 泰步:《美国破产法新论》(第 3 版),韩长印、何欢、王之洲译,中国政法大学出版社 2017 年版。

[32][美]大卫·G. 爱泼斯坦、[美]史蒂夫·H. 尼克勒斯、[美]詹姆斯·J. 怀特:《美国破产法》,韩长印等译,中国政法大学出版社 2003 年版。

[33][美]道格拉斯·G. 贝尔德:《美国破产法精要》(第 6 版),徐阳光、武诗敏译,法律出版社 2020 年版。

[34][美]弗雷德里克·S. 米什金:《货币金融学》,郑艳文、荆国勇译,中国人民大学出版社 2011 年版。

[35][美]弗兰克·伊斯特布鲁克、[美]丹尼尔、费希尔:《公司法的经济结构》(中译本第 2 版),罗培新、张建伟译,北京大学出版社 2014 年版。

[36][美]莱纳·克拉克曼、[美]亨利·汉斯曼等:《公司法剖析:比较与功能的视角》(第 2 版),罗培新译,法律出版社 2012 年版。

[37][美]罗伯特·W. 汉密尔顿:《美国公司法》(第 5 版),齐东祥组织翻译,法律出版社 2008 年版。

[38][美]罗伯特·戈登:《美国增长的起落》,张林山等译,中信出版集团 2018 年版。

[39][美]约翰·罗尔斯:《正义论》,何怀宏、何包钢、廖申白译,中国社会科学出版社 2009 年版。

[40][美]罗纳德·德沃金:《认真对待权利》,信春鹰、吴玉章译,上海三联书店 2008 年版。

[41][美]罗纳德·哈里·科斯:《企业、市场与法律》,盛洪、陈郁译,格致出版社、上海三联书店、上海人民出版社 2009 年版。

[42][美]理查德·D. 弗里尔:《美国民事诉讼法》,张利民等译,商务印书馆 2013 年版。

[43][美]兰德尔·S. 克罗茨纳、[美]路易斯·普特曼编:《企业的经济性质》(第 3 版),孙经纬

译,格致出版社、上海三联书店、上海人民出版社 2015 年版。

[44][美]莫顿·J. 霍维茨:《美国法的变迁:1780—1860》,谢鸿飞译,中国政法大学出版社 2019 年版。

[45][美]P. S. 阿蒂亚、[美]R. S. 萨默斯:《英美法中的形式与实质:法律推理、法律理论和法律制度的比较研究》,金敏、陈林林、王笑红译,中国政法大学出版社 2005 年版。

[46][美]斯蒂芬·M. 班布里奇、[美]M. 托德·亨德森:《有限责任:法律与经济分析》,李诗鸿译,上海人民出版社 2019 年版。

[47][美]斯蒂芬·M. 班布里奇、[美]M. 托德·亨德森:《外包董事会:董事会服务提供商如何改善公司治理》,李诗鸿译,上海人民出版社 2022 年版。

[48][美]小戴维·A. 斯基尔:《美国破产法史》,赵炳昊译,中国法制出版社 2010 年版。

[49][美]伊查克·爱迪思:《企业生命周期》,王玥译,中国人民大学出版社 2017 年版。

[50][美]约翰·G. 斯普兰克林:《美国财产法精解》(第 2 版),钟书峰译,北京大学出版社 2009 年版。

[51]齐砺杰:《破产重整制度的比较研究:英美视野与中国图景》,中国社会科学出版社 2016 年版。

[52][日]近藤光男:《最新日本公司法》(第 7 版),梁爽译,法律出版社 2016 年版。

[53][日]山本为三郎:《日本公司法精解》,朱大明、陈宇、王伟杰译,法律出版社 2015 年版。

[54][日]星野英一:《私法中的人》,王闯译,中国法制出版社 2004 年版。

[55][日]伊藤真:《民事诉讼法》,曹云吉译,北京大学出版社 2019 年版。

[56]施天涛:《公司法论》(第 4 版),法律出版社 2018 年版。

[57]施天涛:《商法学》(第 5 版),法律出版社 2018 年版。

[58]史尚宽:《债法总论》,中国政法大学出版社 2000 年版。

[59]汤维建主编:《民事诉讼法学》(第 2 版),北京大学出版社 2014 年版。

[60]吴从周:《概念法学、利益法学与价值法学》,中国法制出版社 2011 年版。

[61]许德风:《破产法论:解释与功能比较的视角》,北京大学出版社 2015 年版。

[62]谢在全:《民法物权论》(修订 5 版),中国政法大学出版社 2011 年版。

[63][意]罗道尔夫·萨科:《比较法导论》,费安玲等译,商务印书馆 2014 年版。

[64][英]罗纳德·哈里·科斯、王宁:《变革中国:市场经济的中国之路》,徐尧、李哲民译,中信出版社 2013 年版。

[65][英]韦恩·莫里森:《法理学:从古希腊到后现代》,李桂林等译,武汉大学出版社 2003 年版。

[66]朱慈蕴:《公司法人格否认法理研究》,法律出版社 1998 年版。

[67]朱慈蕴:《公司法原论》,清华大学出版社 2011 年版。

[68]朱广新:《合同法总则研究》,中国人民大学出版社 2018 年版。

[69]朱锦清:《公司法学》,清华大学出版社 2017 年版。

[70]郑玉波:《民法债编总论》(修订 2 版),陈隆荣修订,中国政法大学出版社 2004 年版。

[71]曾大鹏:《中国商法通则理论与立法研究》,法律出版社 2013 年版。

[72]王保树:《商法总论》,清华大学出版社 2007 年版。

[73]王洪亮:《债法总论》,北京大学出版社 2016 年版。

[74]王卫国:《破产法精义》(第 2 版),法律出版社 2020 年版。

[75]王亚新、陈杭平、刘君博:《中国民事诉讼法重点讲义》(第 2 版),高等教育出版社 2021 年版。

[76]王泽鉴:《债法原理》(第 2 版),北京大学出版社 2013 年版。

[77]王泽鉴:《民法总则》,北京大学出版社 2009 年版。

[78]王泽鉴:《民法总则》,台北,元照出版有限公司 2014 年版。

[79]张卫平:《民事诉讼法》(第 5 版),法律出版社 2019 年版。

[80]赵旭东主编:《公司法学》(第 4 版),高等教育出版社 2015 年版。

[81]《中华人民共和国企业破产法》起草组编:《〈中华人民共和国企业破产法〉释义》,人民出版社 2006 年版。

中文论文

[82][奥地利]瓦尔特·维尔伯格:《私法领域内动态体系的发展》,李昊译,载《苏州大学学报(法学版)》2015 年第 4 期。

[83]崔建远:《论债权人撤销权的构成》,载《清华法学》2020 年第 3 期。

[84]崔建远:《民事合同与商事合同之辨》,载《政法论坛》2022 年第 1 期。

[85]曹文兵:《供给侧改革背景下实质合并破产制度的构建与完善——以 16 件关联企业实质合并破产案件为分析样本》,载《理论月刊》2019 年第 7 期。

[86]蔡唱、郑显芳:《论实体合并破产实务和理论的冲突与调适》,载《山东社会科学》2019 年第 10 期。

[87]陈夏红:《我国清算与破产审判庭的设置与运转》,载《甘肃社会科学》2017 年第 1 期。

[88]党海娟:《我国破产法引入衡平居次规则必要性和可行性的反思——从最高院发布的一则典型案例说起》,载《河北法学》2016 年第 3 期。

[89]董宁:《论产能过剩企业金融债务有效重组路径与条件——基于山东肥矿集团的案例研究》,载《金融发展研究》2017 年第 7 期。

[90][德]罗尔夫·施蒂尔纳:《民法学及其方法论——过度关注法律适用与太少注重基础导向?》,于程远译,载李昊、明辉主编:《北航法律评论》第 6 辑,法律出版社 2015 年版。

[91]杜万华:《深圳、北京、上海成立破产法庭具有标志性意义》,载《人民法院报》2019 年 3 月 21 日,第 2 版。

[92]方新军:《权利保护的形式主义解释方法及其意义》,载《中国法律评论》2020 年第 3 期。

[93]冯珏:《自然人与法人的权利能力　对于法人本质特征的追问》,载《中外法学》2021 年第 2 期。

[94]高丝敏:《我国破产重整中债务人自行管理制度的完善——以信义义务为视角》,载《中国政法大学学报》2017 年第 3 期。

[95]高丝敏:《破产法的指标化进路及其检讨——以世界银行"办理破产"指标为例》,载《法学研究》2021 年第 2 期。

[96]高小刚、陈萍:《论关联企业破产程序中实质合并原则的适用》,载《法律适用》2020 年第 12 期。

[97]葛平亮:《德国关联企业破产规制的最新发展及其启示》,载《月旦财经法杂志》第 38 期(2016 年)。

[98]贺小荣、葛洪涛、郁琳:《破产清算、关联企业破产以及执行与破产衔接的规范与完善——〈全国法院破产审判工作会议纪要〉的理解与适用》(下),载《人民司法》2018 年第 16 期。

[99]贺丹:《破产实体合并司法裁判标准反思——一个比较的视角》,载《中国政法大学学报》2017年第3期。

[100]贺丹:《论实质合并破产中债权人异议权的实现》,载《政法论坛》2024年第2期。

[101]贺剑:《〈合同法〉第54条第1款第2项(显失公平制度)评注》,载《法学家》2017年第1期。

[102]黄辉:《公司集团背景下的法人格否认:一个实证研究》,载《中外法学》2020年第2期。

[103]蒋大兴:《〈商法通则〉/〈商法典〉的可能空间?——再论商法与民法规范内容的差异性》,载《比较法研究》2018年第5期。

[104]蒋大兴:《"法人格否认裁判"之效力射程——"法人格否认裁判"是否具有跨域效力?》,载《交大法学》2023年第5期。

[105]江必新:《论民事审判监督制度之完善》,载《中国法学》2011年第5期。

[106]金春、Stacey Steele、Andrew Godwin:《破产重整程序中的管理人制度》,载《政法论坛》2010年第6期。

[107]孔维璜:《实质合并规则的理解和运用》,载《人民司法(应用)》2016年第28期。

[108]辽宁省沈阳市中级人民法院课题组:《关联企业破产实体合并法律适用问题研究》,载最高人民法院民事审判第二庭编:《商事审判指导》第2辑,人民法院出版社2010年版。

[109]刘敏、梁闽海:《企业破产清算案件中的审判实务问题——以闽发证券有限公司破产清算案为视角》,载《法律适用》2013年第7期。

[110]雷磊:《指导性案例法源地位再反思》,载《中国法学》2015年第1期。

[111]李永军、李大何:《重整程序开始的条件及司法审查——对"合并重整"的质疑》,载《北京航空航天大学学报(社会科学版)》2013年第6期。

[112]李永军:《重申破产法的私法精神》,载《政法论坛》2002年第3期。

[113]李建伟:《民法总则设置商法规范的限度及其理论解释》,载《中国法学》2016年第4期。

[114]李建伟:《公司关联担保规制的制度变迁与政策选择——兼论法律规制的目标与方法》,载《商事法论集》2006年第2期。

[115]李建伟:《关联公司法人人格否认的实证研究》,载《法商研究》2021年第6期。

[116]李自然、杨如彦:《金融机构退出机制研究:南方证券接管案》,载张曙光主编:《中国制度变迁的案例研究(广东卷)》第6集,中国财政经济出版社2008年版。

[117]卢泰岳、李英:《韩国破产法最新修改与破产法院的设立》,载《中国政法大学学报》2018年第4期。

[118][美]邓肯·肯尼迪:《法律形式主义》,陆幸福译,载《法律方法》2013年第13卷。

[119]纳鹏杰、雨田木子、纳超洪:《企业集团风险传递效应研究——来自集团控股上市公司的经验证据》,载《会计研究》2017年第3期。

[120]彭中礼:《最高人民法院会议纪要研究》,载《法律科学(西北政法大学学报)》2021年第5期。

[121][日]山本敬三:《民法中的动态系统论——有关法律评价及方法的绪论性考察》,解亘译,载梁慧星主编:《民商法论丛》(第23卷),金桥文化出版(香港)有限公司2002年版。

[122]施天涛:《关联企业概念之法律透视》,载《法律科学(西北政法学院学报)》1998年第2期。

[123]施鸿鹏:《民法与商法二元格局的演变与形成》,载《法学研究》2017年第2期。

[124]苏力:《法官素质与法学院的教育》,载《法商研究》2004年第3期。

［125］尚连杰:《缔约过程中说明义务的动态体系论》,载《法学研究》2016 年第 3 期。
［126］石一峰:《关联公司人格否认动态判断体系的构建》,载《环球法律评论》2022 年第 3 期。
［127］陶蛟龙、史和新:《关联公司合并破产重整若干法律问题研究》,载《人民司法》2012 年第 3 期。
［128］陶蛟龙、史和新:《关联公司合并破产重整若干法律问题研究——以纵横集团“1 + 5”公司合并重整案件为视角》,载《政治与法律》2012 年第 2 期。
［129］吴越:《德国康采恩法与我国企业集团法之比较》,载《法律科学(西北政法学院学报)》2001 年第 2 期。
［130］徐阳光:《论关联企业实质合并破产》,载《中外法学》2017 年第 3 期。
［131］徐阳光:《中国破产法年度观察(2022—2023)》,载《法律适用》2024 年第 4 期。
［132］解亘、班天可:《被误解和被高估的动态体系论》,《法学研究》2017 年第 2 期。
［133］解正山:《论公司临近破产时的董事义务及问责制——基于公司法与破产法交错视角的思考》,载《当代法学》2022 年第 6 期。
［134］肖彬:《实质合并破产规则的立法构建》,载《山东社会科学》2021 年第 4 期。
［135］许德风:《破产法基本原则再认识》,载《法学》2009 年第 8 期。
［136］许德风:《破产视角下的抵销》,载《法学研究》2015 年第 2 期。
［137］许德风:《论担保物权在破产程序中的实现》,载《环球法律评论》2011 年第 3 期。
［138］易军:《原则/例外关系的民法阐释》,载《中国社会科学》2019 年第 9 期。
［139］尹田:《无财产即无人格——法国民法上广义财产理论的现代启示》,载《法学家》2004 年第 2 期。
［140］于飞:《民法基本原则:理论反思与法典表达》,载《法学研究》2016 年第 3 期。
［141］朱黎:《论实质合并破产规则的统一适用——兼对最高人民法院司法解释征求意见稿的思考》,载《政治与法律》2014 年第 3 期。
［142］朱晓峰:《论人格权侵权责任认定中的构成要件与利益权衡》,载《法学评论》2024 年第 1 期。
［143］王洪亮:《债权人撤销权的法律效果及其在程序上的实现》,载《比较法研究》2024 年第 3 期。
［144］王静、蒋伟:《实质合并破产制度适用实证研究——以企业破产法实施以来 76 件案例为样本》,载《法律适用》2019 年第 12 期。
［145］王静:《非讼程序视角下实质合并的申请与审查》,载《法律适用》2021 年第 6 期。
［146］王静:《实质合并适用标准体系之重构》,载《月旦财经法杂志》第 46 期(2021 年)。
［147］王利明:《民法典人格权编中动态系统论的采纳与运用》,载《法学家》2020 年第 4 期。
［148］王利明、朱虎:《〈民法典〉合同编通则司法解释的亮点与创新》,载《法学家》2024 年第 1 期。
［149］王欣新、蔡文斌:《论关联企业破产之规制》,载《政治与法律》2008 年第 9 期。
［150］王欣新、周薇:《关联企业的合并破产重整启动研究》,载《政法论坛》2011 年第 6 期。
［151］王欣新:《关联企业的实质合并破产程序》,载《人民司法(应用)》2016 年第 28 期。
［152］王欣新:《关联企业实质合并破产标准研究》,载《法律适用(司法案例)》2017 年第 8 期。
［153］王欣新:《〈全国法院破产审判工作会议纪要〉要点解读》,载《法治研究》2019 年第 5 期。
［154］王欣新:《实质合并破产中听证与复议的规制研究》,载《法律适用》2022 年第 8 期。
［155］王毓莹:《论我国上市公司重整中的“府院失衡现象”及其协调》,载《法学评论》2022 年第 2 期。
［156］王永亮、黄杰国、高丽宏:《关联企业破产实体合并的司法实践》,载《人民司法》2010 年第

16 期。

[157]王志诚:《企业集团破产法制比较——解构与建构》,载《政大法学评论》第 139 期(2014 年)。

[158]王志诚:《从比较法观点论企业集团之重整法制》,载《东吴法律学报》第 3 期(2013 年)。

[159]王志峰、谭昕:《民营企业在贷款融资中更受歧视吗?——基于土地抵押贷款微观数据的再探讨》,载《中央财经大学学报》2021 年第 8 期。

[160]周晓晨:《过失相抵制度的重构——动态系统论的研究路径》,载《清华法学》2016 年第 4 期。

[161]邹海林:《新企业破产法与管理人中心主义》,载《华东政法大学学报》2006 年第 6 期。

[162]邹海林:《我国新破产法(草案)与债权人自治》,载《法学家》2005 年第 2 期。

[163]赵刚、李汝健:《从"开先河"到"立标杆"——来自南方证券破产案的创新之举》,载《人民法院报》2013 年 3 月 31 日,第 1 版。

[164]《最高人民法院发布的四起典型案例》,载《人民法院报》2015 年 4 月 1 日,第 3 版。

[165]《全国法院审理破产典型案例》,载全国企业破产重整案件信息网 2018 年 3 月 6 日,https://pccz. court. gov. cn/pcajxxw/pcdxal/dxalxq? id = B784F57BB44802F0F362DC2BE96D8462。

[166]《人民法院报评出 2019 年度人民法院十大商事案件》,载中国法院网 2020 年 1 月 18 日,https://www. chinacourt. org/article/detail/2020/01/id/4777002. shtml。

[167]《最高人民法院民二庭负责人就〈关于适用中华人民共和国企业破产法若干问题的规定(一)〉答记者问》,载中华人民共和国最高人民法院网 2011 年 10 月 28 日,https://www. court. gov. cn/shenpan/xiangqing/3271. html。

[168]联合国国际贸易法委员会:《贸易法委员会破产法立法指南》,载联合国国际贸易法委员会网 2009 年 8 月 31 日,https://uncitral. un. org/sites/uncitral. un. org/files/media-documents/uncitral/zh/leg-guide-insol-part3 – ebook-c. pdf。

[169]联合国国际贸易法委员会:《贸易法委员会企业集团破产示范法》,载联合国国际贸易法委员会网 2019 年 7 月 15 日,https://uncitral. un. org/sites/uncitral. un. org/files/media-documents/uncitral/zh/19_11345_mloegi_zh. pdf。

[170]贾志杰:《关于〈中华人民共和国企业破产法(草案)〉的说明》,载中国法院网 2004 年 6 月 28 日,https://www. chinacourt. org/article/detail/2004/06/id/122023. shtml。

[171]梁盛、李蓝珊、叶辉:《广东嘉粤集团重整案进入法律程序　资产负债逾 70 亿》,载中国新闻网,https://www. chinanews. com/fz/2013/06 – 19/4946276. shtml。

中文判例

[172]山东旭洋建筑科技有限公司与临沂好旺商城有限公司、临沂好旺广场有限公司建设工程施工合同纠纷案,山东省临沂市罗庄区人民法院(2020)鲁 1311 民初 496 号民事判决书。

[173]山东龙口蓄电池总厂和龙口孚佳电源有限公司的破产预重整案,山东省龙口市人民法院(2021)鲁 0681 破申 2 号民事裁定书。

[174]三星机床公司等实质合并破产清算案,湖南省长沙市中级人民法院(2020)湘 01 破监 1 号民事裁定书。

[175]飞龙家电集团有限公司管理人公司合并纠纷破产案,浙江省慈溪市人民法院(2015)甬慈破字第 1 – 5 号民事裁定书。

[176]纵横集团“1+5”公司合并破产重整案,浙江省绍兴市中级人民法院(2009)浙绍商破字第1号民事裁定书。

[177]浙江百基特材科技有限公司、浙江百基不锈钢有限公司、浙江百基机械有限公司破产案,浙江省临海市人民法院(2019)浙1082破申38号民事裁定书。

[178]浙江欧华造船股份有限公司、浙江中实海洋科技股份有限公司破产案,浙江省舟山市中级人民法院(2018)浙09破7号民事裁定书。

[179]金融街惠州惠阳置业有限公司与惠州市惠阳区鸿裕实业发展有限公司等申请破产清算案,广东省高级人民法院(2018)粤破终第39号民事裁定书。

[180]上海某兴铝业有限公司等三公司关联企业实质合并破产案,上海市第三中级人民法院(2019)沪03破监2号民事裁定书。

[181]上海安鲜达物流科技有限公司、上海云象供应链管理有限公司等申请破产重整案,上海市第三中级人民法院(2020)沪03破198号之一民事裁定书。

[182]上海美浩电器有限公司与上海特毅通用动力机械有限公司等申请破产清算纠纷案,上海市金山区人民法院(2008)金民二(商)破字第1号民事裁定书。

[183]中国华信能源有限公司等关联企业实质合并破产清算案,上海市第三中级人民法院(2021)沪03破申143号民事裁定书。

[184]北大方正集团有限公司管理人等申请破产重整案,北京市第一中级人民法院(2020)京01破申530号民事裁定书。

[185]绿能高科集团实质合并破产清算申请案,北京市第一中级人民法院(2021)京01破申90号民事裁定书。

[186]中航工程公司、中航股份公司实质合并重整案,北京市第一中级人民法院(2020)京01破30号之二民事裁定书。

[187]无锡市奥特钢管有限公司与无锡市沪通焊管有限公司合并破产清算案,江苏省无锡市中级人民法院(2010)锡破字第3号民事裁定书。

[188]江苏省纺织工业(集团)进出口有限公司、江苏省纺织工业申请破产重整案,江苏省南京市中级人民法院(2017)苏01破1号民事裁定书。

[189]金某与江苏东方重工有限公司管理人管理人责任纠纷案,江苏省泰州市中级人民法院(2019)苏12民终第3708号民事判决书。

[190]绿陵化工集团与绿陵系企业合并破产清算案,江苏省宿豫区人民法院(2020)苏1311破45号民事裁定书。

[191]海航集团等实质合并重整案,海南省高级人民法院(2021)琼破1号之一民事裁定书。

[192]山西省安瑞风机电气股份有限公司、遵义长征电器智控设备有限责任公司实质合并破产案,贵州省高级人民法院(2019)黔民他1号民事裁定书。

[193]重庆金江印染有限公司、重庆川江针纺有限公司破产管理人申请实质合并破产清算案,重庆市江津区人民法院(2015)津法民破字第00001号之六民事裁定书。

[194]广西百合化工股份有限公司等六家企业实质合并重整案,广西壮族自治区百色市(地区)中级人民法院(2020)桂10破4号之一民事裁定书。

[195]河南新太阳文化旅游集团有限公司等合并破产重整案,河南省信阳市中级人民法院(2021)豫15破申7号民事裁定书。

[196]中国吉林森林工业集团有限责任公司与吉林森林工业集团财务有限责任公司破产重整案，吉林省长春市中级人民法院(2020)吉01破5号民事裁定书。

[197]资阳晨风工业有限公司与资阳晨工电器有限公司合并破产清算案，四川省乐至县人民法院(2019)川2022破2号民事裁定书。

[198]浙江溢佳香食品集团有限公司等四公司破产重整案，浙江省杭州市中级人民法院(2010)浙杭商破字第1号民事裁定书。

[199]宜兴禄漪园国际大酒店有限公司、江苏禄漪园环保科技有限公司、江苏禄漪园实业有限公司申请破产清算案，江苏省宜兴市人民法院(2015)宜商破字第2号民事裁定书。

[200]惠州市安盾技防科技有限公司破产重整案，广东省惠州市中级人民法院(2016)粤13民破1号民事裁定书。

[201]康得新复合材料集团股份有限公司实质合并破产重整案，江苏省苏州市中级人民法院(2021)苏05破5号民事裁定书。

德文著作

[202]Christian Brünkmans, Die Koordinierung von Insolvenzverfahren konzernverbundener Unternehmen nach deutschem und europäischem Insolvenzrecht, Bonn, Diss. , 2008.

[203]Christoph Jensen, Der Konzern in der Krise: Aktuelle Rechtsfragen im Kontext deutscher und europäisch-grenzüberschreitender Konzerninsolvenzen, Band 27, 2018.

[204]Christian Schmollinger, Der Konzern in der Insolvenz, Freiburg, Diss. , 2012.

[205]Claus-Wilhelm Canaris, Die Vertrauenshaftung im Deutschen Privatrecht, 1971.

[206]Claus-Wilhelm Canaris, Systemdenken und Systembegriff in der Jurisprudenz, 2. Aufl. 1983.

[207]Conrad Grau, Konsolidierung von Rechtsträgern einer Unternehmensgruppe in der Sanierung: Überlegungen zur Einführung einer insolvenzrechtlichen Konsolidierung in Deutschland mit rechtsvergleichendem Bezug zum neuseeländischen und US-amerikanischen Recht, Hamburg Rostock, Diss. , 2007.

[208]Eberhard Braun/Andreas J. Baumert, Insolvenzordnung, 8. Aufl. 2020.

[209]Ernst A. Kramer, Juristische Methodenlehre, 4. Aufl. 2013.

[210]Karsten Schmidt, Insolvenzordnung, Band 27, 19. Aufl. 2019.

[211]Klaus J. Hopt/Adolf Baumbach/Hanno Merkt, Handelsgesetzbuch, 39. Aulf. 2020.

[212]Rudolf Westerhoff, Die Elemente des Beweglichen Systems, 1991.

[213]Uhlenbruck, Insolvenzordnung: InsO, Band 1, 15. Aufl. 2019.

[214]Uwe Hüffer/Jens Koch, Aktiengesetz, Band 53, 14. Aufl. 2020.

[215]Uwe Hüffer/Jens Koch, Aktiengesetz Band 53, 15. Aufl. 2021.

[216]Volker Emmerich/Mathias Habersack, Aktien-und GmbH-Konzernrecht, 9. Aufl. 2019.

[217]Münchener Kommentar zum BGB, Band 1, 8. Aufl. 2018.

[218]Münchener Kommentar zum BGB, Band 7, 8. Aufl. 2020.

[219]Münchener Kommentar zur Insolvenzordnung, Band 1, 4. Aufl. 2019.

[220]Münchener Kommentar zur Insolvenzordnung, Band 3, 4. Aufl. 2020.

[221]Maurer Franz, Das bewegliche System zur Konkretisierung der Sittenwidrigkeit bei § 826 BGB, 2017.

德文文献

[222]Bundesjustizministerium, Entwurf eines Gesetzes zur Erleichterung der Bewältigung von Konzerninsolvenzen, Bundesministerium der Justiz und für Verbraucherschutz (Aug. 28, 2013), https://www.bmjv.de/SharedDocs/Gesetzgebungsverfahren/Archiv/RegE_Entwurf_eines_Gesetzes_zur_Erleichterung_der_Bewaeltigung_von_Konzerninsolvenzen.pdf? __blob = publicationFile&v = 4.

[223]Christian Brünkmans, Entwurf eines Gesetzes zur Erleichterung der Bewältigung von Konzerninsolvenzen: Kritische Analyse und Anregungen aus der Praxis, ZIP 34(2013).

[224]Christian Gerloff, Der Verfahrenskoordinator-Stütze oder nur Kostenfaktor der Konzerninsolvenz, NZI-Beilage (2018).

[225]Christoph G. Paulus, Nach der Reform ist vor der Reform Schwachstellen des neuen Konzerninsolvenzrechts, NZI-Beilage (2018).

[226]Christoph G. Paulus, Überlegungen zu einem modernen Konzerninsolvenzrecht, ZIP 26(2005).

[227]Christoph G. Paulus, Insolvenzverwalter und Gläubigerorgane, NZI 11(2008).

[228]Christoph G. Paulus, EuInsVO: Änderungen am Horizont und ihre Auswirkungen, NZI 15 (2012).

[229]Christoph Poertzgen, Die Konzerninsolvenz, NZI 15(2012).

[230]Christian Pleister/ Michael Sturm, Die Herausforderungen des neuen Konzerninsolvenzrechts, ZIP 38(2017).

[231]Dorothee Prostedee, Der Begriff der Unternehmensgruppe, NZI-Beilage (2018).

[232]Detlef Specovius, Der Koordinationsplan, NZI-Beilage (2018).

[233]Dirk Andres/Andreas Möhlenkamp, Konzerne in der Insolvenz-Chance auf Sanierung, BB 23 (2013).

[234]Franz Bydlinski/Heinz Krejci/Bernd Schilcher/ Viktor Steininger, Das Bewegliche System im geltenden und künftigen Recht, AcP 188(1988).

[235]Frank Frind, Gefahren und Probleme bei der insolvenzgesetzlichen Regelung der Insolvenz der „Unternehmensgruppe“, ZInsO 19(2014).

[236]Friedrich Birnbreier, Begründung und Fortbestehen des Gruppen-Gerichtsstands, NZI-Beilage (2018).

[237]Georg Streit, Auswirkungen des § 56 b InsO im Rahmen des neuen Konzerninsolvenzrechts auf die Praxis der Bestellung von Insolvenzverwaltern, NZI-Beilage (2018).

[238]Hans-Joachim Mertens, Verkehrspflichten und Deliktsrecht-Gedanken zu einer Dogmatik der Verkehrspflichtverletzung, VersR 31(1980).

[239]Heinz Vallender / Stephan Deyda, Brauchen wir einen Konzerninsolvenzgerichtsstand, NZI 12 (2009).

[240]Heinz Vallender, Konzernsanierung durch Aufrechterhaltung der (faktischen) Leitungsmacht mittels Eigenverwaltung, NZI 23(2020).

[241]Helmut Koziol, Sonderprivatrecht für Konsumentenkredite, AcP 188(1988).

[242]Helmut Koziol, Das bewegliche System-Die goldene Mitte für Gesetzgebung und Dogmatik, ALJ

3(2017).

[243] Helmut Zipperer. Die einheitliche Verwalterbestellung nach dem Diskussionsentwurf für ein Gesetz zur Erleichterung der Bewältigung von Konzerninsolvenzen,ZIP 34(2013).

[244] Heribert Hirte, Vorschläge für die Kodifikation eines Konzerninsolvenzrechts,ZIP 29(2008).

[245] Holger Fleischer, Europäisches Konzernrecht: Eine akteurzentrierte Annäherung, ZGR 46 (2017).

[246] Horst Eidenmüller, Der Markt für internationale Konzerninsolvenzen: Zuständigkeitskonflikte unter der EuInsVO,NJW 57(2004).

[247] Horst Eidenmüller/Tilmann Frobenius, Ein Regulierungskonzept zur Bewältigung von Gruppeninsolvenzen: Verfahrenskonsolidierung im Kontext nationaler und internationaler Reformvorhaben,ZIP-Beil (2013).

[248] Jochen Humbeck, Plädoyer für ein materielles Konzern-insolvenzrecht,NZI 16(2013).

[249] Johannes Holzer, Die Empfehlungen der UNCITRAL zum nationalen und internationalen Konzerninsolvenzrecht,ZIP 32(2011).

[250] Johannes Holzer, Die neuen Insolvenzgerichte,ZIP 19(1998).

[251] Karsten Schmidt, Flexibilität und Praktikabilität im Konzerninsolvenzrecht-Die Zuständigkeitsfrage als Beispiel,ZIP 33(2012).

[252] Klaus Hubert Görg, Gerichtliche Korrektur von Fehlentscheidungen der Gläubiger im Insolvenzverfahren, DZWIR 10(2000).

[253] Klaus Siemon, Konzerninsolvenzverfahren-wird jetzt alles besser,NZI 17(2014).

[254] Klaus Siemon/Frank Frind, Der Konzern in der Insolvenz-Zur Überwindung des Dominoeffekts in der (internationalen) Konzerninsolvenz,NZI 16 (2013).

[255] Lucas F. Flöther, Die Gesetzesstruktur des neuen Konzerninsolvenzrechts, NZI-Beilage (2018).

[256] Lucas F. Flöther, Die Kommune als Konzern im zukünftigen Konzerninsolvenzrecht,NVwZ 22 (2014).

[257] Lars Westpfahl, (Vorläufige) Eigenverwaltung und Schutzschirm in der Konzerninsolvenz § 270 d und Allgemeines,NZI-Beilage (2018).

[258] Marc Alexander Göb, Aktuelle gesellschaftsrechtliche Fragen in Krise und Insolvenz,NZI 16 (2013).

[259] Martin Prager,Christoph Keller, Der Vorschlag der Europäischen Kommission zur Reform der EuInsVO,NZI 16(2013).

[260] Martin Schockenhoff, Der Konzerninformationsanspruch,NZG 23(2020).

[261] Maximilian J. Eble, Auf dem Weg zu einem europäischen Konzerninsolvenzrecht-Die „Unternehmensgruppe" in der EuInsVO 2017,NZI 19(2016).

[262] Michael Pluta, Insolvenzverwalter einer Unternehmensgruppe kooperiert,NZI-Beilage (2018).

[263] Nicole Langer, Die Aufgaben des Koordinationsgerichts,NZI-Beilage (2018).

[264] Nikolaus Schmidt/Volkhard Frenzel/Ulf Gundlach, Die Verschwiegenheitspflicht des Gläubigerausschussmitglieds,ZInsO 3(2006).

[265] Peter H. Hoegen/Christopher Kranz, Die Zusammenarbeit der Gläubigerausschüsse,NZI-Beilage

(2018).

[266] Peter H. Hoegen/Christopher Kranz, Neue Möglichkeiten der Konzernsanierung durch SanIns-FoG und StaRUG, NZI 24(2021).

[267] Peter Kindler/ Samy Sakka, Die Neufassung der Europäischen Insolvenzverordnung, EuZW 26 (2015).

[268] Peter Sester, Plädoyer gegen ein materielles Konzerninsolvenzrecht, ZIP 26(2005).

[269] Phillip-Boie Harder/Michael Lojowsky, Der Diskussionsentwurf für ein Gesetz zur Erleichterung der Bewältigung von Konzerninsolvenzen-Verfahrensoptimierung zur Sanierung von Unternehmensverbänden, NZI 16(2013).

[270] Philipp M. Reuß, Europäisches Insolvenzrecht 3. 0 oder doch nur Version 1. 1, EuZW 24 (2013).

[271] Rolf Leithaus/Christian Lange, Konzerninsolvenzrecht oder altes Recht-für alle Fälle geeignet, NZI-Beilage (2018).

[272] Sabine Leutheusser-Schnarrenberger, Dritte Stufe der Insolvenzrechtsreform-Entwurf eines Gesetzes zur Erleichterung der Bewältigung von Konzerninsolvenzen, ZIP 34(2013).

[273] Silvio Höfer/Florian Harig, Mögliche Anwendungsfälle des Koordinationsplans nach § 269 h InsO in der Praxis, NZI-Beilage (2018).

[274] Stefan Lissner, Die Insolvenzrechtsreform-Eine Betrachtung der Entwicklung, DZWIR 24 (2014).

[275] Steffen Schneider/Carl-Christian Kramer. Neues Konzerninsolvenzrecht: Effektivere Verfahren durch Mediation, BB 28(2018).

[276] Stephan Madaus, Das Konzerninsolvenzrecht-die Ziele des Gesetzgebers, NZI-Beilage (2018).

[277] Susanne Berner/ Wolfgang Zenker, Die Befugnisse des Verfahrenskoordinators § § 269 e bis 269 g InsO, NZI-Beilage (2018).

[278] Thorsten Graeber, Der Konzerninsolvenzverwalter-Pragmatische Überlegungen zu Möglichkeiten eines Konzerninsolvenzverfahrens, NZI 5(2007).

[279] Thomas Raiser, Der Begriff der juristischen Person, AcP 199(1999).

[280] Ulf Gundlach/Volkhard Frenzel/Jens-Uwe Strandmann, Die Rechtsaufsicht des Insolvenzgerichts als Mittel der Begrenzung der Gläubigerautonomie, NZI 11(2008).

[281] Ulrich Ehricke, Die Zusammenfassung von Insolvenzverfahren mehrerer Unternehmen desselben Konzerns, DZWIR 9(1999).

[282] Volker Kammel, Die Bestimmung der zuständigen Gerichte bei grenzüberschreitenden Konzern-insolvenzen, NZI 9(2006).

[283] Volker Römermann, Die Konzerninsolvenz auf der Agenda des Gesetzgebers, ZRP 46(2013).

[284] Wolfhard Kohte, Rechtsschutz gegen die Vollstreckung des wucherähnlichen Rechtsgeschäfts nach § 826 BGB-Ein Beitrag zur Normzwecklehre bei sittenwidriger Schädigung, NJW 38(1985).

[285] Wolfram Timm, Die Sanierung von Unternehmen, ZIP 4(1983).

[286] Wilhelm Uhlenbruck, Konzerninsolvenzrecht über einen Insolvenzplan, NZI 2(1999).

英文著作

[287] Adam J. Levitin, *Business Bankruptcy: Financial Restructuring and Modern Commercial Markets*, Wolters Kluwer, 2015.

[288] Barry E. Adler, Douglas G. Baird & Thomas H. Jackson, *Cases, Problem, and Materials on Bankruptcy*, Foundation Press, 2007.

[289] Douglas G. Baird, *Elements of Bankruptcy*, Foundation Press, 2014.

[290] Franklin A. Gevurtz, *Corporation Law*, 3rd ed., West, 2021.

[291] Irit Mevorach, *Insolvency within Multinational Enterprise Groups*, Oxford University Press, 2009.

[292] Isaiah Berlin, *Liberty: Incorporating Four Essays on Liberty*, Oxford University Press, 2002.

[293] Jack H. Friedenthal et al., *Civil Procedure: Case and Materials*, West, 2013.

[294] Janet Dine, *The Governance of Corporate Groups*, Cambridge University Press, 2000.

[295] Margaret Howard, *Bankruptcy: Cases and Materials*, West, 2011.

[296] Paul L. Davies & Sarah Worthington, *Principles of Modern Company Law*, Sweet & Maxwell, 2016.

[297] Phillip I. Blumberg, *The Law of Corporate Groups: Problems in the Bankruptcy or Reorganization of Parent and Subsidiary Corporations, including the Law of Corporate Guaranties*, Little, Brown, 1985.

[298] Robert B. Thompson, *Mergers and Acquisitions: Law and Finance*, Wolters Kluwer, 2018.

[299] Stephen M. Bainbridge, *Corporate Law*, Foundation Press, 2015.

[300] Thomas H. Jackson, *The Logic and Limits of Bankruptcy Law*, Harvard University Press, 1986.

[301] Vanessa Finch, *Corporate Insolvency Law: Perspectives and Principles*, Cambridge University Press, 2009.

英文论文

[302] Adam Feibelman, *Equitable Subordination, Fraudulent Transfer, and Sovereign Debt*, 70 Law and Contemporary Problems 171 (2007).

[303] Adam Feibelman, *Involuntary Bankruptcy for American States*, 7 Duke Journal of Constitutional Law & Public Policy 81 (2012).

[304] Adam J. Levitin, *Toward a Federal Common Law of Bankruptcy: Judicial Lawmaking in a Statutory Regime*, 80 American Bankruptcy Law Journal 1 (2006).

[305] Adolf A. Berle Jr., *The Theory of Enterprise Entity*, 47 Columbia Law Review 343 (1947).

[306] Allan L. Gropper, *United States Approaches to the Insolvency of Enterprise Groups*, 2015 International Insolvency Law Review 364 (2015).

[307] Amanda J. Bahena, *Series LLCs: The Asset Protection Dream Machines*, 35 Journal of Corporation Law 799 (2010).

[308] Anthony J. Casey, *The New Corporate Web: Tailored Entity Partitions and Creditors Selective*

Enforcement, 124 The Yale Law Journal 2680 (2015).

[309] Anthony V. Sexton, *Current Problems and Trends in the Administration of Transnational Insolvencies involving Enterprise Groups: The Mixed Record of Protocols, the UNCITRAL Model Insolvency Law, and the EU Insolvency Regulation*, 12 Chicago Journal of International Law 811 (2012).

[310] Aurelia Chaudhury, Adam J. Levitin & David Schleicher, *Junk Cities: Resolving Insolvency Crises in Overlapping Municipalities*, 107 California Law Review 459 (2019).

[311] Billy Hildbold, *Sunset Aviation: Can Trustee Expand Preference Period though Substantive Consolidation*, 30 American Bankruptcy Institute Journal 42 (2011).

[312] Bob Wessels & Stephan Madaus, *Business Rescue in Insolvency Law in Europe: Introducing the ELI Business Rescue Report*, 27 International Insolvency Review 255 (2018).

[313] Bob Wessels, *Corporate Groups: Bringing Insolvency Law and Corporate Together*, 15 European Company Law Journal 41 (2018).

[314] Brian R. Cheffins, *Corporate Governance Convergence: Lessons from Australia*, 16 Transnational Lawyer 13 (2002).

[315] Bruce A. Markell, *Following Zaretsky: Fraudulent Transfers and Unfair Risk*, 75 American Bankruptcy Law Journal 317 (2001).

[316] Charles G. Berry, *Consolidation in Bankruptcy*, 50 American Bankruptcy Law Journal 343 (1976).

[317] Charles M. Oellermann & Mark G. Douglas, *The Year in Bankruptcy*, 8 Pratt's Journal of Bankruptcy Law 343 (2012).

[318] Charles W. Mooney Jr., *A Normative Theory of Bankruptcy Law: Bankruptcy As (Is) Civil Procedure*, 61 Washington and Lee Law Review 931 (2004).

[319] Christina L. Brown & Aradhna Krishna, *The Skeptical Shopper: A Metacognitive Account for the Effects of Default Options on Choice*, 31 Journal of Consumer Research 529 (2004).

[320] Christoph G. Paulus, *Group Insolvencies-Some Thoughts about New Approaches*, 42 Texas International Law Journal 819 (2007).

[321] Christoph G. Paulus, *Global Insolvency Law and the Role of Multinational Institutions*, 32 Brooklyn Journal of International Law 755 (2007).

[322] Christoph Thole & Manuel Duenas, *Some Observations on the New Group Coordination Procedure of the Reformed European Insolvency Regulation*, 24 International Insolvency Review 214 (2015).

[323] Christopher A. Whytock, *The Evolving Forum Shopping System*, 96 Cornell Law Review 481 (2011).

[324] Christopher J. Predko, *Substantive Consolidation Involving Non-Debtors: Conceptual and Jurisdictional Difficulties in Bankruptcy*, 41 The Wayne Law Review 1741 (1995).

[325] Christopher W. Frost, *Organizational Form, Misappropriation Risk, and the Substantive Consolidation of Corporate Groups*, 44 Hastings Law Journal 449 (1993).

[326] Colin Anderson, *Some Cross-Border Issues under the Australian Voluntary Administration Procedure*, 13 International Insolvency Review 137 (2004).

[327]Daniel J. Bussel, *Doing Equity in Bankruptcy*, 34 Emory Bankruptcy Developments Journal 13 (2017).

[328] Daniel J. Bussel & Kenneth N. Klee, *Recalibrating Consent in Bankruptcy*, 83 American Bankruptcy Law Journal 663 (2009).

[329] Daniel J. Bussel, *Corporate Governance, Bankruptcy Waivers, and Consolidation in Bankruptcy*, 36 Emory Bankruptcy Developments Journal 99 (2020).

[330]Daniel R. Culhane, *Substantive Consolidation and Nondebtor Entities: The Fight Continues*, 7 Pratt's Journal of Bankruptcy Law 514 (2011).

[331] Danny Spahos, *Lenders, Borrowing Groups of Companies and Corporate Guarantees: An Insolvency Perspective*, 1 Journal of Corporate Law Studies 333 (2001).

[332]David A. Skeel Jr. & George Triantis, *Bankruptcy's Uneasy Shift to a Contract Paradigm*, 166 University of Pennsylvania Law Review 1777 (2018).

[333]David A. Skeel Jr., *Rethinking the Line between Corporate Law and Corporate Bankruptcy*, 72 Texas Law Review 471 (1994).

[334]David A. Skeel Jr., *The Nature and Effect of Corporate Voting in Chapter* 11 *Reorganization Cases*, 78 Virginia Law Review 461 (1992).

[335]David B. Noakes, *Reform to the Law of Corporate Groups in Australia to Protect Employees*, 34 University of British Columbia Law Review 239 (2000).

[336] David Gray Carlson, *Fraudulent Transfers: Void and Voidable*, 29 American Bankruptcy Institute Law Review 1 (2021).

[337] David Gray Carlson, *The Logical Structure of Fraudulent Transfers and Equitable Subordination*, 45 William and Mary Law Review 157 (2003).

[338]David Morrison & Colin Anderson, *The Australian Insolvency Regime Revisited: A Precis of the Next Leap Forward*, 15 International Insolvency Review 129 (2006).

[339] David Noakes, *Dogs on the Wharves: Corporate Groups and the Waterfront Dispute*, 11 Australian Journal of Corporate Law 27 (1999).

[340]David P. Stromes, *The Extraterritorial Reach of the Bankruptcy Code's Automatic Stay: Theory vs. Practice*, 33 Brooklyn Journal of International Law 277 (2007).

[341] Donald Korobkin, *Contractarianism and the Normative Foundations of Bankruptcy Law*, 71 Texas Law Review 541 (1993).

[342]Douglas G. Baird, *Substantive Consolidation Today*, 47 Boston College Law Review 5 (2005).

[343]Douglas G. Baird & Thomas H. Jackson, *Fraudulent Conveyance Law and Its Proper Domain*, 38 Vanderbilt Law Review 829 (1985).

[344] Douglas G. Baird, Anthony J. Casey & Randal C. Picker, *The Bankruptcy Partition*, 166 University of Pennsylvania Law Review 1675 (2018).

[345]Douglas G. Baird & Robert K. Rasmussen, *Antibankruptcy*, 119 The Yale Law Journal 648 (2010).

[346]Douglas G. Baird & Robert K. Rasmussen, *The End of Bankruptcy*, 55 Stanford Law Review 751 (2002).

[347] Douglas P. Bartner & Robert A. Britton, *Make-Whole Claims and Bankruptcy Policy*, 5 Harvard Business Law Review Online 21 (2014).

[348] Eiji Takahashi, *Japanese Corporate Groups under the New Legislation*, 3 European Company and Financial Law Review 287 (2006).

[349] Edward J. Wes Jr. , *Substantive Consolidations in Bankruptcy: A Flow-of-Assets Approach*, 65 California Law Review 720 (1997).

[350] Edward M. Lacobucci & George G. Triantis, *Economic and Legal Boundaries of Firms*, 93 Virginia Law Review 515 (2007).

[351] Elizabeth Warren & Jay Lawrence Westbrook, *Contracting out of Bankruptcy: An Empirical Intervention*, 118 Harvard Law Review 1197 (2005).

[352] Elizabeth Warren, *Bankruptcy Policymaking in an Imperfect World*, 92 Michigan Law Review 336 (1993).

[353] Ellen L. Hayes, *Substantive Consolidation under the Companies' Creditors Arrangement Act and the Bankruptcy and Insolvency Act*, 23 Canadian Business Law Journal 444 (1994).

[354] Emil A. Kleinhaus & Alexander B. Lees, *Debt Repayments as Fraudulent Transfers*, 88 American Bankruptcy Law Journal 307 (2014).

[355] Frank R. Kennedy, *The Uniform Fraudulent Transfer Act*, 18 Uniform Commercial Code Law Journal 195 (1986).

[356] Franklin A. Gevurtz, *Groups of Companies*, 66 The American Journal of Comparative Law 181 (2018).

[357] Hanna R. Benjamin, *Federalism in Bankruptcy: Relocating the Doctrine of Substantive Consolidation*, 96 Minnesota Law Review 711 (2011).

[358] Hanoch Dagan, *Pluralism and Perfectionism in Private Law*, 112 Columbia Law Review 1409 (2012).

[359] Hanoch Dagan & Roy Kreitner, *Economic Analysis in Law*, 38 Yale Journal on Regulation 566 (2021).

[360] Henry Hansmann & Reinier Kraakman, *The Essential Role of Organizational Law*, 110 The Yale Law Journal 387 (2000).

[361] Henry Hansmann, Reinier Kraakman & Richard Squire, *Law and the Rise of the Firm*, 119 Harvard Law Review 1335 (2006).

[362] Henry T. C. Hu & Jay Lawrence Westbrook, *Abolition of the Corporate Duty to Creditors*, 107 Columbia Law Review 1321 (2007).

[363] Henry Peter, *Insolvency in a Group of Companies Substantive and Procedural Consolidation: When and How*, in Henry Peter, Nicolas Jeandin & Jason Kilborn eds. , The Challenges of Insolvency Law Reform in the 21st Century-Facilitating Investment and Recovery to Enhance Economic Growth, Schulthess, 2006.

[364] Ian Ramsay & Geofrey P. Stapledon, *Corporate Groups in Australia*, 29 Australian Business Law Review 7 (2001).

[365] Irit Mevorach, *Cross-Border Insolvency of Enterprise Groups: The Choice of Law Challenge*,

109 Brooklyn Journal of Corporate, Financial & Commercial Law 107 (2014).

[366] Irit Mevorach, *INSOL Europe's Proposals on Groups of Companies (in Cross-Border Insolvency): A Critical Appraisal*, 21 International Insolvency Review 183 (2012).

[367] Irit Mevorach, *A Fresh View on the Hard/Soft Law Divide: Implications for International Insolvency of Enterprise Groups*, 40 Michigan Journal of International Law 505 (2019).

[368] Irvina V. Fox, *Settlement Payment Exception to Avoidance Powers in Bankruptcy: An Unsettling Method of Avoiding Recovery from Shareholders of Failed Closely Held Company LBOs*, 84 American Bankruptcy Law Journal 571 (2001).

[369] Jacob Bronsther, *The Corrective Justice Theory of Punishment*, 107 Virginia Law Review 227 (2021).

[370] Jacob S. Ziegel, *Corporate Groups and Crossborder Insolvencies: A Canada-United States Perspective*, 7 Fordham Journal of Corporate & Financial Law 367 (2001).

[371] Janis Sarra, *Maidum's Challenge, Legal and Governance Issues in Dealing With Cross-Border Business Enterprise Group Insolvencies*, 17 International Insolvency Review 73 (2008).

[372] Janis Sarra, *Oversight and Financing of Cross-Border Business Enterprise Group Insolvency Proceedings*, 44 Texas International Law Journal 547 (2009).

[373] Jason Harris, *Corporate Group Insolvencies: Charting the Past, Present and Future of "Pooling" Arrangements*, 15 Insolvency Law Journal 78 (2007).

[374] Jason Harris, *Charting the Limits of Insolvency Reorganizations: Lehman Brothers Holdings Inc v City of Swan*, 32 Sydney Law Review 141 (2010).

[375] Jason Harris & Anil Hargovan, *Cutting the Gordian Knot of Corporate Law: Revisiting Veil Piercing in Corporate Groups*, 26 Australian Journal of Corporate Law 39 (2011).

[376] Jay Lawrence Westbrook, *Transparency in Corporate Groups*, 13 Brooklyn of Corporate, Financial & Commercial Law 33 (2018).

[377] Jay Lawrence Westbrook, *Global Insolvency Proceedings for a Global Market: The Universalist System and the Choice of a Central Court*, 96 Texas Law Review 1473 (2018).

[378] Jeanne MacKinnon, *Substantive Consolidation: The Back Door to Involuntary Bankruptcy*, 23 The San Diego Law Review 203 (1986).

[379] Jennifer Dickfos, *Improving Outcomes for Creditors: Balancing Efficiency with Creditor Protections*, 16 Insolvency Law Journal 84 (2008).

[380] Jennifer Dickfos, *Enterprise Liability for Corporate Groups: A More Efficient Outcome for Creditors*, 25 Australian Journal of Corporate Law 242 (2011).

[381] Jennfier Hill, *Groups, Creditor Protection and Cross Guarantees: Australian Perspectives*, 24 Canadian Business Law Journal 321 (1995).

[382] Jenny Dickfos, Colin Anderson & David Morrison, *The Insolvency Implications for Corporate Groups in Australia-Recent Events and Initiatives*, 16 International Insolvency Review 103 (2007).

[383] Jia He et al., *Business Groups in China*, 22 Journal of Corporate Finance 166 (2013).

[384] Jill E. Fisch & Simone M. Sepe, *Shareholder Collaboration*, 98 Texas Law Review 863 (2020).

[385] John B. Berringer & Dennis J. Artese, *The ABCs of Substantive Consolidation*, 121 Banking Law

Journal 640 (2004).

[386] John Kluver, *Entity vs. Enterprise Liability: Issues for Australia*, 37 Connecticut Law Review 765 (2005).

[387] Jonathan Hightower, *The Consolidation of the Consolidations in Bankruptcy*, 38 Georgia Law Review 459 (2003).

[388] Jonathan M. Landers, *A Unified Approach to Parent, Subsidiary, and Affiliate Questions in Bankruptcy*, 42 University of Chicago Law Review 589 (1975).

[389] Jonathan M. Landers & M. Natasha Labovitz, *Third Circuit Clarifies and Tightens the Legal Standard for Substantive Consolidation*, 122 Banking Law Journal 1013 (2005).

[390] Jonathan Macey & Joshua Mitts, *Finding Order in the Morass: The Three Real Justifications for Piercing the Corporate Veil*, 100 Cornell Law Review 99 (2014).

[391] J. Maxwell Tucker, *Grupo Mexicano and the Death of Substantive Consolidation*, 8 American Bankruptcy Institute Law Review 427 (2000).

[392] J. Maxwell Tucker, *Substantive Consolidation: The Cacophony Continues*, 18 American Bankruptcy Institute Law Review 89 (2010).

[393] Joy Flowers Conti, *An Analytical Model for Substantive Consolidation of Bankruptcy Cases*, 38 The Business Lawyer 855 (1983).

[394] J. Stephen Gilbert, *Substantive Consolidation in Bankruptcy: A Primer*, 43 Vanderbilt Law Review 207 (1990).

[395] Judith Elkin, *Lifting the Veil and Finding the Pot of Gold: Piercing the Corporate Veil and Substantive Consolidation in the United States*, 6 Dispute Resolution International 131 (2012).

[396] Juliet M. Moringiello, *Mortgage Modification, Equitable Subordination, and the Honest but Unfortunate Creditor*, 79 Fordham Law Review 1599 (2011).

[397] Kara Bruce, *Non-Debtor Substantive Consolidation-A Remedy Built on Rock or Sand*, 37 Bankruptcy Law Letter 1 (2017).

[398] Kenneth Ayotte & David A. Skeel Jr., *Bankruptcy Law as a Liquidity Provider*, 80 University of Chicago Law Review 1557 (2013).

[399] Kenneth C. Kettering, *Securitization and Its Discontents: The Dynamics of Financial Product Development*, 29 Cardozo Law Review 1553 (2008).

[400] Kenneth C. Kettering, *The Uniform Voidable Transactions Act; or, the* 2014 *Amendments to the Uniform Fraudulent Transfer Act*, 70 The Business Lawyer 777 (2015).

[401] Kit Weitnauer, *Substantive Consolidation of Non-Debtors: Another Perspective*, 23 American Bankruptcy Institute Journal 44 (2004).

[402] Klaus Siemon & Frank Frind, *Groups of Companies in Insolvency: A German Perspective*, 22 International Insolvency Review 61 (2013).

[403] Kostoula Theodora, *Cross-Border Insolvency of Groups of Companies under the Regulation* (*EU*) 2015/848, 16 European Company Law Journal 74 (2019).

[404] Kurt A. Mayr, *Back to Butner's Basic Rule-the Fundamental Flaw of Nondebtor Substantive Consolidation*, 16 Norton Journal of Bankruptcy and Practice 77 (2007).

[405] Kurt A. Strasser, *Piercing the Veil in Corporate Groups*, 37 Connecticut Law Review 637 (2005).

[406] Kurt A. Strasser & Phillip Blumberg, *Legal Form and Economic Substance of Enterprise Groups: Implications for Legal Policy*, 1 Accounting, Economics, and Law: A Convivium 1 (2011).

[407] Kwon-Yong Jin, *How to Eat an Elephant: Corporate Group Structure of Systemically Important Financial Institutions, Orderly Liquidation Authority, and Single Point of Entry Resolution*, 124 The Yale Law Journal 1746 (2015).

[408] Lawrence A. Hamermesh, *The Policy Foundations of Delaware Corporate Law*, 106 Columbia Law Review 1749 (2006).

[409] Lesley Salafia, *Cross-Border Insolvency Law in the United States and Its Application to Multinational Corporate Groups*, 21 Connecticut Journal of International Law 297 (2006).

[410] Lindsay M. Weber, *The Road less Traveled: Substantive Consolidation Provides Alternatives Path to Enhancing Creditor Recoveries*, 13 Pratt's Journal of Bankruptcy Law 264 (2017).

[411] Lionel Smith, *Restitution: The Heart of Corrective Justice*, 79 Texas Law Review 2115 (2001).

[412] Liza Perkins, *A Defense of Pure Universalism in Cross-Border Corporate Insolvencies*, 32 New York University Journal of International Law and Politcs 787 (2000).

[413] Lynn M. LoPucki & Sara D. Kalin, *The Failure of Public Company Bankruptcies in Delaware and New York: Empirical Evidence of a Race to the Bottom*, 54 Vanderbilt Law Review 231 (2001).

[414] Lynn M. LoPucki & William C. Whitford, *Venue Choice and Forum Shopping in the Bankruptcy Reorganization of Large, Publicly Held Companies*, 1991 Wisconsin Law Review 11 (1991).

[415] Maggy Pariente, *The Evolution of the Concept of Corporate Group in France*, 4 European Company and Financial Law Review 317 (2007).

[416] Margaret Jane Radin, *Property and Personhood*, 34 Stanford Law Review 957 (1982).

[417] Margaret M. Blair, *Locking in Capital: What Corporate Law Achieved for Business Organizers in the Nineteenth Century*, 51 UCLA Law Review 387 (2003).

[418] Martin H. Redish & Nathan D. Larsen, *Class Actions, Litigant Autonomy, and the Foundations of Procedural Due Process*, 95 California Law Review 1573 (2007).

[419] Martin J. Beinstock, Chris DiAngelo, Eileen Bannon & Lee J. Cassey, *Are Triangular Setoff Agreements Enforceable in Bankruptcy*, 83 American Bankruptcy Law Journal 325 (2009).

[420] Mary Elisabeth Kors, *Altered Egos: Deciphering Substantive Consolidation*, 59 University of Pittsburgh Law Review 381 (1998).

[421] Mary Wyburn, *Pooling as a Response to the Competing Interests in Corporate Group Collapse in Australia*, 19 International Insolvency Review 65 (2010).

[422] Meredith Dearborn, *Enterprise Liability: Reviewing and Revitalizing Liability for Corporate Groups*, 97 California Law Review 195 (2009).

[423] Michael A. Barrett, *Substantive Consolidation after Nortel: The Treatment of Corporate Groups in Canadian Insolvency Law*, 59 Canadian Business Law Journal 376 (2017).

[424] Michael Chaisanguanthum, *Charter: The Most Important Recent Bankruptcy Decision for*

Secured Creditors, 27 Emory Bankruptcy Developments Journal 9 (2010).

[425]Mónica Fuentes Naharro, *National Reporton Spain*, in Rafael Mariano Manóvil ed., Groups of Companies: A Comparative Law Overview, Springer, 2020.

[426]Nan Jia, Jing Shi & Yongxiang Wang, *Coinsurance within Business Groups: Evidence from Related Party Transactions in an Emerging Market*, 59 Management Science 2295 (2013).

[427] Nathalie Martin, *The Role of History and Culture in Developing Bankruptcy and Insolvency Systems: The Perils of Legal Transplantation*, 28 Boston College International and Comparative Law Review 1 (2005).

[428]Nora Wouters & Alla Raykin, *Corporate Group Cross-Border Insolvencies between the United States & European Union: Legal & Economic Developments*, 29 Emory Bankruptcy Developments Journal 387 (2013).

[429]Ofer Eldar & Andrew Verstein, *The Enduring Distinction between Business Entities and Security Interests*, 92 Southern California Law Review 213 (2019).

[430] Oksana Lashko, *Enhancing Creditor Recovery-Should Services Be Deemed Property for the Purpose of Fraudulent Transfer Law*, 72 Brooklyn Law Review 317 (2006).

[431] Paola Fasciani, *Groups of Companies: The Italian Approach*, 4 European Company and Financial Law Review 195 (2007).

[432] Patrick C. Sargent, *Bankruptcy Remote Finance Subsidiaries: The Substantive Consolidation Issue*, 44 The Business Lawyer 1223 (1989).

[433]Paul B. Lewis, *Can't Pay Your Debts, Mate-A Comparison of the Australian and American Personal Bankruptcy Systems*, 18 Bankruptcy Developments Journal 297 (2002).

[434]Paul B. Lewis, *Trouble Down under: Some Thoughts on the Australian-American Corporate Bankruptcy Divide*, 2001 Utah Law Review 189 (2001).

[435]Paul Davies, *Directors' Creditor-Regarding Duties in Respect of Trading Decisions Taken in the Vicinity of Insolvency*, 7 European Business Organization Law Review 301 (2006).

[436]Paul P. Daley & George W. Shuster Jr., *Bankruptcy Court Jurisdiction*, 3 DePaul Business & Commercial Law Journal 383 (2005).

[437]Peta Spender, *Blue Asbestos and Golden Eggs: Evaluating Bankruptcy and Class Actions as Just Responses to Mass Tort Liability*, 25 Sydney Law Review 223 (2003).

[438]Peter B. Oh, *Veil-Piercing*, 89 Texas Law Review 81 (2010).

[439]Phillip I. Blumberg, *Limited Liability and Corporate Groups*, 11 Journal of Corporation Law 573 (1986).

[440]Phillip I. Blumberg, *The Increasing Recognition of Enterprise Principles in Determining Parent and Subsidiary Corporation Liabilities*, 28 Connecticut Law Review 295 (1996).

[441]Phillip I. Blumberg, *The Corporate Entity in an Era of Multinational Corporations*, 15 Delaware Journal of Corporate Law 283 (1990).

[442] Rachel Ehrlich Albanese, *Assignment of Claims Does Not Prevent Equitable Subordination Attack*, 2 Pratt's Journal of Bankruptcy Law 69 (2006).

[443]Ralph Brubaker & Charles Jordan Tabb, *Bankruptcy Reorganizations and the Troubling Legacy of*

Chrysler and GM, 2010 University of Illinois Law Review 1375 (2010).

[444] Ralph R. Mabey, *The Evolving Bankruptcy Bench: How Are the Units Faring*, 47 Boston College Law Review 105 (2005).

[445] Rebecca O. Fruchtman, *Corporate Law Reform Act 1993: Australia's Voluntary Administration Scheme*, 3 International Insolvency Review 33 (1993).

[446] Reinhard Bork, *The European Insolvency Regulation and the UNCITRAL Model Law on Cross-Border Insolvency*, 26 International Insolvency Review 246 (2017).

[447] Richard A. Posner, *The Rights of Creditors of Affiliated Corporations*, 43 University of Chicago Law Review 499 (1976).

[448] Richard A. Posner, *Norms and Values in the Economic Approach to Law*, in Aristides N. Hatzis and Nicholas Mercuro eds., Law and Economics: Philosophical Issue and Fundamental Questions, Routledge, 2015.

[449] Richard M. Hynes & Steven D. Walt, *Inequality and Equity in Bankruptcy Reorganization*, 66 University of Kansas Law Review 875 (2018).

[450] Richard Squire, *Shareholder Opportunism in a World of Risky Debt*, 123 Harvard Law Review 1151 (2010).

[451] Richard Squire, *Strategic Liability in the Corporate Group*, 78 University of Chicago Law Review 605 (2011).

[452] Robert B. Thompson, *Piercing the Corporate Veil: An Empirical Study*, 75 Cornell Law Review 1036 (1991).

[453] Robert B. Thompson, *Why New Corporate Law Arises: Implications for the Twenty-First Century*, in Steven Davidoff Solomon and Randall Stuart Thomas eds., The Corporate Contract in Changing Times: Is the Law Keeping Up, The University of Chicago Press, 2019.

[454] Robert E. Scott & George G. Triantis, *Incomplete Contracts and the Theory of Contract Design*, 56 Case Western Reserve Law Review 187 (2005).

[455] Robert K. Rasmussen & Randall S. Thomas, *Timing Matters: Promoting Forum Shopping by Insolvent Corporations*, 94 Northwestern University Law Review 1357 (2000).

[456] Robert W. Miller, *Economic Integration: An American Solution to the Multinational Enterprise Group Conundrum*, 11 Richmond Journal of Global & Business 185 (2012).

[457] Russell B. Korobkin & Thomas S. Ulen, *Law and Behavioral Science: Removing the Rationality Assumption from Law and Economics*, 88 California Law Review 1051 (2000).

[458] Ryan C. Williams, *The One and Only Substantive Due Process Clause*, 120 The Yale Law Journal 408 (2010).

[459] Ryan E. Scharar, *The Limits of Securitization: Why Bankruptcy Courts Should Substantively Consolidate Predatory Sub-Prime Mortgage Originators and Their Special Purpose Entities*, 2008 Michigan State Law Review 913 (2008).

[460] Sabin Willett, *Doctrine of Robin Hood-A Note on Substantive Consolidation*, 4 DePaul Business & Commercial Law Journal 87 (2005).

[461] Samir D. Parikh, *Saving Fraudulent Transfer Law*, 86 American Bankruptcy Law Journal 305

(2012).

[462] Samuel L. Bufford, *Coordination of Insolvency Cases for International Enterprise Groups: A Proposal*, 86 American Bankruptcy Law Journal 685 (2012).

[463] Sandeep Gopalan & Michael Guihot, *Recognition and Enforcement in Cross-Border Insolvency Law: A Proposal for Judicial Gap-Filling*, 48 Vanderbilt Journal of Transnational Law 1225 (2015).

[464] Sandeep Gopalan & Michael Guihot, *Cross-Border Insolvency Law and Multinational Enterprise Groups: Judicial Innovation as an International Solution*, 48 George Washington International Law Review 549 (2016).

[465] Sandra van der Laan & Graeme Dean, *Corporate Groups in Australia: State of Play*, 20 Australian Accounting Review 121 (2010).

[466] Sang Yop Kang, *Rethinking Self-Dealing and the Fairness Standard: A Law and Economics Framework for Internal Transactions in Corporate Groups*, 11 Virginia Law and Business Review 95 (2016).

[467] Scott R. Bowling, *Substantive Consolidation and Parties' Incentives in Chapter* 11 *Proceedings*, 66 New York University Annual Survey of American Law 341 (2010).

[468] Seth D. Amera & Alan Kolod, *Substantive Consolidation: Getting Back to Basics*, 14 American Bankruptcy Institute Law Review 1 (2006).

[469] Stephan Madaus, *Insolvency Proceedings for Corporate Groups under the New Insolvency Regulation*, 2015 International Insolvency Law Review 235 (2015).

[470] Stephen J. Lubben, *Beyond True Sales: Securitization and Chapter* 11, 1 New York University Journal of Law & Business 89 (2004).

[471] Steven L. Schwarcz, *Collapsing Corporate Structures: Resolving the Tension between Form and Substance*, 60 The Business Lawyer 109 (2004).

[472] Tarun Khanna & Yishay Yafeh, *Business Groups in Emerging Markets: Paragons or Parasites*, 45 Journal of Economic Literature 331 (2007).

[473] Thomas E. Plank, *The Security of Securitization and the Future of Security*, 25 Cardozo Law Review 1655 (2004).

[474] Thomas E. Plank, *Bankruptcy and Federalism*, 71 Fordham Law Review 1063 (2002).

[475] Thomas H. Jackson, *Bankruptcy, Non-Bankruptcy Entitlements and the Creditor's Bargain*, 91 The Yale Law Journal 857 (1982).

[476] Thomas K. Cheng, *The Corporate Veil Doctrine Revisited: A Comparative Study of the English and the U. S. Corporate Veil Doctrines*, 34 Boston College International and Comparative Law Review 329 (2011).

[477] Tim Verdoes & Anthon Verweij, *The (Implicit) Dogmas of Business Rescue Culture*, 27 International Insolvency Review 398 (2018).

[478] Timothy E. Graulich, *Substantive Consolidation-A Post-Modern Trend*, 14 American Bankruptcy Institute Law Review 527 (2006).

[479] Troy A. McKenzie, *Judicial Independence, Autonomy, and the Bankruptcy Courts*, 62 Stanford Law Review 747 (2010).

[480]Virginia Harper Ho, *Theories of Corporate Groups: Corporate Identity Reconceived*, 42 Seton Hall Law Review 879 (2012).

[481]Vladimir Atanasov, Bernard Black & Conrad S. Ciccotello, *Law and Tunneling*, 37 Journal of Corporation Law 1 (2011).

[482]William C. Blasses, *Redefining into Reality: Substantive Consolidation of Parent Corporations and Subsidiaries*, 24 Emory Bankruptcy Developments Journal 469 (2008).

[483]William H. Widen, *Corporate Form and Substantive Consolidation*, 75 George Washington Law Review 237 (2007).

[484]William H. Widen, *Report to the American Bankruptcy Institute: Prevalence of Substantive Consolidation in large Public Company Bankruptcies from* 2000 *to* 2005, 16 American Bankruptcy Institute Law Review 1 (2008).

[485]William H. Widen, *Prevalence of Substantive Consolidation in Large Bankruptcies from* 2000 *to* 2004: *Preliminary Results*, 14 American Bankruptcy Institute Law Review 47 (2006).

[486]William H. Thornton, *The Continuing Presumption against Substantive Consolidation*, 105 Banking Law Journal 448 (1988).

[487]W. M. C. Gummow, *Bankruptcy and Insolvency in Australia*, 46 South Carolina Law Review 893 (1995).

[488]Yaron Nili & Megan Wischmeier Shaner, *Virtual Annual Meetings: A Path toward Shareholder Democracy and Stakeholder Engagement*, 63 Boston College Law Review 123 (2022).

[489]Andrew Brasher, *Substantive Consolidation: A Critical Examination*, Harvard Law School (Apr. 24, 2006), http://www.law.harvard.edu/programs/corp_gov/papers/Brudney2006_Brasher.pdf.

[490]Companies & Securities Advisory Committee, *Corporate Groups Final Report*, Takeovers Panel (May 1, 2000), https://takeovers.gov.au/sites/takeovers.gov.au/files/2021-04/corporate_groups_final_report_may_2000.pdf.

[491]Corporations Amendment (Insolvency) Bill 2007, Parliament of Australia (May 30, 2007), https://www.aph.gov.au/Parliamentary_Business/Bills_Legislation/bd/bd0607/07bd180.

[492]Henry Hansmann & Richard Squire, *External and Internal Asset Partitioning: Corporations and their Subsidiaries*, Bankruptcy Roundtable (Apr. 19, 2016), https://bankruptcyroundtable.law.harvard.edu/2016/04/19/external-and-internal-asset-partitioning-corporations-and-their-subsidiaries/.

[493]Insolvency Law Reform Bill 2014, The Treasury (Nov. 7, 2014), https://treasury.gov.au/consultation/insolvency-law-reform-bill-2014.

[494]James H. M. Sprayregen, Jonathan P. Friedland & Jeffrey W. Gettleman, *The Sum and Substance of Substantive Consolidation*, Kirkland & Ellis (Dec. 1, 2005), https://www.kirkland.com/siteFiles/kirkexp/publications/2310/Document1/2005%20ASBL%20Sprayregen%20Friedland%20Gettlemean.pdf.

[495]John Armour, *The Law and Economics of Corporate Insolvency: A Review*, EconPapers (Mar. 1, 2001), https://econpapers.repec.org/paper/cbrcbrwps/wp197.htm.

[496]The Law Reform Commission: General Insolvency Inquiry, Australian Law Reform Commission (Dec. 13, 1988), https://www.alrc.gov.au/wp-content/uploads/2019/08/alrc45_Summary.pdf.

英文判例

[497]Chemical Bank *v*. Kheel, 369 F. 2d 845 (2d Cir. 1966).

[498]Depositors Trust Co. of Augusta *v*. Frati Enters., Inc., 590 F. 2d 377, 379, 1 C. B. C. 2d 147 (1st Cir. 1979).

[499]DeWitt Truck Brokers *v*. W. Ray Flemming Fruit Co., 540 F. 2d 681(4th Cir. 1976).

[500]Eastgroup Properties *v*. Southern Motel Assoc., Ltd., 935 F. 2d 245 (11th Cir. 1991).

[501]FDIC *v*. Colonial Realty Co., 966 F. 2d 57 (2d Cir 1992).

[502]First Nat'l Bank *v*. Giller, 962 F. 2d 796 (8th Cir. 1992).

[503]Grupo Mexicano De Desarrollo *v*. Alliance Bond Fund, 527 U. S. 308 (1999).

[504]Inland Steel Co. *v*. Berger Steel Co. (In re Berger Steel Co.), 327 F. 2d 401 (7th Cir. 1964).

[505]In re Auto-Train Corp., Inc., 810 F. 2d 270 (D. C. Cir. 1987).

[506]In re Augie-Restivo Baking Co., Ltd., 860 F. 2d 515(2nd Cir. 1988).

[507]In re Baker & Getty Fin. Servs., 974 F. 2d 712 (6th Cir. 1992).

[508]In re Bonham, 229 F. 3d 750 (9th Cir. 2000).

[509]In re Clark Pipe and Supply Co., 893 F. 2d 693 (5th Cir. 1990).

[510]In re Continental Vending Machine Corp., 517 F. 2d 997 (2d Cir. 1975).

[511]In re Crabtree, 39 B. R. 718 (Bankr. E. D. Tenn. 1984).

[512]In re Creditors Service Corp., 195 B. R. 680 (Bankr. S. D. Ohio 1996).

[513]In re Creditors Services Corp., No. 98 – 3838, 1999 WL 519296 (6th Cir. July 15, 1999).

[514]In re Crown Mach. Welding, Inc., 100 B. R. 25, 27 (Bankr. D. Mont. 1989).

[515]In re DRW Property Co., 54 B. R. 489 (Bankr. N. D. Tex. 1985).

[516]In re Eagle-Picher Indus., Inc., 192 B. R. 903 (Bankr. S. D. Ohio 1996).

[517]In re Fasano/Harris Pie Co., 43 B. R. 864 (Bankr. W. D. Mich. 1984).

[518]In re F. A. Potts & Co., 23 Bankr. 569 (Bankr. E. D. Pa. 1982).

[519]In re Financial News Network Inc., 980 F. 2d 165, 169 (2d Cir. 1992).

[520]In re Flora Mir Candy Corp., 432 F. 2d 1060 (2d Cir. 1970).

[521]In re Gandy, 299 F. 3d 489, 499 (5th Cir. 2002).

[522]In re Garden Ridge Corp., 386 Fed. Appx. 41 (3rd Cir. 2010).

[523]In re Giller, 962 F. 2d 796, 799 (8th Cir. 1992).

[524]In re Gulfco Investment Corporation, 593 F. 2d 921, 927 (10th Cir. 1979).

[525]In re Hemingway Transport, Inc., 954 F. 2d 1 (1st Cir. 1992).

[526]In re Ira S. Davis, Inc., 1993 Bankr. LEXIS 1383 (E. D. Pa. 1993).

[527]In re Lewellyn, 26 B. R. 246 (Bankr. S. D. Iowa 1982).

[528]In re Marin Motor Oil Inc., 689 F. 2d 445, 477 (3d Cir. 1982).

[529]In re Meridian Place, N W., Inc., 15 B. R. 89 (Bankr. D. C. 1981).

[530]In re Mobile Steel Co., 563 F. 2d 692 (5th Cir. 1977).

[531]In re Munford, Inc., 115 B. R. 390 (Bankr. ND. Ga. 1990).

[532]In re New Ctr. Hosp., 187 B. R. 560 (E. D. Mich. 1994).

[533]In re Orfa Corp. of Phila., 129 B. R. 404 (Bankr. E. D. Pa. 1991).
[534]In re Owens Coming, 419 F. 3d 195 (3d Cir. 2005).
[535]In re Parkway Calabasas, 89 B. R. 832 (Bankr. C. D. Cal. 1988).
[536]In re Richton International Corp., 12 Bankr. 555 (Bankr. S. D. N. Y. 1981).
[537]In re Standard Brands Paint Co., 154 B. R. 563 (Bankr. C. D. Cal. 1993).
[538]In re Steury, 94 B. R. 553 (Bankr. D. Ind. 1988).
[539]In re Stone & Webster, Inc., 286 B. R. 532 (Bankr. D. Del. 2002).
[540]In re Tito Castro Constr., Inc., 14 B. R. 569 (Bankr. D. P. R. 1981).
[541]In re Tureaud, 59 Bankr. 973 (Bankr. N. D. Okla. 1986).
[542]In re Vecco Constr. Industries, Inc., 4 B. R. 407(Bankr. E. D. Va. 1980).
[543]In re Vehm Eng'g Corp., 521 F. 2d 186 (9th Cir. 1975).
[544]In re WorldCom, 2003 WL 23861928 (Bankr. S. D. N. Y. 2003).
[545]In re 1438 Meridian Place, N. W., Inc., 15 B. R. 89 (Bankr. D. D. C. 1981).
[546]Taylor *v*. Standard Gas & Electric Co., 306 U. S. 307 (1939).
[547]Pepper *v*. Litton, 308 U. S. 295 (1939).
[548]Sampsell *v*. Imperial Paper & Color Corporation, 313 U. S. 215 (1941).
[549]Soviero *v*. Franklin National Bank, 328 F. 2d 446 (2d Cir. 1964).
[550]Stone *v*. Eacho, 127 F. 2d 284(4th Cir. 1942).
[551]United States *v*. Noland, 517 U. S. 535 (1996).
[552]Ansett Australia Ltd [2006] 56 ACSR 718.
[553]Re The Black Stump Enterprises Pty Ltd and Associated Companies[2005] NSWCA 480.
[554]Dean-Willcocks *v*. Soluble Solution Hydroponics Pty Ltd [1997] 24 ACSR 79.
[555]Mentha *v*. GE Capital Ltd [1997] 154 ALR 565.
[556]Re Casablanca Wines Bar Pty Ltd [1978] 3 ACLR 318.
[557]Re Switch Telecommunications Pty Ltd (in liq) [2000] 35 ACSR 172.
[558]Walker *v*. Wimborne [1976] 3 ACLR 529.
[559]Patrick Stevedores Operations No 2 Pty Ltd *v*. Maritime Union of Australia[1998]HCA 30.

后　记

本书是在我的博士学位论文基础上修改而成。选择企业集团实质合并破产制度作为研究主题是多个偶然因素结合形成的产物。作为一个商法专业的博士,我希望博士学位论文能够聚焦公司法领域。由于国内学者对公司担保问题聚讼纷纭,早期我是想以公司担保作为博士学位论文选题,在与导师沈朝晖教授沟通交流时,沈老师认为,公司担保问题可能缺少比较法资料,我便打消了这个念头。正在为博士学位论文开题发愁之际,我想起曾在朱慈蕴教授讲授的博士生商法专题课所作的《公司资产收购交易中债权人保护机制》报告。在准备报告过程中,我看到一对可能容易让人产生误解的比较法概念,事实合并(de facto merger)和实质合并(substantive consolidation)。前者涉及公司并购,后者涉及企业集团破产。企业集团实质合并破产在我国是一个存在争议的问题,法律层面缺少直接的制度规则,而司法实践却又接受企业集团实质合并破产。企业集团实质合并破产既涉及公司法,又涉及破产法,于是我觉得将其作为一个博士学位论文选题应当也还行,没有违背自己选题的初衷。

另外两个偶然因素的出现坚定了我将企业集团实质合并破产作为博士学位论文选题的想法。一个是在收集、整理企业集团实质合并破产资料的过程中,我发现不同国家对企业集团实质合并破产制度有不同的看法,尤其是2018年新修订的《德国破产法》明确拒绝企业集团实质合并破产制度,引发了我们应当如何对待企业集团实质合并破产制度的疑问,而且能够从不同的视野比较企业集团实质合并破产制度应当是一件有趣的事情。另一个是当时我读到两篇南京大学法学院解亘教授关于动态体系论的论文:一篇是解亘教授早期翻译日本学者山本敬三教授的《民法中的动态系统论》,刊载于梁慧星教授主编的《民商法论丛》;另一篇是解亘教授与班天可教授合作发表于《法学研究》的《被误解和被高估的动态体系论》。我有幸曾在华政读硕士研究生期间聆听过解亘教授的专题讲座,虽然在解亘教授看来,动态体系论有其内在缺陷,可能不是一个完美的法学方法论,但我认为动态体系论有其合理之处,并希望能够在商法领域导入动态体系论,用动态体系论去研究、解决一些商法问题。动态体系论如果能和企业集团实质合并破产制度研究结合,也算是博士学位论文的创新点之一。

2022 年我博士毕业之后,沈老师常说,博士学位论文应当尽早出版,我内心却对出版博士学位论文有些许犹豫、忐忑。在博士学位论文写作过程中,我总会构想这个"孩子"出生后的样子,希望其是一个能够让我自己满意的作品,但完稿后,一直觉得没有达到自己原先所设想的目标,可能是一本"失败"的产物。也许不完美才是人生常态,成长需要学会接纳所有的不完美。本书与其说旨在解决企业集团实质合并破产制度中的问题,不如说是自己对企业集团实质合并破产制度的思考,以及揭示企业集团实质合并破产制度的全貌的努力。思虑不周之处,想必难免,当中不成熟的想法,恳请诸君批评、指正。

感谢博士生导师沈老师的悉心指导。犹记得第一次和沈老师"相识"是于硕士期间在华政长宁校区图书馆副楼看了沈老师和朱慈蕴教授合作发表于《法学》上的一篇文章,细想起来,我已忘记当时有没有读懂该篇文章。之后我又陆陆续续看了沈老师发表在《中国社会科学》等期刊上的其他文章。本人愚钝平庸,蒙老师不弃,并给我提供锻炼学术能力的机会,传授我许多论文写作方法。可能是由于我从本科到硕士的七年时光长期待在专业类政法院校,所阅读的书籍经常会限于特定的法学领域,视野在不知不觉间受到限制,也很少会去关注国外的新近研究成果。沈老师经常会向学生分享新的国外研究成果和不同学科的著作,在老师的影响下,我逐渐开始阅读不同学科的著作,关注比较法的差异,发现其中的乐趣,这对于我开拓视野和提升思维提供极大帮助。我的学术、科研事业的发展离不开沈老师的指导与帮助,专著的出版也要特别感谢沈老师的敦促。

感谢硕士生导师曾大鹏教授对我一直以来的帮助。我与曾老师相逢于本科商法总论的课堂,曾老师在商法课堂上的娓娓道来,激起了我对商法研究的兴趣,坚定了我当时报考华政商法方向的硕士研究生,并继续跟随曾老师从事商法学习与研究的决心。时至今日,还能想起当时考研成绩公布后,到汇贤楼找曾老师表达希望能够到曾老师门下从事商法研究时内心所产生的不安,以及当曾老师同意时内心所产生的喜悦,还记得曾老师当时给了我两本他的专著,其中一本也是曾老师的博士学位论文。曾老师是我商法研究路上的启蒙者与引路人。硕士研究生期间每当遇到不懂的问题,我总会找机会向曾老师请教,每一次向曾老师的请教,总能给我新的收获与启发。

感谢拨冗参加我博士学位论文开题、预答辩和正式答辩,在论文撰写方面给予我诸多指点的老师:朱慈蕴教授、施天涛教授、梁上上教授、汤欣教授、高丝敏教授、李曙光教授、陈景善教授。学术研究是在观点的自由市场里活动,每位研究者都是自由市场中的一个主体,向自由市场提供各种可能的方案,从事学术研究不可能脱离他人提供的观点、方案,本书内容的完善得益于各位老师宝贵的具体意见和建议。

感谢王益强博士、魏冉博士、王轶博士等好友在我的博士学位论文写作中所提供的帮助。他们协助我收集外文资料,我也曾与他们讨论本书部分核心内容、观点,他们毫不吝啬地提供他们的真知灼见,本书核心内容、观点的完善也受益于他们的评论。

感谢法律出版社陈妮编辑、李晶晶编辑和张思婕编辑为本书的出版所付出的辛劳,正是她们的努力,使本书才得以顺利出版。

感谢家人对我的支持。有时候我的选择可能是任性的、充满个人主义的,但他们都坚定地站在我的背后,给了我许多自由的空间,让我能够寻找适合自己的人生。没有他们的支持,我可能也不会走上科研之路。

纸短情长,难以一一列举,一路走来,我得到许多师长、朋友与同学的帮助,对成长路上所有来自师长、朋友与同学的关心、爱护,一并致谢。